涉老法律评论

刘晓红 主　编
安曦萌 副主编

法律出版社
LAW PRESS · CHINA

涉老法律评论

序　　言

根据我国民政部《2015年社会服务发展统计公报》，截至2015年底，全国60岁及以上老年人口22200万人，占总人口的16.1%，其中65岁及以上人口14386万人，占总人口的10.5%。预计2053年人口老龄化峰值到来之时，全国老年人口将达到4.87亿。可以说，我国不但已成为世界上老龄化程度较高的国家之一，而且正在面临着日渐加速的社会老龄化进程。庞大的老人潮将改变社会人口结构，并展现出深刻持久的社会影响。一方面，人口老龄化带来的涉老问题关系着当下老年人晚年生活质量，关系着十多亿年轻人对未来老年生活的预期与规划；另一方面，随着社会人口结构中老年人比例的增加，涉老问题的重要性和影响力与日俱增，辐射至社会的各个领域，逐渐影响整个社会的发展进程。因此，妥善应对涉老问题，不仅是传承我国敬老爱老传统美德的内在要求，更是增进社会福祉、建设和谐社会的现实需要。

在全面推进依法治国战略的进程中,涉老问题的解决尤其需要科学、完善的制度安排。优良的制度能够为涉老问题提供高效、合理的解决方法,化解社会矛盾,稳定社会秩序。近年来,我国已经进行了一系列涉老立法与制度建设,如 2012 年 12 月第十一届全国人民代表大会常务委员会修订了《中华人民共和国老年人权益保障法》、2014 年 4 月第十二届全国人民代表大会常务委员会第八次会议通过《关于〈中华人民共和国刑法〉第二百六十六条的解释》规定"以欺诈、伪造证明材料或者其他手段欺骗养老等社会保险金或者其他社会保障待遇的,属于刑法第二百六十六条规定的诈骗公私财物的行为。"2011 年《刑法修正案(八)》对第 49 条增加一款规定为"审判的时候已满七十五周岁的人,不适用死刑,但以特别残忍手段致人死亡的除外。"现已有 15 个省、自治区、直辖市人大常委会制定并实施了《老年人权益保障条例》,相关领域的理论研究成果斐然。然而,面对日益加速的老龄化社会进程,新问题不断涌现,制度空白仍旧存在,所以,依然迫切需要深入、透彻的研究以促进问题解决,完善制度体系。

第一,涉老问题的解决需要具有本土意识、符合我国国情的制度体系。涉老问题在成为法律问题之前,首先属于社会问题。尽管目前进入老龄化的国家很多,但是每个国家的老龄化难题都带有其自身的特色。因此,必须结合我国的社会现实背景,从多个维度思考制度的构建。只有这样,制度方能扎根于社会,有效地运行于当代中国。

第二,涉老问题的解决需要导向明确、凸显法律价值与效果的制度体系。涉老制度体系应充分体现法律的价值,实现法律对社会秩序的引导作用,并且,结合涉老问题的特性,以遵循法治为前提,为问题的解决提供有针对性的制度药方。与此同时,涉老问题的制度体系应符合法治的全局观,注意不同部门法之间的协调融通,实现制度运作的协同性。

第三,涉老问题的解决需要能够衔接理论指导与实务操作的制度体系。一方面,制度建设需重视学术理论的指导作用,以严谨的理论论证提高制度的科学性。另一方面,制度投射到现实,最终体现于实务操作,因此应在制度构建时结合实务操作的特性,在制度制定与修订时重视实务操作的问题。换言之,制度构建应当同时兼顾夯实理论根基与反思实践效果。

第四,涉老问题的解决需要建立在借鉴与反思国外经验教训之上的制度体系。目前,人口老龄化问题也是国际性的热点问题之一,许多国家已经在这一领域积累了丰富的立法与实践经验。研究不同老龄化国家涉老问题的解决方案,可以为我们提供问题解决的参考思路,帮助我们评估制度效果,节约社会资源,在借鉴与反思中更好地建设具有中国特色的涉老制度体系。

正是基于上述对涉老制度研究紧迫性与必要性的认识,2012 年 4 月 13 日,华东政法大学与美国约翰·马歇尔法学院合作,共同组建了由时任华东政法大学副校长(现任上海政法学院院长)的刘晓红教授担任主任的"中美老龄问题研究中心"。该中心搭建了跨国、跨学科、跨领域的涉老问题研究平台,集结了一批来自中美高校社会人文各学科的专职研究人员和司法实务部门的专家,特别是在华东政法大学民商法学科的大力支持下,致力于联合国内外相关领域的研究力量,坚持"中国问题、世界眼光",以我国涉老文化与制度背景为基础,在比较法的研究视野中推进我国涉老法律制度体系建设。中心研究面向社会实践,依托华东政法大学的法学学术资源,注重以法律的视角审视涉老问题的社会场景,在此基础上,关注跨学科的研究路径,促进不同社会人文学科涉老研究成果之间的融通。经过五年多的实证调研与理论研究,除已经公开发展了一大批高质量的论著外,还形成了不少很有见地的决策咨询、内参调研报告等智库成果,受到有关方面领导的高度肯定,其中有些意见已被相关立法所吸收。

这里,中心主任刘晓红教授担任主编并特意选取了一部分中青年科研人员在刑法、民法、家事法、消费者权益保护法、老年人司法等方面的代表性研究成果编辑成册并予以出版，以期与国内同仁们一起共同推动我国的涉老法律体系和司法体制的不断健全与完善，并深化对相关现实问题的交流与探讨。这在全球老龄问题日渐突出的今天，可谓意义重大！

是为序。

华东政法大学校长、博士生导师、教授

叶　青

二〇一七年七月于华政园

目　录

涉老理论评述

涉老审判探析

涉老理论评述

知觉与自觉:涉老法律文化之分殊与融通

孙 颖*

"文化"是一个很难被定义的词汇。人类对世界的认识有多少个维度,"文化"就有多少个维度。文化是任何一个相对隔绝的时空中的人类生活的整体。"知觉"和"自觉"是寄寓于不同文化体内的人们对待各自遭遇到的各种社会问题的反应方式。所谓"文化知觉",是人们在有限的认知范围内对所处时空社会内外各种问题的感知及应激性反应;所谓"文化自觉",则是人们基于对世界的整体看法,对遭遇到的各种社会问题所做的深刻调整。由于这种"整体的看法"关涉未知的时空以及统辖已知与未知时空的根本性规律,借此所做的调整,其影响甚为深远。在人类历史上,能够达到这一层面

* 孙颖,哲学博士,华东政法大学法律学院讲师,硕士生导师。

的，有宗教、哲学，也有佛学、儒学等思想体系。

在“老龄化问题”这一全球化热点问题的推动下，涉老法律问题成为法学领域一个新兴的研究热点，并逐渐成为法学研究国际化合作的新兴领域。在这些国际合作中，对“涉老法律文化”的研究具有基础性价值。但是，要对涉老法律文化进行分殊，必然涉及各文化体的历史经验与文化特质，而“老龄化”这一阶段性社会问题并不足以为其提供足够的理论背景，因此，对涉老法律文化的检讨必须在“广义的老年问题”的视域下展开。

一、老年问题与老龄化问题

所谓“广义的老年问题”包括两个方面：“人如何看待老年阶段的个体生命”，以及“社会如何对待老年人”。在这个意义上，任何一个文化时空都存在“老年问题”，当下的“老龄化问题”不过是其中的一个组成部分。意识到社会层面存在的各种与老年人有关的问题，做出应激性举措，是“文化知觉”，而从“人”“知识来源”“世界”的角度进行思考，进行整体性制度设计，则是“文化自觉”。与古代中国对老年问题的强烈文化自觉所不同的是，近代西方社会的“老龄化问题”首先是作为“文化知觉”的对象进入社会学观察者的视野。然而，在任何一种文化体内，“文化知觉”总是会逐步走向“文化自觉”，因此，在全球化的过程中，不同文化体内的涉老问题是否能够走向共同的“自觉”，当代的涉老文化又将如何在文化融通的层面实现“自觉”，是当下涉老法律文化需要解析的问题。

“广义的老年问题”存在于任何时空的文化形态中，包含了一切与老年人有关的问题。“老龄化问题”则是近代随着生产力的提高，人类预期寿命增长、出生率下降，老年人数所占人口比例上升，进而导致的一系列社会问题。国际上通常把 60 岁以上的人口占总人口比例达到 10%，或 65 岁以上人口占总人口的比重达到 7% 作为国家或地区进入老龄化社会的标准。显然，“老龄化问题”只是人类在经历了工业革命的近现代文化时空中出现的问题。从表面上看，这是一个“全球性”的问题,人们对这一问题的检讨,也往往在"普遍性"意义上展开。然而,一旦进入到不同文化形态的"时空隧道",这个当下"普遍性"的问题,却在各个文化中有着各自的"特殊性"。如前文所言,欧美文化中,对"老龄化问题"的认识表现为一种"文化知觉",而中国当代的"老龄化问题",在"文化知觉"的同时,更背负着得文化过往的"自觉"意识。

二、近代发达国家对老龄化问题的文化知觉

统观老龄化问题在发达资本主义国家的出现与早期发展,其"应激性"特点尤为明显。

(一)英国

英国的老龄化问题是在20世纪末出现的。这一时期,英国在经过了资本主义初期的发展之后,民众的物质生活水平有了明显的提高。

这一时期的老年问题中,突出的表现是"贫困问题"。一方面,经过早期工业革命,以非农业方式取得生存资料的社会生活模式已经建立起来,资本家延续着从资本主义生产方式建立之初形成的对劳动者的严酷剥削。劳动者在进入老年阶段以后,仍不得不依靠出卖劳动力得以谋生。但是,随着社会的发展,他们无论从体力和智力都已成为劳动力市场的劣势人群。随着传统工业在20世纪末的衰落,老年贫困问题日益突出。

民间有识之士率先开展了对社会贫困问题的调查。布思(1840~1916年)、朗特里(1917~1954年)二人对伦敦与约克镇的调查被誉为"对社会科学发展所做的最引人注目的一项贡献"。布思提出了"贫困线"的概念,朗特里则通过揭示劳动者一生中存在相互交替的相对贫乏与相对富足的变化过程,进而表明导致贫困(尤其是老年人的贫困)的主要原因并不是个人性格和能力的缺陷,而是整个社会体系。在这之前,英国社会尽管也有济贫院,但是这种济贫院的设立理念与近现代的养老福利制度大相径庭——基于自由主义的政府认为贫困完全是个人的问题,与政府无关,政府设立济贫院的目的是"惩罚贫民",最终把他

们赶向社会从事劳动。从这一个现实出发,朗特里的调查触及了英国进入资本主义社会后某些在人类历史上第一次出现的,同时又是社会制度层面的根本性的问题。但是,这些看法仍然局限于社会公平的层面,并没有得到文化深层的论证。

值得注意的是,英国早年老年贫困问题出现后,慈善团体、工会、友谊会等社会组织也出现了一些民间的调整方案,其中有很多运用了养老金的运作模式。此后,英国在养老问题上陷入全民性的检讨中。这种检讨带有相当多的"博弈"成分。劳动者、资本家、自由党人、保守党人,兼以各种政治团体出于不同政治目的参与讨论,养老问题很快就不再是某一个社会领域的问题。事实上,这场讨论的结果——1908 年英国的养老金法案的确就带有多层面的意义,这正体现了"应激性举措"的特点——其对策的实施效果往往出离决策者的预期考量。

1908 年英国的养老金法案,是英国第一部由国家完全承担费用和管理实施的法案,它将一贯奉行自由主义的政府推到"积极应对社会问题"的角色上。养老金所需要的资金压力,又导引出了增加富人税收的 1909 年"人民预算案"。增加土地税收的做法,引发了英国历史上一次重大的宪政危机——上议院的权力受到新议会法的限制,逐渐成为一个纯荣誉性机构。在另一个层面,养老金制度的施行给直接受惠者——贫困劳动者——以极大的生活鼓舞,[1][2]而这也在一定程度上调和了当时出现在整个资本主义社会的日渐尖锐的阶级矛盾。

---

〔1〕"一位年逾九十的老人在接受调查时自豪地表示:'过去我常常想我们(自己和妻子)真是应该离开这个世界了,我还常为此祈祷,因为我们对孩子们来说完全就是累赘,全无用处。但现在不同了,我们老两口每周有 10 先令的收入,我们又可以安心地跟孩子们生活在一起了,我从前从未想过自己还能够对孩子们的生活有所帮助,但是,时代已经变了,先生。'还有不少人记录下了当时各地的老年人如何激动地、泪流满面地奔向邮局,一路上不停地念叨'上帝保佑劳合—乔治'这样的感人场面。""邮局小姐们发现自己正受到前所未有的欢迎,她们受到了来自养老金领取者大量的苹果和鲜花,仅仅就是为了感谢他们发放了养老金。"参见汪建强:《20 世纪英国养老金制度研究》,齐鲁书社 2011 年版,第 67 页。

〔2〕这让笔者想到 2016 年在云南农村做调查时,普通农民对近年来中国政府在农村医疗等方面的福利制度的肯定。

从1908年法案通过到“二战”之前,英国的养老制度一直纠缠在养老金问题上。法案经过了多次修正(1911年、1919年修正案,1925年张伯伦提出的《寡妇、孤儿、老年人交费养老金法案》等)。通观这一段历史,政党利益往往是制度变革的最直接的原因。各种政治力量为了大选改弦更张的场景屡见不鲜。而在这表面现象的背后,是劳动者老年问题在动荡的资本主义社会中越来越严酷的现实。

这一阶段,凯恩斯的国家干预经济理论产生了重大影响。国家社会保障开支作为扩大政府开支的赤字财政的一部分,被认为是可以挽救资本主义危机的良药,既为保守党接受,又与工党亲近。在国家大规模干预社会经济的运动中,“英国的社会保障制度开始走向统一化和整体化,日益具有了惠及全体国民的国家主导色彩”。[3]

1942年,贝弗里奇委员会发表了《社会保险与相关服务报告》。在对英国当时的社会保障制度进行全面批评的基础上,委员会提出了改进的指导原则与制度设想。值得注意的是,报告强调建立“综合的”社会保障机制,养老问题需要与失业问题、医疗保健等问题结合在一起寻求解决方案。这一报告发布后,对英国政府的社会保障制度产生了全方位的影响。与老年人问题关联密切的立法有:1946年通过的《国民保险法》、1948年的《国民救济法》。20世纪60年代后,英国逐渐建立起了由统一缴费率的国家基本养老金计划提供的国家基本养老金、各种与职业收入相关联的养老金以及个人储蓄三者构成的养老体系。随着经济环境的变化,具体的制度不时需要调适,但是基本框架并没有改变。

(二)美国

与其他发达资本主义国家相比,美国的个人主义尤其浓厚。在这个国家,个人主义是一种主导着人们的日常社会生活,并已经作为政治理想融汇进国家制度的基本理念。自由主义理念、社会达尔文主义思

〔3〕 汪建强:《20世纪英国养老金制度研究》,齐鲁书社2011年版,第141页。

想在早期的美国社会生活中很容易被人们接受,个人主义的倾向是不言而喻的。因此,尽管广义老年人问题中涉及的社会贫困等问题在美国社会并不少见,但是却远没有英国社会那样让人感受强烈。这使美国养老制度在建立时间上迟于英国,在国家调整力度上也没有英国那么着力。这体现了“应激性举措”的另一个特点——对策施行时间、施行力度与社会问题的严重性成比例。

1929 年至 1933 年的经济危机,以一种剧烈的形式让美国人意识到“贫困不是单纯的个人能力”问题,政府负有保持人们稳定、安全的生活的责任。

在这次危机中,老年人是受到冲击最大的社会群体。“1930 年美国 65 岁以上的老年人共有 663.9 万人。据 I. M. 鲁比诺估计,其中 190 万人没有财产,240 万人没有收入,120 万人既无财产也无收入。”[4]老年人贫困问题开始进入当时政治生活的视界,出现了要求给 60 岁以上老年人每月 200 美元的汤森运动。

1932 年,民主党人罗斯福取得选举成功,继而开始了以拯救危机中的美国为核心的“罗斯福新政”。1935 年通过的《社会保障法》,明确将老年人保障问题列为政府与社会的共同责任。“除政府雇工、家庭佣工、农场工人及临时工、商船海员、教育、宗教及慈善机构雇员外,其他工资年收入 6000 美元以下的所有雇工,都必须参加全国性老年保障制度,资金由雇主与雇工平均分担,65 岁以上未参加老年保障体制的人员将得到联邦和州政府的共同照顾。”[5]

这一法案是美国走向福利国家的起点。“1939 年社会保障法修正案将老年保险扩大到老年、遗属保险,把覆盖面扩大到受保工人的配偶和子女以及受保人的遗属。这条修正案使社会保障从工人安全保障项

---

〔4〕 刘秀红:《美国老年社会保障政策的历史考察》,载《安徽师范大学学报》(人文社科版)2002 年第 3 期。

〔5〕 刘秀红:《美国老年社会保障政策的历史考察》,载《安徽师范大学学报》(人文社科版)2002 年第 3 期。

目转变为家庭安全保障项目。到 1939 年,受益老年人的月津贴平均为 22.60 美元,受益家庭的月津贴为 36.40 美元。应征工资收入者 1939 年为 3380 万人。罗斯福总统任期内奠定了美国老年社会保障制度的框架和基础。"[6]

20 世纪 40 年代,美国 65 岁以上老龄人口占到总人口的 17.4%,由此美国进入老龄化社会。但是与英国、德国等欧洲国家相比,由于美国社会劳动力人口的增加较快,延缓了美国社会老龄化问题的发展速度。2005 年,美国综合出生率为 2.0。[7] 尽管受金融危机的影响,2009 年以来美国生育孩子的数量有所减少,但是每千人生育孩子数仍为 13.5,高于主要发达国家。

影响美国劳动力数量的另一个因素是大量的外来移民。近年来,墨西哥仍然保持历史上形成的美国移民最大来源国的位置,其次是中国。这些移民的年龄中位数低于美国年龄的中位数,为美国社会提供了大量的劳动资源,缓解了美国老龄化问题的发展。与其他资本主义国家相比,美国的人口数量增长明显。到 2009 年,美国人口已超过 3 亿。

与此同时,美国的老年人保障制度也经历了以下几个制度性的发展过程:肯尼迪时期通过了 1961 年的社会保障法修正案,约翰逊时期通过了 1965 年医疗照顾法、医疗援助法、老年美国人法案,美国的老年社会保障制度发展到了顶峰。[8] 在这之后,随着美国经济的发展放缓以及各种滞涨现象的出现,美国的社会福利政策在自由主义与社会稳定的权衡中出现摇摆。

2009 年的金融风暴中,美国借贷经济的弊端暴露无遗。在养老问

〔6〕 刘秀红:《美国老年社会保障政策的历史考察》,载《安徽师范大学学报》(人文社科版)2002 年第 3 期。

〔7〕 综合出生率指平均每名女性在 15 ~ 49 岁育龄期生下的婴儿数。

〔8〕 参见刘秀红:《美国老年社会保障政策的历史考察》,载《安徽师范大学学报》(人文社科版)2002 年第 3 期。

题的领域里，储蓄不足给美国普通民众带来了养老危机，逼迫美国政府不得不反思养老政策的调整。

（三）日本

特殊的历史发展道路，使得日本成为社会老龄化问题最严重的国家。“老龄化”已然成为日本社会问题中最为抢眼的词汇之一。

日本的老龄化现象是20世纪中期以后爆发式出现的社会问题。人口学上的一些统计指标反映了这一问题的严重程度。2010年日本老年人人口数在全体国民人口数中所占的比例为30.5%；2000年，日本的老龄化指数为159.6%，大大超过发达地区106.4%的水平；同年，日本的年龄中位数指数高达41.4岁，同期世界发达地区水平为37.3岁，高出世界人口中位年龄15岁；2000年日本老年人口扶养比为25%，预计2025年这一指数将达50%，即每两个劳动人口要抚养一个老年人口。[9]

与上述呆板的数据相比，日本社会的“老龄化问题”已经表现出一系列显性的社会问题症候。日本是高福利的国家，老龄化带来的财政赤字已经使政府不堪重负。而当灾难性事件发生时，“老龄化问题”更以一种严峻的形势呈现出来。

据日本媒体报道，在2010年夏天的罕见酷暑中，东京地区共有100人死于高温，其中70岁以上的高龄死亡者就达83人，一人独居者更是占死亡总数七成以上。[10]

据NHK发布统计数据，在2010年发生的大地震中失踪的一万多人中，有很多是60岁以上老人。而在已知死亡的两千多人中，大多数也是老年人。他们在海啸来临时独居家中，无法与家人联系或获得救援，又缺乏自救能力，最终孤独死去。

表面上看，日本“老龄化问题”的出现主要与两方面有直接关系：一

---

〔9〕 数据来源：World Population Prospects：the 2008 Version，United Nation，2009。

〔10〕 参见包蓓蓓：《地震中的日本老人》，载财经网：http://www.caijing.com.cn/2011-03-13/110664495.html，最后访问日期：2015年6月10日。

是人口高龄化趋势。“二战”结束后，日本人的预期寿命随着社会的发展迅速提高。进入 21 世纪，日本人的预期寿命已经迅速升高到 82.1 岁，[11]超出发达国家水平。二是日本的生育率在当下迅速下降。出于提高生活质量的要求，人们自然而然地采取了“减少生育”的做法；战后生育高峰过后，人们开始有意识地接受西方的生育观，进一步加强了“晚婚少子”的婚育观倾向。近年来，现代化带来的生存压力，并没有随着科学技术的增加而减轻，相反，物质生产能力的增强，加剧了个人所要承担的社会生活的压力。日本社会的婚育观也随之有了大的变化，有些年轻人甚至选择放弃对婚姻的追求，加重了少子化问题。

虽然日本社会老龄化遇到的问题与大多数现代化国家多有相近之处，但是，作为一个具有非欧美文化传统的民族，日本的老年人问题，除了上述大多数国家在现代化过程遇到的通病外，还存在另外一些特殊的症状。

首先，日本老年人问题的性别差异严重。从人数上看，日本老年人口中女性化趋势明显，尤其在 80 岁以上的高龄老年人中，女性所占比例越来越高。[12]

在长寿指数差异的背后，日本男性老年人与女性老年人遭遇的老龄问题存在性别差异。日本文化中，男人的幸福感较多地依赖社会工作与社会评价，因此对日本男人来说，离开熟悉的社会工作、回归家庭的退休生活是一个很大的转折。他们不熟悉家庭事务，但是上班时颐指气使的态度一时无法转变，于是在家里成为一个无用的麻烦客。近些年，日本的老年婚姻离婚率大大升高，仅 2004 年，就有 42,000 对结婚 20 年以上的日本夫妻离了婚；结婚 30 年以上的夫妻中，离婚案例更是增加了 3 倍。退休生活对男人的负面影响是巨大的，他们会在很长时

---

〔11〕 数据来源：World Population Prospects：the 2008 Version，United Nation，2009。

〔12〕 “2000 年日本总务省的《国势调查》，日本的高龄老人 2204 万人当中女性为 1280 万人，2001 年高龄老人 2287 万人当中女性为 1325 万人，占高龄老人数的 57.9%。”参见李玉子：《云南民族大学学报》（哲学社会科学版）2003 年第 5 期。

间里找不到归属、失去成就感,因此可能带来较大的身心创伤。

与男人不同的是,日本女人尽管没有自己的劳动收入,但是公立年金制度、医疗保险制度、社会福利政策(母子家庭津贴等)等保障了妇女基本养老经济能力。即便遭遇丧偶,日本女人的经济条件也不会受到影响,而且往往还会因此取得一笔数目不菲的保险金。所以,日本的老年妇女在经济上基本可以做到衣食无忧。有了这个基础,日本女性老年人的生活就可以有很多丰富的选择。年轻时候积累的丰富的生活技能,为日本女性老年人的晚年生活开拓了广泛的活动领域。

其次,除了性别差异问题,日本老年人生活中还普遍存在幸福感不强的问题。

从近年社会学者所做的中日老年人生活幸福感调查看,与尚不富裕的中国老年人生活相比,日本老年人的幸福感并不强。[13]

前几年,日本NHK电视台制作了纪录片《无缘社会——“无缘死”3.2万人的冲击》,片中所揭示的独居老人的“无缘社会”,则是从一个极端的方面反映出日本老年生活的状况,揭示了日本老年人的幸福感匮乏问题。

日本社会暴露出来的这些老年人问题,与日本社会的文化、历史有着密切的关系。一直以来,日本被认为是一个善于学习的民族,但是,日本这种努力学习的劲头都是基于迫切的发展需要。与其他文化形态中普遍存在的“应激性”表现不同的是,“应激性”是日本文化的“根源性”特征。从另一个角度说,“应激性”之所以成为“根源性”特征,是因为这一文化本身缺乏更深层次的“根源性”文化思考。

日本的宗教现象最能体现其“根源性”文化思考缺失的不足。日本社会的宗教主要有神道教、佛教、基督教。一方面,从文化厅的统计上

---

〔13〕 参见雷秀雅:《关于老年人主观幸福的研究——对中国及日本老年人幸福观的调查分析》,载《社会科学研究》2004年第6期;衣运玲、张新宇、胡冬梅等:《从中日沿海城市部分老年人生活满足感比较看老年社区护理的发展》,载《中国实用护理杂志》2007年第12期中旬版。

看,各种信徒总数超出人口总数。出现这种情况的原因是很多人有多教信仰。另一方面,从人数上看,神道教占了绝大多数,佛教其次,多于基督教。神道教是日本原生的宗教。这是一种以“神社”为中心的神道,没有明确的宗教创始人,甚至没有教义,而是以族缘或地缘为基础崇拜祖先神、氏神、地域神的信仰。信徒围绕神社进行诸神祭祀,祈求诸神佑护。

神道教与佛教、基督教在教义方面的区别尤其值得关注。早期宗教一般都有“信徒祈求保佑”的特征,但是如果要成为一种世界性的宗教,一定要涉及一组根本性的问题,即“如何看待世界”“如何看待人”“如何看待人与世界的关系”。每个世界性宗教早期所蕴含的智慧源和生命力,就在于对这些问题的回答能够得到人们的体认。但是,这一点恰恰是日本的原生宗教所缺乏的。反过来说,也许正是这个原因,成就了日本“最善于学习”的民族特点。与一般文化形态中的“应激性”不同的是,日本文化的“应激性”往往体现为“过激应激性”。

这种“根源应激性”已经遮挡了这一文化形态走向深入的道路。在这种心态下,很难做到对所学习的文化的深层内涵“融会贯通”。历史上,日本社会体制深受中国儒家文化影响,也曾强调“忠”“孝”的思想。以“孝道”为例,中国的儒家的孝道以人“情”为本,既讲子孝,也讲“父慈”,而在这一时期的日本家庭生活中,“子顺”易找,“父慈”难寻。到了近代,欧陆文明强调个人的“自由”,强调“经济独立”,也是有宗教的因素在人的精神世界构建起了足够的支撑,而日本却没有这种欧美式的宗教基础。这使得日本社会的老年人问题显得更加麻烦。

三、古代中国社会对老年问题的文化知觉

与上述“文化知觉”不同的是,“文化自觉”中所采取的应对行为的实施效果尽管不能完全复制决策者的预测,但是却与社会发展的主流走向相契合,与社会问题被普遍感知到的发生时间以及发生烈度的关系就没有那么密切;同样,一旦这种自觉所构建的制度在社会层面推

开,往往成为这一文化体的一种强烈个性。随着社会的发展,新的社会管理者所采用的“完善性制度调整”相对比较有效,但是“扭转性制度变革”则往往需要付出巨大的甚至是无法承担的社会成本。

当今人诚实回视中国古代的涉老社会场景时,往往惊讶于国家制度与社会机制的完善。当代社会所努力推进的一些制度,从社会保障到精神赡养,在古代中国的涉老生活中似乎都已经得到智慧的考量与规制。本文想要强调的是,这些做法是源自于早期中国社会对涉老问题的巨大文化自觉,并在“礼法社会”中得以落实。

根据《礼记·王制》中的记载,中国早在虞舜时候就有了养老制度。《礼记·礼运》篇说,夏、商、周三代“大人世及以为礼”,即说三代之礼一脉相承。尽管夏、商、周各代涉老规范的具体内容上有变化,但将老年人作为一个“拥有特殊社会待遇与社会地位的群体”来对待的做法,却一直延续下来了。

《礼记·王制》中的一段记载,尤其值得今人品味:

“凡养老:有虞氏以燕礼,夏后氏以飨礼,殷人以食礼,周人修而兼用之。五十养于乡,六十养于国,七十养于学,达于诸侯。八十拜君命,一坐再至,瞽亦如之。九十使人受。五十异粻,六十宿肉,七十贰膳,八十常珍;九十,饮食不离寝、膳饮从于游可也。六十岁制,七十时制,八十月制;九十日修,唯绞、衾、冒,死而后制。五十始衰,六十非肉不饱,七十非帛不暖,八十非人不暖;九十,虽得人不暖矣。五十杖于家,六十杖于乡,七十杖于国,八十杖于朝;九十者,天子欲有问焉,则就其室,以珍从。七十不俟朝,八十月告存,九十日有秩五十不从力政,六十不与服戎,七十不与宾客之事,八十齐丧之事弗及也。五十而爵,六十不亲学,七十致政。唯衰麻为丧。

有虞氏养国老于上庠,养庶老于下庠。夏后氏养国老于东序,养庶老于西序。殷人养国老于右学,养庶老于左学。周人养国老于东胶,养庶老于虞庠:虞庠在国之西郊。有虞氏皇而祭,深衣而养老。夏后氏收而祭,燕衣而养老。殷人冔而祭,缟衣而养老。周人冕而祭,玄衣而养老。

凡三王养老皆引年。八十者一子不从政,九十者其家不从政,废疾非人不养者一人不从政。父母之丧,三年不从政。齐衰、大功之丧,三月不从政。将徙于诸侯,三月不从政。自诸侯来徙家,期不从政……"

"昔者,有虞氏贵德而尚齿,夏后氏贵爵而尚齿,殷人贵富而尚齿,周人贵亲而尚齿。虞夏殷周,天下之盛王也,未有遗年者。年之贵乎天下,久矣;次乎事亲也。是故朝廷同爵则尚齿。七十杖于朝,君问则席。八十不俟朝,君问则就之,而弟达乎朝廷矣。行,肩而不并,不错则随。见老者,则车徒辟;斑白者不以其任行乎道路,而弟达乎道路矣。居乡以齿,而老穷不遗,强不犯弱,众不暴寡,而弟达乎州巷矣。古之道,五十不为甸徒,颁禽隆诸长者,而弟达乎搜狩矣。军旅什伍,同爵则尚齿,而弟达乎军旅矣。孝弟发诸朝廷,行乎道路,至乎州巷,放乎搜狩,修乎军旅,众以义死之,而弗敢犯也。

祀乎明堂,所以教诸侯之孝也;食三老五更于大学,所以教诸侯之弟也。祀先贤于西学,所以教诸侯之德也;耕藉,所以教诸侯之养也;朝觐,所以教诸侯之臣也。五者,天下之大教也。食三老五更于大学,天子袒而割牲,执酱而馈,执爵而酳,冕而揔干,所以教诸侯之弟也。是故,乡里有齿,而老穷不遗,强不犯弱,众不暴寡,此由大学来者也。天子设四学,当入学,而大子齿。天子巡守,诸侯待于竟。天子先见百年者。八十九十者东行,西行者弗敢过;西行,东行者弗敢过。欲言政者,君就之可也。壹命齿于乡里,再命齿于族,三命不齿;族有七十者,弗敢先。七十者,不有大故不入朝;若有大故而入,君必与之揖让,而后及爵者。天子有善,让德于天;诸侯有善,归诸天子;卿大夫有善,荐于诸侯;士、庶人有善,本诸父母,存诸长老;禄爵庆赏,成诸宗庙;所以示顺也。昔者,圣人建阴阳天地之情,立以为《易》。易抱龟南面,天子卷冕北面,虽有明知之心,必进断其志焉。示不敢专,以尊天也。善则称人,过则称己。教不伐以尊贤也。孝子将祭祀,必有齐庄之心以虑事,以具服物,以修宫室,以治百事。及祭之日,颜色必温,行必恐,如惧不及爱然。其奠之也,容貌必温,身必诎,如语焉而未之然。宿者皆出,其立卑静以正,如将弗见然。及祭之后,陶陶遂遂,如将复入然。是故,悫善不违身,耳目不违心,思虑不违亲。结诸心,形诸色,而术省之——孝子之志也。建国之神位:右社稷,而左宗庙。”

上述描述中,夏、商、周在对待老年人问题上显然不是要解决“弱势群体”的问题,而是煞费苦心将其规制成一种秩序性的社会形制。关于老年人的社会形制与整个社会的差序格局的形成联系在一起,在后者的建构过程中,涉老规制具有“起点式”的意义。

为什么早期的中国人认为“老年人问题”能够成为设计社会秩序的起点?从上段引文中可以看出,这样做的一个重要原因是“老年人是知识的来源”。那么,“老年人因为是社会知识的主要来源而得到尊重”这一判断是否说明人们只是在功利的层面需要老人因而尊重老人呢?对这一问题的思考要从“知识的来源”在文化比较的视野里的特殊意义开始。

在东西方文化比较的视野里,“知识的来源”是一个勾连着人对自身、对世界以及对自身与世界的看法的命题。在中国传统文化的语境中,这个命题是与“道”的思维路径紧密联系在一起的,它所揭示的思维路径,也是不同文化分殊的关节点。究竟是从“本原”找“知识”,还是从自己能够感悟体知的世界找“知识”,〔14〕是“主客二分”与“天人合一”两种不同的思维路径决定的。因此,“强调老年人与知识来源的关系”能够充分表现中国传统文化根本性的特质,单单归之于“功利”,有狭隘之嫌。在我们这个文化中,“告诸往而知来者”,是从“历史”寻求知识,就是《说文》中“道,所行道也”体现出来的场景中所蕴含的意味——有限的人从无限的世界经过,认识经历过的场景(“史”),并且从经历的场景思考最根本的规律,选择下一步往何处走,以及如何走下去。

《礼记》中的这段文字,还透露出另外一个值得今人品味的历史场

---

〔14〕 需要注意的是,这里所说的“从自己能够感悟体知的世界”,不是西方哲学中的“经验主义”的认识路径,而是首先把认识的主体——“人”在他能够接触到的“世界”的范围内,通过自己的“心”把握世界的规律的“感悟体知”,是“道”与“人之道”。

景:"昔者,有虞氏贵德而尚齿,夏后氏贵爵而尚齿,殷人贵富而尚齿,周人贵亲而尚齿。"

从夏之前的"贵德"到夏的"贵爵"、商"贵富",中国古代社会阶层观念、财产观念逐渐产生且成为社会的突出表象。这种社会变迁的背后,生产力的发展毫无疑问起到了重要的作用。但是,更值得注意的是,在这些建立在生产力这种"物性"基础上的社会变迁中,"贵爵"、"贵富"这些社会现象的形成在很大成分上是"不自觉"的。在世界各地的很多地方,这种现象都出现过——其中最显著的例证,当属中世纪欧陆的身份社会与近现代资本主义发展后的经济强权把持下的社会。从这个角度说,这种变化倒的确有一些共性。

但是,周初统治者的"贵亲"却是不同的。这是一种巨大的文化自觉,它的社会意义类似基督教伦理在近代对个体的人的尊崇所蕴含的"文化自觉"。这里所说的"文化自觉",乃是这种文化中的少部分人,基于本文化对世界的根本性看法(这种看法一定形成于有文字记载的文化形态出现之前),对社会发展的现状所进行了"理"[15]性的梳理与规制,并将这些认识落实到社会政治、经济、伦理等各个层面,进而形成特定的社会"形制"的过程。简单地说,身份不平等问题、财富掠夺问题与社会发展从来都是如影随形,因为社会发展原本就是在平衡与失衡之间前行;而如何控制这些问题,不同文化设计出来的方案截然不同。认识这一点,对于看待"亲亲"何以成为中国传统文化的核心至关重要。

中国古代的"亲亲"观念,是从"天(道)人合一"的思维中精心"理"出来的、用以规制社会的、被表达出来的观念。它的基础是人与人的血缘亲情,在此基础之上,历代先贤又对它进行了智慧的调度。[16]

远古时期,中国就已经有了调理"亲亲"意识的"礼法"。对老年人的

---

〔15〕《说文》:"理,理玉也。"对"道"、"理"在中国传统文化中的重要意义,可参见作者的专著:《老吾老——老年法律问题研究起点批判》。

〔16〕《礼记·祭义》:"先王之所以治天下者五:贵有德,贵贵,贵老,敬长,慈幼。此五者,先王之所以定天下也。"

社会优遇——“孝”,就是最重要的社会“调理”手段。引文中关于老年人被供养于特定场所,享受特别精神的以及物质的待遇的状况即是如此。

以“法天”为指导思想的《周礼》,立意建立一套“尊尊”的体系,从“行为”的角度将社会生活的各个层面纳入“礼”的范围。

从《仪礼》《周礼》到《礼记》的记载可以看出,“礼”制是一种一直贯通到近代的整个中国古代文明社会的制度,既存在于有文字记录的历史,也存在于文字产生之前的历史。〔17〕 人们设计了一套涵盖所有人的整个生命所有时刻的行为规则。在这套规则中,“生则亲安之,祭则鬼享之”,〔18〕人们从物质、精神,或者政治、经济等各个角度尊崇老年人。在这种认识下,“孝”文化成为整个“文化自觉”过程中至关重要的一个环节。《孝经》中,曾子与孔子对“孝道”的论述,其中既包含了对“孝”的论证,又包含了“孝”的功效的评述,“孝”文化的自觉意识全面昭显:

“曾子曰:甚哉! 孝之大也。子曰:夫孝,天之经也,地之义也,民之行也。天地之经,而民是则之,则天之明,因地之利,以顺天下。是以其教不肃而成,其政不严而治。先王见教之可以化民也,是故先之以博爱,而民莫遗其亲。陈之以德义,而民兴行。先之以敬让,而民不争。道之以礼乐,而民和睦。示之以好恶,而民知禁。《诗》云:‘赫赫师尹,民具而瞻’。”〔19〕

“法”作为“礼”的辅助,也是围绕“孝”有所规制。商汤制“刑三百,最莫不重于不孝”;《尚书·周书·康诰》也有:“王曰:‘封,原恶大憝,矧惟不孝不友。子弗祗服阙父事,大伤厥考心。”’“不孝”已是明确的罪名之一。《周礼·地官·大司徒》也有“以乡八刑纠万民,一日不孝之刑”的规定。

---

〔17〕 人类的文明史是否以文字的产生为标准?这也是一个值得质疑的问题。对世界、人的根本性的思考体系的形成才是“文明”生成的标准。文字,作为人的表达工具,是一个在文明证成问题中处于低阶次的、有着帮助沟通与制造沟通障碍两种作用的工具。人们强调它对于文明的意义,其实是为了后人的便利。

〔18〕《孝经·孝治第八》。

〔19〕《孝经·三才章第七》。

如此,中国传统社会中,家庭结构、政府措施以及与老年人有关的刑事法律融合在一起,构成与老年人有关的“礼法形制”。之后的各个朝代,都从家庭生活、律制规范、行政举措的角度,借此进行规制,形成了绵延数千年的文化大脉。

四、全球化视野下共识性涉老法律文化的养成

通过历史场景的回溯,可以看到,当下诸文化体的涉老法律文化间存在巨大的差异,但是,在长于文化融通的中国传统文化的视野里,“融通涉老法律文化”并不是一个无解的命题。

首先,这一求解过程的关键,是要寻找不同文化范式之间的话语“接洽点”。所谓“接洽点”,是指适宜不同文化体进行对话的话语表达。这样的话语既是不同文化体都要面对的问题,同时又是在彼此文化沟通语境中最少歧义的文化表达。

在涉老法律文化论域,“人的尊严”可以作为全球化时代老年人问题的文化接洽点。对于生活在任何一个文化体内的个体来说,除了生理需求外,“尊严”都是须臾不可或缺的;同时,在人类发展史上,任何一个文化体都对“人的尊严”问题进行过自觉的社会安顿。“人的尊严”既附着过宗教式的神性与哲学式的人性,也与政治生活中的平等或不平等的身份制度相关联,甚至与文学艺术中的崇拜、归附与反抗相唱和。总之,无论哪个时期、哪个区域的哪个族群,对“尊严”都有着强烈自觉的需求,这是选择“人的尊严”为当下涉老文化融通的一个接洽点的原因所在。

其次,围绕“尊严问题”,“理”性地确立不同文化间的融通原则。

“尊严”处处有,歧义何其多。西方科学体系中,“尊严”首先是哲学问题与心理学问题,然后延展为群体性、类别化的宗教与政治问题(如身份与阶级);而在中国的传统思想中,“尊严”首先是个体的情志问题,在礼法社会结构中得到拓展(如以血缘为基础的差序格局)。酌量涉老法律文化的融通,需要从对“尊严”的分殊展开。

关于“尊严”的问题，蕴含两个层面的理念。层面一，是对尊严的论证，即“人何以有尊严”，“人的尊严与世界的关系”是怎样的？在这一层面，西方文化在各个时期以宗教、哲学的方式进行纠问，而中国文化则以“道”“理”为归结。层面二，是对尊严内容的填附，即“是什么让人感到到尊严”“如何让人有尊严”。沿袭宗教的、哲学的路径，西方文化更多的是在“政治生活”“宗教生活”中置措社会成员的尊严感受，而中国文化则是在生命的代际流程中安顿、融入人的尊严。

可见，任何文化中的个体对“尊严”的情感需求是相同的，但是各自却有着大相径庭的理念。比如，在个体主义的文化范式里，对子女财务供养的索取让人感到“没有尊严”，而在注重家庭、族群等不同整体存在的文化范式里，子女供养合于“道”“理”，恰恰成就老年人的尊严。因此，必须对尊严问题的不同层面保有自觉，才能确立恰当的文化融通原则。

那么，究竟如何选择什么样的基本原则来协调这些“弥而难合”“沟而难通”？恰当的考量是：“宽容对方”“完善自己”，而中国古代先贤所主张的“礼不往教”“己所不欲勿施于人”，正是这一精神的体现。中国的传统智慧可以担当起为涉老法律文化沟通衡准立标的历史责任。

《礼记》中的“礼闻来学，不闻往教”，与《论语》中的“己所不欲勿施于人”，表达了一种鲜明的文化态度：没有任何一种文化能够有强制其他文化接受的普遍权利。对这一观点在当下多元文化中的价值，赵汀阳先生在《天下体系——世界制度哲学导论》一书中从文化融通角度做了详尽阐述。这样的文化态度同样适用于涉老法律文化的融通中。以中国“孝”文化背景下的家庭养老与西方个体主义背景下的社会养老为例，只有在充分保有文化尊重的基础上，才能深入对方的社会发展脉络中予以充分理解，并对自己的文化现象进行深刻而不鲁莽的批判与推进。

总之，对法律制度背后的法律文化形态进行审慎的分殊，是当下推进“中国式法制化道路”的必要前提。基于涉老问题的特殊文化意义，对涉老法律文化的研探，是一个恰当的研究切点，对这一问题的探讨，既有益于推进当下中国国内的涉老法制建设，也有助于中国的法学研究者以饱满的文化自信构建新的中西方法制文化对话通道。如果运行得当，将在中西方法律文化交流史上产生积极影响。

老年人赡养纠纷的法律分析

——以子女赡养义务为中心

许　莉*

一、问题之提出

我国已经步入老年社会，养老问题成为亟需解决的社会问题。随着社会经济的发展、社会保障制度的逐步完善，社会养老逐渐替代了家庭养老的部分职责。但不可否认，在我国现有国情之下，家庭仍承担着主要的养老职能。

通常所谓的“家庭养老”主要在两个层面上使用：一是指老人在家庭中度过晚年生活；二是指老人的赡养义务由家庭承担，即近亲属承担赡养责任。老人无论在哪里度过晚年生活，都会涉及赡养责任的承担问题。而亲属赡养义务的界定是区分家

* 许莉，法学博士，华东政法大学教授，硕士生导师。

庭养老责任和社会养老责任的前提。[1]

我国关于亲属赡养义务的规定，主要规定于婚姻法和老年人权益保障法中。婚姻法第21条规定，子女对父母有赡养扶助的义务。子女不履行赡养义务时，无劳动能力的或生活困难的父母，有要求子女给付赡养费的权利。第28条规定，有负担能力的孙子女、外孙子女，对子女已经死亡或子女无力赡养的祖父母、外祖父母，有赡养的义务。《老年人权益保障法》第14条规定，赡养人应当履行对老年人经济上供养、生活上照料和精神上慰藉的义务，照顾老年人的特殊需要。赡养人是指老年人的子女以及其他依法负有赡养义务的人。赡养人的配偶应当协助赡养人履行赡养义务。根据上述法律，老年人的赡养义务人主要是成年子女。在特殊情况下，老年人的孙子女、外孙子女也负有赡养义务。[2] 现实生活中，赡养义务主要由子女承担，故本文所探讨的赡养义务特指子女对父母的赡养义务。

子女赡养父母，既是伦理道德的要求，也是法律规定的义务。我国现行立法对赡养义务的规定非常简单，而要妥善解决赡养纠纷，需要从理论和司法实务两方面进行深入探讨。

二、赡养纠纷案件实务分析

为了解司法实务中赡养纠纷的特点和问题，笔者分别调研了上海市静安区法院老年庭和江苏省常州市天宁区法院少年庭（受理老年案件），查阅了近三年的涉赡养纠纷案件，并对主审法官进行了访谈。考虑到上海市和常州市均属于经济发达地区，笔者还收集了辽宁省铁岭市铁岭县近三年的赡养纠纷判例，以期对赡养纠纷进行相对全面的分析。

---

〔1〕 我国婚姻法对亲属之间的扶养义务，根据亲属之间辈分的差异，区分为抚养、扶养和赡养。本文采用约定俗成的用法，将对老年人的扶养称为赡养。

〔2〕 老年人除了有法定赡养义务人外，还有法定扶养义务人。婚姻法第20条规定，夫妻有互相扶养的义务。第29条规定，由兄姐抚养长大的有负担能力的弟、妹，对于缺乏劳动能力又缺乏生活来源的兄、姐，有扶养的义务。据此，配偶和特定条件下的弟妹属于法定扶养义务人。

(一)赡养案件的特点

1. 赡养纠纷在民事案件中所占比例较低

静安法院老年庭2012年至2014年共受理涉老赡养纠纷18件,占涉老案件总数的2%。[3] 天宁法院受理案件的情况类似,2014年全年只有3起,之前每年也是2~3件。铁岭县2013年只查到一起赡养纠纷案件,2014年为3起。在基层民事案件逐年增加的情况下,赡养案件少有变化,一直处于低位。

赡养纠纷案件偏低的原因主要有以下几个:(1)尊老爱幼是我国的传统美德,子女赡养父母天经地义的理念至今仍深入人心。在亲情伦理之下,绝大多数的赡养义务人都能自觉履行赡养义务,完全置父母于不顾的情形并不多见。(2)我国社会保障制度逐步完善,越来越多的老人可以享有退休金或其他各类社会保障金,在一定程度上减轻了亲属赡养的压力。部分老人的退休金和财产足以维持自己的生活,反过来补贴子女生活的情况也不少见。(3)老人碍于亲情、面子等因素,不愿诉诸法律。赡养义务人主要是被赡养人的子女,亲子关系是最密切的亲属关系。即使子女未能履行或适当履行赡养义务,很多父母或出于对子女利益的维护,或出于家丑不可外扬的面子心理,也不愿通过司法途径追究子女的法律责任,更倾向于通过其他方式解决和子女之间的矛盾。

但赡养纠纷不多并不意味着老人的赡养问题已经得到妥善解决。近年来,关于农村留守老人、城市独居老人生活状况的调查显示,从经济状况来看,无论农村还是城市,老人维持温饱一般没有问题,但患病老人的照料、独居老人的精神抚慰等都十分欠缺,老人的整体生活质量偏低。

2. 从诉请内容看,赡养纠纷的诉请主要是经济供养,包括赡养费或医疗费

所调研法院尚未受理过诉请生活照顾或精神赡养的案件。赡养义

[3] 具体情况参见附表。

务的内容除了经济供养之外，还有生活照顾和精神抚慰。但因照顾和抚慰都有赖于当事人的具体行为，无法强制履行，所以一般情况下当事人不会诉请。例如，赡养人不履行照顾义务，被赡养人多通过雇佣他人照顾的方式，由赡养人承担相应的费用，即生活照顾义务转为赡养费义务。如天宁区法院判决被告支付原告赡养费每月900元，其中就有原告中风需要雇请保姆照顾这一因素。[4] 而精神抚慰本身并不能以金钱替代，如赡养人不履行抚慰义务，权利人无法通过诉讼得到救济。“常回家看看”能否诉请在理论界和实务中均存在争议。截至2014年年底，调研法院尚未受理过以精神抚慰为诉请的赡养案件。

3. 从案件审理结果看，所支持的赡养费偏低

无论是判决结案还是调解结案，最终确定的赡养费整体数额都不高。以2014年静安区法院6起案件中，除一起案件未支持之外，其他调解或判决的赡养费分别为每月500元的1起，每月400元的1起，每月300元的2起，每月200元的1起。常州天宁区法院2014年的三起赡养案件均支持了原告的诉请，赡养费分别为每月900元、每月500元和每月400元。其中最高的只有每月900元。从整体上看，赡养费的数额偏低。

赡养费用偏低的主要原因有以下几个：(1)目前司法实务中确定的赡养标准是参照当地基本生活水准，起点不高。例如2013年上海，城市居民家庭人均消费支出28,155元，农村居民家庭人均生活消费支出13,425元。[5] 法院以上一年度的人均消费支出为标准，确定本年度当地基本生活需要。(2)子女承担的是补足生活费用的责任。由于两地绝大多数老人都有退休金或其他社会保障金，确定赡养费用时只需补充不足部分(包括因看病而支出的自负部分医疗费)。农村地区的社会保障虽然非常薄弱，但因整体生活水准偏低，加上有一定劳动能力的老

---

[4] (2014)天少民初字第1770号。

[5] 参见2013年上海市国民经济和社会发展统计公报，载http://www.stats-sh.gov.cn/sjfb/201402/267416.html，最后访问日期：2015年6月25日。

人还可以自给一部分食物,赡养费的标准也不会高。(3)多子女分担了赡养费用。现有的赡养义务人往往是多个,共同分担老人的赡养费用,平均下来减轻了每个赡养人的负担。(4)赡养纠纷中的赡养义务人多属于低收入人群,本身经济条件就比较差,不可能承担较高的赡养费。现实生活中,如子女经济宽裕,除非兄弟姐妹之间因赡养或继承财产有纠纷,一般不会拒绝支付每月仅数百元的赡养费。由于赡养纠纷的被告方多属于经济困难群体,赡养费用定的偏高不仅加重了义务人的负担,执行过程中也有难度。

此外,笔者还查阅了辽宁省铁岭市下属某县2013年至2015年1月间的赡养案件,共5起,其中2起调解结案,3起判决结案。与上述两地对比,赡养纠纷呈现出相同的特点,即案件数量少、赡养费偏低。由于该地为经济欠发达地区,平均收入较低,因此法院支持的赡养费较其他两地更少。由于案件当事人多为农民,所以,判决赡养费的支付方式是按年支付,不同于一般按月支付的方式。

（二）赡养纠纷发生的原因

引发赡养纠纷的主要原因可以归纳为以下几点:

1. 多子女家庭的子女之间互相推诿对老人的赡养义务。多子女家庭中,由于子女各自成家,为了小家庭的利益,对赡养父母义务的承担会有推诿、攀比情况。尤其是在认为父母对待每个子女存在不一致、不公平的情况下(如将主要财产——房屋移转给某个子女),子女往往会以拒绝履行赡养义务的方式表达不满心理。

2. 赡养义务人的负担能力有限。根据法律,成年子女对父母均有赡养义务,但履行赡养义务需要一定的负担能力。近年来,赡养义务人因下岗、失业、患病等原因收入减少,经济陷于困境,导致无法履行赡养义务的情形时有发生。而随着人均寿命的提高,高龄老人的子女本身也已成为老年人,因退休、疾病等原因经济状况不佳,同样难以承担赡养义务。

3. 特殊原因导致赡养费用大幅增加。例如,老人住进价格较高的养老院，或因病发生大宗医药费，老人与子女之间或子女相互之间因额外支出的费用发生矛盾。

4. 独居老人的精神赡养需求得不到满足。部分老人虽然经济状况好，生活也能完全自理，但因子女关心、照顾不够而感到失落、痛苦。独居老人希望子女能经常探望、陪伴或帮忙处理家事，如子女不能满足老人的精神抚慰需求，也会引发纠纷。

(三)司法实务中赡养纠纷的处理原则

赡养纠纷属于家事纠纷，首先应当进行调解。通过调解，当事人对赡养方式、赡养费用等能达成协议的，一般比较容易得到执行。如调解不能达成协议，审判实务中一般遵循以下原则处理：

1. 赡养费的数额以满足老年人的基本生活需要为依据。审判实务中，确定赡养费数额的依据主要是老年人的基本生活需求，包括医疗费用及必要情况下雇请保姆的费用。由于不同地区经济状况不同，不同家庭的生活方式不同，每个家庭的生活费用也存在较大差异，如何确定满足基本生活需求所要支出的费用比较困难。所以，司法实务中多以本地最低生活标准为参照，再根据具体情况加以调整。例如，老人生活不能自理需要雇请保姆的，就要将保姆工资作为必要的生活费用。

2. 赡养费的数额要兼顾赡养义务人的负担能力。赡养义务人的负担能力是履行赡养义务的保障，如果确定的赡养费用超出赡养义务人的负担能力，则赡养义务人无法履行义务，或履行义务人自己生活陷入困境。所以，赡养人应当在其力所能及的范围内承担义务。判断赡养人的负担能力主要从其收入、家庭经济状况及是否有其他扶养权利人存在等多方面情况综合考虑。如赡养义务人为多人，则每人承担的赡养义务并不均等，而是要结合赡养人的负担能力酌定。除了支付赡养费外，照顾老人的生活也是履行赡养义务的一种重要方式，应鼓励负担能力差的赡养义务人以劳务方式履行赡养义务。

老人的财产处分行为是引发多子女家庭赡养纠纷的主要原因之一。在此类案件中，拒绝履行赡养义务的子女多以未获得父母财产为由抗辩,并主张由获得财产的义务人承担全部或大部分赡养义务。对此,应明确老年人对自己的财产有处分权,无论赡养义务人是否获得老人的财产,都应该承担相应的赡养费。

3.特殊情况下借助社会保障机制解决赡养纠纷。目前赡养纠纷中,老人及赡养义务人的经济状况都非常困难的情况并不少见,由此带来的问题是,并非赡养义务人不愿履行义务,而是缺乏相应的赡养能力。即使作为子女在其力所能及的范围内承担了赡养责任,老人的赡养仍旧存在一定的困难的情况。在这种情况下,赡养纠纷的解决必须要借助于社会保障机制。需要与医疗保险、养老保险机构、民政部门等取得联系,争取他们的支持,以解老人的养老之忧。

在访谈中了解到这样一个案例:有一位年逾七旬的老人四十多年前被公安机关送到外地劳教,解教后在当地一家单位工作。退休返沪后因病支出费用很大,其退休收入微薄,难以维持其基本生活需求,遂起诉其四个子女承担赡养费用。但其四个子女或者下岗或者无工作或者本人家庭负担也很重或者本人也无劳动能力,经济情况也很困难。如果仅靠子女承担赡养费用,难以解决老人今后的养老问题。最后在有关部门的支持和帮助下,除了由四个子女承担老人必要的生活费用外,有关民政部门为老人争取到了医疗报销和补助,切实解决了老人的生活要求。

分析赡养纠纷现状可以得出以下结论:(1)多数子女都能自觉履行对父母的赡养义务;(2)经济状况较好的老人更需要子女的精神抚慰;(3)经济状况较差的多子女家庭容易出现推诿赡养义务的情形;(4)诉讼只能解决老年人最基本的生活保障;(5)老年人赡养纠纷的解决需要社会保障托底。

三、现有赡养制度适用中的问题

虽然目前现实生活中的赡养纠纷并不突出,但由于我国赡养制度过于简单,赡养纠纷的法律适用中仍有以下问题需要厘清。

(一)精神赡养义务的履行问题

随着社会经济的发展、社会保障的完善,老年人对经济上的扶助要求会逐渐减少,更渴望得到精神上的抚慰,精神赡养越来越重要。

现有婚姻法规定了子女对父母负有赡养义务,相关释义中将赡养义务的内容界定为经济上的供养、生活上的照顾和精神上的抚慰。修改后的老年人权益保障法对精神赡养义务进行了细化,其第 18 条规定:"家庭成员应当关心老年人的精神需求,不得忽视、冷落老年人。与老年人分开居住的家庭成员,应当经常看望或者问候老年人。用人单位应当按照国家有关规定保障赡养人探亲休假的权利。"据此,可以认为精神抚慰属于赡养义务的范畴。

精神抚慰作为法定义务在履行中存在两个问题:一是精神抚慰的具体方式是什么?老年人需要赡养义务人的关心和陪伴,所以,一般将经常探望老人作为精神赡养的一种方式,即通常所谓"常回家看看",老年人权益保障法中的表述是"应当经常看望或问候老年人"。但现实生活中,子女出于某种客观原因不能定期回家探望父母的情况并不少见,在这种情况下是否构成义务的不履行?没有履行"经常看望"是以主观上拒绝探望还是客观上没有探望为标准?"经常"的标准是什么?以其他方式如电话、邮件与老人保持联系是否可以认为履行了精神抚慰义务?二是精神抚慰义务的履行标准是什么?由于精神抚慰义务是满足老人心理、精神上的需要,以老人感到心情愉悦为目的,具有很强的主观性。而在实际生活中,即使子女经常探望或联系,但因与老人相处方式存在问题,或与老人因琐事心生嫌隙,并不能达到精神抚慰作用。在这种情况下,能否认为子女履行精神抚慰义务不恰当?正因如此,在司法实务中,对单纯主张精神抚慰的诉请,法院一般不予受理或支持。

亲属间的精神抚慰主要通过情感交流得以实现,能否将其设置成法定义务并进而以国家强制力保障其实现,理论界一直存在争议。笔者认为,为彰显精神赡养义务的重要性而将其规定于老年人权益保障法中具有一定的合理性。但由于精神赡养义务的特殊性,审判实务中的处理应十分慎重，不宜以判决方式直接强制义务人履行义务。理由如下：(1)精神抚慰的目的是满足老人精神上的需求，而这种需求本身具有无法量化、无法评估的特点。每个人的情感生活要求并不相同，满足精神需要的方式也有很大差异。将其作为法定义务，是否得到履行只能依据老人的感受，这显然会给法官裁量带来困惑。(2)一般情况下，对父母予以精神上的抚慰，同时也能满足子女的亲情需求，二者是统一的。只要亲子关系融洽，父母自然得到精神上的抚慰。如亲子关系交恶，即使要求子女履行特定行为，如定期探望父母，也难以达到精神抚慰的目的。可以说，精神赡养不具有可执行性，子女不能主动履行精神赡养义务，并无其他替代方式。因此，调解是解决精神赡养纠纷的最佳路径。

在我国，子女赡养父母被认为是天经地义的，有着深远的伦理基础。父母抚育子女、子女赡养父母，共享天伦之乐是中国人认可并追求的幸福人生。绝大多数的子女都能重视父母的情感、体谅父母的心情，对父母的精神抚慰体现在日常生活的各个方面。如果子女对父母置之不理，父母对子女极度失望以致要通过诉讼解决赡养纠纷，此时法律能给予父母的救济十分有限。所以，将精神赡养作为法定义务，只是强调了其重要性，并不能对缺乏精神赡养的父母给予实质性的帮助。过分强调精神赡养义务入法的价值，并期望通过国家强制力来保障老人的精神需求是不可行的。

（二）赡养标准问题

亲属法上的扶养有两种情形：一种是生活保持义务。扶养为扶养人与被扶养人之间身份关系本质上不可缺少的要素，维持对方生活，就是保持自己的生活。“其程度与自己之生活程度相等，虽牺牲自己地位相当之生活，亦不得不予以维持，故又可称为共生义务。”[6]另一种是一般扶养义务，只有在一方无力生活，他方有扶养余力时，才有扶养之

〔6〕 史尚宽：《亲属法论》，中国政法大学出版社2000年版，第753页。

义务。即偶然的由外部受领生活上之扶助。扶养义务人惟于不牺牲自己地位相当的生活之限度,给予以必要的生活费。二者最大的区别在于:生活保持义务无需斟酌扶养义务人的给付能力,即使没有余力,也必须牺牲自己而扶养他人,而一般扶养义务则以扶养义务人的有负担能力为前提。例如,《德国民法典》第 1603 条关于扶养义务人给付能力的规定:(1)在考虑到其他义务的情形下,不妨害其适当生计就不能给予扶养费的人,不负扶养义务。这即是对一般扶养义务的规定,扶养义务人只在不影响自己正常生活的情况下,承担给付扶养费的义务。(2)父母处于这一境况的,对其未成年的未婚子女,父母有义务将所有可利用的资金平均地使用于自身的生计和子女的扶养。只要 21 岁及其以下的未婚子女在父母或者父母一方的家计中生活,且正在接受普通学校教育,就与未成年的未婚子女相同。有其他负扶养义务的血亲的,不发生该项义务;对扶养费可从其财产的基本部分中予以支付的子女,也不发生该项义务。据此,父母对未成年子女承担的就是生活保持义务。瑞士民法中也有类似规定,夫妻之间、亲子之间负有生活保持义务,而其他亲属之间则负有余力扶养义务。

我国现行法律对亲属间扶养义务的规定并没有区分一般扶养义务与共生义务。但从条文表述分析,父母对未成年子女的抚养以及夫妻之间的扶养没有设置前提条件,应该属于共生义务范畴。而成年子女对父母的赡养性质如何,并不明确。

从国外立法例看,子女对父母的赡养义务多为一般扶养范畴。但我国国情有所不同,并不能简单借鉴国外法的规定。在我国,子女赡养父母是伦理道德的基本要求,立法如将赡养义务完全等同于其他亲属之间的余力扶养义务,则意味着只有在条件许可的情况下,子女才需要赡养父母,这显然与我国民众对父母子女关系的认知不符,与固有的亲子伦理不符。

但如将子女赡养父母的义务列入共生义务,也有不妥。共生义务强调的是“维持对方生活,就是保持自己生活。扶养程度与自己生活相当”。共生义务的权利人多与义务人共同生活;即使不共同生活,扶养义务人也要维持权利人与自己相当的生活。随着社会经济的发展和人们观念的改变,我国的家庭模式已产生了较大变化。2014 年 5 月 14 日,国家卫生计生委发布我国首个《中国家庭发展报告》,对中国家庭 60 多年来变迁的特点和趋势作出系统分析。报告显示,在 20 世纪 50 年代之前,中国家庭户平均人数基本上保持在 5.3 人的水平上。新中国成立后,随着经济社会发展和人口变化,家庭户平均规模开始缩小,到 2012 年户均规模仅为 3.02 人。中国已成为平均家庭规模较小的国家。这一数据显示,已经成家的子女与父母共同生活的比例十分有限。共生义务赖以存在的共同生活的前提不复存在。而要求子女赡养父母达到与自己生活相当,即使不足以维持自己生活也要负担,必然导致负担人陷入生活困难状态,继而需要社会保障制度予以救济。

我国台湾地区“民法典”对子女赡养义务的规定比较特殊,“因负担扶养义务而不能维持自己生活者,免除其义务。但受扶养权利者为直系血亲尊亲属或配偶时,减轻其义务”。〔7〕 据此,子女赡养父母的义务不同于共生义务,但也不同于一般扶养义务。一般扶养义务中以扶养人有余力扶养为前提,因扶养而不能维持自己生活的,可以免除扶养义务。但子女对父母履行赡养义务时,如扶养能力有欠缺,则只能减轻其义务。这一规定既考虑到父母与未成年子女、配偶的情况有所不同,也兼顾了我国传统亲子伦理观念,值得肯定。

我国现行立法区分了赡养义务和赡养费支付义务,“子女对父母有赡养扶助的义务”。“子女不履行赡养义务时,无劳动能力的或生活困难的父母,有要求子女给付赡养费的权利。”从条文分析,子女赡养父母并无前置条件,但父母只有在特殊情况下,才有权请求给付赡养费。而在司法实务中,子女的负担能力也是确定赡养费的前提。所以,可以说我国大陆地区对赡养义务性质的定位与台湾地区类似。

---

〔7〕 参见我国台湾地区“民法典”第 1118 条。

(三)父母再婚后的赡养义务

近年来,随着社会经济的发展和人们观点的改变,老年人再婚的比例呈上升趋势。老年人再婚使家庭关系复杂化,也会影响子女对父母赡养义务的履行。父母再婚对赡养义务的影响主要表现在两方面:

第一,再婚后生活困难的标准如何认定。依据我国现行法律,无劳动能力或生活困难的父母有权要求子女给付赡养费。判断父母是否生活困难,依据的是当地一般生活水准,只需根据父母的经济收入和财产状况,与当地一般生活标准对照,即可判断。但在父母再婚的情况下,生活困难的判断会产生争议。如父母本人的财产或收入足以维持自己的生活,但因再婚后履行对配偶的扶养义务而导致生活陷入困境,是否可以行使对子女的赡养费请求权,在审判实务中存在争议。

一种观点认为,父母是否生活困难是事实判断,由于对配偶的扶养义务是法定义务,对配偶的扶养构成生活内容,因此扶养配偶而导致生活困难可以主张子女支付赡养费。另一种观点认为,子女对父母有法定赡养义务,但对继父母并无法定赡养义务。如果因继父母的原因导致生活困难,并据此支持父母的赡养费请求权,则意味着要求子女对继父母也承担了赡养义务,加重了子女的负担。

笔者倾向于后一种观点。义务承担的条件应具有确定性。子女对父母承担法定的赡养义务,只有将该义务限于满足父母本人的需要,才能具有确定性。反之,如不限定本人需要,则父母生活状态一旦发生变化,子女需要赡养的对象就处于不确定状态。例如,父母一旦再婚,会发生对配偶的扶养义务;再婚后生育子女,会发生对子女的抚养义务;父母的再婚配偶还可能有需要抚养的未成年人和需要赡养的老人等。此时父母的生活状态往往与其再婚后的家人是一体的,如果根据其现有的生活状态判断,显然会发生义务的移转问题,即将父母对再婚家人的扶养义务,转嫁给了子女。这事实上就扩大了子女承担赡养义务的范围。这样认定子女的赡养义务,不仅缺乏法律依据,也不符合社会常理。所以,判断父母是否属于生活困难,应以父母的收入或财产状况能否维持本人生活为标准。因再婚导致的困难,不应发生赡养费请求权。

第二,父母再婚后,配偶与子女赡养义务的分配问题。父母再婚,与再婚配偶互有扶养义务。无劳动能力或生活困难的父母不仅有权要求子女给付赡养费,也有权要求配偶承担扶养义务。在这种情况下,子女与配偶都是扶养义务人,但二者对扶养义务的承担如何分配,现行法律并无规定。

对父母与配偶所负扶养义务之分配,各国规定并不一致。例如,《德国民法典》第1608条规定:“贫困者的配偶先于贫困者的直系血亲负责任。但以该配偶在考虑到其特别义务的情形下,不妨害其适当生计就不能给予扶养费为限,直系血亲先于该配偶负责任。准用第1607条第2款和第4款。贫困者的同性伴侣以与配偶相同的方式负责任。”这一规定明确了配偶与直系血亲各自扶养义务的承担顺序。我国台湾地区“民法典”第1116条规定:“夫妻互负扶养义务,其负扶养义务之顺序与直系血亲卑亲属同,其受扶养权利之顺序与直系血亲尊亲属同。”该条明确规定了夫妻之间的扶养义务与子女的赡养义务,顺序相同。

我国立法对成年子女赡养父母的义务和夫妻之间的扶养义务都没有前置条件。但夫妻之间以共同生活为常态,其扶养义务应属于共生义务范畴,即使有其他赡养义务人,也不能免除彼此之间的扶养义务。而子女的赡养多以有负担能力为条件,故从顺序上看,配偶义务似在先。但在义务人都有负担能力的情况下,则配偶与成年子女的扶养顺序应该相同,根据各自负担能力分担。

(四)晚辈直系姻亲的协助赡养义务

姻亲是否负有赡养义务,各国立法规定不一。多数国家的扶养义务人并不包括姻亲,但也有一些国家规定了直系姻亲间的扶养义务。例如,《法国民法典》第206条规定:”女婿和儿媳,在同样的情形下,对岳父母和公婆亦负扶养义务,但如产生姻亲的夫妻一方及其与他方在婚姻中所生子女均死亡时,此项义务终止。”又如,《意大利民法典》第

433条规定,公婆与儿媳、岳父母与女婿互为扶养义务人,即将直系姻亲纳入了扶养义务人范畴。[8] 同时也规定,公婆、岳父母给付抚养费的义务以及女婿和儿媳给付赡养费的义务在下列情况下终止:(1)有权请求给付抚养费或赡养费的人再婚;(2)赖以产生姻亲关系的配偶、他们共同生育的子女以及子女的卑亲属全部死亡。我国台湾地区"民法典"中规定,"夫妻之一方与他方之父母同居者,其相互间"互负扶养义务。

我国婚姻法中对姻亲赡养义务并无明文规定。但相关司法解释中规定,因赡养老人所负债务属于夫妻共同债务。[9]《老年人权益保障法》第14条也规定,赡养人的配偶有协助赡养的义务。据此,我国立法对直系姻亲之间的扶养义务可以解读为以下几点:(1)直系姻亲之间没有法定扶养义务,姻亲不属于法定扶养义务人范畴。(2)在夫妻关系存续期间,因共同生活的事实状态客观存在,则一方履行法定赡养义务构成日常生活的内容,因履行法定赡养义务所负债务属于夫妻共同债务。(3)子女配偶的协助赡养义务,主要体现为共同债务的承担及共同生活中的日常照料,赡养权利人不能直接起诉赡养义务人的配偶,即晚辈直系姻亲不能成为赡养费诉讼中的被告。(4)协助赡养义务是单向的,即只有子女的配偶负有协助赡养义务。父母对子女的配偶没有协助扶养义务。

从我国固有的伦理观念来看,晚辈直系姻亲应负有赡养义务。而夫妻以共同生活为常态,且我国以婚后所得共有制为法定夫妻财产制,导致一方赡养义务的履行,另一方当然分担。但我国立法并未将晚辈直系姻亲纳入赡养义务人范畴,这一做法与其他国家立法有所不同。但笔者认为,这种模式具有合理性。在现实生活中,如夫妻关系存在,则一方履行赡养父母的义务,无论是经济上供养还是生活上照顾,事实

---

[8] 参见《意大利民法典》第433条。

[9] 《最高人民法院关于人民法院审理离婚案件处理财产分割问题的若干具体意见》第17条第1款规定:"夫妻为共同生活或履行抚养、赡养义务等所负债务,应认定为夫妻共同债务,离婚时应当以夫妻共同财产清偿。"法发[1993]32号1993年11月3日。

上都是由夫妻双方共同承担的，无需再将子女的配偶列为赡养义务人。正如《德国民法典》第1604条关于“夫妻财产制的影响”中规定，“扶养义务人按财产共同制生活的，其对血亲的扶养义务这样予以确定，恰如共同财产属于扶养义务人。按财产共同制生活的两人均有贫困血亲的，必须这样从共同财产中给予扶养费，恰如贫困者对两个扶养义务人均处于义务人的扶养义务所依据的血统关系”。即因夫妻共同财产的存在，一方履行赡养义务必须从夫妻共同财产中支出，则另一方（姻亲）事实上已经承担了赡养义务。如夫妻关系消灭，则姻亲关系也消灭，赡养义务自然不复存在。

（五）特定情况下赡养义务的减轻或免除问题

现实生活中，赡养义务人因赡养权利人对自己实施了违法或犯罪行为而拒绝履行赡养义务，由此引发的赡养纠纷应该如何处理，存在争议。

赡养义务与特定亲属身份相关联，原则上亲属身份不消灭，赡养义务不会消灭；当事人也不能通过协议免除赡养义务。但如果赡养权利人对赡养义务人实施了特定的违法或犯罪行为，其赡养请求权是否可以依法剥夺，值得探讨。

《德国民法典》第1611条规定：“受扶养权人因其道德上的过错而变贫困，或受扶养权人严重地疏忽自己对扶养义务人的扶养义务，或故意对扶养义务人或扶养义务人的近亲属实施重大的错误行为的，义务人只须以合乎公平的数额给付扶养费。向义务人提出请求会显失公平的，义务全然消灭。”《法国民法典》第207条规定，“在债权人本人严重违反其对债务人的义务时，法官得解除债务人负担的扶养债务之全部或一部。”我国台湾地区“民法典”中也规定，受扶养权利者有下列情形之一，由扶养义务者负担扶养义务显失公平，负扶养义务者得请求法院减轻其扶养义务：(1)对负扶养义务者、其配偶或直系血亲故意为虐待、重大侮辱或其他身体、精神上之不法侵害行为。(2)对扶养义务者无正当理由未尽扶养义务。受扶养权利者对扶养义务者有前项各款行为之一,且情节严重者,法院得免除其扶养义务。前两项规定,受扶养权利者为扶养义务者之未成年直系血亲卑亲属者,不适用之。[10] 从上述规定可以看出,扶养权利人的请求权会因其自身的违法或犯罪行为而受到限制甚至剥夺。

我国现行立法对赡养权利人的请求权并无限制与剥夺的规定,即使父母有遗弃子女或对实施其他犯罪行为的情形,在其年老、需要赡养的时候,仍然可以依据父母身份行使对子女的赡养请求权。究其原因,是考虑身份关系体现了一定的人伦秩序,尤其是亲子关系。我国有"天下无不是的父母"这一传统观念,认为无论父母做了什么不应该做的事,但子女之身源于父母,血亲关系无法割裂,所以赡养义务不得免除。但在现代社会中,父母与子女相互之间地位平等、人格独立,如果父母遗弃子女或对子女实施严重犯罪行为,不仅侵犯了子女的人身权利,也从根本上破坏了亲子之间的人伦秩序,因此,限制或剥夺其基于身份而享有的赡养请求权具有合理性。当然,对在哪些情形下可以限制或剥夺,应由立法明文规定,且范围不宜过广。

四、国家应支持赡养义务的履行

在司法实务中,只有经济供养容易通过诉讼方式得以实现,老年人最为需要的生活照顾和精神抚慰多依赖子女的自觉履行,法律强制力的作用十分有限。如何鼓励家庭成员,尤其是子女自觉履行赡养义务,一些国家的经验值得借鉴。

日本是世界上人口平均寿命最长的国家,对老年人的赡养问题十分重视。以"主干家庭"为中心是日本的古老传统,老年人习惯于与子女共同生活,安度晚年。日本老人与子女的同居率非常高,"至今还存在一种社会习俗,即只有父母与已婚孩子共同生活才被认为是正常的、

---

〔10〕 参见我国台湾地区"民法典"的民法亲属编,第1118条。

能给人以安宁的生活形态”。[11] 老人即使与子女分开居住,居住的距离也不远,以送过去一碗汤而不会凉为标准。基于日本传统家庭的特点,战后日本颁布的新宪法和新民法,都规定了直系血统、兄弟姐妹、夫妻之间有相互扶养的义务。这使日本对老人赡养问题没有像有些发达国家那样与家庭分离开来,而是注意在发挥家庭功能的基础上制定有关社会保障政策和制度。[12] 日本政府规定和实行了一系列有利于推进家庭养老的社会保障措施,包括:如果子女照顾70岁以上收入低的老人,可以享受减税;如果照顾老人的子女要修建房子,使老人有自己的活动空间,他们可以得到贷款;如果卧床老人需要特殊设备,政府予以提供;同时在社会舆论上提倡三代同堂,提倡子女尽抚养老年人的义务。[13]

韩国的《住房认购制度改革方案》规定,那些赡养父母、岳父母、祖父母或外祖父母的家庭将获得优先购房权,最高可在申购房屋时加上3分。韩国媒体认为,这项规定一方面缓解了孝顺子女的购房压力,另一方面也鼓励了赡养老人的良好风气,实在是一举两得。[14] 此外,韩国有关部门还对那些与老人同居,赡养老人的家庭,在课税制度上规定了优惠的政策。例如,子女为了赡养父母,与第一世老人合住时,那么一世一住宅是可以免税的。现在若是有了新居,即有了相当于一世一住宅的两个住宅时,如果能在一年内将老住宅退出,那么仍按一世一住宅计算,而免予课税。

新加坡不仅在1995年12月2日通过了《赡养父母法》(MPA)(1996年6月1日生效),还注重通过舆论导向增强子女的家庭观念,使其自觉承担起对老人的赡养义务。同时,政府还以利益为导向,把赡养

---

〔11〕 参见《国外的“常回家看看”,日本热捧“一碗汤距离”》,载人民网:http://www.chinadaily.com.cn/hqgj/jryw/2013-07-03/content_9488620.html,最后访问日期:2015年6月25日。

〔12〕 参见王伟:《日本社会保障制度的转折》,载《日本学刊》2000年第3期。

〔13〕 参见陈洁君:《国内外养老模式的比较与借鉴》,载《经济与社会发展》2006年第4期。

〔14〕 参见凌寒之:《韩国赡养老人可获买房优惠,媒体认为是一举两得》,载《环球时报》2006年9月14日。

老人同购买或租赁组屋挂钩，规定年轻的单身男女不得购买或租赁组屋，如与父母或四五十岁以上的独居老人同住，条件可适当放宽，如三代同堂可优先解决住房问题。建屋局还特意设计了三间一套和一间一套的新组屋，便于新婚夫妇照顾老人。

上述国家在赡养问题上采取的共同模式是，制定公共政策鼓励子女与父母共同居住，达到赡养老人，尤其是精神赡养的目的。国家政策支持对家庭赡养起着重要作用。

我国有尊老敬老的传统伦理，子女赡养父母不仅是法定义务，也是最基本的道德要求。随着社会经济的发展，我国公民个人财产的积累呈增长态势，社会保障措施也在日趋完善，老年人依靠自身的财产积累及一定的社会保障多可以满足基本生活需求，对子女的经济赡养需求趋弱。但因人口流动性加大、独生子女政策的实施以及观念的改变等因素，越来越多的老人处于独居状态，生活照料和精神抚慰的需求难以得到满足。

虽然精神赡养已经在我国现行法律中得以明确，但要从根本上解决问题，国家公共政策的扶植不可或缺。这些措施包括但不限于房产政策、医保政策、税收政策等。通过减免税收、异地使用医保等方式，鼓励子女与父母同住或近距离居住，使家庭赡养功能得以发挥。

附表　上海市静安区 2012～2014 年赡养案件数据

时间	案件数	赡养费数额（元）（每人每月）	赡养人人数（子女）	赡养费总数（元）	案件来源
2012 年	2	200 500	4 1	800 500	（2012）静民三（民）初字第 342 号 （2012）静民三（民）初字第 470 号
2013 年	1	200	6		（2013）静民三（民）初字第 336 号
2014 年	3	400 500 300，200，300	2 3 3	800 1500 800	（2014）静民三（民）初字第 25 号 （2014）静民三（民）初字第 209 号 （2014）静民三（民）初字第 324 号

对老年人精神赡养义务的法律问题研究

张　磊*

一、精神赡养的概念与立法

精神赡养，是指"指社会、家庭共同关注老年人心理和精神上的各种需求，尽量给予慰藉和满足的行为"。[1] 随着人民群众生活水平的不断提高，对老年人的精神赡养逐渐引起了我国社会的重视。除了物质生活日益丰富的原因外，这种重视还缘于目前较多家庭对精神赡养义务的落实不利。

为了弘扬我国传统孝道文化，同时表明国家的态度和立场，新修订的老年人权益保障法对精神赡养作出了法律规定。该法第13条规定："老年人养老以居家为基础，家庭成员应当尊重、关心和照料

---

* 张磊，法学博士，华东政法大学人权与人道主义法研究中心副教授，硕士生导师。

〔1〕 李旭初等主编：《新编老年学词典》，武汉大学出版社2009年版，第127页。

老年人。”第14条规定:“赡养人应当履行对老年人经济上供养、生活上照料和精神上慰藉的义务,照顾老年人的特殊需要。赡养人是指老年人的子女以及其他依法负有赡养义务的人。赡养人的配偶应当协助赡养人履行义务。”第18条规定:“家庭成员应当关心老年人的精神需求,不得忽视、冷落老年人。与老年人分开居住的,应当经常看望或者问候老年人。用人单位应当按照国家有关规定保障赡养人探亲休假的权利。”

既然老年人权益保障法作出了相关规定,那么我们就很难再将对老年人的精神赡养完全视为道德义务。因此,从这个角度理解,赡养义务包括四个方面的内容:一是经济上的供养;二是生活上的照料;三是精神上的慰藉;四是照顾老年人的特殊需要。后三个方面的大部分内容属于精神赡养的范畴。若不予履行,就会产生法律责任。然而,在将精神赡养升级成为一种法律义务之后,人民法院在具体适用中就会面临一些困难,如义务内容较为模糊、法律适用的可操作性不强、生效判决难以监督执行。这些困难成为社会各界比较关注的问题,也引起了立法机关与司法机构的重视与思考。

二、我国需要将精神赡养法律化

很显然,老年人权益保障法对精神赡养义务的规定比较模糊的,既没有明确该义务的具体内容,也没有规定违反义务所应承担的法律责任。这种“宣言性”立法条文会在法律适用中导致法院的判决之间难以做到协调一致——既然不同法官对精神赡养义务的认识和把握缺乏统一的基础,那么诉讼结果出现较大差异是完全可能的。更重要的是,由于老年人权益保障法没有对违反精神赡养义务所应承担的法律责任做出规定,所以人民法院予以处罚的“自由裁量权”无法得到必要的规范,这就会使不同判决之间的差异程度更加凸显。

正是由于存在上述不足之处,有相当一部分人认为精神赡养不应该成为一种法律义务。有调查显示,对于精神赡养是否应该入法,支持者占 54.9%;质疑者占 26.0%,反对者占 17.6%,不持立场者占 1.5%。[2] 支持者往往援引或列举国外类似法律作为依据,认为中国应该顺应世界立法的潮流。放眼世界,很多其他国家或地区的确存在关于精神赡养的法律规定。在西欧,德国、法国、瑞典等国家通过单行法的形式将之法律化;在东亚,新加坡、日本、韩国等国家也存在不同程度的立法。质疑者或反对者主要有两个理由:第一,精神赡养属于道德层面的问题,法律不应干涉,即所谓"清官难断家务事";第二,法律规定缺乏准确适用的可操作性,容易造成司法混乱。

我们认为上述双方的理由都不能成立。首先,其他国家存在立法实践不是中国必须立法的充分理由。我们不得不承认"在当代许多国家立法中,将婚姻家庭道德、职业道德、社会公德规范中一些基本内容纳入法律体系中是一个普遍存在的现象,即道德法律化现象"。[3] 然而,具体到某个国家是否应该将精神赡养法律化的问题,实际上还是要看这个国家的经济与社会发展水平。假使该国人民的生活还处于刚刚解决温饱的水平或者连温饱都尚未解决,那么道德法律化现象的立法潮流似乎与这个国家有点儿远。因此,从逻辑上看,精神赡养是否应该法律化取决于国家的发展水平,而不是世界的立法潮流。其次,某个问题属于道德层面并不是法律不能涉足的充分理由。事实上,道德规范与法律规范在本质上从来就是不冲突的。众所周知,一个国家的文明程度越高,道德规范与法律规范的相互转化也就越深入。因此,精神赡养不能因为它有道德层面的因素而不能法律化。最后,法律规范的可操作性不强是立法技术有缺陷,而不是立法本身有问题。事实上,我们应该看到有些国家的法律规定就具有较好的可操作性。例如瑞典、芬兰等国家法律对子女与父母的居住距离以及每年、每月、每周应与父母接触的次数都作出了详细的规定。从上述分析可见,正确的逻辑是:精

〔2〕 参见殷雷萍:《法律如何保障精神赡养》,载《人民法院报》2013 年 7 月 4 日,第 2 版。
〔3〕 杨志超:《精神赡养法律化与制度完善》,载《理论导刊》2013 年第 6 期。

神赡养是否应该法律化取决于中国社会的发展水平是否需要这样的法律规定。

我们的答案是中国需要这样的法律规定。古人云:"仓廪实而知礼节,衣食足而知荣辱。"经过三十多年的改革开放,我国人民的物质生活水平有了极大的提高,不但解决了温饱问题,而且开始建设全面的小康社会。因此,在这个大背景下,对老年人的赡养义务自然不能再停留在经济上的供养,而是要开始重视老年人的精神世界。事实上,随着我国迈入老龄化社会,养老问题的重要性前所未有地凸显出来,而精神赡养是现代中国社会养老目标的应有之义。然而,实际情况是,我国在精神赡养方面存在比较严重的问题。在老年人权益保障法修订之前,相关法律诉讼就不断出现。在广大农村,"空巢老人"成为复杂的社会现象之一。在大中城市,居家养老服务仍然在起步阶段,老有所乐无法普遍实现。因此,中国不但需要关于精神赡养的法律规定,而且非常需要。

三、精神赡养法律化应当立足国情

既然我国需要将精神赡养法律化,那么中国需要怎样的法律规范呢?老年人权益保障法所列条文的原则性固然存在可改进的空间,但它毕竟只是我国在精神赡养法律化方面迈出的第一步。有的学者认为:新修订的老年人权益保障法之所以存在"界定难"的问题,是因为"我国对老年人精神赡养的规定没有像欧洲国家一样进行义务量化"。[4] 很多欧洲国家将对老年人的精神赡养义务量化为特定的指标的确是事实,并且在法律适用中也收到了比较好的效果。例如德国关于精神赡养法律明确规定"子女必须利用国家法定假期三分之一的时间到父母居所陪同;当遇到父母生日、结婚纪念日等关乎老人心情与情

---

〔4〕 董云凤:《老年人精神赡养制度存在的问题与对策》,载《山西高等学校社会科学学报》2013 年第 12 期。

绪的时刻,都要在第一时间来到父母的居所祝贺;对于子女长期不关注和不关心老人精神赡养的行为,只要老人和社区举报和揭露,警察将会对子女的行为给予警告和经济上的处罚,直至拘留等”。[5] 然而,这种义务量化在中国能够办到吗?倘若将德国的上述规定照搬到我国,那么与其说是在照顾老年人,不如说是在为难年轻人。我们认为:将精神赡养的义务量化是适应发达国家经济发展与法治水平的。然而,中国毕竟是一个发展中国家,经济水平尚无法支持这种过于理想化的精神赡养模式。同时,我国幅员辽阔,地区差异显著,城市与农村的二元结构尚未从根本上得到改变。因此,从这个角度来看,我国也无法做到类似于发达国家的量化程度。从义务量化的这个例子,我们可以看到:中国需要的是适合自身国情的法律规范。换言之,最好的并不一定是最适合的。同时,我们也应当澄清:放弃义务量化并不等于放弃义务具体化,因为具体化并非只有量化一种途径,而是有多种选择。

在此基础上,我们要进一步追问:就精神赡养而言,中国最大的国情是什么?我们认为,这可以归结为三个方面:第一,家庭规模大大缩小;第二,社会道德严重滑坡;第三,“未富先老”现象加剧。首先,从20世纪80年代开始,我国开始执行严格的计划生育政策。经过几十年的贯彻,我国家庭的人口结构发生了根本性的变化,即家庭规模大大缩小,独生子女家庭成为主要的家庭形式。很显然,独生子女家庭中的晚辈不可能像多子女家庭中的晚辈那样轮流照顾老人,甚至安排某个子女承担照顾老人的主要责任。他们往往在家庭与工作之间疲于应付,有时较难兼顾老年人的精神需求。其次,中国社会的道德水平在最近十多年的时间里出现了严重的滑坡。这已经是不争的事实。以食品安全为例,近年来相继出现的瘦肉精、地沟油、毒大米和毒奶粉等现象足以说明中国社会的道德滑坡已经到了异常严重的地步。在这种社会背

[5] 任聪慧:《老年人精神赡养法律问题研究》,上海交通大学2008年硕士学位论文,第27页。

景下,养老领域也不可能独善其身。虐待老人、遗弃老人等事件也频繁见诸各新闻媒体。最后,尽管我国国内生产总值(GDP)已经位居世界第二,仅次于美国,但中国的人均 GDP 还排在世界第 100 位左右。[6]另外,中国人口老龄化的速度在不断加快。“预计到 2040 年,65 岁及以上老年人口占总人口的比例将超过 20% 。同时,老年人口高龄化趋势日益明显:80 岁及以上高龄老人正以每年 5% 的速度增加,到 2040 年将增加到 7400 多万人。”[7]这意味着中国家庭人口结构可能由 4∶2∶1 倒金字塔结构进一步发展成为 12∶2∶1 结构关系,即一对青年夫妻将要赡养 8 个高龄老人、4 个低龄老人和 1 个孩子。

这样的国情将产生怎样的结果呢?简明扼要地讲,至少有两个显著的结果:第一,社区居家养老将成为未来一个时期我国养老的主要模式之一。一方面,由于家庭规模的缩小和老龄化进程的加速,独生子女照顾多名老人的时间有限;另一方面,由于“未富先老”,因此,普通家庭照顾多名老人的经济能力也相对有限。此外,我国老龄人口的绝对数量也较大。因此,我国既不能完全停留在传统的家庭养老模式即主要由具有血缘关系的家庭成员对老人提供赡养服务的养老模式,又在短期内无力追求发达国家的机构养老模式即将老人集中在专门的养老机构中养老的模式。于是社区居家养老更加符合中国的实际情况,即老人居住在家中,由社会来提供居家养老服务的一种养老方式。根据 2008 年 2 月全国老龄委办公室、民政部等 10 部门联合下发的《关于全面推进居家养老服务工作的意见》,居家养老服务是指政府和社会力量依托社区,为居家的老年人提供生活照料、家政服务、康复护理和精神慰藉等方面服务的一种服务形式。当然,这并不排斥其他养老模式并存和补充的可能。第二,社会风气需要通过雷厉的手段进行整治与矫正。尽管造成我国社会道德滑坡的原因是多方面的,但整治与矫正工

---

〔6〕 参见吕有志、刘杰:《理性认识中国国内生产总值世界第二》,载《思想理论教育导刊》2011 年第 4 期。

〔7〕 卢祥之主编:《中国老年手册》,重庆出版社 2008 年版,第 2 页。

作刻不容缓,也不容手软。俗话说:“重症须下猛药。”因此,整治与矫正日益严重的道德滑坡,必须采取雷厉的手段。

基于上述分析,笔者认为法律可以在精神赡养方面做的工作至少包括以下几个方面:第一,增设禁止性法律规范。按内容的不同,法律规范可分为授权性规范和义务性规范。授权性规范允许人们“可以”做出某种行为。义务性规范又可以进一步分为命令性规范和禁止性规范。前者是要求人们“必须”做出一定行为,而后者是“禁止”人们做出一定行为。老年人权益保障法关于精神赡养的现行规定就属于义务性规范。然而,在没有具体化的情况下,这种义务性规定缺乏可操作性。不过,倘若采取禁止性规范,那么就能获得更好的效果,如严禁子女对父母进行歧视、漫骂、侮辱、诽谤或者其他精神虐待。一方面,禁止性规定在法律适用中具有较强的可操作性,也比较容易规定相应的法律责任;另一方面,禁止性规定所划定的是一条不可逾越的“底线”,对于整治与矫正社会风险而言,具有更好的警示作用。事实上,在目前社会道德滑坡的情况下,具有警示作用的禁止性规范比具有宣誓意义的命令性规范更有价值。第二,将精神赡养义务与经济利益相挂钩。事实上,继承法在这方面已经有了可以作为依据的法律规定。继承法第 13 条第 3 款和第 4 款规定:“对被继承人尽了主要扶养义务或者与被继承人共同生活的继承人,分配遗产时,可以多分。有扶养能力和有扶养条件的继承人,不尽扶养义务的,分配遗产时,应当不分或者少分。”这里的“扶养”可以进一步扩大解释为精神扶养,包括对老年人的精神赡养。然而,将精神赡养与财产继承挂钩还远远不够。精神赡养还可以与经济生活的很多方面挂钩。例如,根据韩国 2006 年 9 月发布的《住房认购制度改革方案》,那些赡养长辈的家庭可以优先购房。这不仅缓解了年轻人的购房压力,也鼓励了赡养老人的良好道德行为。[8] 又如,根据日本的法律,如果子女照顾 70 岁以上的低收入老人,可以享受减免

〔8〕 参见宁宁:《韩国:赡养老人者买房优惠》,载《老年世界》2007 年第 7 期。

个人所得税;与老人同住的子女缴税时可享受进一步的税收优惠。[9]当然,鉴于我国国内的道德环境,上述国外经验在我国可以转化为禁止性规范及其法律责任。例如,对于被公安机关或人民法院认定存在对老人歧视、漫骂、侮辱、诽谤或者其他精神虐待行为的子女,不但要取消在住房贷款、个人征收等方面的优惠,而且还要承担相应的惩罚措施。第三,扶助社区居家养老的发展。正如前文所述,社区居家养老使家庭养老和社区养老有机地结合起来,既能缓解子女在时间和经济上的压力与负担,又能解决养老机构供不应求的情况,还符合我国安土重迁的文化传统,完全可以使老年人不但能感受家庭的温暖,而且获得社会的关心。因此,我国法律在规定子女应当做什么和不应当做什么的同时,也要将目光投向社区居家养老的培植与扶助,为该养老模式健康和迅速的发展提供必要的条件。

由此可见,根据我国的实际国情,关于精神赡养的法律规范应当分为两个方面:第一,针对赡养义务人的法律规范,应当增加禁止性规范,并将精神赡养义务与他们的经济利益相挂钩;第二,针对社会公益的法律规范,应当将扶助社区居家养老的发展作为重点。

四、应当鼓励通过调解方式化解矛盾

法律不是万能的。这在解决婚姻家庭矛盾中更加如此。即使我们把法律规范设计得再科学,这也不足以应付千变万化的现实生活。因此,通过诉讼途径解决婚姻家庭矛盾不是最佳途径。具体到精神赡养问题,情况可能更加复杂。

首先,我们如何去判断精神赡养义务已经履行?大致而言,主要有两种方法。一种是以结果来论,即以老年人主观上是否得到慰藉和满足的结果来判断子女是否已经尽到义务。不过,假使采取这个标准,诉讼双方的举证责任就会畸轻畸重。换言之,诉讼的结果几乎完全取决

---

[9] 参见许琳:《论老年人的经济保障和社会保障》,载《宁夏社会科学》1999年第6期。

于老年人的主观表达。另一种是以行为来论,即只要子女的行为符合法律的要求(包括作为或不作为)就算履行了精神赡养义务,而不论老年人的主观感受。很显然,这就可能导致精神赡养义务被流于形式。事实上,法律所能做的恰恰只能是后者,即规制子女的行为。

其次,我们如何解决精神赡养的举证问题?在婚姻家庭案件中,举证责任往往是非常棘手的问题,有关精神赡养的纠纷也不例外。赡养义务人对于是否切实履行了老年人权益保护法的相关规定具有举证责任。但是,在我国,相当一部分当事人的证据意识淡薄,造成了取证难。同时,在实践中,赡养纠纷又往往纠缠了其他家庭矛盾。因此,质证主体常常不仅是老年人自己,还包括其他家庭成员。这又造成了质证复杂化、情绪化的弊端。加之精神赡养具有比较抽象的内容,这更加重了举证与质证的难度。

再次,我们如何强制执行法院的生效判决?在既有判例中,虽然人民法院的判决肯定了老年人要求精神赡养的合法性,但是一旦赡养义务人拒不履行该义务,如何执行判决却是一个无法回避的难题。老年人权益保障法对精神赡养只是作出了一个原则性的规定,对赡养人不履行精神赡养的义务应承担何种法律责任并未作出具体规定。这就造成在实践中"有判决,难执行"的尴尬。假设法官判定子女每周探望老人不少于两次,每次陪护时间不少于一小时,然而,子女拒不履行该判决的内容。于是,面对老人和其他家属要求强制执行的申请,法院将处于比较尴尬的境地,因为精神赡养的执行形式、执行效果等非常不容易操控。

最后,我们如何保证诉讼能够化解赡养矛盾?事实上,我们不能保证。相反,诉讼有可能非但不能解决矛盾,反而会加深矛盾。我们可以设想:假使子女与父母共享天伦的时候也需要保存赡养证据,那么这段亲情似乎过于悲哀。即使老年人权益保障法或最高人民法院的司法解释可以仿效《最高人民法院关于适用〈中华人民共和国婚姻法〉若干问题的解释(一)》第32条,[10]即规定对不尽精神赡养义务的子女,人民法院采取拘留、罚款等强制措施,但经过拘留和罚款之后的亲情会完好如初吗?因此,通过诉讼解决精神赡养义务不一定能够挽救亲情。如果处理不好,反而会加深亲人之间的罅隙。同时,由于受到各种因素的影响,如证据认定等,人民法院可能会不支持老年人的诉讼请求。倘若如此,老年人未来的处境可能更加尴尬或困难。

由此可见,尽管法律和诉讼可以介入精神赡养问题,但它更多地应该发挥一种震慑作用,而不能轻易地成为现实。因此,我们应当在诉讼之外寻找多元化的争端解决方式,其中调解无疑是最重要的替代性争端解决方式之一。

在实践中,主要有三种调解方式:第一,民间调解,包括人民调解。精神赡养权的民间调解主要是指"家族(个人)、村委会、街道办事处、社区、社会组织等个人或组织作为中介,遵循一定的原则、方式和方法,凭借自己的力量对精神赡养权纠纷进行解决,从而恢复或补救被侵害的精神赡养权"。[11]第二,法院调解,又称诉讼中调解。从严格意义上讲,诉讼中的调解是人民法院和当事人进行的诉讼行为。第三,诉前调解。它是对于当事人提起诉讼的纠纷案件在立案前由人民法院依申请或依职权进行的调解,不具有法院审理性质。解决精神赡养纠纷,最理想的方式是民间调解。此外,我们应当看到近年来在我国新出现的调解方式,即所谓"诉调对接"。它是指当事人将争端提交由法院主导下的调解机构进行调解,在调解成功后可以选择通过司法确认方式使调解协议具有法律效力,而即使在调解失败的情况下也有利于法院迅速作出判决。举例来讲,上海市浦东新区人民法院自2006年开始试点

---

〔10〕《最高人民法院关于适用〈中华人民共和国婚姻法〉若干问题的解释(一)》第32条规定:"婚姻法第四十八条关于对拒不执行有关探望子女等判决和裁定的,由人民法院依法强制执行的规定,是指对拒不履行协助另一方行使探望权的有关个人和单位采取拘留、罚款等强制措施,不能对子女的人身、探望行为进行强制执行。"

〔11〕蒋悟真:《精神赡养权法治保障的困境及其出路》,载《现代法学》2014年第4期。

"诉调对接"以来,成效显著。[12] 因此,这也是解决精神赡养纠纷的有益途径,既可以发挥民间调解的灵活性,又能释放诉讼后果的震慑作用,还能提高人民法院处理案件的效率。

当然,我们强调调解的重要性并不是排斥司法判决的作用。事实上,在需要人民法院以诉讼形式介入时,法律也能发挥正面与积极的作用。以全国首例精神赡养案为例。在新修订后的老年人权益保障法正式生效之日(2013 年 7 月 1 日),"无锡市北塘区法院判决了一例赡养案,判决支持原告老人的诉请,规定其女儿至少要保证两个月一次看望。每年的重大传统节日如元旦、端午、重阳、中秋等必须至少看望两次,除夕至元宵节之间必须至少看望一次。法官还当庭告诫老人的女儿女婿,如拒不履行看望义务,老人可申请强制执行,执行过程中根据情节轻重可以对子女予以罚款直至拘留"。[13] 不论该案中的子女是否情愿服判,但这个判决及其强制执行的效力本身就是对社会正义的彰显,是"正能量"的体现,具有不可低估的社会效应。因此,尽管我们要尽可能避免老年人与子女对簿公堂的情形发生,但倘若势不可免,那么法律和诉讼就要发挥自己的强制力。

五、余论

在法律规范与争端解决方式之外,我们还希望强调以下两个重要的问题。

(一)农村老年人的精神赡养不容忽视

精神赡养问题的解决之所以应当重视广大农村地区的老年人,主要原因有下几个方面:第一,农民工子女进行精神赡养的时间和意识比较有限。农民工是我国特有的城乡二元体制的产物,是我国在特殊的

---

〔12〕 参见包蕾、张嫣:《"诉调对接"的新路径——解读上海浦东新区法院诉前调解机制》,载《中国审判》2009 年第 10 期。

〔13〕 杨绍功、朱国亮:《无锡判决全国首例精神赡养案》,载《新华每日电讯》2013 年 7 月 3 日,第 6 版。

历史时期出现的一个特殊的社会群体。由于需要常年离家务工,因此,他们对老年人进行精神赡养的时间非常有限。即使他们意识到老年人的孤独与寂寞,但往往心有余而力不足。更重要的是,农民工对精神赡养的意识普遍不足。受到文化水平与传统观念的影响,他们对老年人一系列精神需求的重视程度往往不够,甚者干脆置若罔闻。第二,"空巢老人"现象在我国农村地区已经非常严重。一方面,由于城乡经济差别大,很多农村青壮年涌入城市,而且不少人还会带孩子进城接受教育;另一方面,由于家庭规模缩小,父母与子女分开居住更为普遍。这些都是造成"空巢老人"现象的原因。第三,农村传统观点往往对精神赡养造成不利影响。这主要体现在两个方面:一方面,农村的部分传统观点往往限制老年人的晚年自由,尤其是再婚的自由。子女往往会粗暴干涉父母的再婚自由,甚至由此导致虐待行为;另一方面,"重小轻老"的现象比较常见,即在很多的农村地区,尤其是经济较为欠发达的地方,家庭的大部分资源和注意力往往集中在晚辈身上,从而有意无意地忽视了老年人的需求,甚至很多老年人也认同这种做法。

如何解决农村地区"空巢老人"现象呢?事实上,在现阶段,法律所能做的非常有限。在城市也有"空巢老人",但城市的基础设施和社区服务相对健全和充裕。然而,在农村地区,尤其是在一些偏远或落后地区,解决"空巢老人"的精神赡养问题却又较大的困难。这是我国现阶段发展水平尤其是城乡二元结构造成的。因此,寄希望通过一部法律来彻底解决这个问题是不现实的。比较务实的做法是在一定程度上缓解该现象,如通过政府补贴的方式降低城乡通信费用、努力改善农村交通运输状况以及更好地开展针对老年人的文娱活动等。然而,需要强调的是,尽管我们不能解决这个问题,但这并不能成为忽视该问题的理由。

(二)应当鼓励老年人积极地参与社会

"老年精神需求包括了三个维度的'需求',即自尊的需求、期待的需求和亲情的需求。与此对应的'满足'是人格的尊重、成就的安心和情感的慰藉。"[14]那么如何实现上述三个"需求"和"满足"呢？有研究发现，"经济支持无法提高老年人的精神赡养质量，生活照料也只起到微小的作用，情感支持和社会参与度才是影响老年人精神赡养质量的重要因素，其中子女与老年人的联系频率、婚姻状况都对精神赡养质量起着正向的作用。社会经济地位对于老年人精神赡养质量的作用比较复杂。具体来说，教育程度和经济状况并无太大的作用，而职业地位则对其有着一定影响，稳定性较高的工作给老年人的精神赡养质量更高一些。提高老龄人口的精神赡养质量应以完善相关法律法规为前提，以增强老年人自身的精神赡养意识及能力为根本，提高其社会参与度，在最大限度发挥家庭精神赡养作用的基础上，适当发展社区养老"。[15]

在这里，我们想强调是老年人的社会参与度，因为它是影响老年人精神赡养质量的重要因素。《中国老龄事业的发展》白皮书中也强调，"要鼓励和支持老年人融入社会，继续参与社会发展。实现健康老龄化和积极老龄化，有利于老年人才的自我完善和身心健康，也有利于开发老年人才资源，缓解我国经济建设对人才的压力，促进经济社会持续发展。"[16]事实上，这一点在国际上也得到了普遍认同。世界卫生组织早在1999年就提出"积极老龄化"的口号，即提倡老年人参与社会发展。2002年，第二届世界老龄大会通过的宣言把"老年人与发展"放在采取行动的首位，强调"老年人的潜力是老龄社会发展的基础。社会依靠老年人的技能、经验和智慧，不但首先改善他们自己的条件，而且还能积极参与全社会条件的改善"。[17] 由此可见，老年人全方位地参与社会能有效地提高老年人精神赡养质量已经成为国内外的普遍共识。

---

〔14〕 穆光宗：《老龄人口的精神赡养问题》，载《中国人民大学学报》2004年第4期。

〔15〕 刘婧娇：《老龄人口精神赡养现状及其影响因素分析——基于中法合作社会保障项目的调查》，载《劳动保障世界》2012年第9期。

〔16〕 王进、张晶：《城市居家养老模式下的社区精神赡养》，载《三峡大学学报》（人文社会科学版）2008年第3期。

〔17〕 熊必俊：《鼓励老人参与社会发展有利于应对老龄化挑战》，载《中国老年报》2004年6月8日，第3版。

然而,我国在鼓励老年人积极地参与社会方面还有很大的提升空间。从参与社会经济活动的情况来看,我国老年人的社会参与呈现出明显的城乡差别:其一,存在农村连续性高于城市,城市选择性高于农村;城市老年人以参与第二产业、第三产业经济活动为主,农村老年人以参与第一产业经济活动为主,农村老年人的劳动参与率远远大于城市老年人的特点。其二,存在城市老年人“低就业率”和“高就业意愿”的矛盾与农村老年人“高劳动参与率”与“低劳动参与能力”的矛盾并存的问题。从参与社会文化活动来看,我国老年人的社会参与主要涉及健身、知识、娱乐、兴趣、公益活动五个方面,老年人的社会活动参与明显表现出自我性、差异性和参与度低三个特点,并且表现出极强的“政府依赖”情结。其三,从社会公益活动、志愿者活动的参与情况来看,我国老年志愿者活动尚未成为广泛的老年市民活动,其主体构成还停留在“老年精英”层面的现状。[18] 因此,我国在立法时可以将鼓励老年人积极地参与社会作为指导思想之一,并构建相关的制度与平台,尤其是要扶助与调动民间组织和社会团体的力量,通过法律的形式明确政府的责任。简言之,法律可以在这方面有所作为。

尊老敬老是中华民族的优秀传统。在建设法治社会的今天,将精神赡养上升为法律义务无疑是文明进步的重要表现。然而,在健全相关法律制度方面,我国还只是刚刚起步,且任重而道远。因此,无论是立法还是司法,都应当从中国的实际国情出发,循序渐进,形成既符合需要又现实可行的法律规范与争端解决方式,同时对在不同发展阶段出现的重要问题予以特别关注。

(原文已以《新形势下我国老年人精神赡养义务的法律化途径》为题发表于《上海城市管理》2015 年第 2 期)

---

〔18〕 王莉莉:《中国老年人社会参与的理论、实证与政策研究综述》,载《人口与发展》2011 年第 3 期。

比较法视野下的失能老人人格利益保护制度设计

翟　巍*

我国是世界上失能老人人口最多的国家。依据《2010年度中国老龄事业发展统计公报》,"十二五"期末,我国部分失能与完全失能老年人将达4000万人,占总体老年人口的19.5%;其中完全失能老年人将达1240万人左右,占总体老年人口的6.05%。

在概念界定层面,失能老人是指丧失生活自理能力的老年人。基于国际通行标准分析,在"吃饭、穿衣、上下床、上厕所、室内走动、洗澡"6项指标中,若老年人无法完成1~2项,定义为"轻度失能";无法完成3~4项,定义为"中度失能";无法完成5~6

* 翟巍,法学博士,华东政法大学经济法学院讲师,硕士生导师。

项,定义为“重度失能”。[1]

失能老人概念外延基本涵盖失智老人。所谓失智老人,是指老年痴呆症患者。部分失智老人仍旧能够执行某些生活活动,因而不属于完全失能老人,但他们由于认知能力的缺陷需要长期照护服务,因而属于半失能老人。[2]

失能老人长期照护是指基于失能老人的功能或自我照顾能力而提供不同程度的照顾措施,使其保有自尊、自主、独立性或享受具有品质的晚年生活。[3] 失能老人需要长期性、持续性与综合性的照护服务。该服务可细分为日常生活起居照料服务、医疗康复服务与精神慰藉服务,其中精神慰藉服务是指为了尊重失能老人人格尊严,保护失能老人人格利益而施行的帮助失能老人排除寂寞、关照心灵、心理疏导等服务。[4]

需要长期照护的失能老人可以分为轻度依赖、中度依赖、重度依赖与极重度依赖四个等级。[5] 依据我国养老机构现行分级管理办法,需要照护的老人被分为自理、介助、介护、特护四种类型。自理老人属于轻度依赖阶段,介助老人属于中度依赖阶段,介护老人属于重度依赖阶段,特护老人属于极重度及失智阶段。[6] 我国与西方发达国家失能老人长期照护模式均包括机构照护、社区照护与家庭照护三种类型。[7]

---

〔1〕 参见臧雷:《如何保障失能老人人格权》,载凤凰网:http://news.ifeng.com/gundong/detail_2012_09/26/17897036_0.shtml,最后访问日期:2015 年 2 月 27 日。

〔2〕 参见尹尚菁、杜鹏:《老年人长期照护需求现状及趋势研究》,载《人口学刊》2012 年第 2 期。

〔3〕 参见尹尚菁、杜鹏:《老年人长期照护需求现状及趋势研究》,载《人口学刊》2012 年第 2 期。

〔4〕 参见谢志辉:《加强法制建设,改进城市失能老人长期照护服务》,载《经济研究导刊》2014 年第 20 期。

〔5〕 尹尚菁、杜鹏:《老年人长期照护需求现状及趋势研究》,载《人口学刊》2012 年第 2 期。

〔6〕 尹尚菁、杜鹏:《老年人长期照护需求现状及趋势研究》,载《人口学刊》2012 年第 2 期。

〔7〕 谢志辉:《加强法制建设,改进城市失能老人长期照护服务》,载《经济研究导刊》2014 年第 20 期。

一、引论

（一）本课题选题背景

失能老人作为老人群体的一种特殊类型，既具有一般老人的诸种弱势特征，又具有与残障人士类似的智识与体力需要照护的特征。

我国有3600万以上需要长期护理服务的失能老人。失能老人缺乏生活自理能力，对于他人具有依赖性，处于人格利益特别易受侵害状态。因此，只有对于失能老人采取特殊的人格利益保护措施，才可以在实质上实现社会对失能老人的公平对待。

失能老人特殊人格利益具体表现为两种类型的基本人格权，即“人格尊严不受非法侵害的权利”与“人身自主性能力不受过度与不当限制的权利”。

当前，我国老龄服务的数量与质量均远远不能满足失能老人的需求；更为严重的是，近年来漠视老年人人格利益、损害失能老人人格尊严与非法限制失能老人自主权利的事例屡见不鲜。2015年5月28日在百度搜索引擎以“养老院+虐待老人”关键词进行搜索，共有81,500条结果，相关虐待侮辱失能老人案例涉及吉林、河南、黑龙江、山东、四川等中国大多数省份。

基于上述，本课题亟待解决问题是：在采集与解析社会调研样本的基础上，总结分析我国失能老人人格利益保护现状与不足，并在借鉴域外立法与实践经验的基础上，革新与完善我国失能老人人格利益保护法律制度，从而预防与阻止损害失能老人尊严与不当限制失能老人自主权利行为的发生。

（二）本课题实务调研思路与步骤

本课题实务调研分为有机联系的两个阶段。

第一阶段，在上海市松江区、江苏省常州市武进区、浙江省宁波市、山东省即墨市市区、山东省莱州市西由镇实施调研，汇总分析涉及失能老人人格利益相关材料，并将侵害失能老人人格利益案件进行类型化，总结具体特征与发展趋势。在实施调研过程中，总结分析医疗护理机构、养老机构、社区人员、家属在维护失能老人人格利益方面采取的措施以及面临的问题。

这一阶段的调研有两个延展的具体目标。第一，通过问卷调查与走访相结合的方式，随机抽取350名调查对象，包括失能老人、失能老人家属、医疗护理机构人员与其他社会相关人员，调查他们是否具有明确的维护失能老人人格利益与自主权利的自觉意识与法律理念。第二，调查分析养老、医疗、护理机构在对于失能老人提供服务过程中所采取的服务方式、内容与具体步骤，尤其应调查在对失能老人提供服务过程中限制老人自主权利的行为是否合法适度与受到有效监督。

由于对失能老人人格利益的侵害通常发生在医院、养老院与家庭等封闭性场所，因此此类行为具有复杂性与隐秘性特征。而失能老人由于智识能力与体力的欠缺，常常在面对侵害时忍气吞声，无法有效维护自身人格利益。基于此，在本阶段调研中，对于失能老人的调查注重采用个别访谈方式，同时注意保护当事人的隐私权利。

第二阶段，与浙江省宁波市民政局（主要联系人：方女士）合作，系统搜集整理浙江省关于失能老人人格利益保护的法律法规、统计数据与其他书面资料。同时，通过函寄书面调查问卷的方式，汇总整理上海与北京各大高校、法律研究机构、立法机关、政府行政部门、司法机关对于老年人权益保障法实施后失能老人人格利益保护相关问题的观点与建议。在书面调查问卷的设计中，重点调查两方面内容：第一，上述机构对于失能老人人格利益保护的认识现状与实际举措；第二，上述机构对于失能老人人格利益特定化保护的长远规划与目标。

二、我国失能老人人格利益表现形式与保护现状

在前期调研与搜集资料基础上，本报告总结分析了我国失能老人总体情况、失能老人人格利益表现形式和该利益所受保护总体态势以及基本特征。

(一)我国失能老人总体情况

随着我国逐步进入老龄化社会,失能老人的绝对数量迅速增长,而失能老人占老年人口的比例也呈稳步上升态势。

依据《全国城乡失能老年人状况研究》(2011 年报告),我国城乡完全失能老人占总体老年人口的比例分别为 5.0% 与 6.9%,农村高于城市。[8]

以浙江省为例。2013 年年底该省有失能、半失能老年人口 67.95 万人,占老年人口总数的 7.57%,其中失能老年人口为 22.10 万人,占老年人口总数 2.46%。[9] 以浙江省慈溪市为例。2011 年年底,慈溪市 60 岁及以上老年人达到 20.5 万人,占总人口的 19.69%。预计到 2015 年 60 岁以上老年人口将达到 24.76 万。截至 2011 年年底,浙江省慈溪市低失能、半失能老人达 9222 人,占老年人口的 4.5%。[10] 以浙江省宁波市鄞州区为例。该区现有失能老人 4000 多人,占老年人总数 3.03%;半失能老人约 7000 人,占老年人总数 4.81%。[11]

(二)我国失能老人人格利益表现形式

依据宪法、老年人权益保障法与其他相关法律法规,我国失能老人享有人格利益不受侵犯的权利。借鉴国外关于失能老人人格利益的类型化模式,我国失能老人人格利益具有多层面、多元化的表现形式。

1. 尊严利益

《老年人权益保障法》第 3 条第 3 款规定:"禁止歧视、侮辱、虐待或者遗弃老年人。"该条款规定以列举方式明确禁止了歧视与侮辱这两类严重侵害老年人人格尊严利益的行为。而被该条款同样明文禁止的虐

〔8〕 参见张恺悌:《全国城乡失能老年人状况研究》新闻发布稿,2011 年 3 月 1 日。

〔9〕 参见尚清:《幸福养老——浙江养老服务业发展的趋势和目标》,载《民政工作文选》,第 74 页。

〔10〕 参见慈溪市民政局许柏南:《慈溪市养老服务体系政策研究》报告,第 1 页。

〔11〕 鄞州区民政局严国苗:《高龄失能老年人的日常照料困境与对策思考——以宁波市鄞州区为例》,第 2 页。

待、遗弃老年人行为不仅严重损害了老年人人格尊严利益，而且同时构成严重侵害老年人身体利益的行为。

在现实生活中，失能老人是老年人群体中最容易受到不法侵害的群体。针对失能老年人的暴力行为具有多种表现形式。它不仅包括殴打、虐待或者遗弃等肉体暴力行为，还包括歧视、侮辱、精神折磨等精神暴力行为，〔12〕而精神暴力行为构成对失能老人人格利益的严重侵犯。除了上述老年人权益保障法所列举的侵害人格尊严利益的精神暴力行为外，侵害失能老人人格尊严利益的行为类型还包括冷落、忽视、拒绝倾听等行为。

2. 自主利益

失能老人的自主利益不得受到侵犯与妨碍。如果失能老人丧失基本认知能力，那么应由法定或指定的监护人代为履行财产处分权或其他相关权益。如果失能老人具备认知能力，那么应确保失能老人能够不受妨碍地自由处分财产权或其他相关权益。

失能老人自主利益不仅表现在财产处分领域，而且表现在医疗、护理与人身自由等多种领域。在认知能力许可的前提下，失能老人具有自主决定是否接受特定治疗手段的权利。为了保证失能老人做出理性的医疗决策，医护机构人员具有义务向失能老人详细阐述特定治疗手段的功效、风险、预后情况等相关信息。

尚具有认知能力的失能老人通常采用遗嘱的形式确定逝世后财产的分割事宜，但他们很少对于自己完全失能后的护理与监护事宜作出预先处置。因此，为了应对当前具有一定认知能力的部分失能老人在将来某一时刻可能无法自由表达自身意志的情形，这些失能老人可以预先做出指示。该指示内容应当涵盖护理行动具体指示与委托代理事宜。失能老人还可以在现行民法框架下事先确定以下事项：在将来失

〔12〕 Vgl. Deutsche Institut für Menschenrechte, Die Menschenrechte Älterer stärken, http://www.institut-fuer-menschenrechte.de/uploads/tx_commerce/aktuell_04_2012_die_menschenrechte_aelterer_staerken.pdf, Stand:07.05.2015, S.1.

能老人需要照管的情形下，何人应由法院确定为照管人。

3. 隐私利益

失能老人的身体健康信息、医疗数据、护理数据均属于其隐私信息范畴。除非失能老人或其全权代理人做出明确许可，否则任何养老、护理、医疗机构或第三人不得非法搜集、整理、披露、转发、存储、使用失能老人的隐私信息。

医疗与护理机构只能出于医疗护理目的搜集、整理、汇总与分析失能老人身份信息与健康数据。医疗与护理机构基于学术研究与实务经验交流目的而使用失能老人身份信息与健康数据时，必须对于数据信息进行完全的匿名化处理。

4. 社交自由利益

虽然失能老人失去部分或全部身体行动机能，但是他们仍有与亲戚、朋友或其他社会人士交往的意愿与自由权利。因此，社交自由利益构成失能老人重要的人格利益组成部分。

如果没有法律许可与正当理由，家属、社区工作人员、医疗人员、护理人员不得阻挠失能老人的社会交往活动。同时，家属、社区工作人员、医疗人员与护理人员应根据失能老人的身体与精神状况，采取各种便利措施保障失能老人的社交自由利益。如果失能老人具有充分的认知能力，那么其作出的结婚、离婚等决定属于其广义社交自由范畴，家属、社区工作人员、医疗人员、护理人员不得非法干预失能老人的婚姻决定。

5. 临终关怀利益

依据瑞士医学科学院（SAMW）颁布的《关于需要护理的老年人治疗照护的医学伦理指南与建议》（Medizin-ethische Richtlinien und Empfehlungen, Behandlung und Betreuung von älteren pflegebedürftigen Menschen）序言可知，老年人治疗与护理领域存在诸多矛盾冲突，它们包括：(1)护理老人的客观必要性与尊重老人自主权的冲突；(2)坚持医学治疗与放弃过度治疗的冲突。[13]

与瑞士相比较，我国失能老人治疗与护理领域存在相同或类似矛盾冲突。处于临终关怀阶段失能老人可能要求放弃治疗或护理，或者可能对医护人员的治疗护理方式提出异议。在此情形下，家属、医疗人员、护理人员或其他养护人员应尽一切可能征询失能老人意见，并说服或引导失能老人接受科学合理的医疗护理方案，从而充分保障失能老人在临终阶段的自主利益。

在濒临死亡阶段，失能老人还具有以有尊严方式死亡的人格利益。家属、医疗人员、护理人员或其他养护人员在采取医护措施时，应尽最大可能保障失能老人的人格尊严，并采取各项措施减轻失能老人所遭受的肉体与精神痛苦。

6. 信息获取利益

在信息社会，社会公众具有及时与全面获取相关媒体与社会信息的人格利益。在认知能力许可的前提下，失能老人同样具有及时与有效获取媒体与社会信息的人格利益。由于行动能力限制与缺乏使用网络等新媒体工具的经验，许多失能老人无法通过计算机与手机网络等新媒体工具及时与有效获取社会信息，这直接导致他们与社会的变相隔离，加剧了他们的孤独寂寞感。

7. 自我价值实现利益

《老年人权益保障法》第3条第1款与第2款规定："国家保障老年人依法享有的权益。老年人有从国家和社会获得物质帮助的权利，有享受社会服务和社会优待的权利，有参与社会发展和共享发展成果的权利。"

该条款体现了对于老年人人格尊严利益与自我价值实现利益的双重保护。一方面，该条款强调包括失能老人在内的老年人群体享有获

---

〔13〕 SAMW, Medizin-ethische Richtlinien und Empfehlungen, Behandlung und Betreuungvon älteren pflegebedürftigenMenschen, I. Präambel, S. 5.

得社会服务与社会优待的权利,而获得社会优待权利彰显了包括失能老人在内的老年人群体的人格尊严利益。另一方面,该条款明确规定了老人具有实现自我价值的人格权益。具体而言,失能老人在身体与精神许可的情形下,可以自由参与社会发展并享有发展成果。

(三)我国失能老人人格利益保护总体态势与基本特征

虽然我国失能老人人格利益具有多种表现形式,但是在制度构建与社会共识层面尚未形成全面和系统的失能老人人格利益保护机制。从总体上看,我国失能老人人格利益被忽视、漠视或受侵害的事例屡见不鲜,失能老人人格利益保护面临严峻态势。

当前我国失能老人人格利益遭到忽视、漠视乃至侵犯的现象时有发生,主要表现为以下诸种形式:(1)空巢独居的失能老人缺乏家人慰藉与社会交往,存在严重的孤独感与被遗弃感;〔14〕(2)社会还未形成全面的尊老、敬老、爱老意识,这导致失能老人产生失落感;〔15〕(3)针对失能老人养护需求的机构与人员严重缺乏,这导致失能老人自我满足感与生活满意感降低,加剧了失能老人的心理问题;〔16〕(4)医疗、护理、养老机构人员缺乏保护失能老人人格利益的职业意识与专业培训,这导致失能老人在接受医疗、护理、养老服务过程中无法充分实现尊严、自主、隐私等人格利益。

例如,依据《全国城乡失能老年人状况研究》(2011年报告),城乡完全失能老人自评差的比例约为70%,超过80%的城乡完全失能老人自报患有慢性病。完全失能老人的孤独感表现严重。城乡完全失能老人经常感到孤独的比例为41.1%与50.9%,城乡失能老人具有中度及以上抑郁症状的比例分别高达41.9%与45.9%,中度与重度失能老人

〔14〕 参见鄞州区民政局严国苗:《高龄失能老年人的日常照料困境与对策思考——以宁波市鄞州区为例》,第5页。

〔15〕 参见鄞州区民政局严国苗:《高龄失能老年人的日常照料困境与对策思考——以宁波市鄞州区为例》,第5页。

〔16〕 参见鄞州区民政局严国苗:《高龄失能老年人的日常照料困境与对策思考——以宁波市鄞州区为例》,第5页。

心理抑郁状况则更为严重。[17]

在司法实践中,与失能老人人格利益保护相关的诉讼案件呈逐年增长态势,这构成了我国完善失能老人人格利益保护法律制度的现实动因与重要推动力。例如,依据上海市长宁区法院发布的《2009—2013 年涉老特别程序案件审判白皮书暨监护人指定工作操作指引》,该区法院所受理的与失能老人人格利益相关案件数量呈迅速增长趋势。2009～2013 年,长宁区法院共受理涉及 60 周岁以上老年人行为能力特别程序案件 110 件,而 2012 年与 2013 年此类案件数量仅为 39 件与 38 件。依据《2009—2013 年涉老特别程序案件审判白皮书》,这类案件约有 70% 是由于老年痴呆、脑梗等老年疾病造成老年人行为能力丧失或弱化因而涉诉,30% 是因为精神疾病、智力残疾等原因导致涉诉。[18]

为了进一步研究分析我国失能老人人格利益保护现状,从 2014 年 10 月至 2015 年 2 月,本课题组通过发放调研问卷、随机抽访与举办小型座谈会的方式,在上海市松江区、江苏省常州市武进区、浙江省宁波市、山东省即墨市市区、山东省莱州市西由镇进行了关于"失能老人人格利益保护"的专题调研,调研对象涵盖特大城市居民、中等城市居民与农村村民。

调研问卷内容分为以下四部分:(1)关于失能老人人格利益保护的客观现状;(2)社会公众对于失能老人人格利益保护必要性的认知程度;(3)失能老年人人格利益保护存在的问题,包括监管问题与资源配置问题;(4)失能老人人格利益保护机制的法治化规划。

本次调研共发放问卷 400 份,有效回收问卷 221 份。在全面分析有效回收的调研问卷样本、抽访结果与座谈会记录的基础上,本课题组认为,我国失能老人人格利益保护现状具有以下基本特征:

---

〔17〕 参见张恺悌:《全国城乡失能老年人状况研究》新闻发布稿,2011 年 3 月 1 日。

〔18〕 参见陈静:《长宁法院发布〈涉老特别程序案件审判白皮书〉》,载上海新闻网:2014 年 10 月 28 日,http://www.sh.chinanews.com/web/sh/news?articleId=125782,最后访问日期:2015 年 5 月 15 日。

1. 失能老人缺乏保护自身人格利益的自觉意识

依据课题教研结果与浙江省宁波市民政局所提供资料可知，虽然包括失能老人在内的老年人容易遭遇损害人格利益的侵犯行为，但我国许多受侵犯老人囿于认知能力的限制或法律意识的欠缺，无法意识到自身权利受侵犯的事实，因而没有主动地实施维护自身人格利益的行为。

基于此现状，政府应加强对于失能老人、失能老人家属与养老、医疗、护理人员的法制教育，使他们知悉失能老人人格利益保护的宗旨原则、表现形式、维权途径与法律责任。

2. 社会公众缺乏对于保护失能老人人格利益必要性的充分认识

为了充分保障失能老人的日常生活需求，需要社会提供长期、全面、有效的照料资源。[19] 但我国失能老人不但需要一般的物质照料服务，而且需要丰富多元的精神文化服务。在身体与精神机能许可的前提下，失能老人同样具有实现自我价值与保持尊严生活的需求。[20]

经过调研发现，大多数受访对象（67.9%）对于保护失能老人人格利益缺乏足够认识，一般公众对于失能老人人格利益保护关注程度较低。大多数受访对象认为，当前最应关注的是失能老人基本生活的物质保障，只有在将来失能老人基本生活获得充分物质保障的前提下，才有必要关注和保护失能老人人格利益。

只有极少数受访对象（5%）认为，失能老人物质利益与人格利益之间是相互交织、相辅相成的关系。他们主张，如果只是片面强调保护失能老人物质利益，而忽视乃至漠视失能老人人格利益，那么可能加重失能老人群体的社会隔离感与精神空虚感，导致失能老人产生诸多心理问题与社交问题。

---

〔19〕 参见张恺悌：《全国城乡失能老年人状况研究》新闻发布稿，2011 年 3 月 1 日。

〔20〕 参见尚清：《幸福养老——浙江养老服务业发展的趋势和目标》，载《民政工作文选》，第 74 页。

3. 护理人员缺乏保护失能老人人格利益的专业知识与技巧

经过调研发现，受访的大多数失能老人护理人员（77.4%）既不具备全面保护失能老人人格利益的职业意识，又缺乏保护失能老人人格利益的专业教育与职业培训。

大多数失能老人护理人员不能充分认识到失能老人人格利益的多元化表现形式。他们一般比较关注失能老人的尊严利益，但却忽视或无视失能老人的隐私、社交自由、临终关怀等其他形式的人格利益。而接受调研的失能老人养老、医疗、护理机构均缺乏关于全面保护失能老人人格利益的内部规范与行动细则，这导致在实践中医护人员存在较多的忽视乃至侵犯失能老人人格利益的行为。

值得注意的是，我国养老、医疗、护理机构严重缺乏接受过社会工作、专职护理等相关专业高等教育的护理人员，因而直接导致在养老、医疗、护理过程中失能老人人格利益无法得到有效维护。以浙江省为例。该省养老机构共有约1.5万名护理员，其中取得资格证书的护理员仅约1万人，而获得国家养老护理员职业资格的人员仅约4000人，占总数的27%左右；在浙江省2099个养老机构中，专业医生、护士与社会工作者仅有500余人，其中能够提供失能老人专业养护服务的人员实属凤毛麟角。[21]

但与之形成鲜明反差的是，我国高等教育体系培养出的社会工作、专职护理等相关专业毕业生却常常拒绝进入失能老人养老与护理机构。其原因在于，大多数失能老人养老与护理机构无法为工作人员提供较好经济待遇与职业升迁空间。

例如，虽然公办养老机构被认定为属于事业单位性质，但在公办养老机构从事失能老人护理的人员却缺乏合理的经济待遇标准与系统完善的职称评定体系。这直接导致公办养老机构在招聘失能老人护理人

---

〔21〕 参见尚清：《幸福养老——浙江养老服务业发展的趋势和目标》，载《民政工作文选》，第74～75页。

员时,无法吸纳具有专业背景与技能的职业护理人员。[22]

4. 失能老人护理以家庭护理为主导形式

我国养老服务的责任主体包括家庭、社区、老年人养老机构、非政府组织以及政府。但迄今为止,包括失能老人在内的老年人群体主要由家庭提供养老服务,这一现状获得了老年人权益保障法等法律的确认与认可。[23] 例如,我国老年人权益保障法第12条规定:"老年人养老以居家为基础,家庭成员应当关心和照料老年人。禁止对老年人实施家庭暴力。"依据该法第36条的规定,国家应建立和完善以居家为基础、社区为依托、机构为支撑的社会养老服务体系。

经调研发现,受访的绝大多数失能老人(90%)是居家接受亲属或保姆护理,只有极少数失能老人是在医疗机构或养老机构接受照顾护理。在进行调研的上海市松江区、江苏省常州市武进区、浙江省宁波市、山东省即墨市市区、山东省莱州市西由镇,不但养老护理机构数量较少,专业养老护理人员欠缺,而且缺乏专门针对失能老人进行护理的医疗或养老机构。依据浙江省宁波市鄞州区民政局调研报告,该区具有各类养老机构床位5646张,实际入住老人为3342人,其中80岁以上老人为1688人,而失能老人仅为378人,失能老人入住养老机构的仅占该区失能老人的9.5%。[24]

将居家养老护理确定为失能老人养老护理的主导形式,已成为我国浙江省、四川省等多个省级地方政府的共识。依据浙江省民政局所提供资料,2011年浙江省政府出台《关于深化完善社会养老服务体系建设的意见》,要求全面构建"以居家为基础,社区为依托,机构为支撑"的社会养老服务体系。[25] 依据该文件要求,浙江省应确立"9732"

〔22〕 参见慈溪市民政局许柏南:《慈溪市养老服务体系政策研究》报告,第6页。

〔23〕 参见张恺悌:《全国城乡失能老年人状况研究》新闻发布稿,2011年3月1日。

〔24〕 参见鄞州区民政局严国苗:《高龄失能老年人的日常照料困境与对策思考——以宁波市鄞州区为例》,第7页。

〔25〕 参见尚清:《幸福养老——浙江养老服务业发展的趋势和目标》,载《民政工作文选》,第75页。

养老服务总体格局。到2015年，浙江省97%老年人应享受居家养老服务，3%老年人应享受机构养老服务，不少于2%的老年人应享受养老服务补贴。[26] 根据该文件精神，在将来很长一段时期，居家养老护理应是浙江省绝大多数失能老人的养老护理形式。依据四川省人民政府办公厅2015年2月印发的《关于加强老年人关爱服务体系建设意见的通知》的规定，该省政府鼓励有条件的地区建立生活长期不能自理、经济困难的失能老年人护理补贴制度，并建立完善居家养老服务支持长效机制，落实困难家庭失能老人、独居老人和80周岁以上高龄老人居家养老服务支持政策。

三、我国失能老人人格利益保护法律制度基本特征

我国现行失能老人人格利益保护法律制度主要包括宪法、老年人权益保障法等相关法律法规。该制度具有以下基本特征。

1. 现行失能老人保护法律缺乏针对性与系统性

我国现行宪法包含若干涉及失能老人人格利益保护的法律条款。例如，宪法第38条规定："中华人民共和国公民的人格尊严不受侵犯。禁止用任何方法对公民进行侮辱、诽谤和诬告陷害。"宪法第49条规定："婚姻、家庭、母亲和儿童受国家的保护。夫妻双方有实行计划生育的义务。父母有抚养教育未成年子女的义务，成年子女有赡养扶助父母的义务。禁止破坏婚姻自由，禁止虐待老人、妇女和儿童。"

除宪法外，我国还有多部保护弱势群体的法律，包括老年人权益保障法、未成年人保护法、妇女权益保障法、残疾人权益保障法，但尚不存在以失能老人权益为保护对象的系统性基本法律。

老年人权益保护法是一部以老年人财产利益与人格利益为保护对象的基本法律。该法律也包含若干涉及失能老人人格利益保护的条

---

[26] 参见尚清：《幸福养老——浙江养老服务业发展的趋势和目标》，载《民政工作文选》，第75页。

款。例如,老年人权益保障法第 18 条规定:“家庭成员应当关心老年人的精神需求,不得忽视、冷落老年人。与老年人分开居住的家庭成员,应当经常看望或者问候老年人。用人单位应当按照国家有关规定保障赡养人探亲休假的权利。”老年人权益保障法第 30 条第 2 款规定:“对生活长期不能自理、经济困难的老年人,地方各级人民政府应当根据其失能程度等情况给予护理补贴。”

由于失能老人既具有一般老年人所具有的弱势身份,又具有与残障人士相类似的身体与精神机能受限制的特征,因此以全体老年人利益为保护对象的老年人权益保障法无法全面有效地保护失能老人权益。鉴于失能老人的护理现状存在诸多问题与不足,立法机关应尽快制定专门的失能老人人格利益保障法,创设失能老人护理人员资格评定机制、失能老人养护机构准入与退出机制,以及失能老人“家庭—社区—机构”养护协调机制。

2. 失能老人物质利益与人格利益法律保护缺乏同步性

随着我国社会逐步进入老龄化阶段,失能老人的养老、医疗与护理问题日益突出,社会各界人士开始重点关注失能老人物质利益保障问题。例如,依据浙江省宁波市鄞州区民政局的调研结果,该区大多数失能老人由配偶与儿女等家庭成员照护,而独居无亲戚的失能老人通常只能自助生活,能够承担全职保姆费用、养老机构费用或医院费用的失能老人只占极小比例。[27] 为解决此物质困境,浙江省宁波市鄞州区民政局已着手探讨“社会多元力量参与失能老人养老”方案的可行性。

从法律层面分析,我国失能老人人格利益与物质利益的法律保护缺乏同步性。迄今为止,我国法律对于失能老人人格利益的具体表现形式、保障途径、义务主体与责任主体都缺乏具体规定。保障失能老人利益的主要法律是老年人权益保障法。但老年人权益保障法以保障老年人群体的整体利益为立法宗旨,其重点保护对象为包括失能老人在

---

〔27〕 慈溪市民政局许柏南:《慈溪市养老服务体系政策研究》报告,第 3 页。

内的老年人群体物质利益,其具体内容没有涵盖针对失能老人这一特殊群体人格利益的保障机制与保障措施。

3. 缺乏全面有效的失能老人人格利益损害监管机制

我国现行失能老人人格利益保护法律制度缺乏关于失能老人人格利益损害监管机制的规定。

由于失能老人行动能力受限,他们的人格利益容易受到侵害。侵害失能老人人格利益行为可能发生在失能老人住所、社区、医疗机构、养老机构与护理机构等场所,这些场所通常具有一定的隐秘性。而失能老人由于身体机能的限制或法治意识的淡薄,在受到人格利益侵犯时常常难以采取法律手段捍卫自身人格权利。基于这一原因,应构建失能老人人格利益损害监管机制,以充分有效保护失能老人人格利益。

以浙江省慈溪市为例。由于相关法律法规的欠缺,该市缺乏统一的失能老人养护服务管理机构。在该市失能老人养护领域,居家养老与社区托老由该市老龄办承担管理责任,而机构养老由该市民政局救灾救济科实施宏观层面的指导,尚不存在对于失能老人养护事业进行统一监管的专业机构。[28]

4. 缺乏失能老人养护机构准入与退出机制

我国现行失能老人人格利益保护法律制度没有对于失能老人养护机构准入与退出机制作出规定。

当前,失能老人养护领域存在两方面问题。一方面,现有养护机构服务质量良莠不齐,无法充分满足失能老人养护服务的实际需求;另一方面,大多数失能老人无法承担进入养护机构接受长期养护服务的相关费用。由于人口生育政策的影响与市场经济条件下人员跨区域流动的频繁性,许多失能老人同时属于“空巢老人”,家庭成员无法为这些失能老人提供充分的养护服务,而巨额的养护机构服务费用又超出一般失能老人家庭的经济承受能力。在农村地区,由于务工潮的存在,许多

〔28〕 慈溪市民政局许柏南:《慈溪市养老服务体系政策研究》报告,第4~5页。

中度与轻度失能老人子女不在身边,这导致这类老人不仅存在个人生活方面的各种困难,而且极易发生被遗弃感、空虚感、寂寞感等严重心理问题。

为了解决上述问题,我国立法机关应在新制定的《失能老人人格利益保障法》中规定系统的失能老人养护机构准入与退出机制。一方面,应在政府主导下,鼓励社会多元力量参与失能老人养护机构的建设与经营,从而充分缓解我国失能老人养护机构数量严重短缺的困境;另一方面,应通过明晰失能老人养护机构资格标准的方式,取消现存的不符合失能老人养护基本水准的养护机构的运营资格。

四、国外失能老人人格利益保护立法范例与基本内容

通过德文 Beckonline 数据库与英文 westlaw 数据库及 SSRN 网络资源搜索,可以发现英文与德文关于失能老人人格利益保护制度设计的资料较为丰富,并且具有体系化特征。尤其值得关注的是,欧盟与成员国对于失能老人人格利益保护制度的构建非常完善,相关资料众多,相关法律体系体现了多层次、立体化保护的特征。这是现有文献资料中对我国完善失能老人人格利益保护法律制度最有启发的内容。

在欧盟领域内,侵犯失能老人人格利益的行为并不罕见。在德国,约有五分之一的民众在寻找工作、签订保险合同或看病时由于年龄原因而遭受过歧视,失能老人在护理机构遭受虐待的情况时有发生。[29]

为了遏制侵犯失能老人人格利益的行为,欧盟在欧共体第 2000/78 号指令的基础上通过了一系列规范性法律文件,从而在社会保障等诸领域有效防止年龄歧视等侵害失能老人人格利益的行为。

依据《欧盟基本权利宪章》(Die Charta der Grundrechte der Europäischen Union)第 25 条的观点理念,需要护理服务的失能老人在人

---

〔29〕 Deutsche Institut für Menschenrechte, Die Menschenrechte Älterer stärken, http://www.institut-fuer-menschenrechte.de/uploads/tx_commerce/aktuell_04_2012_die_menschenrechte_aelterer_staerken.pdf, Stand:07.05.2015, S.1.

格尊严与自主性方面面临很大受侵害风险,他们参与社会与文化生活的权利经常被限制。基于此,欧盟要求各成员国制定政策,对于处于自家护理或机构护理的失能老人的人格利益及相关权利予以关注与保护。同时,欧盟明确要求,对于失能老人权利与自主性的限制必须具有明确的法律依据与透明的法律程序,而且应当是“适度的、可逆的与符合当事人福利的”。[30]

德国人权保护研究所(Deutsche Institut für Menschenrechte)则将失能老人人格利益保护法律制度的构建完善推向了一个新的层面,其主张在国际层面创设独立的《联合国老年人人权保护公约》(UN-Konvention zum Schutz der Rechte älterer Menschen),以防止“对于老年人的年龄歧视”与“对于老年人自主权利的限制”,从而充分有效地保护失能老年人的人格利益。根据该研究所主任贝亚特·鲁道夫(Beate Rudolf)的观点,新创设的《联合国老年人人权保护公约》不需要创设新的失能老年人权利,而是使既有的失能老年人权利保护制度更具有针对性与实效性;同时,新《联合国老年人人权保护公约》所确定的老年人人权保护标准不得低于《联合国残障人士权利公约》所确定的人权保护标准。[31]

在欧盟联盟层面,《欧盟关于需要扶助与护理老年人权利与义务宪章》(Europäische Charta der Rechte und Pflichten älterer hilfe-und pflegebedürftiger Menschen)是保障失能老人人格利益的具有指南与倡导性质的主要法律文件。该文件的宗旨是:“补充与明晰在欧盟若干成员国已经实施的涉及保障需要扶助与护理老年人权益的法规与其他措施。”该文件制定的主要依据是上述《欧盟基本权利宪章》(Grundrechte-

---

〔30〕 Europäische Charta der Rechte und Pflichten älterer hilfe-und pflegebedürftiger Menschen, Vorwort.

〔31〕 Deutsche Institut für Menschenrechte, Die Menschenrechte Älterer stärken, http://www.institut-fuer-menschenrechte.de/uploads/tx_commerce/aktuell_04_2012_die_menschenrechte_aelterer_staerken.pdf, Stand:07.05.2015, S. 1 ff.

Charta der Europäischen Union)第 25 条。基于《欧盟基本权利宪章》第 25 条的规定,欧盟应当承认与关注老年人权利,这些权利包括尊严生活、自主生活、参与社会与文化生活的权利。《欧盟关于需要扶助与护理老年人权利与义务宪章》将《欧盟基本权利宪章》第 25 条所阐述的老年人权利类型予以细化,并规定了每一项权利的具体内容。

在欧盟成员国层面,以德国为首的欧盟成员国制定了全面系统的保护失能老人人格利益的规范性法律文件体系。德国联邦"家庭、老年人、妇女与青少年"部与德国联邦卫生部委托"护理圆桌会议"(Runde Tisch Pflege)起草制定了《需要扶助与护理人士权利宪章》(Charta der Rechte hilfe-und pflegebedürftiger Menschen)。该宪章是具有指南与倡导性质的法律文件。

依据《需要扶助与护理人士权利宪章》第 1 条的规定,基于享有最大限度自主与独立生活的目的,每位需要扶助与护理人士都具有自助及获得支持的权利。基于该条规定引申可知,失能老人应具有以下具体权利:

1. 意志自由与自主决定权利,同时他们还应具有获得支持与照顾的权利;为失能老人提供照顾、护理与治疗服务的人员应尊重失能老人意愿,并据此实施服务行为。在失能老人不具备语言表达能力,但可以用肢体语言表达意愿的情形下,为失能老人提供照顾、护理与治疗服务的人员仍应尊重失能老人的意愿。如果失能老人意志能力受限,那么他们应在其意志能力许可的限度内参与和其人身相关的决策进程。[32]

2. 选择生活地点、选择护理与治疗类型和规划日常生活内容的权利。失能老人应具有自主选择生活地点、护理服务、住院设施、医疗人员、家庭经济措施、护理与治疗措施、日常生活内容的权利。在失能老人无法单独做出决策或表达意愿的情形下,为失能老人提供照顾、护理

〔32〕 Charta der Rechte hilfe-und pflegebedürftiger Menschen, https://www.pflege-charta.de/fileadmin/charta/pdf/Pflege-Charta.pdf, Stand: 12. 05. 2015, S. 8.

与治疗服务的人员和失能老人所信赖的人员应基于失能老人的利益代为做出相关决策。[33]

3. 管控财务、行政事务或法律事务的权利。失能老人自主权利也包括失能老人对于自身财务、行政事务或法律事务的管控权利。失能老人为了行使这类管控权利,应该得到必需的支持。为失能老人提供咨询与帮助的人员应基于保障老人利益最大化的目的提供咨询与帮助服务。这些人员的行为不得在经济或法律层面损害老人利益。[34]

4. 预先做出指示的权利。当前仍有意志表达能力的老人在将来某一时刻可能无法自由表达自身意志,因而他们可以预先做出指示,该指示内容将涵盖行动指示与委托代理事宜。失能老人可以事先确定以下事项:在将来失能老人需要照管的情形下,何人应由监护法院确定为照管人。[35]

5. 在特定情形下,失能老人的自主决定权利与护理服务人员的履行护理义务行为可能发生冲突。例如,在用餐时间,护理人员希望给一位失能老人喂食,但该老人拒绝进食。又如,一位中轻度失能老人想要步行,但护理人员认为他有摔伤的风险而予以阻止。[36] 在发生冲突的情形下,失能老人的自主决定人格利益应得到有效保护;只有在失能老人自主实施的行为可能危害其自身利益时,护理服务人员才有权利阻止或限制失能老人的相关行为。

依据《需要扶助与护理人士权利宪章》第 2 条的规定,每位需要扶助与护理人士都具有身体与精神不受危险侵扰的权利。由该条规定引

---

[33] Charta der Rechte hilfe-und pflegebedürftiger Menschen, https://www. pflege-charta. de/fileadmin/charta/pdf/Pflege-Charta. pdf, Stand: 12. 05. 2015, S. 8.

[34] Charta der Rechte hilfe-und pflegebedürftiger Menschen, https://www. pflege-charta. de/fileadmin/charta/pdf/Pflege-Charta. pdf, Stand: 12. 05. 2015, S. 8f.

[35] Charta der Rechte hilfe-und pflegebedürftiger Menschen, https://www. pflege-charta. de/fileadmin/charta/pdf/Pflege-Charta. pdf, Stand: 12. 05. 2015, S. 9.

[36] Charta der Rechte hilfe-und pflegebedürftiger Menschen, https://www. pflege-charta. de/fileadmin/charta/pdf/Pflege-Charta. pdf, Stand: 12. 05. 2015, S. 9.

申可知,失能老人具有如下具体权利:

1. 不受身体暴力与精神暴力侵犯的权利。任何人不得采取无视、侮辱、威胁或贬低失能老人人格的行为。[37]

2. 不受冷落忽视的权利。失能老人享有全面与充分的人格利益。任何负有照护失能老人义务的人员都不得冷落忽视失能老人。冷落忽视失能老人行为的表现形式包括“在照管、护理或治疗过程中对于失能老人缺乏关心”,“停止向失能老人提供必要的扶助措施”,“未能充分关注失能老人”。举例而言,当失能老人饥饿、口渴,想要站立或躺下、想要上厕所时,他们应及时地获得帮助服务,而不应长时间等待。失能老人应在天气冷暖变化时获得及时有效的帮助服务,使他们能够抵御寒冷与炎热;他们应随着天气变化得到及时的更换衣装服务,不应生活在过冷或过热的房间,也不应受到过强光照与冷气流的侵扰。[38]

3. 避免不当医疗与护理行为的权利。失能老人有权免遭不恰当的医疗与护理行为的伤害。医生具有义务向失能老人或其监护人透彻与全面地说明药物的效果、副作用以及药物间的相互作用。在失能老人服用药物与治疗过程中,医生与护理人员应在所有治疗与护理流程特别关注药物可能的副作用与相互作用,并能适时做出应对。[39]

4. 不受非法限制自由行为侵犯的权利。在身体健康允许的情况下,轻中度失能老人具有在所居住区域自由行动的权利,他们可以在任何时候进入、离开或关闭自己居住的房间。如果他们在医院等机构居住,并有能力自由行动,那么医疗机构应保证这些失能老人独立持有机

---

〔37〕 Charta der Rechte hilfe-und pflegebedürftiger Menschen, https://www. pflege-charta. de/fileadmin/charta/pdf/Pflege-Charta. pdf, Stand: 12. 05. 2015, S. 10.

〔38〕 Charta der Rechte hilfe-und pflegebedürftiger Menschen, https://www. pflege-charta. de/fileadmin/charta/pdf/Pflege-Charta. pdf, Stand: 12. 05. 2015, S. 10.

〔39〕 Charta der Rechte hilfe-und pflegebedürftiger Menschen, https://www. pflege-charta. de/fileadmin/charta/pdf/Pflege-Charta. pdf, Stand: 12. 05. 2015, S. 10.

构住所大门与各自房间的钥匙。[40] 任何限制失能老人行动自由的行为,如果没有得到失能老人的同意,那么它们只有在法官授权的情形下才可得到施行。[41]

依据《需要扶助与护理人士权利宪章》第 3 条的规定,每位需要扶助与护理人士的隐私与亲密空间应得到尊重与保护。

依据该条规定引申可知,失能老人的私人生活空间应得到重视与尊重,任何人不得擅自闯入失能老人居住空间。任何涉及失能老人隐私的数据与资料的搜集、存储、传播与分析处理必须得到失能老人或失能老人法定代理人的同意,并且必须依法施行。[42] 未经失能老人允许,任何第三方不得代替失能老人接收、开启或阅读信件或电子邮件。如果失能老人在住院治疗,那么他们应具有各自独立的信箱。如果失能老人自身无法接收、开启或阅读信件或邮件,那么他们可以指定所信赖的人代为处理信件或邮件。[43] 此外,失能老人在从事与身体、精神机能相适应的性活动时的隐私权应得到尊重,其性取向与生活方式也应得到尊重。任何人不得因为失能老人的性取向而歧视他们。[44]

依据《需要扶助与护理人士权利宪章》第 4 条的规定,每位需要扶助与护理人士都有权获得有利于促进健康的合格的护理、照顾与治疗服务,这类服务应针对其个人需要予以施行。依据该条规定引申可知,失能老人应具有以下具体权利:

第一,失能老人具有获得专业护理、照管与治疗的权利。当失能老

---

〔40〕 Charta der Rechte hilfe-und pflegebedürftiger Menschen, https://www. pflege-charta. de/fileadmin/charta/pdf/Pflege-Charta. pdf, Stand:12. 05. 2015, S. 10.

〔41〕 Charta der Rechte hilfe-und pflegebedürftiger Menschen, https://www. pflege-charta. de/fileadmin/charta/pdf/Pflege-Charta. pdf, Stand:12. 05. 2015, S. 11.

〔42〕 Charta der Rechte hilfe-und pflegebedürftiger Menschen, https://www. pflege-charta. de/fileadmin/charta/pdf/Pflege-Charta. pdf, Stand:12. 05. 2015, S. 11ff.

〔43〕 Charta der Rechte hilfe-und pflegebedürftiger Menschen, https://www. pflege-charta. de/fileadmin/charta/pdf/Pflege-Charta. pdf, Stand:12. 05. 2015, S. 12.

〔44〕 Charta der Rechte hilfe-und pflegebedürftiger Menschen, https://www. pflege-charta. de/fileadmin/charta/pdf/Pflege-Charta. pdf, Stand:12. 05. 2015, S. 13.

人需要获得专业帮助时,他们应该得到针对他们自身状况的具有专业水准的护理、照管与治疗服务。为失能老人提供护理、照管与治疗服务的工作人员必须接受过专业的教育、培训或指导,并应具有适应失能老人需求的必需职业资格。对于失能老人进行护理、照管、治疗的方法与措施必须能够反映医疗与护理领域的现实发展状况。[45]

第二,失能老人具有要求护理、照管与治疗机构与人员互相协作的权利。所有参与护理、照管与治疗失能老人的机构与人员应基于失能老人的要求和利益互相沟通、合作与协调。[46] 如果这类机构与人员在失能老人护理、照管与治疗方案和方式上发生冲突,那么他们应基于失能老人利益进行相互间的协商谈判。

第三,失能老人应具有获得个人定制性质护理服务的权利。每位失能老人的人格利益诉求都有个性化特征。所有参与护理、照管与治疗失能老人的机构与人员应根据每位失能老人的健康情况、家庭构成、生活背景、文化背景制定个性化的护理、照管与治疗方案。这类方案内容应充分体现失能老人的人格尊严利益与其他人格利益诉求。

依据《需要扶助与护理人士权利宪章》第 8 条的规定,每位需要扶助与护理人士都享有尊严死亡的权利。在这些人士濒临死亡的临终关怀阶段,他们的人格尊严利益不应受到侵犯。

由该条规定引申可知,失能老人在临终关怀阶段具有以下具体人格权利:失能老人在临终关怀阶段应享有以尊严与安详方式离开人世的权利。所有护理人士、医疗人士、家属应尽一切可能尊重濒临死亡的失能老人的意愿,并采取一切可能措施保障失能老人在最后生活历程的人格尊严。在失能老人允许或没有明确反对的情况下,护理人士、医疗人士与家属应为濒临死亡失能老人提供临终心理与精

---

〔45〕 Charta der Rechte hilfe-und pflegebedürftiger Menschen, https://www. pflege-charta. de/fileadmin/charta/pdf/Pflege-Charta. pdf, Stand:12. 05. 2015, S. 13.

〔46〕 Charta der Rechte hilfe-und pflegebedürftiger Menschen, https://www. pflege-charta. de/fileadmin/charta/pdf/Pflege-Charta. pdf, Stand:12. 05. 2015, S. 13.

神疏导服务。[47]

在失能老人临终关怀阶段，医疗与护理人士应通过专业引导方式，指引失能老人的亲属或其他所信赖人士陪护失能老人的濒临死亡最后阶段；在这一过程中，如果失能老人反对特定亲属或朋友参与陪护，那么其意愿必须得到尊重。[48]

在欧洲领域内，不仅欧盟与以德国为代表的欧洲国家制定了保障失能老人人格利益的法律、法规与指导性文件，而且诸多社会团体与组织也制定了保障失能老人人格利益的具有行动指南性质的文件。这类文件的范例是瑞士医学科学院（SAMW）制定的《关于需要护理的老年人治疗照护的医学伦理指南与建议》（Medizin-ethische Richtlinien und Empfehlungen, Behandlung und Betreuung von älteren pflegebedürftigen Menschen）。该文件确立了老人照护的五项基本原则：1. 适度照护原则；2. 人性化与持续性照护原则；3. 社会合作化照护原则；4. 跨学科合作照护原则；5. 医护人员接受相应培训与继续教育原则。[49]

依据瑞士医学科学院《关于需要护理的老年人治疗照护的医学伦理指南与建议》，医生、护理人员与治疗师必须保守关于失能老人治疗与护理情况的职业秘密。医护人员为了治疗护理需要可以搜集、存储、分析与传播关于失能老人理疗情况的信息。这类信息处理行为必须严格遵循关于隐私数据保护的法律法规。[50]

依据该文件规定，长期护理机构应保护与尊重老年人的自由权利与人格尊严，老年人的尊严、福利、个性均应得到尊重。长期护理机构

---

〔47〕 Charta der Rechte hilfe-und pflegebedürftiger Menschen, https://www. pflege-charta. de/fileadmin/charta/pdf/Pflege-Charta. pdf, Stand: 12. 05. 2015, S. 20.

〔48〕 Charta der Rechte hilfe-und pflegebedürftiger Menschen, https://www. pflege-charta. de/fileadmin/charta/pdf/Pflege-Charta. pdf, Stand: 12. 05. 2015, S. 21.

〔49〕 SAMW, Medizin-ethische Richtlinien und Empfehlungen, Behandlung und Betreuungvon älteren pflegebedürftigenMenschen, II. Richtlinien, S. 7 ff.

〔50〕 SAMW, Medizin-ethische Richtlinien und Empfehlungen, Behandlung und Betreuungvon älteren pflegebedürftigenMenschen, II. Richtlinien, S. 15.

应尊重与保护老年人的隐私空间。老年人居住的房间构成老年人隐私空间的组成部分。如果多名老年人同时居住一个房间,那么护理机构应采取措施,保障每一位老人的隐私空间。[51] 护理机构必须确保不得虐待或冷落对待老年人。[52]

五、借鉴国外模式完善我国失能老人人格利益保护法律制度设想

迄今为止,我国失能老人人格利益保护现状存在诸多欠缺不足。只有革新与完善失能老人人格利益保护法律制度,才能有效化解我国失能老人人格利益保护困境。立足我国国情并借鉴国外成熟模式应是我国立法机关完善失能老人人格利益保护法律制度的必由之路。

(一)完善失能老人人格利益保护法律制度意义

完善失能老人人格利益保护法律制度具有四项重要意义。

第一,完善该制度是我国应对人口老龄化国家战略的重要内容。该制度与养老保障制度、养老保险制度、失能老人社会护理制度之间具有相辅相成和优势互补关系。

第二,完善该制度可以有效规范与梳理我国失能老人养护机构服务质量与人员素质良莠不齐的现状,确立系统与全面的失能老人人格利益保护标准与行动指南,从而有效杜绝近年来频繁出现的养护机构与人员侵犯失能老人人格利益的行为。

第三,完善该制度可以明晰政府、社区、家庭、医疗护理机构在保护失能老人人格利益事项上的权限与义务,从而逐步建立由政府主导和社会力量广泛参与的失能老人人格利益保障与监督体制。

第四,完善该制度可以有效塑造全社会尊老、爱老、敬老、护老的群

---

[51] SAMW, Medizin-ethische Richtlinien und Empfehlungen, Behandlung und Betreuungvon älteren pflegebedürftigenMenschen, III. Empfehlungen, S. 18.

[52] SAMW, Medizin-ethische Richtlinien und Empfehlungen, Behandlung und Betreuungvon älteren pflegebedürftigenMenschen, III. Empfehlungen, S. 23.

体意识，扭转与改变部分社会民众忽视、漠视失能老人人格利益的行为方式，进而有效提升全社会精神文明水准。

（二）移植国外模式完善我国失能老人人格利益保护法律制度的可行性与必要性

欧盟、欧盟成员国及其他欧洲国家已经创立了全面完善的保障失能老人人格利益的法律体系，并具有保障失能老人人格尊严与自主权利的丰富实践经验。

我国法律体系、欧盟法律体系与欧洲大多数国家法律体系都基本属于大陆法系，它们在概念、理念与制度构成上具有很大相似性。因此，我国应结合我国失能老人人格利益保护现状，在一定程度上移植欧盟与欧盟成员国及其他欧洲国家的失能老人人格利益保护制度设计理念，制定专门的失能老人人格利益保护法律，构建与完善包括国际公约、全国性法律与地方性法规乃至社区公约在内的具有中国特色的失能老人权益保障法律制度。

（三）基于我国国情完善失能老人人格利益保护法律制度的思路与路径

在借鉴国外模式的同时，我国失能老人人格利益保护法律制度的完善必须紧密结合我国现阶段的国情与民情。

首先，不可否认的是，包括养老机构人员在内的我国社会公众对于保护失能老人人格利益的重要性与紧迫性仍然缺乏足够的认识；在相关侮辱虐待失能老人案例中，媒体与公众通常从刑事责任承担角度谴责不法人员，而较少从人格尊严与权利自主角度呼吁捍卫失能老人人格利益。尤其是在基于护理目的限制失能老人自主权利的情形，包括专业护理人员在内的大多数社会公众并未意识到需要确立公开的与透明的限制行为审查标准。因此，我国在制定失能老人人格利益保护的专项法律时，应注重法律对于公众的权利宣示与教育引导作用。

其次，我国已出台了多项与失能老人养老保险与护理服务相关的规范性法律文件，但这些法律文件均是从物质保障层面强调对于失能老人的保护,而忽视了在精神层面对于失能老人人格尊严与自主权利的保护。因此我国立法机构应通过修订旧法与制定新法的形式,实现对于失能老人精神保障与物质保障的有机结合。它应将对于失能老人人格利益的保护明确界定为养老保险机构、养老服务机构、社区服务机构、失能老人家属与其他相关机构人员的法定义务。

基于欧盟与德国的立法范例,我国立法机构应在充分社会调研的基础上,在宪法与老年人权益保障法关于老年人保护条款的法律框架下,创设富有针对性与实效性的关于失能老人人格利益保护的法律与具体实施细则。

通过这种方式,一方面可以经由法律的指引作用,在全社会形成尊重与保护失能老人人格利益与自主权利的舆论氛围;另一方面可以有效化解当前老年人权益保障法缺乏保护失能老人利益具体条款的尴尬境地,实现失能老人人格利益保护理念的具体化与制度化。

基于历史研究方法与比较研究方法分析可知,美国、德国、英国等欧美发达国家对于失能老人利益的保护均经历了界限分明的两个历史阶段。

在第一阶段(约为19世纪下半期到20世纪60年代末),各国均注重关于失能老人护理问题的养老保险与社区服务制度建设。这一阶段的建设主要宗旨是保证物质层面护理服务的提供,而较少涉及失能老人人格利益的保护问题。在第二阶段(约从20世纪70年代起),由于各国均出现养老机构损害失能老人人格利益的大量不法情形,各国乃至国家联盟颁布了以《德国老年人护理质量保护法》为代表的大量捍卫失能老人人格利益的法律法规,旨在从精神层面保障失能老人的利益诉求。

当前我国为失能老人提供护理的社会服务业刚刚兴起,失能老人养老保险与社区服务制度建设处于起步阶段。为了充分有效地保护失能老人合法权益,我国应避免重复西方国家先物质层面保障后精神层面保障的老路,而应在开展失能老人养老保险与社区服务制度建设同时，以立法的形式有效保障失能老人的人格利益与自主权利，将物质保障与精神保障有机结合。

在对失能老人保障领域充分社会调研的基础上，我国立法机构应以法律形式细化失能老人人格尊严与自主权利的具体内容与表现形式，使其与我国的社会经济生活发展阶段相匹配；同时，立法机构应明确制定限制失能老人自主权利的合理护理行为的审查标准，对于养老机构、失能老人家属与其他社会服务人员出于护理目的限制失能老人自主权利的方式、步骤、程度与期限作出详尽细致的规定，从而有效杜绝不当限制失能老人自主权利行为。

迄今为止，我国尚不存在一部专门以保护失能老人人格利益为立法宗旨的基本法律。由于缺少专门性法律的指引与规制，我国社会公众还未充分认识到保护失能老人人格利益的必要性与紧迫性；养老、护理与医疗机构也没有制订保护失能老人人格利益的操作规范与行动指南。基于此，我国立法机关应借鉴欧盟、德国立法模式与经验，尽快制定失能老人人格利益保障法这一基本法律。该部法律应涵盖以下内容：

1. 创设失能老人护理人员资格评定机制

失能老人人格利益保障法应包含失能老人护理人员资格评定机制。为了全面与有效地保护失能老人人格利益与精神诉求，失能老人居家护理人员应具备护理学、心理学、社会学、交际学等专业知识，同时还应具备服务他人的奉献意识与系统性的人际沟通技巧。所有长期从事失能老人护理工作的机构人员必须具有社会工作专业或其他可类比专业的高等教育背景，并应接受心理学、精神学、社会学的系统培训；同时，这些护理人员还应具备关怀意识、服务意识与奉献意识。

基于我国国情，失能老人护理服务应从当前的“以生活照料服务为主导”阶段逐步过渡到“物质照料服务与精神抚慰服务并重”阶段。

在失能老人人格利益保障法的法律框架下，政府不仅应为失能老人养护服务的发展提供各种扶持与优惠措施，而且应构建完善的失能老人护理人员职称评定体系与经济收入保障机制。这样可以吸引大量具有专业教育背景或实践经验的护理人员从事失能老人护理服务。这些专业人员不但可以为失能老人提供全面有效的护理服务,而且具有尊重与保障失能老人人格利益的专业素养,可以为失能老人提供心理咨询与精神慰藉服务。

2. 创设失能老人医护机构的准入与退出机制

由于人口生育政策影响与老龄化社会进程加快,我国失能老人数量呈直线上升趋势。与之形成鲜明反差的是,我国失能老人医护机构数目极少,并且所提供医护服务质量参差不齐。

为了满足我国3000余万失能老人的医护需求,政府应在失能老人医护市场施行税收、贷款、补贴等各种优惠政策,鼓励与支持失能老人医护行业的市场化与社会化,充分动员社会各方资本与资源进入失能老人医护市场,最终形成"以医护机构照护为主导,以社区照护为辅助,以家庭照护为补充"的失能老人照护新格局。

为了确保失能老人能够获得基本的社会公共服务,从而有效维护失能老人的人格尊严,已有地方政府开始采取为特困失能老人购买社会服务的措施。例如,福建省泉州市洛江区政府依照《泉州市老龄办关于做好2013年市委、市政府为民办实事项目准备工作的通知》(泉老龄办〔2012〕64号)、《泉州市老龄办关于确定为特困失能老人提供政府购买服务人数的通知》(泉老龄办〔2013〕15号)文件要求,向辖区内特困失能老人提供政府购买服务;在社区,洛江区政府购买服务主要是以失能老人生活需求为基本出发点,经由中介或社区委员会联系相应服务企业,向其购买适应失能老人需求的特定服务,这些服务类型包括提供文化娱乐、学习教育、聊天、心理咨询等与人格利益密切相关的服务。[53]

在借鉴国外模式并总结国内经验的前提下,我国应立法明确规定

〔53〕 参见洛江区民政局:《洛江区为特困失能老人提供政府购买服务的实施方案》,载 http://www.qzlj.gov.cn/WebFile/news_des-33-20936.html,最后访问日期为:2015年5月15日。

失能老人医护机构的准入与退出机制。失能老人医护机构应满足以下资格条件:(1)失能老人医护服务构成该类机构的主要业务;(2)该类机构所提供的医护服务是向社会全体失能老人开放;(3)该类机构所提供的失能老人医护服务是由具有失能老人医护教育背景或经历的专职医疗与护理人员主持与管理;(4)该类机构与社区养老组织、失能老人家庭相互协作,共同实施多层级的养老服务供给。

3. 构建临终关怀法律制度体系

由于传统文化的影响,我国临终关怀制度体系的构建历程非常缓慢,而临终关怀阶段是失能老人医疗护理不可或缺的最终阶段。在临终阶段,失能老人具有人格尊严与各项人格利益不受侵犯的权利,他们基于人格利益的各种要求与诉求也应得到监护人、医疗人员与护理人员的尊重与满足。

借鉴国外规制模式,我国立法机构应构建临终关怀法律制度体系。失能老人临终关怀利益作为其人格利益的重要组成部分,应成为临终关怀法律制度体系的主要保护对象。

具体而言,失能老人在临终关怀阶段应享有以下具体人格利益:

(1)在临终关怀阶段应享有以尊严与祥和方式离开人世的权利。医师、护理师、家属、社区工作人员、志愿者应尽一切可能尊重濒临死亡的失能老人的人格尊严利益,不得随意侵犯失能老人隐私,也不得干涉失能老人既有的生活方式。如果失能老人仍具备认知能力,那么医护人员在制定医疗护理方案时必须征询失能老人的意见。

(2)在失能老人具备认知与思维能力的情形下,心理学家、护理人士、医疗人士与家属应为濒临死亡失能老人提供临终心理与精神疏导服务,使其能平稳度过对于死亡的心理恐惧期。

(3)在失能老人临终关怀阶段,医疗与护理人士应通过心理学、社会学、护理学等专业引导方式,指引失能老人的亲属朋友陪护失能老人度过人生最后阶段。在这一过程中,失能老人的需求应尽量得到重视与满足;如果失能老人反对特定亲属朋友参与最后阶段的陪护,那么这一意愿必须得到尊重。

4. 构建失能老人养护服务监管与评价机制

在失能老人人格利益保障法法律框架下，应基于政府主导，由专业机构与人员创建一系列失能老人养护服务的监管与评价机制。失能老人养护机构应接受政府相关部门监管，并定期公开其财政收支情况、服务内容、服务绩效。

在实践中，我国若干地方政府已经开始探索建立养老服务机构的监管机制。例如，浙江省为了加强对养老服务机构的监管，推进养老服务标准化建设，正在拟定老年活动场所建设标准、养医服务基本标准等地方性标准。[54]

从2008年起，浙江省宁波市江东区为推进该区养老服务的全面健康发展，创建了以“需求主导，家院互融，虚实互促，社会互动”为特征的养老服务新模式。该养老服务新模式可以有机整合居家养老服务与集中养老服务资源，较为有效保障失能老人的物质利益与人格利益。[55] “情感融合”是江东区的失能老人家院互融养老服务模式的重要内容，而它同时也是充分保障失能老人人格利益的有效途径；基于该模式，居家接受护理的失能老人应能享受与养老机构类似的专业化与多元化照料服务，而在养老机构养老的失能老人亦应感受到居家般的温馨氛围。[56]

此类地方实践可为我国失能老人养护机构运营与监管法律制度的构建提供一定程度的理论指引与经验积累。

5. 制定失能老人人格利益保护正面清单与负面清单

我国立法机构可以通过专家建议、公众咨询与社会听证的方式，在失能老人人格利益保障法法律框架下明确阐明失能老人人格利益的各

---

〔54〕 参见尚清：《幸福养老——浙江养老服务业发展的趋势和目标》，载《民政工作文选》，第78页。

〔55〕 参见宁波市江东区民政局老龄办：《家院互融：居家养老服务的实现路径研究》，第1～2页。

〔56〕 参见宁波市江东区民政局老龄办：《家院互融：居家养老服务的实现路径研究》，第2页。

种具体表现形式,并制定失能老人人格利益保护正面清单与负面清单。

在正面清单中,应详细列明各级养老机构人员、护理机构人员、医疗机构人员、社区服务人员、家属与护工在照管失能老人时应主动采取的各种保护失能老人人格利益行为。例如,我国立法机构应借鉴国外模式,以明确规定法律义务与责任的方式,要求养老、护理与医疗机构应保证每位接受服务的失能老人都具有相对独立的隐私空间;在接受服务期间,这些老人应具有社会交往活动的自由。每逢节假日,失能老人不在身边的子女与其他亲属具有义务看望或探视失能老人。政府还应负有义务对照顾失能老人的家庭人员免费提供老年医学、护理学、心理健康、精神慰藉等方面的专业教育培训。[57]

同时,失能老人人格利益保障法应包含失能老人人格利益保护负面清单,该清单应具体细化各种侵犯失能老人人格利益的行为类型。各级政府监管机构应依据失能老人人格利益保护负面清单目录,定期抽查与监督各级失能老人养老机构人员、护理机构人员、医疗机构人员、所居住社区服务人员、家属与护工的养护行为,及时纠正各种违法与不当的侵犯失能老人人格利益的行为。

正面清单与负面清单所列举的具体义务应在机构养老、社区养老与家庭养老三个层面得到细化。

在机构养老层面,养老机构、护理机构与医疗机构应建立失能老人入院评审与分级医护制度。这类机构应针对失能老人的不同生理与精神状况,制订具有个性化特征的失能老人人格利益保障预案。

在社区养老层面,社区养老服务组织与志愿者应统计汇总本社区内失能老人的总体情况与个体关键信息,并在汇总分析这些数据信息的基础上制定针对社区内每位失能老人的个性化服务方案,为失能老人提供心理咨询、定期探访、聚会联谊等各种涉及人格利益实现的服务

---

〔57〕 参见尚清:《幸福养老——浙江养老服务业发展的趋势和目标》,载《民政工作文选》,第79页。

活动。

在家庭养老层面,政府应在失能老人人格利益保护正面与负面清单中具体细化家庭成员的尊老爱老义务。家庭成员所具有的失能老人人格利益保障义务至少包括以下五个层面:①家庭成员不得冷落、侮辱、歧视失能老人或对失能老人施以其他类型的精神虐待行为;②与失能老人分居的子女或其他亲密家庭成员应定期探访与通讯慰问失能老人,并具有长期持续精神慰藉失能老人的义务;③家庭成员不得随意侵犯、披露或非法使用失能老人的隐私信息;④在身体与精神机能许可的前提下,失能老人具有社会交往的自由权利;家庭成员不得阻挠与干涉失能老人的社会交往活动;⑤在身体与精神机能许可的前提下,失能老人具有自主决定婚姻生活的权利;家庭成员不得干涉与阻止失能老人做出的婚姻决定。

6. 保障失能老人在精神文化领域的多元需求

依据《关于加强老年人关爱服务体系建设意见的通知》的要求,应根据老年人的物质和精神文化需求,分类别、多层次、有针对性地对老年群体实施全面关爱,并重点突出对城乡“三无”人员中的老年人和经济困难的失能、高龄、独居、失独、残疾及空巢、留守等老年人的关爱。

除了极重度失能老人外,绝大多数失能老人具有精神文化领域的利益诉求,这也是他们实现自我价值和参与社会发展的重要形式。因此,立法机构应通过制定失能老人人格利益保障法的方式,发动全社会力量保障与满足失能老人在精神文化领域的多元化需求。

在新制定的失能老人人格利益保障法法律框架下,政府应采取各种保障失能老人人格利益的措施。例如,政府可以主导创设失能老人康复交流中心、失能老人活动中心等失能老人专属的设施场所。在这些设施场所中,失能老人能够在护理人员的帮助下从事社交活动与文娱活动,从而有效缓解自身的孤独感、寂寞感与社会边缘化感觉。

迄今为止,我国若干地方政府已经开始探索实施保障失能老人精神文化人格利益的举措。例如,浙江省杭州市西湖区正在试点建设“智慧养老云服务平台”。该平台拟涵盖远程医疗保健、远程居家养老、远程情感关怀、远程文娱与远程教育等各类服务项目,可以较为有效地保障包括失能老人在内的老年人群体精神文化人格利益需求。[58] 又如,依据浙江省慈溪市民政局调研报告,该市 224 个行政村、49 个社区、6 个居委和 1 个农垦场先后建立了居家养老服务站点,覆盖城市社区 98%(除清水湾社区)、农村 81.75%。[59] 该市财政总共投入 2324.4 万元,经由家政打理、医疗保健、文化娱乐、精神慰藉等服务使城乡困难老人与高龄空巢老人得到帮助,其中文化娱乐与精神慰藉服务是保障失能老人人格利益的重要服务类型。[60]

我国立法机构在制定失能老人人格利益保障法时,应总结浙江省杭州市、慈溪市等地方政府在实施保障失能老人人格利益措施过程中的经验与不足,并将各地已经成熟的政府保障机制标准化与制度化,从而明晰与厘定地方政府在保障失能老人精神文化人格利益领域的义务、责任、行为方式与具体内容。

六、结语

综上所述,本报告在社会调研基础上,基于比较法视野评估与分析我国失能老人人格利益保护现状与相关法律制度构成,同时介绍与阐释国外关于保护失能老人人格利益的先进立法经验,提出了完善我国失能老人人格利益保护法律制度的具体建议。

---

〔58〕 参见尚清:《幸福养老——浙江养老服务业发展的趋势和目标》,载《民政工作文选》,第 80 页。

〔59〕 参见慈溪市民政局许柏南:《慈溪市养老服务体系政策研究》报告,第 3 页。

〔60〕 参见慈溪市民政局许柏南:《慈溪市养老服务体系政策研究》报告,第 3 页。

网络涉老隐私信息传播的法律规制

林　凌*

随着网络发展和各种网络应用技术的推广使用，网络侵害老年人隐私权的问题越来越普遍，社会影响也越来越大，各种网络涉老隐私信息传播已经扰乱网络传播秩序，危及网络媒体健康发展。网络涉老隐私信息传播既是法律问题，又是网络传播问题。从法律角度来看，网络涉老隐私信息侵权客体具有多样性，如既有通过博客侵害谢晋名誉的网络侵权案，也有因女儿杨某某追星、未成年人李某涉嫌轮奸而曝光其父母隐私的网络侵权问题。从信息传播角度来看，既有网络信息传播侵权，也有传统媒体和网络媒体相互设置议程而共同侵权。网络涉老隐私信息传播主体既有老人让渡隐私权

* 林凌，文学博士，华东政法大学人文学院教授，博士生导师。

而主动向媒体提供相关信息所导致的隐私信息曝光,也有作为共同隐私权利人而遭受网络侵权。因此,从网络传播规律和既有老年人权益保障法出发,依法规制网络涉老隐私信息传播对于保护老年人合法权益,治理网络传播秩序,具有很强的现实意义。

一、网络涉老隐私信息传播侵权频率加剧

我国对老年人的媒介形象研究起步较晚,目前的研究文献显示,学术界主要以媒体代际作为划分标准,分别研究传统媒体和网络媒体中的老年人形象。陈勃等通过调查电视剧中的老年人形象后发现,首先,老年人媒体形象以负面为主;其次,媒体对老年人的关注主要集中在物质生活上,对精神生活关注很少。[1] 殷文以广告中的老年人形象为例,探讨了老年群体的话语"增权"问题,认为老年群体处于失语状态,因而广告中老年人的形象是不够健康、传统而保守、附属于年轻人、低消费的。[2] 网络媒体中,老年人形象依然如此。特别是"彭宇案"等一系列老人倒地讹诈事件发生后,网络所传播的老年人形象越来越趋向负面。有研究表明,近十年来,网络新闻中呈现的老年人的消极形象占主导地位(48.24%),积极形象占三分之一(35.84%),无明显倾向的中性形象占15.92%。2003~2012年,积极形象报道比例经历了震荡下挫的过程,从42.6%一路下滑至26.32%。"年老体弱者""受爱护者""受难者"和"负面行为者"形象频频出现在网络新闻中。[3] 在网络大量传播涉老信息时,各种网络侵害隐私权事件频频发生。

首先,老年人是有新闻传播价值的人群,他们的私人生活和私人信息是网络涉老信息传播的重点内容之一。老年人风雨沧桑一生,他们

---

〔1〕 参见陈勃:《人口老龄化背景下大众传媒对老年形象的呈现》,载《甘肃社会科学》2006年第6期。

〔2〕 参见殷文:《广告与老年群体的话语"增权"——以广告中的老年形象为例》,载《兰州学刊》总第181期。

〔3〕 参见华乐:《网络新闻中老年人形象塑造研究》,载《青年记者》(中)2013年12月。

的人生折射出时代的变迁，在迈入人生暮年后又要面对养老、就医以及家庭亲情、财产纠纷等各种矛盾，因此，发生在他们身上的故事既能引发网络讨论尊老爱老的话题，传播社会正能量，也能通过集中曝光老年人的各种隐私信息，满足部分网民的猎奇心理，为网络媒体获取点击量。传统媒体时代，媒体对涉老隐私信息实施强把关，所公开报道的信息发生新闻侵权的概率受到限制，即使老年人被传统媒体侵害隐私权，也将因侵权义务主体明确而得到有效法律救济。网络时代，网络服务提供商和网络内容服务商承担消极审查义务，普通网民拥有更多的信息传播权，那些被传统媒体把关的老年隐私信息很容易通过网络扩散，从而加剧网络侵害老年人合法权益问题。21 世纪以来，有几类网络涉老隐私信息传播最容易引发网络传播侵权：一是老年公众人物的隐私成为网络传播内容。老年公众人物以专业贡献或杰出成就在社会上拥有较高的知名度，他们的隐私信息容易引发网络关注，甚至被一些企业、网民用于商业炒作或广告。例如，谢晋去世后被宋祖德博客炒作、王洛宾名誉侵权案通过网络进一步扩散等，都与权利受害人拥有较高的社会知名度密切相关。二是老年人及家人为寻求法律和舆论救济而让渡隐私信息，致使网络过度侵害老年人隐私权。老年人是社会弱势群体，他们一旦遭遇病困、家庭矛盾等生活纠纷，往往主动或被动寻求舆论救济，进而将自己的隐私曝光于网络中。例如，杨某与南方周末报社等名誉权纠纷案中，杨某父母杨某某、陶某某各自的家庭背景，杨某与父母，父母之间的关系，杨某父母的婚恋，杨某某弟弟杀母的精神病史，陶某某与杨某某离婚及原因，陶某某离婚后的情感生活等均被网络广泛扩散，[4]侵害了老年人的隐私权。三是部分老年人因疾病等原因失去独立民事能力而被网络侵害隐私权。部分老人语言、行为比较怪异而被网民关注，成为网络关注和批评对象，容易引发网络侵权。例如北京延庆县张某(63 岁)系精神残疾，平时喜爱着女装、梳小辫出入，两

---

〔4〕 参见(2008)穗中法民一终字第 3872 号。

年前来北京购药,在街上被人偷拍上网,因此成为网络“红人”。张某监护人认为:中国经济网未经他们许可而擅自发表原告的照片并有不当的言辞,侵犯了原告的肖像权和名誉权,因此要求网站赔礼道歉,赔偿精神损失5万元。[5]

其次,大数据时代老年人基本信息被滥用,侵害其隐私权。世界已经进入大数据时代,在许多社会领域,大数据已经具有成熟的应用模式。有学者指出,大数据目前已经应用于诸多领域,最典型的有互联网广告(根据用户偏好进行的定向投放)、电子商务(如淘宝)。此外,在金融保险、医疗健康、电信、政府规划、教育、文化娱乐等领域也大有作为。[6] 但是,“大数据的价值不再单纯来源于它的基本用途,而更多源于它的二次利用”,信息的二次利用“颠覆了当下隐私保护法以个人为中心的思想:数据收集者必须告知个人,他们收集了哪些数据、作何用途,也必须在收集工作开始之前征得个人的同意”。[7] 老年人为了健康、购物、旅游等目的,把个人信息留给相关机构,这些机构因管理不善或遭第三方恶意攻击而泄露相关信息,导致网络打扰老年人的生活安宁;同时,信息传播的动态化、碎片化,导致网络媒体和商家通过大数据技术对老年人的相关信息进行整合和分析,预测和描述该老年人的某些生活状态及需求,同样侵害老年人的隐私权。现实生活中,已经出现了老年人因受到网络信息骚扰而生病、更换手机号码等现象。由于网络隐私权保护立法滞后,监管乏力,仅有4%的公众通过投诉或提起诉讼维护大数据侵害隐私权问题。[8] 虽然大数据侵害老年人隐私权,但迄今为止,尚未发现老年人依法起诉大数据引发侵害隐私权的案例。

---

〔5〕 参见《老汉遭恶搞成“网络小芳”传播者被判赔偿》,载《法制日报》2007年6月19日。

〔6〕 参见《大数据时代个人隐私危机亟待法律破解》,载《计算机与网络》2014年3、4期,第8~9页。

〔7〕 [英]维克托·迈尔—舍恩伯格、肯尼思·库克耶:《大数据时代》,盛杨燕、周涛译,浙江人民出版社2013年版,第197页。

〔8〕 参见刘小霞、陈秋月:《大数据时代的网络搜索与个人信息保护》,载《现代传播》2014年第5期。

二、网络涉老隐私信息传播侵权的法律之困

法律理应为保护老年人隐私权构筑坚实的防护堤坝，维护老年人的合法权益。然而，网络传播技术所带来的动态化、交互化和匿名化既让网络媒体乃至普通网民很容易收集老年人隐私信息，又容易借助网络链式传播病毒式扩散涉老隐私信息，不断挑战现行法律规定。

首先，对老年人或法定监护人让渡隐私权所导致的隐私信息扩散，缺乏严格的法律救济和保护。老年人在遭遇生病、婚姻和财产纠纷后，本人或法定监护人向媒体公开隐私信息寻求社会援助，但是，他们与媒体没有明确约定使用这些隐私信息的范围和用途，以至于网络媒体纷纷转载，将其作为公共事件向社会扩散，使其隐私信息成为网上人人皆知的公共信息。对此，我国法律没有明确规定，老年人向特定媒体让渡隐私信息，网络媒体不能转载。从法律角度来看，网络媒体任意转载可能带来两个问题：一是网络媒体转载是否反映了老年隐私权利主体的意愿。所谓转载权，是媒体和媒体之间基于公共信息共享与传播而构成的权利，它不与公共信息所涉及的隐私权利人发生直接关联。也就是说，转载媒体只要不更改原作内容且经过原载媒体同意，即可以自由地转载相关文章。如此一来，涉老隐私信息就将因信息扩散而发生侵权或者加重侵权等后果。如许多电视节目的调解类节目涉及大量老年人隐私信息，隐私权利人的本意是通过媒体调解家庭矛盾和纠纷，主观上并无向全社会扩散的意愿，可是，经过网络传播后，他们的隐私信息人人皆知，给其生活造成了另一种侵扰。二是扩散老年人隐私信息将侵害老年人隐私权。任何公民既有保护隐私的权利，又有对隐私权"可能造成的轻微损害应当予以容忍与理解"，[9] 法律很难保证公民的隐私权绝对不受侵害。也就是说，老年人的隐私信息在一定范围内传播，本人将需要"容忍与理解"；通过网络任意传播老年人隐私信息，只有超

---

[9] 《郑智夫妻状告媒体侵权败诉》，载《上海法治报》2011 年 7 月 5 日。

出隐私权利人所能容忍和克制的范围时,才侵害其隐私权。例如,侯树义名誉侵权案中,法院判决《都市消费晨报》(作者注:原告没有起诉网络媒体)公布了原告患有牛皮癣的隐私,致使原告的名誉和隐私受到了损害,侵害了原告的名誉权,被告应在给原告造成不良影响的范围内为原告消除影响、恢复名誉。[10] 所以,我们认为,老年人隐私信息虽然并非绝对不能公开,但其传播范围应取决于老年人信息敏感性及本人的态度;如果超出了被允许的范围,任由网络传播,则违背当事人的意愿,侵害了老年人隐私权。

其次,对于大数据所引发的侵害老年人隐私权尚缺乏明确的法律规定。大数据所引发的侵害老年人隐私权问题的法律难题在于,大数据所使用的信息是老年人同意公开的基本信息,有些信息甚至不属于隐私权保护的内容,换句话说,网络侵权人使用老年人基本信息时没有违背相关法律规定,但是,大数据通过处理老年人基本信息后,将产生网络侵害隐私权问题。一是大数据将准确获知老年人基本生活需求和社会需求,进而提供各种信息服务,骚扰老年人生活,比如,向老年人提供旅游、保健服务信息等。二是通过挖掘业已存在的网络隐私信息,致使网络对老年人产生贬损性评价。李某涉嫌轮奸案发生后,其父及李某的相关信息被网络搜索出来后,形成了一条完整的隐私信息数据链,侵害了李某父亲的隐私权。简言之,李某父亲虽然在儿子教育问题上需要承担一定的责任,但是,网络毫无节制地对其“扒粪”显然超出了就事论事的范围,应该承担侵权责任。

三、强化网络涉老隐私信息保护的法律力度

保护老年人的网络隐私权,不仅要严格执行民法通则、老年人权益保障法等法律法规,而且要充分遵循网络传播规律,衡量网络侵害老年人隐私权所带来的溢出效应,平衡保护老年人隐私权与维护网络信息

---

[10] 乌鲁木齐市中级人民法院(2005)乌中民一终字第419号。

产业健康发展的关系,加大老年人隐私权保护力度。

首先,增加对老年人隐私信息的网络特别审核权,从严规制网络媒体使用或转载涉老隐私信息。《最高人民法院关于审理利用信息网络侵害人身权益民事纠纷案件适用法律若干问题的规定》认定网络用户或者网络服务提供者转载网络信息行为的过错及其程度时,需要考虑转载主体所承担的与其性质、影响范围相适应的注意义务。对于网络涉老隐私信息传播侵权来说,无论是网络内容服务商转载他人信息,还是网民转帖,都在行使转载者的义务。如果不严格区分转载者的注意义务,那么,网络转载者将归于承担消极审核义务,即只要不主动更改涉老隐私信息,一般不承担侵权责任。从法理上说,网络涉老隐私信息不仅适用于民法通则及其相关司法解释所规定的法律原则,而且适用于老年人权益保障法等特别法。因特别法优于普通法,因此,网络转载者对于涉老隐私信息传播将承担较多的审核义务。比如,像谢晋名誉侵权案、杨丽娟名誉侵权案、李某涉嫌轮奸案等涉老信息传播时,网络转载者应该承担合理注意义务,特别审核案件是否侵害老年人隐私、是否侵害老年人共同隐私权,对涉老隐私信息实施严格过滤,防止侵害老年人隐私权。

其次,通过引入数字遗忘权加强保护老年人隐私权。遗忘权最早出现于20世纪70年代,比利时和德国先后出现过关于遗忘权的判例。随着网络技术发展和普及,传统的遗忘权过渡到数字遗忘权。欧盟对此提出的定义是:单个人在不侵犯自由表达情况下享有的要求他人从网站上删除其个人信息的权利;网站经营者必须从自己的服务器上立即删除侵权信息,同时尽最大努力删除第三方服务器上的侵权信息。[11]《全国人民代表大会常务委员会关于加强网络信息保护的决定》把经过公民本人同意作为使用公民个人信息(包括隐私信息)的前

---

〔11〕 Robert Kirk Walker, "The Right to Be Forgotten", *Hastings Law Journal*, Vol. 64, 2012, p. 271.

提,但是,大数据时代,老年人的隐私信息是在他们毫不知情和未被许可的情况下收集的,即技术帮助新闻媒体和网站自动搜集老年人隐私信息。例如,Cookies 技术被许多网站使用,而老年人使用网络技术水平普遍较低,很多情况下通过第三人完成网络信息服务工作,因而,他们难以主动对浏览器实施特别设置,阻止网站通过 Cookies 技术跟踪自己的信息服务活动及其隐私信息搜集。再如,老年人使用手机越来越普遍,而智能手机所配置的定位功能、记忆功能等也有可能泄露老年人隐私信息。对此,如果把老年人本人同意使用作为新闻媒体和网站获取涉老隐私信息的基本前提条件,将无助于保护老年人的隐私信息;如果引入数字遗忘权,强化老年人发现网络侵害隐私权后的救济权利以及网站对保护老年人隐私信息承担更多的法定义务,那么,将有助于提高老年人隐私权保护力度。

(原文已发表于《编辑学刊》2015 年第 1 期)

老年消费者权益保护初探
——兼论消费者权益保护法和老年人权益保障法之不足

任尚肖*

一、问题的提出

改革开放以来，新兴产业不断方兴未艾，新类型的产业呈现出繁荣的发展态势，近几年来更是产生了一个新的经济领域——夕阳产业，通俗来说，也可以称为老年人产业。

随着经济的发展、生活水平的提高，老年人的生活更加丰富多彩，相应地，围绕这一需求，衍生出许多新兴产业。由于年轻人工作忙、工资高，于是繁荣了老年人保姆行业。这些保姆既可以帮老年人干活，也可以代替儿女陪老年人聊天。老年人退休后无事可做，于是各种老年社团应运而生，缴纳会费的老年人在一起唱歌跳舞。善于发现的商人

---

* 任尚肖，华东政法大学硕士研究生。

嗅到了老年人群体暗含的商机,各种保健器材和药品通过各种巧妙的手段让许多老年人心甘情愿地搬回了家。

虽然老年人权益保障法的颁布标志着我国老年人权益保护事业的巨大进步,但是,这部匆忙出台的法律并没有全面保障老年人的生活。在现实生活中老年人的权益保护仍然存在漏洞,对老年人参与社会活动(尤其是消费领域)时的特别保护相对粗疏,对老年消费者的权益保护还有待进一步细化。

对老年群体的民法特别保护,应该超越个体本位,在社会本位的视角内展开。耶林认为,在资本主义初期强调个人本位,偏重个人财富的创造从而增加社会财富的积累,而随着社会的进一步发展,应该偏重对弱者的保护,强调个人的社会价值,因而主张社会本位。中国的老年人权益保护也是同样的道理。老年人作为社会生活中的弱者群体,有必要对其权益进行专门的保护。这种特别保护的理论依据,是从社会的良性发展出发的社会本位思想。

二、老年消费者

(一)"老年消费者"的范围

所谓消费者,根据消费者权益保护法,是与经营者相对应的概念,即为生活消费需要购买、使用商品或者接受服务的人。在现代社会经营活动模式中,相对于消费者,商品提供者掌握更多的产品信息、服务信息,处于较为优势的地位,因而,根据公平公正和诚实信用原则,消费者更应当得到偏重保护,所以,近年来,对消费者通过特别立法进行保护,成为各国立法的普遍现象。

所谓老年人,学界并没有一个统一的规定。例如刑法规定75周岁以上的为享受该法特殊权利的老年人,而《老年人权益保障法》第2条则规定该法所称老年人是指60周岁以上的公民。笔者认为,对于老年消费者,较为合理的是采用后者"60周岁以上"的规定。这是因为,首先,这一概念与老年人权益保障法相一致。老年人权益保障法是作为门针对老年人权益保护的立法,其条文规定更贴合老年人的实际情况,因而应当予以采纳。其次,从中国当下社会交往发展现状出发,60 周岁以上的老年人辨识能力一般会遭遇技术障碍,比较容易上当受骗,是与普通消费者的一个恰当区分点。

综上所述,本文所称"老年消费者",指的便是 60 周岁以上的消费者。

(二)老年消费者的特点

传统观点并没有老年消费者的概念,消费者权益保护法也没有对消费者的年龄但出规定,但笔者认为,老年消费者由于具有以下四个方面的特点,使得其消费权益受到的侵害与一般消费者有所不同,因而应当单独予以偏重保护。

第一,老年人尤其注重健康与保健。老年人辛苦操劳大半辈子,退休后经常会伴有各种疾病。健康长寿是所有人的美好愿望,处于老年阶段的人更是如此,且老年人都怀揣着能够长命百岁、颐养天年的愿望,因而尤其注重健康和保健。于是,各种保健品和保健器材行业便抓住老年人这一特点,在社区创办各种所谓"健康加油站"的网点,销售各种昂贵然而实际效果并不明显的保健品或保健器材。

第二,老年人手头养老金较宽裕。老年人权益保障法第三章规定了老年人的养老金、医疗待遇和其他待遇应当得到保障,并对经济困难的老年人给予基本生活、医疗、居住或者其他救助。虽然不可否认广大农村地区养老保障尚不到位,但自老年人权益保障法出台以来,大部分城市甚至部分农村地区老年人的生活基本都得到了保障,加之近几年来养老金和医疗保险金的增加,尤其是近年来,随着社会经济的发展,老年人退休前的积蓄和子女收入都有比较大的提高,使许多老年人手头较宽裕、可支配的资金比较可观。

第三,老年人辨识能力低,较顽固。从生理上来讲,老年人由于年龄和见识的原因,多比年轻人的辨识能力要低,对于许多年轻人熟稔的骗局或者一眼可知的虚假广告,老年人却很难辨别出来。即使不是虚假广告,老年人也很容易相信不法商贩对其产品功能的夸大。另外,由于法制意识薄弱,很少老年人在消费时候会想到商贩是否有营业执照和必要的许可证,由此,当老年人发现自己上当受骗时,维权难度很高。另外,有些老年人过分自信自己的生活经验,在被子女提醒时,认为儿女是不舍得为自己花钱,不听劝告、执意消费。

第四,老年人喜欢扎堆、从众。近年来多地出现的“健康加油站”“健康乐园”等销售网点,就是利用老年人喜欢扎堆、从众的特点。这些网点通过免费让老人享受保健器械服务、免费赠送保健品供老年人试吃、每天签到送小礼品等方式,全天候为老年人进行销售洗脑,利用老年人从众心理,引导群体消费。

三、老年消费者权益立法保护现状

由于老年人具有上文所述的特点,加之不法商贩的日益增多,导致近年来侵犯老年消费者权益的现象屡屡发生。商贩的欺骗手段远超大多老年人所能认识和抗拒的范围,严重违反了民法公平交易的原则,破坏了市场秩序,更恶化了欺老骗老的社会风气。这种伤害对于具体老年人来说,其危害尤其严重。

然而,针对这一现象,专门保护老年消费者权益的法律保护却严重不足。消费者权益保护法只是统一规定了对消费者权益的保护,却没有区分年龄对老年消费者进行特殊保护。民法通则虽然有行为能力的制度设计,但是“行为能力三分化”的立法技术过于粗疏,尤其是随着科技发展,各种新型的消费方式事实上造成对老年人的“技术壁垒”,严重威胁着他们的消费安全。

现行老年人权益保障法第 65 条规定,国家保障老年人参与经济、政治、文化和社会生活。然而不容讳言的是,由于没有充分考量老年人在参与经济生活时的弱势地位,严重影响了这条规范的实际效果。

在司法方面,缺乏维护老年消费者权益的专门机构。权利的意义便是救济,“没有救济则没有权利”这句法谚也强调了救济对于权利的重要性。由于老年人自身力量较弱,必然难以利用法律武器保护自己的合法权利,因而便需要借助于专门机构。虽然消费者协会承担维护消费者权利的重任,但在实践中毕竟大多数老年人感觉离消费者协会有一定距离。根据一项对于老年消费者的调查研究也表明,27%的老年人不知道消费者协会的具体作用,更有94%的老年人不知道如何向消费者协会寻求救济。

四、老年消费者权益保护的建议

(一)完善消费者权益保护法

消费者权益保护法中应当有专门条款对老年消费者进行保护。首先,在消费者权利一章中,建议在第12条后增加一款,即明确维护老年消费者权益的组织是当地老年人组织或居委会和村委会。在第13条后增加一款,即除一般消费者享有的获得有关消费和消费者权益保护方面的知识的权利外,应当允许老年消费者享有要求经营者详细说明的权利。其次,在经营者义务一章中,对于第24条有关退货的规定,考虑到老年消费者的辨识能力和反应能力较低,应当给予老年消费者更长的退货日期;对于第26条规定的格式条款,应当要求相关经营者更高的说明义务。最后,在法律责任一章中,考虑到该类商贩的行为严重违反了公平正义的原则,应当适当对其加重责任,增加惩罚性规则。

(二)完善老年人权益保障法

老年人权益保障法第68条列举规定了老年人参与社会发展的主要活动,内容主要涉及老年人的公益性活动。笔者认为,作为保护老年人权益的专门性法律,老年人权益保障法应当完善这部分规则,增加对老年人经济方面的权益进行规定,以全面保障老年人的权利。

(三)设立老年消费者权益保护的专门机构

综观老年人权益保障法,承担维护老年人合法权益的机构主要包括国家机关、社会团体、企业事业单位和基层群众性自治组织与依法设立的老年人组织等。实务中,消费者协会不足以有效维护老年消费者权益。笔者认为,对于老年消费者权益的保护,关注点应当是贴近老年人日常生活的组织,因为只有贴近老年人生活,当老年人权利受到侵害时才能及时保护。因此,在消费者权益保护机构中,如果有条件设立老年人组织的,则由该老年人组织负责,在条件不具备的区域,由居住地的居委会或村委会负责为宜。从具体操作来说,老年消费者认为权益受到侵害后,可以向该权益保护机构讲述情况,由该机构请求相关部门进行查证。若老年消费者的权益确实受到侵害,则协助老年消费者与侵权人交涉,从而切实维护老年消费者的合法权益。

失能失智老人需要法制关注

于 霄*

据人民网报道,2015年全国失能失智老人已超过4000万。以北京市为例,常住老年人口已达300万人,需要护理照顾的高龄失能失智老人有60万人左右。随着我国老龄化加速,失能失智老年人数量还将迅速增加,这些老年人如何安度晚年,已经成为了我国的重大社会问题。

对失能失智老人的照顾引发了媒体关注,报道主要集中于以下几个方面:第一,失能失智老人给家人带来照顾困难。第二,养老机构严重不足。第三,缺少针对失能失智老人的专业照料机构和人员。因为我国养老专业化不足,专业分工更无从谈起。失能失智老人对于养老机构来说,更难照料,也更容易引发纠纷。所以,很多失能失智老人都被

* 于霄,华东政法大学司法学研究院副院长,副教授。

推回了家庭和专业的医疗机构。而医疗机构不但费用高,而且资源稀缺,根本无法大范围地解决养老问题。

所以,失能失智老人的照顾现在主要依靠家人,专业的医疗和养老机构对于失能失智老人并不欢迎,或是收费过高。而现在失能失智老人老无所养、养不得法,成为“负担”主要是由五个方面的原因造成:第一,失能失智老人全部或部分失去自理能力,需要他人照顾。第二,失能失智老人部分伴随有精神障碍,精神障碍有时表现为嗜睡、健忘(有时会导致老人走失),而也有时会表现为过激行为、胡言乱语。第三,老人缺乏必要的财产与人身安排。第四,社会缺乏相关慈善与福利组织。第五,国家相关制度建设、宣传引导、相关投入不足。

失能失智老人因为自然原因需要照顾,甚至给他人造成不便,是不可避免的。而失能失智老人难以在社会中得到合理照顾,做到安享晚年,最主要的原因还是我国现有的制度安排不合理,社会缺乏正确引导,导致老人只能依靠家人照料。从制度建设上分析,可以从以下几个方面增进失能失智老人及家人的福祉:第一,确定失能失智老人认定的医学和法律标准。第二,重新厘定失能失智老人的法定监护安排。第三,引导失能失智老人进行合理财产安排。

一、失能失智老人认定的医学和法律标准

我国对于失能失智没有统一的标准,现在养老机构接收老人有自理、失能和半失能的标准,而失智老人没有具体标准。从医学上说,失智症是一种因脑部伤害或疾病所导致的渐进性认知功能退化性表现。导致失智症的病因有很多种,有退化性失智症(如阿尔兹海默症)、血管性失智症(如脑中风导致的失智)等。

但是,在法律上,对于失能失智没有与医学相衔接的概念系统与法律安排。民法通则规定,不能辨认自己行为的精神病人是无民事行为能力人,不能完全辨认自己行为的精神病人是限制民事行为能力人。我国立法对于民事主体完全民事行为能力、限制民事行为能力和无民

事行为能力三分法的基本依据是“是否或在何种程度上可以辨认自己的行为”。

老年人权益保障法认为,老年人在具备完全民事行为能力时,可以选定监护人,但尚不能接受监护。而老人接受监护则需要达到“不能或不能完全辨认自己行为”的精神病人的标准。

首先,失能老人行动不便,即使意识清楚,也需要合理监护。失能老人民事行为虽然可以通过授权委托或全权委托的方式进行,但是,失能老人基本无法亲自从事民事行为,长期通过委托较为不便。另外,监护人不但有代理民事行为的权利,更有合理照顾的义务,所以,安排监护有其必要性。其次,失智可能是一个漫长的过程,要确定一个丧失或部分丧失民事行为能力的边界可能非常困难。所以,在我国立法上,可以将失能失智作为老年人接受监护的标准,规定在老年人权益保障法中,以方便老年人按需接受监护,并且如有可能,在接受监护中确定未来监护人的人选。

二、失能失智老人的监护

关于监护人的确定,老年人权益保障法认为,老年人在具备完全民事行为能力时,可以在近亲属或者其他与自己关系密切、愿意承担监护责任的个人、组织中协商确定自己的监护人。监护人在老年人丧失或者部分丧失民事行为能力时,依法承担监护责任。老年人未事先确定监护人的,其丧失或者部分丧失民事行为能力时,依照有关法律的规定确定监护人。

民法通则规定,精神病人的利害关系人,可以向人民法院申请宣告精神病人为无民事行为能力人或者限制民事行为能力人。对担任监护人有争议的,由精神病人的所在单位或者住所地的居民委员会、村民委员会在近亲属中指定。对指定不服提起诉讼的,由人民法院裁决。

《最高人民法院关于贯彻执行〈中华人民共和国民法通则〉若干问题的意见》规定,认定监护人监护能力,应当根据监护人的身体健康状况、经济条件,以及与被监护人在生活上的联系状况等因素确定。民法通则规定,无民事行为能力或者限制民事行为能力的精神病人,由下列人员担任监护人:配偶、父母、成年子女、其他近亲属、关系密切的其他亲属、朋友愿意承担监护责任,经精神病人的所在单位或者住所地的居民委员会、村民委员会同意的。人民法院指定监护人时,可以按照上述顺序确定监护人。前一顺序有监护资格的人无监护能力或者对被监护人明显不利的,人民法院可以根据对被监护人有利的原则,从后一顺序有监护资格的人中择优确定。被监护人有识别能力的,应视情况征求被监护人的意见。

由于我国老年人自己确定监护人的意识不强,有时还会导致家庭矛盾。所以,我国法律在监护人的确定上,是以法定和指定监护为原则,以意定监护(即老人自选定)为补充。指定监护的主体是老年人所在单位或者住所地的居民委员会、村民委员会,但是法律也没有在赋予其权利的同时,规定其老年人失智前意愿调查、老年人监护情况监督等具体义务,更没有老年人权益受损的责任追究机制。随着社会的发展,用人单位与员工之间的关系已经逐渐转变为合同关系,人身关系已经减弱。所以,用人单位已经不再有能力和义务承担为员工指定监护人的责任。而居民委员会、村民委员会在现代社会中,也越来越难以确切了解所辖居民的具体情况。所以,由以上三主体进行监护人的确定,并不具有充分的理论合理性。

关于监护人的责任,民法通则规定,监护人应当履行监护职责,保护被监护人的人身、财产及其他合法权益,除为被监护人的利益外,不得处理被监护人的财产。监护人不履行监护职责或者侵害被监护人的合法权益的,应当承担责任;给被监护人造成财产损失的,应当赔偿损失。人民法院可以根据有关人员或者有关单位的申请,撤销监护人的资格。

法律虽然规定了监护人不得侵害被监护人的权益,但却没有规定为被监护人利益行为的具体义务。因为监护人的确定顺序与法定继承的顺序基本相同,很多情况下,被监护人的剩余财产与继承人的利益直接相关。加之,对被继承人尽了主要扶养义务或者与被继承人共同生活的继承人,分配遗产时,继承法认为,只是“可以”多分。所以,监护人在监护期间没有尽可能增进被监护人福祉的经济动力。

因此,在监护人的确定上,应当以意定监护为主,以法定和指定监护为补充。从立法上,删除所在单位的指定监护权,附加居民委员会、村民委员会在60岁及以上居民中进行监护人顺序登记和普查的义务。对没有登记的居民,一旦出现失智情况,则应当由其亲属向人民法院申请确定监护权归属。

三、失能失智老人的财产安排

在我国,不管是遗嘱继承还是遗赠,甚至遗赠抚养协议,都不是以人的失能与失智为条件的财产安排。遗赠抚养协议可能有助于增进失能失智老人的福祉,但因为失智老人本身无法有效监督抚养人的行为,所以这并不能从根本上达到“财产为财产所有人利益使用”的目的。

老年人权益保障法所安排的养老保险和医疗保险,不能解决失能失智老人的照顾问题。养老保险是国家和社会根据一定的法律和法规,为解决劳动者在达到国家规定的解除劳动义务的劳动年龄界限,或因年老丧失劳动能力退出劳动岗位后的基本生活而建立的一种社会保险制度。养老保险的目的是保障老年人的基本生活需求,为其提供稳定可靠的生活来源。但因为失能失智老人照料远远超出基本生活需求的范围,养老保险难以为其提供充足的经济来源。

医疗保险是为补偿疾病所带来的医疗费用的一种保险,主要是以医疗为目的的经济安排。而失能失智老人所面临的问题不仅是医疗上的,更主要是生活上的照料,甚至是精神上的抚慰。所以,养老保险和医疗保险提供的是普通老人的基本保障,所能为失能失智老人解决的问题比较有限。

正如前文所述,我国现行立法对失能失智老人的经济安排,不利于监护人为被监护人的利益行为。这不但要求对监护法律制度进行修正，也需要其他法律制度为老人提供更多的财产安排选择。比如，在信托法中可以加入法定信托的安排，将监护人对被监护人的财产使用视为一种信托，并且依此对监护人课予受托人审慎管理人的义务。这样一来，被监护人如果有其他继承人或后顺位继承人，就可以依照对受托人的责任要求对其进行监督。并且，监护人也可以尽财产上的可能为被监护人的利益而行为。老人也可以通过信托安排，设定部分财产使用的特定目的，以便在自身遇到失能失智问题时，照料开支具有经济保障。

（原文已发表于《检察风云》2017 年第 5 期）

公办养老机构资源如何公平分配

——以其入住标准为视角

李进付[*]　靳李玲[**]　顾丰羽[***]

一、我国公办养老机构的定位与现状

(一)公办养老机构的定位

公办养老机构,公众对其最基础的理解就是国家所建立的养老机构。故在对其进行准确定位时,就应当以我国的法律法规以及相关政策为基准。

老年人权益保障法第41条明确规定,政府投资兴办的养老机构,应当优先保障经济困难的孤寡、失能、高龄等老年人的服务需求。这其中主要是指公办养老机构,当然也包括敬老院、护养院等。在国务院发布的政策文件中,也对公办养老机构的性

* 李进付,法学博士,华东政法大学法律学院讲师,主要研究方向:教育法学。

** 靳李玲,华东政法大学硕士研究生。

*** 顾丰羽,华东政法大学硕士研究生。

质以及接受对象等作了较为明确的规定。根据民政部社会福利和社会事务司在2000年起草并发布的《老年人社会福利机构基本规范》中对不同类型的养老机构的定义，养老院是专为接待自理老人或综合接待自理老人、介助老人、介护老人安度晚年而设置的社会养老服务机构，其他类型的养老机构的分类依据是接受人员和设置级别的不同。例如护养院专门接待介护老人，敬老院则是在农村乡镇、村设置的供养三无人员、五保老人和接待社会上的老年人的养老服务机构。[1] 在城市范围内，并没有敬老院这一类型养老机构的存在，那么公办养老机构作为综合性接待的养老机构应该承担接收这些特殊老人的职责。2000年国务院办公厅转发民政部等11部委《关于加快实现社会福利社会化的意见》（国办发〔2000〕19号）中规定：社会福利机构确保国家供养的三无对象（无劳动能力、无生活来源、无法定抚养人或赡养人）、孤儿等特困群体的需求外，还要面向全社会老年人、残疾人，拓展服务领域，扩大服务范围和覆盖面，并根据对象的不同情况，实行有偿、减免或无偿等多种服务。并且规定农村90%以上的乡镇建立起以五保老人为主要对象，同时面向所有老年人、残疾人和孤儿的社会福利机构。

同时，也有学者将公办养老机构进定义为：公办养老机构（也称福利性养老机构）是指事业单位登记管理机关办理登记手续的养老服务机构，其中包括国家主办和集体主办两种。[2]

综上所述，公办养老机构包括养老院、敬老院、护养院以及老年社会福利院等由国家主办或集体主办的老年人社会福利性机构。其接受对象应当为“三无”老人、“五保”老人、介护老人、介助老人等无法通过自主养老或家庭养老的老人。

---

〔1〕《老年人社会福利机构基本规范》是由中华人民共和国民政部社会福利和社会事务司起草并发布的，为加强老年人社会福利机构的规范化管理，维护老年人权益，促进老年人社会福利事业健康发展而制定的规范。其中对各种老年人社会福利机构的接受对象作了非常具体的规定。

〔2〕参见张滢鸿：《中国城市养老机构问题研究》，山东师范大学2013年硕士学位论文。

(二)公办养老机构现状

1. 存在的问题

根据公办养老机构的相关法律法规以及政策可知,公办养老机构的作用是托底的,即优先接收"三无"老人、"五保"老人、介护老人、介助老人等无法通过自主养老或家庭养老的老人。然而在现实中在"特权"染指之下,公办养老机构以低廉的"托底"价格接收"特权"老人,"托底"异化为"托富",给富裕老人"上添花",形成了一种"低投入高回报"的养老畸态,并诱使更多有钱有势的老人争夺"物美价廉"的优质公共养老资源。一些领着丰厚退休金的老人索性以此为家,把自家房子出租,再用租金中的一部分支付养老费用。富裕老人在赚钱,低收入老人则被"挤出",马太效应在公办养老机构的错位上又一次凸显。另外,公办养老机构的高端化倾向,也成为吸引"特权"老人的因素之一。〔3〕 与此同时,公办养老机构资源有限,床位较少,不能满足所有老人的需要,床位紧张,特权老人优先入住,普通老人出现排队养老的现象。而真正需要公办养老机构帮助的"三无"老人、"五保"老人等因经济基础差而无法负担养老院的养老费,智障失能老人等由于护理困难而出现公办养老机构拒收的现象。

这一系列的公办养老机构发展的畸形状态,已经明显违背了公办养老机构的建立初衷,也不能使老人老有所依、老有所养,对整个社会和谐化发展极为不利。因此,某些地区的民政部门已经出台了公办养老机构的入住评估标准,促使真正需要国家养老的老人能够入住。

2. 已有的政策

杭州市政府在2011年出台的《杭州市国办养老机构准入评估办法(试行)》中提到借鉴国际通用的巴氏量表等评估工具,对申请人的生活自理能力、认知能力、经济条件、居住环境、年龄、特殊贡献进行综合评估,根据养老服务的床位情况和分值高低进行排序,确定优先入住人

〔3〕 参见奚旭初:《公办养老机构要真正姓公》,载《中国消费者报》2012年10月12日,第A01版。

群,保障失能、空巢、高龄和经济困难老人优先入住,同步开发国办养老服务机构准入评估软件。

广州市政府在2012年出台的《广州市公办养老机构入住评估轮候试行办法》中规定,公办养老机构床位设置以失能、半失能护理床位为主。新建的公办养老机构自理床位的比例不应超过30%。已建成的公办养老机构应当逐步降低自理床位比例,优先保障所属行政区域内经济困难、生活不能自理、无人照料的特殊困难老年人养老服务需求。公办养老机构轮候通道按照优先次序分为特殊保障通道、优先轮候通道和普通轮候通道。按照老年人的健康状况、经济能力等决定轮候次序。

温州市政府在2013年出台的《温州市入住国办养老机构评估办法》中规定,以老年人的生活自理能力、认知能力、经济条件、居住环境、年龄五类为主要参数,其中在生活上重度依赖、认知上重度缺失、独居、90周岁以上的老人参数最高,应予以优先考虑。

长沙市政府在2014年发布的《长沙市公办养老机构入住评估暂行办法(征求意见稿)》中也对公办养老机构的接受对象及如何评估作了具体的规定。

2015年3月3日,北京市政府出台《关于深化公办养老机构体制改革的意见》,规定公办养老机构只接受失能老人和高龄老人,公办养老机构入住评估管理办法已经起草完成,在近期会发布并实施。

通过以上政府文件我们可以看到,各个政府都察觉到了目前公办养老机构存在的问题,并且都致力于通过出台公办养老机构的入住评估标准的方式来解决问题。笔者认为这样的方式是值得借鉴与肯定的。虽然公办养老机构出现诸多"乱象"的原因有很多,但归根结底是在于公办养老机构的体制存在"漏洞"。在这些评估办法出台之前,各种法律法规以及政府文件就只有对公办养老机构的原则性和抽象性的规定,并没有对具体的执行方案进行规定。因此,民政部门和公办养老机构在实际操作中就"无法可依"。这不仅给其具体执行造成困难,也给某些人进行"床位寻租"留下空间。而公办养老机构的入住评估标准则将上位法中原则性和抽象性的规定具体化,其中包括收住对象、评估方法以及监督保障等具体规定,相当于为公办养老机构设立了一个固定的“门槛”,将本无须利用公共资源进行养老的人挡在门外,能较大程度地遏制乱象。

二、对于上海市制定全市统一的公办养老机构入住评估办法的建议

上海市政府早在2012年出台的《上海市人民政府关于推进本市“十二五”期间养老机构建设的若干意见》中作出“根据本市失能老人实际,研究制定相对统一的公办养老机构入住条件和评估标准等办法”以及“建立全市统一的养老机构运营评估机制”等规定,[4]但直到该结项报告完成时,上海市政府都未出台一个完整具体的入住评估办法。因此,本调研小组经过对已出台的评估办法进行比较分析,以及适当的借鉴英国养老机构的入住评估办法,对上海市将来要出台的公办养老机构入住评估办法给出一些建议。由于评估办法的主要内容在于对收住对象、评估规则以及监督保障的规定,故调研小组也分别对这三块内容给出可行性建议。

(一)收住对象及其收住规则

公办养老机构面向的应确定为上海市60周岁及以上的老年人。在重点保障人群方面,各地出台的入住标准均较为统一地针对“三无”老人、低收入老人、经济困难老人、失能、空巢老人优先入住,[5]本研究

---

[4] 参见《上海市人民政府关于推进本市“十二五”期间养老机构建设的若干意见》第五部分关于“加强养老机构监管与规划”的规定。

[5] 参见《长沙市公办养老机构入住评估暂行办法》:“本办法所指重点保障对象为具有本市户籍的失能半失能的‘三无’老人、低收入老人、经济困难老人。‘三无’老人指无劳动能力,无生活来源,无赡养人和扶养人,或者其赡养人和扶养人确无赡养能力或者扶养能力的年满60周岁以上的老年人。低收入老人指享有最低生活保障的年满60周岁以上的老年人。经济困难老人指经认定为家庭人均收入低于两倍最低生活保障标准的年满60周岁以上的老年人。”参见《杭州市国办养老机构准入评估办法》(2011年):“确定优先入住人群,保障失能、空巢、高龄和经济困难老人优先入住,同步开发国办养老服务机构准入评估软件。”

参见《广州市公办养老机构入住评估轮候试行办法》:“优先保障所属行政区域内经济困难、生活不能自理、无人照料的特殊困难老年人养老服务需求。”

小组基于政府公共职能的公益性及保障性，赞同公办养老机构重点保障该类人群，实现政府“托底”作用。

在此基础上，我们认为上海市可进一步借鉴广州市收纳三通道的收纳规则，即分为特殊保障通道、优先轮候通道和普通轮候通道。

特殊保障通道面向生活不能完全自理的无劳动能力、无生活来源、无赡养人和扶养人，或者其赡养人和扶养人确无赡养能力或者扶养能力的老年人。生活不能完全自理的农村“五保”老年人优先安排在户籍所在地街镇农村五保供养服务机构，确实无法安排的，可以纳入特殊保障通道范围。

优先轮候通道面向生活不能完全自理的低保、低收入困难家庭老年人，重点优抚对象，计划生育家庭中失去独生子女或者独生子女三级以上残疾的夫妻，以及经区（县级市）政府批准的生活不能完全自理并对社会做出重大贡献的老年人。

普通轮候通道面向除前款情形之外的60周岁及以上、生活不能完全自理或居家养老有困难的老年人，以及75周岁及以上的老年人。[6]

虽然此三通道看似并列存在，但其实三通道间也应为一个轮候排序，即优先收纳特殊通道人群，若有空余床位，再按优先通道的轮候进行收纳，若仍有空余，继而收纳普通轮候通道之老人。也就是说，申请人员需要得到政府救济保障的客观迫切程度越高，则越优先收纳其进入公办养老机构。

（二）具体评估规则

1. 第一轮评估

从公办养老机构建立的目的、相关的法律文件来看，公办养老机构需要优先保障“三无”老人（无劳动能力、无生活来源、无赡养人或抚养人）、“五保”老人。因此，在考评公办养老机构的入住人员时，应首先对法律、政策规定的应优先保障的老人群体进行评估。参考《广州市公办养老机构入住评估轮候试行办法》中的按照特殊保障通道、优先轮候

---

〔6〕 参见《广州市公办养老机构入住评估轮候试行办法》。

通道和普通轮候通道的轮候方式。

轮候制度即指在考虑老人入住先后次序的分级,床位优先分配给特殊保障通道的老人,在床位有剩余的情况下,再分配给优先轮候通道的老人,依此类推。但在剩余床位数很少,不足以安排每一通道里的老人,比如床位数少于特殊保障通道的人数,或者床位数多于特殊通道的老人但又不足以满足优先轮候通道的床位需求,这时就需要对于每一通道里的老人进行具体参数的考评,确定每一通道的老人入住的先后次序。

2. 第二轮评估

借鉴《温州市入住国办养老机构入住办法》,评估系统按照主要参数确定,主要参数包括认知能力、居住环境、经济状况、家庭人员情况、生活自理能力和生活质量。并且每一通道的参数根据不同通道的不同老年人群体区别制定,每一参数分为三个或者四个分数等级评估。在一个通道里的各个参数的分值相加,分值高的老人在该通道里优先入住。

(1)特殊保障通道

特殊保障通道针对的是生活不能完全自理的"三无"老人。这些都是无法完全自主养老、家庭养老或者家庭养老有负担的,按照公办养老机构的性质,都应该完全由国家进行养老,但由于公办养老机构资源有限,床位紧缺,需要优先保障其中最困难的个体老人。

对于生活不能自理的"三无"老人,要么是自身没有经济来源,要么是家人也无法承担养老负担,家庭人员多少也无法改变其无能力赡养的本质,并且经济状况本质上没有差别,在此,我们不予考虑经济状况、家庭人员情况。他们在生活自理能力方面都存在较大的障碍,无论其自理能力高低与否,由于其经济状况,都无法实现居家养老,因此,不予计算自理能力的分值。而综合上述情况,特殊保障通道里的老人生活质量在没有经济基础和健康状况的保障下都不可能很高,对于生活质量的因素的评估毫无价值。所以,我们在特殊保障通道里要考虑的主要参数包括认知能力、居住环境。

认知能力主要是检测老人的痴呆。按照设计近期记忆、程序记忆、定向能力和判断能力四个方面的标准可分为判断正常(0分)、轻度缺失($0 < X \leq 2.5$分)、中度缺失($2.5 < X \leq 5$分)和重度缺失($5 < X \leq 10$分)四个评估等级。对于存在重度缺失认知能力的老人,应优先入住,但只是某些记忆缺失或暂时性的记忆缺失,不影响老人的一般的吃住行,可以暂缓入住。

居住环境是指老人周围的住宅情况以及邻里关系。居住环境的等级可以分为社区(0分)、独居($0 < X \leq 5$分)、偏远农村($5 < X \leq 10$分)。对于居住在偏远地区,距离其他人家较远,社区环境差,几乎没有邻居能够照应的应该最先入住,如果老人所在的社区能够给予一定的帮助,或者较为完善的社区养老,则不需要入住公办养老机构。

因此,在自己或家里没有任何经济能力养老的情况下,痴呆或有精神问题的老人最先入住,残障老人次之,而居住环境差的比社区环境较好的老人先入住。

(2)优先轮候通道

优先轮候通道中包括生活不能自理的低保老人、家庭较困难的老人、失独老人。这些老人较特殊保障通道的老人有相对较强的养老能力,但是该承担能力比起普通家庭是微不足道的,仅靠其自身无法保障基本水平的生活,只能维持最低的生存标准。这些类型的老人在公办养老机构满足特殊保障通道老人的前提下,也需要国家提供养老。

优先轮候通道里的老人不需要评估生活自理能力,理由参见特殊保障通道。但是该通道里的低保老人、家庭较困难的老人、失独老人的鉴定标准不一致,不属于同一类别,对于这些老人的轮候先后首先要看其经济状况和家庭人员情况。其次,该通道里的老人生活质量无论是物质还是精神上都较低,可比性较弱,不予考虑。居住环境和认知能力在此通道里也应该予以考虑,其评估分值参见特殊保障通道。

经济状况反映了老人自我承担生活成本或者购买养老服务的能力。政府为经济差的老人优先提供养老服务。经济状况可大致分为五保户($5 < X \leq 10$分)、低保户($2.5 < X \leq 5$分)、低保边缘($0 < X \leq 2.5$

分)、普通家庭(0分)。五保户是完全无经济来源的老人由国家给予吃住行的基本保障,低保户是收入水平低于低保标准的人。因此五保老人、低保老人优先入住。家庭经济状况良好、完全能力支付民办养老院的养老费的老人,公办养老机构应该将其排除在养老名单外。

家庭人员主要是反映老人是否有赡养人、抚养人。家庭人员情况可以分为有正常赡养人(0分)、无能力赡养的赡养人($0<X\leqslant5$分)、失独($5<X\leqslant10$分)。失独老人完全失去了由赡养人养老的可能性,其养老能力会随着年龄的增加而逐渐降低。如果生活不能自理的五保老人或者低保老人有赡养人或者抚养人,即使赡养人的赡养能力较弱,也能相对帮助老人养老。

因此,在优先轮候通道里,没有经济来源、失独、生活不能自理的老人最优先入住,失独、生活不能自理的老人比低保户、生活不能自理的老人优先入住。

(3)普通轮候通道

普通轮候通道是除特殊保障通道和优先轮候通道的老人之外的其他申请入住的60岁以上的老人,当然也包括有生活不能自理并且不属于低保户的老人、家庭养老较为困难的老人等。这些老人有能力居家养老,但在公办养老机构能够提供比家居养老更为完善、舒适的养老时,也会选择养老院养老。公办养老机构在资源相对充足的情况下,可以适当接收上述老人。

对于这些不属于国家必须提供养老服务的老人,其可能在某一项方面存在障碍,不似特殊通道和优先轮候通道里的老人在生活自理能力和经济状况方面同时存在较大困难,而不同参数之间不能简单地区分其重要程度,所以不可能只看某几项参数评估,要综合考虑全部参数,分值高的老人优先入住。经济状况、居住环境、家庭人员、认知能力的评估分值同上文。

生活自理能力是直接反映老人自我服务的可能性。生活不能自理是指行走、进食、入厕、个人卫生、洗澡、上下楼梯、大小便控制等方面存在某些障碍。自理能力的等级可以分为重度依赖($5<X\leq10$ 分)、中度依赖($2.5<X\leq5$ 分)、轻度依赖($0<X\leq2.5$ 分)和正常(0 分)。生活重度依赖他人的老人,民办养老院可能存在拒绝接收情况,公办养老机构可以考虑接收。对于生活能够自理的老人,又能支付一般民办养老院费用的,可以建议其入住民办养老院。

生活质量不只是指家庭经济情况,更包括生活的心态和幸福程度。生活质量可以分为高(0 分)、中($0<X\leq5$ 分)、低($5<X\leq10$ 分)。老人在家独自养老的时候可能感到孤独,或者产生抑郁,更有甚者,老人可能受到赡养人的虐待,老人不能够得到养老的应有待遇。在公办养老机构能够提供更好的老人群居生活、心理疏导服务,可以给这些有需要的老人提供养老服务。(具体见下表)

因此,对于家庭完全有养老能力、生活能够自理或者居家养老舒适的老人,公办养老机构可以给予建议其到民办养老院或者其他养老机构养老,以免造成公办养老机构资源的过度浪费。

养老服务需求评估主要参数表

类别	项目	判断分值			
主要参数	1. 生活自理能力(10 分)	重度依赖(5~10 分)	中度依赖(2.5~5 分)	轻度依赖(0~2.5 分)	正常(0 分)
	2. 认知能力(10 分)	重度缺失(5~10 分)	中度缺失(2.5~5 分)	轻度缺失(0~2.5 分)	正常(0 分)
	3. 经济条件(10 分)	五保(5~10 分)	低保(2.5~5 分)	低保边缘(5 分)	普通(0 分)
	4. 家庭人员(10 分)	失独(5~10 分)	无赡养能力的赡养人(0~5 分)	正常赡养人(0 分)	
	5. 居住情况(10 分)	偏远农村(5~10 分)	独居(0~5 分)	社区(0 分)	
	6. 生活质量(10 分)	低(5~10 分)	中(0~5 分)	高(0 分)	

（三）监督保障

要保障评估标准的顺利执行，监督是必不可少的。目前广州、长沙以及温州政府部门所出台的评估办法中都将监督保障作为其中的一部分内容进行规定，并且都采取了多种渠道的方式对评估办法的执行进行监督。笔者对这些评估办法中的监督方式进行了分析，然后再结合英国养老院的监督方式，试着对上海市将出台的评估办法的执行提出一些建议。

其一，公办养老机构应当与评估轮候平台分离。[7] 正所谓“自己不能做自己的法官”，公办养老机构不能够自行评估要入住其中的人员，否则“床位寻租”的现象无法得到解决。所以应当由其他民政部门或者第三方机构为公办养老机构提供评估结果。可以参照英国的做法，由医院为申请人做健康评估，再由当地的民政部门对申请人的经济家庭状况进行调查评估。[8] 公办养老机构不得擅自接收未经评估轮候平台转介的老年人入住，不得擅自接收不符评估办法规定的老年人入住。

其二，与公办养老机构相关的信息应当及时准确的公开，并且要便于公众随时查询与监督。政府部门可以通过将信息公布在网站上来提供及时、准确的信息，这样公众也就能够以最为便利的方式得知最及时、最全面的信息，并且进行监督。事实上，在广州、长沙的评估办法中也都规定相关部门应当及时通过政府网站公布信息。[9] 因此，上海市的评估办法中也应当对网上公布信息作出硬性的规定。一方面，公办养老机构应当如实、及时上报床位分类情况和使用情况，并通过上海民

〔7〕 长沙以及温州的评估办法均采用了由其他政府部门而非公办养老机构自身对申请人进行评估的办法。详见《长沙市公办养老机构入住评估暂行办法（征求意见稿）》、《温州市入住国办养老机构评估办法》。

〔8〕 详见 https://www. gov. uk/government/publications/nhs-pharmaceutical-services-assessing-applications，最后访问日期：2014 年 12 月 3 日。

〔9〕 详见《广州市公办养老机构入住评估轮候试行办法》第四章第 25 条第 2 款，以及《长沙市公办养老机构入住评估暂行办法（征求意见稿）》第四章第 29 条。

政网的信息公开模块统一对外公布；另一方面，市民政局应当定期在其网站公布全市公办养老机构轮候信息和咨询投诉电话，主动接受社会公众的监督和咨询。

其三，市、区的民政部门、监察部门应当对公办养老机构的运营进行监管。上海市各区民政局应当对各辖区内公办养老机构的床位填报信息进行监管和审核，对申请人提出的疑问和投诉进行跟进处理，申请人对处理结果不服的，可以在一定期限内向上海市民政局有关部门申诉。同时，评估办法应当对市、区民政局处理投诉货申诉案件的时间长度设限，最大限度地保障申请人的权益。

另外，民政部门与监察部门还应对评估机构和公办养老机构的评估轮候工作进行监督。其中，对于公办养老机构内入住人员的情况的调查尤为重要，因为这是公办养老机构是否严格履行其职责最直观的体现。各区民政局应当以定期和不定期的方式派出监察小组进入公办养老机构进行入住人员情况的调查。上海市民政局可以对各区的公办养老机构进行定期或不定期的抽查，实现上级对下级的监督。

其四，可以规定社会团体有对公办养老机构的运营进行监察的权力。在英国，养老机构主要由医疗保健委员会（Care Quality Commission，CQC）监管。CQC 是一个非官方的公众组织（Non-departmental Public Body），其独立于任何政府部门，执行公共事务时不受行政长官的控制，其权力源于法律的直接规定。其主要职能是对养老机构的服务质量以及法规执行情况进行监察，发现问题并督促养老机构进行改正。[10] 目前我国在社会保障领域并没有由法律直接授权对公共事务进行管理的非官方公众组织或社会团体，所以笔者认为在上海市政府制定评估办法时可以考虑授权或者委托现有的公益性社会团体（如上海市老龄工作委员会）对公办养老机构的运营进行监察。

其五，要明确责任追究的对象。对于行政管理领域，行政首长责任

〔10〕 详见《Health and Social Care Act 2008》，Chapter 1。

制是最常见的责任制度，其合理性也被许多学者论证过，于此不详述。故在评估办法中可以采用该责任制，即市、区民政部门和其他行政管理部门、公办养老机构及其工作人员违反评估办法的，依管理权限，由其上级机关或者监察机关责令改正，对直接负责的主管人员和其他直接责任人员依法予以责任追究。[11]

三、对于我国养老体系改革之建议

以上按照三个轮候通道收纳寻求社会养老的老人的构想实质是建立于假定公办养老机构资源并不紧缺的条件之下的。然而，现实情况可能为公办养老机构之资源并不能全部满足"三无"老人、低收入老人数量之需求，因而前述三通道中"普通轮候通道"中的人群可能长久没有机会入住公办养老机构，但这并不是公办养老机构需解决的问题，因为公办养老机构的定位以及设定此制度的初衷在于保障无法依靠自己生活之老人的基本生存权。然而，对于第三通道的老人或是普通老人，在无法进入公办养老机构养老的情况下将何去何从，又是社会需要解决的问题。其关乎也依赖于整个养老体系的发展健全以及养老产业的全面铺开与创新。只有外环境的正向运作，不同的人群被各种形式的养老服务所分流，公办养老机构之职能才能有效发挥。

由此，西班牙的举措与行政管理理念对我国养老体系的外环境发展有一定的启示意义。

与我国相类似，西班牙也面临着一个老年人口逐步膨胀的问题，因而西班牙的养老服务提供之转变是值得我国参考的，尤其是其对私有部门的引入以及对养老服务提供种类之创新。

西班牙学者 Reyes Gonzalez 对于[12]公共服务提供之创新的观点对于我国养老体系及产业的发展具有指引作用。其把创新的种类分为三

---

〔11〕 参见《广州市公办养老机构入住评估轮候试行办法》第四章第 28 条。

〔12〕 Reyes Gonzalez, Juan Llopis, Jose Gasco, "Innovation in public services: The case of Spanish local government", *Journal of Business Research* 66(2013)2024 - 2033.

种:product innovation,process innovation,collaborative innovation。体现在公共服务上也即产品服务之创新、服务提供方式之创新以及外部关系之创新(合作之创新)。我们可以分别根据这三项在西班牙发现可以借鉴之处。

关于服务产品之创新(product innovation)以及服务提供方式之创新,我们可以合并在一起说明。在西班牙的各种服务体系(dependent care system)主要包括以下几种:为老年人提供的居民中心(residential centres for the elderly)、老年人日照料中心(day centres for seniors)、对于无行为能力的24小时护理所(24 - hour residences for people with disabilities)、对失去能力者的基本照料处(basic care residence for the disabled)、对残疾者等失去能力者的每日照料中心(day centre for the disabled)、职业中心(occupational centres)、心理康复健康中心(psychosocial rehabilitation rehabilitation centres)、为老年人及残疾人提供的辅助设施设备(assisted-living facilities for the elderly and disabled persons)以及家庭照料系统(Home Care system)。上述不仅在养老产品中体现了多样化,既有生理方面的又有心理方面的服务,还体现了养老提供方式的多样性,既有24小时的全天照料服务,也有时段服务,还出现了不再局限于机构的家庭照料。相对于我国当前仍为较单一的养老院养老的现状来说,虽不必照搬西班牙的各种服务种类,但亦可基于我国国情与现状从中采纳部分操作性强的部分进行本土化的借鉴,如居民中心社区养老、家庭照料系统等,推进我国养老服务产品之创新或是提供方式之创新,从而使不同年龄段、不同需求的老年人找到适合自己的养老方式,而非争抢公办养老机构之有限资源。

从外部关系之创新(合作之创新)来说,西班牙亦其值得借鉴之处,即私有部门的引入。这一理念来源于自20世纪80年代开始在西班牙引导公共行政管理的新公共管理(New Public Management,NPM)。其应用私有企业的灵感提高对公民提供的服务,与政府和公共管理以及公民合作的需要有关。合作意味着参与、协商、合作、自由以及一个不受限的信息、创新以及基于交流与共识达成的一致。通过由市场转向私人来提高责任承担能力。这样可以最大化经济效率，减少政府支出并且通过确定政府功能转移给私人机构使他们提供具体服务，从而提高公共服务的质量。[13]

目前西班牙在当地层面提供的公共服务模式主要为直接管理提供(Direct management)、功能分解(Functional decentralization)、部分职能外化(Externalization, outsourcing or contracting-out)以及混合企业(Mixed companies)。[14] 值得注意的是外化(Externalization)以及混合企业(Mixed companies)。外化(Externalization)是基于NPM理论的一项重要改革，指当地政府允许服务管理与私人部门相联系，当地的行政管理部门保留了所有权，并保有了主要的决定权及控制力，而私人实体提供服务并管理服务。这样，政府可以更多地关注于政策性运作，相比前者，这更为重要，并可以将关联性不那么强的部分外化[15]也可以理解为是一种行政性的让步与妥协。混合企业(Mixed companies)则是由行政管理部门与私有部门合作提供建立公司的资本，因而它们非单纯公有或私有。这项公共服务的管理由这两个主体共享。根据现实的验证，外化及混合企业的举措确实提高了公共行政之效益。

---

〔13〕 参见 Cannadi, J., Dollery, B., 2005. An evaluation of private sector provision of public, infrastructure in Australian local government. *Australian Journal of Public*, Administration 64(3), 112e118。

〔14〕 参见 Beatriz Cuadrado-Ballesteros, Isabel-María García-Sánchez, José-Manuel Prado-Lorenzo, "Effect of modes of public services delivery on the efficiency of local governments: A two-stage approach", *Utilities Policy* 26(2013)23e35。

〔15〕 参见 Butler, S. M., 1985. Privatizing Federal Spending: a Strategy to Eliminate the Budget, Deficit. Universe Books, New York.; *Donahue*, *J.*, 1989. The Privatization Decision: Public Ends, Private Means. Basic, Books, New York.; Brown, T. L., Potoski, M., 2003. Contract-management capacity in municipal and, county governments. *Public Administration Review* 63(2), 153e164.; Pessoa, A., 2009. Outsourcing and public sector efficiency: how effective isoutsourcing in dealing with impure public goods? In: Carettas, K. E. (ed.), Outsourcing, Teamwork and Business Management. Nova Science Publishers, New York.; González, M. R., *Gascó*, *J. L.*, *Llopis*, *J.*, 2011. Relaciones entre outsourcing y estrategia, de los ayuntamientos españoles. Auditoría y gestión de los fondos públicos. Auditoría Pública 53, 33e46。

因而，对于我国来说，在保留原来保障“五保”老人生活的公办养老机构不变的情况下，将其他养老服务的公共服务外化或采用混合企业方式不失为一种好的方式，一方面可对我国整体养老机构有一个全局控制与政策影响；另一方面又减轻了政府在养老服务方面的财政投入负担，通过采用不同程度的管控，便可收纳不同程度的老年人群，同时引入市场竞争，促使养老服务机构有了外在推动力，使其提供更高质量的服务。目前，长沙已有了公办养老机构公建民营管理之展望，[16]相信在今后我国各地也将越来越多地采用。而对于有足够经济能力并追求优质服务的老年人来说，我国可更进一步放开养老服务，参照英国的做法，将该部分归为民营，充分体现竞争，尊重市场的自由选择。

综合前述，只有通过公办养老机构自身规制与监督以及外部养老环境的联动作用，我国公办养老机构才能发挥其职能规定应发挥的作用，入院标准的订立也才有可操作性与执行之基础。上海，作为一个经济走在中国前列、第三产业占越来越大比重、老龄化问题又越来越突出的城市，养老产业的发展可以说是其一大机遇，其也更有养老体系创新之土壤。

---

〔16〕 参见《长沙市公办养老机构入住评估暂行办法》。

以房养老的路径评析与选择

田相夏[*]　陆　怡[**]

上海已经成为人口深度老龄化城市,养老问题也是百姓最关心的热点问题。2013 年上海户籍人口当中 60 岁以上的老年人占到 27.1%,全国最高,全国平均水平是 15%。目前上海市确立的是“90%老人在家庭养老、7%靠社区、3%靠机构”的“9073”养老服务格局。提高老年人的生活质量,实现代际和谐是构建社会主义和谐社会的重要内容。然而,根据目前上海的情况,无论是政府补贴,还是养老保险,都无法较大幅度地提高老年人的养老收入,形成了“未富先老”的特征。

目前上海市老年人收入大多有限、经济能力有限,但相当部分的老年人自己拥有房产,出现了

* 田相夏,西南政法大学刑法学博士生,华东政法大学《青少年犯罪问题》编辑。

** 陆怡,上海市民政局老龄科学研究中心干部。

"现金短缺,而房产富裕"的现象。如何使这部分不动产转化为流动资金以满足老年人养老开支和提高其生活质量,是一个值得研究的新课题。

一、实行以房养老的必要性

中国目前正处于经济转型时期,社会保障制度不很完善,居民养老储蓄普遍不足,而正处于发展阶段的中国却提前步入了老龄化社会。人口老化给经济和社会发展带来了一系列问题。由于我国人口老化不是源于人口自然增长,而是计划生育政策实施的结果,因此导致人口结构及家庭结构发展不平衡。目前家庭结构已经向"4－2－1"方向发展,传统的家庭式养老模式受到巨大的挑战。可以预见,在未来的几十年中,中国社会需要承担沉重的养老压力。鉴于计划经济时期中国的广大职工一直享受"低工资、高福利"政策,住房问题普遍得到了一定程度的解决,大多数家庭一般都会拥有至少一套具有自主产权的房屋。住房资产已经成为居民家庭最大的资产。另外,由于改革开放政策的实施,人们的生活观念、价值观念及消费观念正发生着巨大的变革,老年人追求生活品质、依靠自身力量改变生活状况的愿望不断增强。综合考虑以上情况,笔者认为在目前阶段,研究并引入住房逆抵押贷款等以房养老模式,是一个不错的契机。具体以上海市倒按揭探索模式为例。

第一,上海是中国第一个人口老龄化的城市,又是经济相对发达、老年人观念相对比较新、老年人自主产权房持有率较高的城市。

第二,上海是中国的金融中心,中国(上海)自由贸易试验区已经挂牌,金融服务必将进一步开放和融入国际规则。

第三,国务院常务会议关于养老服务业发展提出了五项要求,倒按揭"以房养老"就符合其中的"创新发展模式"和"分层分类发展"的要求。

第四,上海银行在上海老年人中有很高的信誉和良好的口碑,"养老金融”是上海银行的定位之一。因此,由上海银行推出“以房养老”具有独特意义。

老年住房倒按揭是一项针对老年群体而设计的房产贷款业务,因此老年群体中是否存在这部分需求成为倒按揭实施的前提条件。倒按揭属于房地产金融业务,金融机构作为主要供给方在其中应发挥重要作用。倒按揭作为一种针对老年人的新型房地产按揭项目,必须具备较为成熟的金融市场、发达的二级市场以及比较规范的中介机构等诸多条件,因此在城市范围内实施可能更加现实。

二、以房养老的路径评析

“以房养老”是从发达国家引进的一个概念,即老年人将自主房产通过房屋倒按揭或出租(出售)等方式折换成现金,补充养老金的不足,以维持较高的生活质量。在国外,“以房养老”往往是通过“住房反向抵押贷款”(或称倒按揭)的形式实现的。《国务院关于加快发展养老服务业的若干意见》(国发〔2013〕35 号文)提出“开展老年人住房反向抵押养老保险试点”。由此,“以房养老”又一次成为热门的社会话题。

根据调查的情况并结合上海社会的特点,上海民政局老龄科经过近一年的研究,现已初步形成了“以房养老”的试点方案,主要包括居家以房养老模式、置换以房养老模式和倒按揭模式。

(一)居家以房养老模式

居家以房养老模式是指老年人将自有产权房屋出售给上海市公积金管理中心后,并不搬离已售房屋,而是仍在该房屋内长期居住,老年人仍有所售房屋的实际使用权。房屋出售后所得房款可分为两部分:一部分直接给老年人自由支配,另一部分在支付租金后,作为养老基金由中心保值增值,老年人按月领取养老金,直至合同期满或老年人身故。

(二)居家以房养老模式

置换以房养老模式是指老年人将自有产权房屋出售给上海市公积

金管理中心后，搬离已售房屋，由中心予以重新安置，安置房源为市政动迁租赁安置房。老年人可选择永久性居住在该动迁租赁安置房直至身故，同时在租赁期间享受政府优惠租金。老年人原房屋出售后所得房款除一部分直接给老年人自由支配外，另一部分由中心保值增值的同时按月发放养老金和支付租金，直至老年人身故。

（三）倒按揭模式

倒按揭模式是指老年人将自有产权的房产抵押给市中心，并与市中心签订约定期限或终身领取养老金的公积金贷款协议。在合约期限内，老人可以继续居住在所抵押的房产中，逐月领取养老贷款。当合约期满、老年人去世或不再居住抵押房屋时，养老贷款发放终止；借款人或其房产继承人向市中心偿还已发放养老金的本金和利息，对于借款人在协议期间去世且无遗产继承人的，由市中心通过出售或拍卖房屋以获得款项来偿还养老贷款本息。

从发展的角度来看，"以房养老"有一定的市场空间，最大的好处有以下两个：一是可以迅速提高老年人的生活水平；二是可以使老年人不远离自己熟悉的环境生活，符合"在地老化"的理念。"以房养老"是商业养老模式的一种有益补充，是适应人口老龄化社会发展，满足老年人多层次、多样化养老需求，供有条件的老年人自由选择的一种金融创新产品。但"以房养老"不是普适项目，是为一部分提高老年人生活水平的一个有效的辅助手段。

从现实的角度来看，目前还有很多障碍需要克服。首先，是观念的转变。由子孙养老送终，而将财产留给子孙一直是中国的传统。即使在上海这样的大都市中，持这种传统的观念仍然占大多数。据上海市老龄科研中心的"以房养老"相关内容的调查，约有 50% 的老年人明确不赞同"以房养老"，约 22% 的老年人表示根本不知道"以房养老"。由此可见，一种传统观念的转变并不是一朝一夕可以实现的。其次，制度建设的滞后也是一个很大的障碍。"以房养老"需要透明、公正的法治环境，需要制度、政策创新。

总而言之，目前“以房养老”还面临着诸如制度保障缺位、社会配套不健全、监管机制不完善等突出问题。但对于上海这种深度老龄化、社会观念相对比较开放、市场条件相对成熟的大城市，应积极而科学地研究和探索，在先行试点、总结经验、逐步成熟的基础上稳步推开。

三、以房养老的路径选择

比较上述三种以房养老模式，我们认为，倒按揭模式比较适合上海的需求。近期，上海已启动“房屋倒按揭养老项目”。该项目由建信人寿保险有限公司与上海银行合作开展，运作方式是老年人将住房抵押给银行，获得一笔贷款用于购买养老年金产品，客户除按期获得养老金外，在有生之年还能够继续享有房屋的居住权，改善了生活质量。该项目具有以下显著特点：一是开发设计了专属“安养贷”年金产品，按年或按季度发放养老金，并提供了10～20年的保证领取期间，保障客户利益。二是合作上优势互补，上海银行负责产品销售、与住房相关的房产价值评估、抵押比例、抵押物处置等事项，承担房价波动、房屋折旧、房屋变现、利率波动等方面的风险管理。建信人寿保险有限公司负责产品设计、养老金管理和发放，承担长寿风险等方面的风险管理。三是严格控制客户质量，确认真实需求，设置了一系列客户门槛及贷款条件，如将客户年龄限制在70周岁及以上，家庭关系简单等。

老年住房倒按揭是一项针对老年群体而设计的房产贷款业务，因此老年群体中是否存在这部分需求成为倒按揭实施的前提条件。倒按揭属于房地产金融业务，金融机构作为主要供给方在其中应发挥重要作用。倒按揭作为一种针对老年人的新型房地产按揭项目，必须具备较为成熟的金融市场、发达的二级市场以及比较规范的中介机构等诸多条件，因此在城市范围内实施可能更加现实。相比之下，由于农村房地产权属界定还不十分清晰，因此目前实施还不具备条件。

（一）倒按揭概念及国外主要做法

1961年在美国即出现了一种全新的针对老年人的倒按揭制度。最早的一笔倒按揭是由波特兰城的 Nelson Haynes Savings & Loans 向一位名叫尼尔·阳的寡妇发放的,此后逐步兴起。20 世纪 90 年代,全美仅有不到 200 家金融机构发放倒按揭,而到了 2002 年由于美国通货膨胀得到有效控制,市场利率处于相对较低水平,房价节节攀升,进一步推动了倒按揭的发展,其数量剧增到了 15,000 家左右。截至 2002 年年底,全美 HECMs 倒按揭贷款的发放已超过 70,000 笔。

倒按揭是一种专门针对部分老年人现金收入有限,又拥有一定价值不动产的情况所开发的金融产品,其本质是老年人将他们在自己住宅上的权益转化为现金的一种特殊贷款。通过倒按揭取得的钱能为老年人充分享受退休生活提供财力保障。其做法是老年人将其所住的房屋抵押给银行或保险公司等金融机构,金融机构按月支付给老年人一定的现金,老年人在有生之年对该房产拥有居住权。直到老年人去世,金融机构才能真正拥有房产支配权。

什么样的老年群体才会从倒按揭中获得收益呢?根据研究,主要有以下几个特征:中低收入家庭拥有一定房屋净资产的;高龄家庭特别是 75 岁以上,因为他们每月获得的金额会比较高;愿意长期居住在自己房屋中;单身申请者比夫妇申请者更加受益,因为单身生命预期比较短,每月可得到更多的收入;没有承诺把房屋作为遗产留给子女的。

美国倒按揭主要提供给那些 62 岁以上拥有自己房产权的老年人。根据美国现行法律,倒按揭的借款人必须是 62 岁以上的老年人(性别不论),自己拥有住房并以该住房作为永久住所。房屋可以是共有的,但所有共有人均必须至少到 62 岁以上,且其中至少有一人将该房屋作为永久住所,此外该房屋必须仅为一户家庭所居住。其主要是住房权益转化按揭(HECMs),在美国这是一种实际使用最多的倒按揭,在全美都能获得。这种倒按揭的贷款人是银行、抵押公司等私营机构,但由美国住宅与城市开发部下属的联邦住宅管理局提供政府担保。它担保的并非是借款人的还款而是贷款人的放款。一旦贷款人因破产或其他原因无法按约发放贷款时,由担保机构代替贷款人向借款人发款。倒按揭不仅在美国,在其他国家也有一定程度的发展。在加拿大主要被称为“住宅收入计划”,在英国称为“资产释放计划”,在法国主要是以私人交易为主,同时在日本、韩国也都有类似机构提供倒按揭业务。

虽然各国倒按揭的名称、做法不同,但共同点是:1. 各国实行倒按揭的背景基本相同。全球人口老龄化背景下,各国政府都想方设法采取各种措施来缓解人口结构老龄化趋势和未来的养老压力,政府均参与其中。2. 各国倒按揭制度都针对那些“现金收入有限,而房产价值富裕”的老年人群设计。例如,美国必须年满62岁,英国也针对60~70岁的老年人,而且倒按揭每月获得的收入也是根据贷款人年龄和房屋价值来计算的。一般在同等房产的情况下,年龄越大的申请者每月获得的贷款越多。3. 各国倒按揭制度中老年人无论是抵押房屋还是出售房屋获得贷款,都无须搬离自己居住的房屋,最常见的偿还方式就是老年人过世后出售房屋来偿还债务,这是倒按揭的主要特色之一。4. 住房倒按揭与一般贷款不同,无论是老年人还是贷款机构都存在一定的风险,因此必须担保。大部分国家都采取了各种担保措施。

(二)倒按揭的优缺点

倒按揭模式的优缺点比较明显。优点主要有以下几点:1. 不动产转换成现金收入,继续住在自己房屋中养老。对老年人来说,倒按揭使不动产转为流动资产,能够实现家庭资产合理配置要求,把“死钱”变成“活钱”,既达到解决养老金不足,提高晚年生活质量的目的,又能继续住在自己熟悉的环境中,避免搬迁所造成的种种弊端。2. 贷款期间没有还款压力。倒按揭最终是以老年人去世后获得其房产为终结,老年人只要没有违约就无须还款,可以使老年人安度晚年,也减轻了家庭和社会的负担。3. 长寿老年人可以获得终身有保障的收入。长寿对养老金的需求会超出原来的预期,但倒按揭中老年人长寿并不影响其每月获得资金。

倒按揭的缺点表现在:倒按揭无论在法律上还是在实践上都远比普通的贷款或房屋买卖复杂,其手续费、保险费较高,从而造成倒按揭成本较高。因此,倒按揭对那些准备把房屋卖掉,或者搬迁的老年人来说没有实际意义。对于房产继承人来说,倒按揭可能影响到他们的遗产继承价值。

(三)上海实行倒按揭的物质和观念基础

“住房倒按揭”的概念被引进,并且受到社会各界以及公众广泛的重视,是有着深刻的社会背景的。

首先,是人口老龄化的快速发展。我国于世纪之交跨入人口老年型国家的行列。根据2005年全国1%人口抽样调查的结果,2005年年底,我国60周岁及以上的人口为1.44亿人,占全国总人口的11.03%。人口老龄化的高峰预计将出现在2050年,届时,老年人口将占总人口的1/3左右。而在各大城市,进入人口老龄化的时间普遍更早,人口老化的程度和速度也更甚于全国平均水平。就上海而言,1979年就成为全国第一个人口老龄化的城市,截至2005年年底,60周岁及以上老年人口已占总人口的19.58%。上海的人口老龄化高峰将出现在2030~2040年,届时,上海老年人口的数量预计将在500万以上。

其次,我国社会保障水平体系还不是很健全,保障水平也不是很高。“未富先老”的现实和快速老龄化的趋势无疑是一个巨大的挑战。所以,在相当长一段时期内,我们的社会保障体系都只能是以较低水平的基本保障为主。养老金也不可能达到很高。一般认为,80%的养老金替代率即可以使职工保持与退休前大体相当的生活水平。由于受长期计划经济的影响,我国居民的工资水平普遍偏低,所以我国的基本养老保险待遇名义上替代率高,但实际替代率却不高,甚至是很低。以上海为例,据市劳动保障局的初步统计,退休职工每月的养老金平均在1000元左右,最少的每月在700元左右。这样的养老金水平仅能维持基本的生活,并不能满足老年人其他方面的需求。

最后,随着独生子女的父母亲逐步进入老年,子女在经济上的赡养能力可能相对减弱。在当前我国社会保障机制尚不健全和完善的条件下,家庭养老起到了社会稳定器的作用。然而,随着社会工业化、城市化的发展以及计划生育政策的实施,家庭的规模及结构发生了很大的变化,“4-2-1”的模式将逐步成为城镇中的主要家庭结构,即年轻一代的子女上面有四个老人,下面还有小孩,而且自己还要买房子、生活、看病、积累自己的养老金,负担很沉重。所以,依靠子女提供经济支持的传统家庭养老受到了很大的挑战。

与此同时,随着房屋市场化运作机制的施行,房屋已经不仅是居住的场所,也成为一种资产。在计划经济时代,住房是作为福利分配的。进入市场经济时代之后,随着经济体制改革的深入,通过住房分配制度改革、公有住房出售、住宅建设商品化等一系列政策的施行,目前在各大城市,住宅的商品化率和自有率已经很高了。不少家庭都通过购买公有住房或商品房拥有了自己的房产,这其中也包括一些老年人和准老人。根据建设部公布的数据显示,我国城市居民住房自有率已接近82%。而且,房产近年来增值迅速,如果折现,按目前的生活水准,往往可以维持一个家庭十几年、二十几年的基本生活。根据2002年国家统计局公布的《中国城市居民家庭财产调查总报告》显示,我国城市居民家庭财产中房产占家庭财产的47.9%,在家庭财产构成中比重最高。可以说,以上因素的相互作用为“住房倒按揭”在我国的推行提供了现实的物质和社会基础。

根据理论分析,开展倒按揭需要具备以下条件:高额的房屋价值;老年人是房屋拥有者;预期房屋价值看涨;较低的市场利率。而申请倒按揭家庭的特征是:低收入家庭;希望待在自己老房子里,没有出售房屋的打算;不想把房子作为遗产留给子女(或没有子女)。因此,要开展倒按揭必须根据这些条件,对上海老年人口的收入、房产情况及老年人与亲属的观念进行详实的调查研究。目前上海市老年人的收入有限或偏低,退休金是其主要的收入来源。据统计,至2004年年底,上海264.9万离退休人员参加了养老保险,月均退休金为998元。

上海推行住房制度改革以来,使市民拥有了自己的房产,人均住房建筑面积明显提高。至今为止,上海房产私有化程度达到75%。

根据市统计局最近抽样调查结果显示，上海有近 7 成的城镇居民家庭有自己的房产，有 21.7% 的城镇居民家庭拥有 2 套以上的房屋，2% 的家庭拥有 3 套以上房屋。房产成为城镇居民重要的家庭财产。通过福利分房、补贴出售等政策性倾斜，大部分老年人也拥有了自己的住房，这成为了上海老年人住房的主要来源之一。根据上海市统计局发布的 2004 年年报披露，2004 年上海商品房平均销售价格为 6385 元，比上年上涨 14.6%，并预计将继续稳步向上。以上情况表明，在上海尝试实施倒按揭的条件已趋向具备，但必须设计科学合理的政策制度。

四、余论：对于推行“住房倒按揭”的一些现实思考

根据上海市情况，结合国外经验，目前状况下政府必须介入，并由市公积金中心和担保公司担任重要角色。由于没有倒按揭的经验，因此最初应当仅考虑推行政府担保的倒按揭，可以在公积金中心成立倒按揭业务部门，住房置业担保公司则专门负责担保工作。由于倒按揭最终大部分是通过处置房屋获得偿还的，还需要由专门的机构负责处理房屋。由公积金中心具体实施倒按揭基于以下两点原因：一是公积金中心是政府的下设机构，具有很强的公信力，老百姓比较放心；二是根据国际经验，一般随着更多市民的基本住房需求得到满足，公积金存款会越来越多，而贷款数额会越来越少。因此，应当扩大公积金使用范围，更好地发挥作用，而用于老年人住房倒按揭就是一个很好的办法。

从长远的角度来看，“住房倒按揭”在我国有很大的市场空间，不失为提高老年人生活水平的一个有效的辅助手段。然而，从现实的角度来看，要真正实现住房倒按揭，还有很多障碍需要克服。

首先，是观念的转变。由子孙养老送终，而将财产留给子孙一直是我们的传统。这其中不仅是“养儿防老”的代际间的权利义务交换，而且，生前将财产花完，“不带一根草”去的消费方式也不符合我们的传

统，所谓“但存方寸地，留于子孙耕”。直到现在，即使在上海这样的大都市中，持这种传统的观念仍然占大多数。据静安区有关老年人生活质量调查中的相关内容的调查显示，仅有7.7%的老人愿意采取倒按揭的方法，18.1%的老人明确表示不愿意，其他大部分表示没有考虑过。由此可见，一种传统观念的转变并不是一朝一夕可以实现的，不仅是老年人，也包括年轻一代。

其次，是经济上的阻碍。当前，全国各大城市房价普遍较高，房产往往是一个家庭最大的资产。高昂的房价往往使子女难以忽略这份资产的存在，并且，还有部分子女因为无力自行购房而需要与父母同住或是资助买房。这也给老年人自行处置房产带来了一定程度上的阻碍。

在这样的情况下，如果老年人在子女反对的情况下自行处置房产，虽然合法，但却很可能导致亲情破裂，子女从此对老人撒手不管。很多老年人不能接受“住房倒按揭”的方式，也正是基于这样的担心。“住房倒按揭”所产生的经济利益和社会影响不仅关乎老人，同时也深刻地影响到他们的儿女。一方面让儿女们享受减轻赡养负担的机会；另一方面本来可以保住的遗产保不住了。而且，在当前经济还不怎么发达、贫富差距还比较大的情况下，许多老百姓辛苦一辈子也难以攒下一套房子，到老了，却因为收入的不足又不得不将房子抵押给银行，以贷款养老，这样的心理落差恐怕难以令人接受。“住房倒按揭”的背后，折射出的是中低收入群体的无奈。

同时，从另一个角度来看，制度建设的滞后也是一个很大的障碍。在我国推行“住房倒按揭”模式的难点，不仅在于社会学者所担忧的养老观念，还有经济学者所分析的、更为复杂的现实操作层面。

第一，“住房倒按揭”需要透明、公正的法治环境。实施倒按揭牵涉到房地产业、金融业、社会保障、保险以及相关政府部门，对这些领域的运作质量要求相当高。如何保证这些行业、部门公平、公正地经营、管理和执法，在当前法治不健全的条件下是个极大的挑战。当前,开展“住房倒按揭”业务的国家无一例外都是法制比较健全的国家,拥有一整套完备的法规保障各方的权益,而且,这些国家都拥有发达的金融体系,百姓也都有很强的理财意识和法律意识,推行“住房倒按揭”不会产生障碍。而在我国,我们所面临的现实是有关房产买卖交易的相关法规政策还是很不完善。不要说“住房倒按揭”这样需要长线操作的金融产品,即使是普通的房产买卖交易,市场也尚处于培育和成长阶段。就拿房地产评估而言,由于起步较晚,我国房地产评估机构还极不规范,不但整体素质偏低,而且市场存在恶性竞争。有争议的评估结果,尤其对于弱势群体来说,更难以得到及时、公正、合理的处理。

第二,“住房倒按揭”的操作尚存在政策藩篱。在英国和法国,“住房倒按揭”这项业务由保险公司介入;而在美国,这类业务更多的是由银行机构承担。目前,国内金融业是采取分业经营。因此,保险公司是不允许做反向按揭业务的。尽管金融混业经营试点在法律制度上已经没有障碍,但金融混业经营试点和探索还需要时间。而银行也存在同样的困惑:因为目前国内银行处置房产都是被动的,诸如抵债房产等不良资产,而不是主动地去买卖房产。但“住房倒按揭”业务要求银行主动地去经营房产,这对于我国来说一时间还很难办到。

另外,在中国买房子不像在美国,买过来的房子就是私有财产,永远神圣不可侵犯。基于目前我国的地权制度,我们对住宅的使用权只有70年。根据城市房地产管理法的规定,土地使用权的续期必须重新批准,重新缴纳土地出让金,否则土地使用权及其附着的建筑物都将被政府无偿收回。也就是说中国人无法“买断”房屋。这样如何去大面积地推广住房反抵押贷款?

综上所述,推行“住房倒按揭”的路还很长,还有很多事情要做。并且,目前我们所了解的“住房倒按揭”是依据西方国情来设计的金融产品,还需要根据我们的国情进行本土化的改造。同时,观念的阻隔和法制建设的推进也都是一个长期的过程,短期内还无法成为养老方式的主流。事实也证明了这一点。据报道,北京、南京等地都已经开展了试点,但推进十分缓慢,由于涉及诸多敏感问题,无论是操作机构还是老人都十分谨慎,更多老人持观望和保留的态度。而且,这些试点都还远远不是真正意义上的“住房倒按揭”,只是对房屋资产的初级利用。就目前状况而言,“住房倒按揭”现在至多是一种个人的投资行为,而不是一种养老趋势,更不是国家的政策。

涉老法律评论

社区照顾养老服务中的政府责任研究

李卫华*

随着人口老龄化的加剧，社区照顾养老逐渐成为我国养老模式的主要选择。这种新型的老年照顾模式的主要支撑，是“官办民助”还是“官助民办”？不同的责任定位必然产生不同的制度安排。综合西方各国老年人社会（区）照顾发展的成功经验和我国国情，政府主导、“官办民助”必将成为我国社区照顾养老的发展方向。

一、“反院舍化”——西方老年人社区照顾的兴起

“二战”后，对于人权的普遍关注逐渐延伸到院舍照顾人群的人性“正常化”发展，致使（也促进了）养老模式转向“反院舍化”改革。

---

* 李卫华，法学博士，博士后，华东政法大学教授。

"院舍照顾"作为一种社会福利模式,强调以专业化和集中管理的方式,在特别设置的院所,为老人、精神病患者、残疾人、儿童等老弱病残和孤寡人员提供生活上、身体上和精神上的照顾与治疗。但是,"院舍照顾"在实施了近半个世纪后,逐渐暴露出一些问题。心理学研究表明,长期的院舍照顾往往令住院者产生依赖性,使居住者具有一些"非正常化"倾向,会渐渐失去适应社会的能力和自我独立意识,这与张扬人性的人权观念是相悖的。首先,院舍照顾呈现出严重的"官僚主义"作风,致使被照顾者的个人需求长期被忽视和漠视。院舍机构往往都有严格的用餐时间和作息安排,为的是工作人员的方便而不是居住者的意愿,他们往往更强调机构需求和服务者的需求,而忽视居住者的意愿。实际上,老年人更倾向坚持自己的生活习惯,比如早餐时间、早餐种类、娱乐形式、锻炼方式、就医习惯、交友模式等。但这些个性化需求在大型院舍照顾中很难被顾及,因为院舍安排要追求效率和秩序,很难兼顾多样性和自由。其次,在大型院舍中被照顾的居住者会逐渐丧失自我意识和自主性。因为在照顾机构里,为了追求效率和秩序,必然存在一种内在的"控制""安排"而不是"授权"的倾向,[1]服务者和管理者往往以机构运转秩序为借口,"安排"居住者的衣食住行、就医、锻炼、交友,甚至包括与家人见面。长期下来,居住者会因为没得选择而变得过分顺从,以致丧失自立意识和自主性。最后,程序化的专业照顾与科层制的照顾管理,会导致被照顾的老人与社会隔绝,缺乏正常的、人性化的生活环境,从而日益"非正常化"。

于是,"去院舍化"和"正常化",倡导老年人回归自己熟悉的社区受到照顾,成为老年人照顾服务的改革方向。1958 年英国卫生部部长提出:"我们对于老人服务的基本原则应该是:对老人而言,最佳的地方

---

〔1〕 参见夏学銮:《社区照顾的理论、政策与实践》,北京大学出版社 1996 年版,第 7 ~ 8 页。

就是自己的家,若必要时可透过居家服务予以协助。"[2]1989 年英国政府发布《社区照顾白皮书》。1990 年,英国颁布《社区照顾法令》积极在全国推行社区照顾养老服务的发展。其后,美国、法国、荷兰、日本等国家纷纷效仿,社区照顾逐渐成为西方福利国家主要养老模式。今天,社区照顾又找到了更加广阔的发展土壤,其服务对象不再局限于老年群体,扩大到更广泛的精神和身体"失能"或者部分"失能"的人群,其服务项目和服务方式日趋完善,逐渐成为欧美国家社会福利服务的主要输送模式。

依据《英国社区照顾白皮书》,所谓社区照顾,是指"提供适当程度的干预和支持,以使老人们能获得最大的自主性,且掌握自己的生活,为给老人提供服务的老人家庭成员提供暂托、喘息照顾和日间照顾,通过团体之家和临时收容场所,增加照顾范围,直至提供居家护理照料。英国的社区照顾主要有'社区内照顾'和'由社区照顾'两种方式"。[3]"社区内照顾"是由专业人员在社区内的养老服务机构对生活基本不能自理的老人的正式照顾,如老人日间护理服务中心、养老院、老人福利院、老人护理院等提供的各种护理服务。"由社区照顾"是指通过血缘关系或道德维系的没有政府直接干预的非规范性养老照料,即一般家庭成员、亲戚、朋友、邻居、慈善机构、非营利组织,对有一定自我生活照顾能力的老年人提供的照顾服务。两类照顾模式的服务方式、服务对象、服务人员、服务地点等不尽相同,但是都能满足老年人生活各个层面的需求,也都能获得政府的相应支持。同时,老年人在接受服务的同时,并不脱离熟悉的社区,依然处于社会化的过程。无论是"社区内照顾"还是"由社区照顾",都强调让被照顾者跟平常人一样,居住在自己的家里,生活在自己的社区中,却又能得到适当的照顾。其共同目标是,以个性化、多样化、社区化方式,向老年人提供包括医疗卫生服务、

[2] 黄源协:《社区照顾:台湾与英国经验的检视》,杨智文化事业股份有限公司 2000 年版,第 13 页。

[3] 夏学銮:《社区照顾的理论、政策与实践》,北京大学出版社 2001 年版,第 26~29 页。

住房服务、家庭照顾、日间看护、娱乐、教育、健康等内容在内的多项服务。

二、"官助民办"——我国当前社区养老服务发展的"瓶颈"

当前,我国急剧增长的老年人口带来的巨大养老压力使我国现有的养老体系面临着严峻挑战。"从2011年到2015年,全国60岁以上老年人将由1.78亿增加到2.21亿,每年增长860万;老年人口比重将由13.3%增长到16%,平均每年递增0.54个百分点。"[4]但是,普遍存在的"4-2-1"甚至"8-4-2-1"的家庭结构,使得家庭照顾模式中的人力资源严重匮乏;发展缓慢的养老机构也难当重任,截至2010年年底,全国65岁及以上人口11,883万人,全国仅有各类老年福利机构39,904个,年末收养老年人242.6万人,仅占65岁及以上人口的2%。[5] 只有大力发展社区居家养老服务,才能解决我国养老服务的困境。自20世纪90年代开始,我国许多地方陆续进行了不同形式的社区居家养老服务的试点探索,如北京、上海、南京、青岛、济南、杭州、长春、广州、宁波等,日间照料中心、托老所、星光老年之间、互助式社区养老服务中心等社区养老服务设施,开始纳入小区配套建设规划。

社区居家养老服务是借鉴西方社会老年人社区照顾的中国社区养老模式,与西方的老年人社区照顾模式在功能上是相同的,都强调充分利用社区资源提供安老、为老服务,帮助老年人安享晚年。但是,由于设计初衷的不同,政府责任定位却有较大的差异。西方国家为了摒弃"院舍照顾"的"非人性化"和"非正常化"的不利后果,让老年人回归社区、尽可能留在社区受到照顾。社区照顾基本上是"官办民助",由政府出资购买社区服务,发挥社区资源使老年人保持正常的社会活动和人际交往,政府是社区照顾的主要购买者和责任者。不同的是,中国提倡

---

〔4〕 参见国务院《中国老龄事业发展"十二五"规划》(2011年9月17日发布)。

〔5〕 参见民政部发布的《2010年社会服务发展统计报告》。

社区养老服务则是与国有企业改革、产业结构调整和社会保障制度改革相关联的，强调"充分调动社会各方面力量积极参与老龄事业发展"，强调养老服务的社会化。我国社区养老服务是"官助民办"，坚持"政府引导和社会参与相结合"原则，政府的主要责任是"政策指导、资金支持、市场培育和监督管理"。[6] 据此责任定位，我国养老服务的发展目标是建立"以居家为基础、社区为依托、机构为支撑的社会养老服务体系"，政府的主要责任是引导和监督，既不同于西方社会20世纪初期由政府直接供应养老服务的做法，也与当前西方社会由政府出资购买养老服务的做法大相径庭。这也成为我国当前社区养老服务资金投入不足、养老设施匮乏、专业人才严重不足的根本原因。

"官助民办"的社区养老服务观念，与我国的国情严重不符。从古至今，无论是绵延两千多年的封建帝制时代，还是新中国成立初期的计划体制年代，我国一直是"强政府弱社会"的发展格局。我国政府，尤其是中央政府，是绝对的公共权力中心，也是政治、经济和社会资源的绝对支配者。虽然自1982年十一届三中全会我国进行了经济体制改革和政治体制改革后，政府的绝对权威地位有所改变，但政府在资源的占有和分配领域，依然居于主导地位。在国有企业改革致使原来"单位养老"模式打破后，将养老的压力转嫁给社会而不是政府，必然会催生养老服务盈利化倾向和发展受阻的困局。一方面，我国非政府组织自治化水平低，独立承担公共职能的能力较低，在人事安排、资金来源、活动内容甚至章程制定等方面都对政府具有强烈的依赖性，在此意义上被称为"准政府组织"或"官办的社会团体"。非政府组织不仅没有强大的、独立的资金来源支撑其主办养老服务机构，而且没有足够的权威募集或号召社会力量提供社区养老服务。即使有个别慈善机构能够提供社会养老服务，相对于我国日益加剧的老龄化社会的巨大需求，也只是

---

〔6〕 参见《中国老龄事业发展"十二五"规划》(国务院2011年9月17日发布)之"指导思想、发展目标和基本原则"部分。

杯水车薪。另一方面,我国的社区建设在计划经济体制下几乎不存在,无论是城市基层组织还是农村基层组织,都曾经具有强烈的行政色彩,严重缺乏自治传统。社区组织要从零开始,很难一蹴而就承担社区养老的重担。因而,我国当前养老政策的社会化发展,要么由营利组织投资兴建,并追求投资回报,要么裹足不前、零星发展。但是,社区养老设施的投资回报周期漫长,投资收益微薄,自觉投资发展社区养老设施的企业必然不多,投资规模也不可能太大。即使有盈利组织自觉投资发展社区养老服务行业,也必然陷入发展缓慢、难以持续的困境。

"官助民办"的责任定位,已经成为制约我国社区养老服务发展的瓶颈。首先,社区养老服务发展存在严重的地区不均衡性。城市老年人社区照顾机构和设施虽有不足,但也普遍设立。而中、西部地区大多几近空白,农村社区基本没有社区照护服务,仅有邻里之间建立在交换基础上的互助服务。其次,全国养老服务机构供求结构严重失衡。全国部分失能和完全失能老年人约3300万,其中完全失能老年人1080万,住院失能老人仅有30万,仅占全部失能老人的2%。[7] 再次,养老服务机构缺乏专业性和长期性。由于缺乏养老服务职业标准,养老服务机构极力降低运营成本,造成机构照护的服务质量缺乏专业保障,长期护理服务更是难以实现。最后,养老服务机构具有盈利化倾向。由于养老服务坚持社会化发展的政策导向,养老服务机构和社区服务设施大多由民营机构设立,追求投资回报在所难免。因而在城市养老机构收住的老年人中,85.2%是自费入住;在农村养老机构住院的老年人,也有30%是自费入住。

三、"官办民助"——西方国家老年人社区照顾发展的经验

从产生背景来看,西方社会的老年人社区照顾是在反思"院舍照

---

〔7〕 参见中国老龄科学研究中心:《全国城乡失能老年人状况研究》(2011年)新闻发布稿。

顾”弊端基础上发展而来的,首要强调的是老年人在社区照顾中的人道主义感情支持和持续社会化过程;同时,社区照顾依然是国家社会福利服务输出的主要渠道。因而,西方的老年人社区照顾,尤其在发展初期,都表现出明显的“官办民助”的特点,从发展方向、机构设置、资金来源、服务人员到监督评估等,无不呈现政府主导的特点。

其一,政府确立完善的老年人社区照顾政策和制度体系。在英国,政府通过发布老年人社区照顾白皮书明确社区照顾福利政策,并制订相应计划(1962 年)和法案(1990 年),规定老年人社区照顾的基本原则和相关政策优惠。在香港地区,政府也发表了《老人服务绿皮书》(1977 年),确认社区照顾为推行安老服务的指导原则。日本政府则制定了一系列的法律制度,如《老人福利法》(1963 年)、《推进高龄者保健福利 10 年战略计划》(1989 年)、《社会福利士及看护福利士法》(1987 年)、《福利人才确保法》(1992 年),建立了完善的老年福利制度和护理保险制度,确保老年人社区照顾的实施和发展。在美国,《社会保障法》(1935 年)、《雇员退休收入保障法》(1974 年)以及《国内税收法》(1978 年)等确立了结构均衡的三支柱养老金体系。第一支柱强制计划的行为主体是政府,第二、第三支柱的行为主体则分别是雇主和个人。政府保障计划的基本职能是确保绝大多数老年人的基本生活,而要想获得更高的保障水平,则必须依靠雇主和个人的进一步努力。

其二,政府出资设立老年人社区照顾机构和设施。社区养老服务的基础设施如老年社区照顾院舍、老年社区服务中心,主要由政府投资兴建。因为这类设施投资周期长,收益缓慢且微弱,私营机构是没有动力介入的。在英国,老人公寓、托老所、老年人社区活动中心、老年人家中的助老设施等,主要是由政府出资建设的。老人公寓主要针对生活不能完全自理的老人,其生活设施较齐全,内设有紧急呼救装置,与社区的控制中心相连,一旦老人求助紧急呼救装置,社区工作人员可迅速赶来提供救援。老年公寓收费较低,数量有限,申请入住的老人必须通过政府严格评估审查,生活确有困难的低收入老人才能居住。托老所既可暂托,也可长托。暂托服务是针对子女临时有事外出或者长期照顾老人身心疲惫需要放松休假的临时托管服务,一般两周之下的托管照顾服务是免费的。长托服务则是对生活完全不能自理又无家人照顾的老人的集中照顾,服务费用除了来自长期照料保险外,主要来自政府补助。老年社区活动中心,由地方政府按照社区居民的人数多少而设置,为老年人提供社交、娱乐场所,对那些行走不方便的老人由中心派车接到中心参加相应的活动,晚上中心再派车送回。

其三,政府出资购买社区照顾养老服务。社区照顾体系能否建立,关键还在于资金能否落实和资金是否充分。"单靠口头赞美和依靠目前零散的服务形式是不够的,社区照顾并不是万应灵丹,它是不可以免费得来的,若社会寄望社区照顾有良好的效果,则不能把所有工作都推给社区,而不给予实际的资助。"在英国,政府通过直接出资购买社区照顾服务鼓励老人居家养老。对于生活能够基本自理的老人,政府为其在家中安装一些照顾设施,如安装楼梯、浴室、厕所等处的扶手、设置无台阶通道和电器、暖气设备等设施、改建厨房和房门、安装呼叫社区中心的通讯设施等,并为其购买一些居家照顾服务,如保洁、购物、陪同就医、做饭等。对于生活不能自理、长期卧病在床的老人,政府鼓励子女在家照顾。政府不仅对在家照顾失能老人的子女优先进行免费技能培训,而且对在家居住、接受子女照顾的老人发给和在专业机构养老相同的补助,并支付照顾老人的子女与在社区为老院舍中工作的政府雇员同样的薪水。此项政策实际上是政府直接出资购买子女对失能老人的照顾服务,既可以使老年人在得到妥善照顾服务的同时,感受到亲人的关心和家庭的温暖,又能使家人有充足的经济实力照顾老年人,而不影响家人的生活质量。在香港地区,社区照顾养老服务主要是由 NGO 组织提供的,但政府对 NGO 拨付运营补贴。2000 年之前,实行标准成本资助制度,即"实报实销"的全额资助,之后转变为"整笔拨款津贴"制度。即政府就某一服务项目通过招标方式寻求服务提供组织,然后向其拨付一定款项后,NGO 不能再申请补助,如有剩余资金也不必退还。

服务完成后，政府对 NGO 的服务进行评估，评估结果及服务绩效决定该组织是否继续有资格参与社区照顾服务的竞标和实施。

其四，政府培养和雇佣专业照顾服务人员。在英国，社区照顾服务人员主要由政府雇员、志愿者和老年人子女组成，对于志愿者和老年人子女，政府给予定期的免费技能培训。英国政府的老年人社区照顾中有专业的心理支持服务，如保健医生上门为老年人看病免处方费，保健访问者上门为老年人免费传授养生之道，如保暖、防止瘫痪、营养及帮助老年人预防疾病等，还有专业人士上门为老年人提供视力、听力、牙齿、精神等方面的特殊服务。在日本，1987 年政府颁布了《社会福利士及看护福利士法》，规定看护福利士应具备的工作能力和专业技术知识能力，并推出资格证书制度。1992 年制定的《福利人才确保法》，对福利人才的培养及其应有的经济、社会地位予以了保障。在美国，推行“社区服务计划”，为老年人提供个案管理、日常生活照料、收拾家务以及为患有重症的老年人提供长期照顾服务。此计划突出采用了“经纪人”模式，即由代理人以类似经纪人的方式代为管理每一个需要帮助的老年人，使之获取帮助。在法国，如果照顾老年人的子女和亲属是下岗失业人员，政府除了给他们发放照料服务补贴外，还优先给予他们专业培训，通过专业课训练让失能老人的家庭照顾者学习照顾老人的相关技能和知识，提高照顾的质量，并且可以及早发现老人的新病情，不耽误治疗。在香港地区，注册社工提供的社区照顾服务非常专业，并有一套规范的职级评定和晋升制度激励其职业进取。以服务于“长者活动中心”的社工为例，其担负的主要职能有：提供情绪支持、个案评估及辅导、小组辅导等服务，联系区内团体，寻求合作及协调，训练长者义工，向有关方面反映长者的需要，评估长者的需要而改善服务等。

其五，政府鼓励和监督民间组织为老年人提供社区照顾服务。随着老年人社区照顾的发展，服务的主要提供者由政府机构转向非营利组织，政府角色由社区照顾服务的主要提供者转变为赞助者、购买者和监管者。至 2001 年，英国地方政府创办的老人院比重下降，志愿者办的居中,而私人办的护理院占到了绝大多数。使用国家提供的老年人服务的比例只有 8%,低于北欧的 19%,但是由私人提供的家庭服务几乎与政府提供的平分秋色,加上其他种类的社会服务,总的使用社会服务比例的老人高于 65 岁以上老人总数的 1/4。在香港地区,承办福利服务的 NGO 与政府之间的购买监管合约由来已久,香港社会服务联会代表非政府社会福利服务机构,其会员达 180 余个,接受政府资助的附属服务单位即达 2000 个以上。

四、政府主导——社区照顾养老服务的政府责任

综合考虑我国国情和借鉴西方国家的成功经验,只有确立"官办民助""政府主导"的指导思想,才能解决我国社区养老服务的发展困境,也才能确立全社会共同参与的养老保障制度。

(一)确立政府主导与社会参与相结合的基本原则

依据《中国老龄事业发展"十二五"规划》确立的"政府引导与社会参与相结合"的原则,我国政府在社区养老服务中的角色主要是倡导者、组织者,而不是服务提供者、购买者。在这一原则指引下,政府的角色定位更多是引导和鼓励民间力量投资兴建社区服务机构和设施,政府给予投资者和经营者用地、税收、水电、通信等方面的政策优惠。这些政策优惠和鼓励措施是非常必要的,但绝不足够。因为,社区照顾养老需要大量的、长期的投资和建设,并且回报率低,在经营过程中也会面临很多来自老年人身体、心理和精神领域的挑战和风险,是民间力量不能独自担负的。社区照顾养老服务,只有作为一项政府输出的国家福利事业,才有可能满足老龄社会所带来的巨大需求压力,也才能据此构建完善的老年保障制度。同时,为了使全社会共同参与养老服务,还要充分调动与整合社会资源,鼓励社区、非营利组织、企业、子女、老年人自身、邻居等全面参与老年人社区养老服务。因此,为了发展我国老年人社区照顾,不能仅仅强调政府引导,而应该通过政策文件和法律制度树立"官办民助"的指导思想,确立政府主导与社会参与相结合的基

本原则。

(二)确立政府投资为主、社会募集资金为辅、个人承担为补充的资金来源方式

我国当前社区养老服务的资金来源是多渠道和多层次的,主要包括财政资金、彩票公益金、企业利润提成、有偿服务收入、社会捐助等。但是关于财政资金的投资规模、福利资金的投资比例、企业提成比例等都尚未有明确的制度保障。

就政府财政资金的投入而言,我国现行法律和政策文件尚未确立统一制度,也没有规定财政资金的投入依据、投入规模,以及各级政府的担负比例和责任范围等。在预算法(1994 年)和预算法实施条例(1995 年)中没有明确规定老龄事业投入属于预算支出范围,在老年人权益保障法(1996 年)中也只是规定“各级人民政府应当……逐步增加对老年事业的投入,并鼓励社会各方面投入”。2000 年,中共中央、国务院《关于加强老龄工作的决定》中,要求“各级财政部门要加大对老龄事业的资金投入”,“将老年福利事业经费纳入财政预算”,明确了老年福利事业经费纳入财政预算的地位。但是,2011 年的《中国老龄事业发展“十二五”规划》的规定,却又回归到“加大财政投入和社会筹资力度……探索多元化、社会化的投资建设和管理模式”的“政府引导与社会参与相结合”的多元筹措政策。相较于中央层面政策和制度的消极、保守立场,一些地方制度的规定却更加积极和明确。江苏省、辽宁省、昆明市、延边朝鲜族自治州等地方的《老年人权益保障条例》明确规定,“将老龄事业发展所需经费纳入统计政府财政预算,逐年增加对老龄事业的投入”,云南省的条例则规定“老龄工作坚持政府主导、社会参与、全民关怀的方针”,要求地方政府大力投资发展老龄事业。

同时,各地方政府“摸着石头过河”,积极采取措施,加大力度投资建设和购买社区养老服务,客观上推进了“政府主导”实践。例如,上海市政府提出了“政府购买服务,助老人居家养老”工程。市财政对新建老年人日间服务中心给予一次性资助,平均每家一次性建设补贴 30 万

元,2009 年全年居家养老服务财政补贴资金 23,500 万元。[8] 又如,北京市实施“养老券”和政府购买助老服务工程。对 80 周岁及以上老年人每月发放 100 元养老券,“养老券”由区县财政和福利彩票公益金按照 1∶1 的比例分担;采取政府前端价格适度补贴方式,对有使用需求并具备使用能力的 65 周岁以上老年人,在交纳自付费用后提供便携式“小帮手”电子服务器。[9] 再如,天津市实行的“分级负责”措施,由市财政对每个老年日间照料服务中心给予 30 ~ 50 万元的一次性资助,由区财政给予经费支持老年日间照料服务中心的运营,养老机构院长参加民政部门组织的专业培训并取得证书的,由市福利彩票公益金给予 50% 培训经费补贴。[10] 尽管各地方政府积极探索、积极实践,但由于没有制度的明确约束和规范,政府财政投入规模、分担比例、责任范围都由各级政府裁量,老年人社区照顾的发展就很难成为一项事业而长期稳定发展;同时,受制于地区间经济发展的不均衡和各地方财政能力的不同,极易造成地区发展差异和不均衡,这也不符合社会福利事业的发展宗旨。

关于彩票公益金的投入和使用,我国目前已经基本建立了明确的规范。彩票管理条例(2009 年)规定,“彩票公益金专项用于社会福利、体育等社会公益事业,不用于平衡财政一般预算。彩票公益金按照政府性基金管理办法纳入预算,实行收支两条线管理。”彩票管理条例实施细则(2012 年)进一步明确规定,“彩票公益金按照国务院批准的分配政策在中央与地方之间分配,由彩票销售机构分别上缴中央财政和省级财政”,“彩票公益金资助的基本建设设施、设备或者社会公益活动,应当以显著方式标明彩票公益金资助标识”。据此法律规范,民政部对于彩票公益金投资社区养老项目的具体方向,每年也会给出年度

---

〔8〕 参见上海市民政局官网之“实事项目”,载 http://www.shmzj.gov.cn/gb/shmzj/node9/node1530/index.html。

〔9〕 参见《北京市市民居家养老(助残)券管理使用规定(暂行)》、《北京市市民居家养老(助残)服务(“九养”)办法》。

〔10〕 参见《天津福彩公益金 50% 以上用于老年事业》,载人民网:http://wf.people.com.cn/GB/226999/227007/16084142.html,最后访问日期:2015 年 6 月 10 日。

指导意见。[11] 关于企业利润的提成，因主要设计社区企业税后利润提成和社会福利企业税后利润提成，提成比例和使用方式可以由地方规定。比如《吉林省关于加快发展社区服务业若干政策的规定》(1994年)就规定，社区服务业资金的来源除了财政补助、彩票公益金和社会捐助外，可以由街道(镇)企业每年税后利润中提1%，由社会福利企业和民政经济实体税后利润中提2%，由经营性服务设施税后利润中提取5%。另外，也可借鉴美国和日本的做法，对于老年人更高、更多地服务需求，应该建立个人支付额外费用的方法，使有特殊需求的老年人可以有偿获得特定的照顾服务。但是，政府投入应该保障老年人能够获得普遍的、一致的照顾和服务，不应存在地区、职业、性别的差异。

因而，政府投入应该成为养老服务的主导资金来源。就投资比例而言，至少应该达到一半甚至70%以上，才能确保社区照顾的稳定发展。就投资范围而言，基础设施建设主要由政府投资兴建，运营服务可以由社会组织担当(提供)，但由政府支付运营补贴或者直接出资购买服务，这样也便于实现政府的宏观管理和评估监督。就各级政府分担比例而言，中央财政和省级财政应当分担基础设施建设的主要成本，而运营管理和服务费用则由地方财政负担，对于西部等经济贫困地区，还应建立中央财政的协调机制和转移支付机制，以打破因经济发展水平不同而产生的地区间不均衡局面。

(三)构建社区照顾服务人才标准和职业激励制度

学历低、年龄大、女性多、技能单一、知识结构单一、职业稳定度低

---

〔11〕 例如，《民政部关于2010年福利彩票公益金使用的指导意见》规定，“在积极争取各级财政加大对基层老年福利设施建设的投入和支持力度外，2010年福利彩票公益金要持续加大对老年福利服务设施建设的投入。为改善服务设施条件，完善功能，提高水平，满足需要，民政部将继续实施‘全国县区社会福利中心建设项目’、‘全国农村五保供养服务设施建设霞光计划’；为缓解人口老龄化程度特别高的省、市级养老服务压力，支持建设少量的集生活、医疗、护理、康复、保健等，并兼具对其他福利机构进行专业化技术培训的多种功能于一体的养老服务示范设施建设……继续实施爱心护理工程项目……支持开展沿红军长征路图书长廊及福利机构数字阅报栏服务项目。”

等特点，是现有社区照顾服务人员队伍的缺陷。我国现有的居家养老服务人员专业技能较低，人员来源多是城市下岗女工和进城务工农村妇女，仅经过短暂的服务技能培训就仓促上岗。经过专业系统训练的老年社会工作者和老年护理人员，却由于编制待遇等因素的制约不愿或不能进入居家养老服务领域。在老年人生活中具有普遍需求的专业技能人员，如心理咨询、养生指导、健康顾问、医疗护理等，也非常缺乏。这就需要通过法律制度确立相关技能人员的培训和职业要求，并建立相应的职级晋升和职称评定等职业发展机制以及与相关行业的交流机制，以引导和激励一些专业技能人员进入社区照顾服务队伍中。

首先，应建立养老护理员国家职业标准，根据老年人的需求对老年人提供不同等级的护理服务，同时也为护理人员提供广泛的职业发展空间。2007 年民政部将养老护理员分为初级、中级、高级和技师四个等级，并规定了具体的培训要求、鉴定要求和工作标准等，为社区照顾服务人员中护理人员的职业化提供了具体的行业规范。其次，应确立专业化、职业化的社会工作专业人才体系，建立健全社会工作专业学历学位教育制度、继续教育制度、职业技能培训制度、职称评定制度以及与公务员、其他序列专业人才的交流制度。再次，应建立心理咨询、医疗护理、健康指导等专业人才在社区照顾领域的定期轮岗制度和激励制度，确保这些专业人士能够在社区照顾中为老年人提供专业服务和指导。最后，应建立志愿服务制度，促进发展志愿者队伍，激励更多的专业人员利用业余时间参与社区照顾养老服务。在美国，截至 2000 年年底，50% 的 13 岁以上的人，每周平均志愿服务 4 小时。如果按非农业工人每小时的平均报酬 17.25 美元计算，这些志愿者的服务价值就接近 2400 亿美元，超过了美国家庭住宅建设的支出总额。[12] 截至 2010 年年底，社区志愿服务组织已经发展到 10.6 万个，但比较老年服务需

---

〔12〕 参见全国老龄工作委员会办公室编：《老龄工作干部读本》，华龄出版社 2003 年版，第 341 页。

求还有很大差距。

(四)构建社区照顾评估机制和监督机制

英国和中国香港一直推行“安老服务统一评估机制”,从被照顾者的需要而不是服务供给者的立场出发,由专业人士评估老人在护理方面的需要,并编配合适的长期护理服务计划,以对每一个需要长期护理服务的老人进行高质量的个案管理。在英国,评估人员和个案管理者都由社会服务部派出的社会工作者组成;在中国香港,评估也由专业社会工作者或护理医师等专业人士完成。

在我国社区照顾发展的过程中,一些地方政府也及时意识到建立评估机制的必要性,开始尝试评估工作。2004 年,上海市社会福利行业协会开始试点培训专业评估人员,成立居家养老服务评估事务所。从 2006 年起,上海市民政局开展了由欧盟资助的“上海老年人照料评估体系”项目,通过交流研讨、培训和实践操作等方式,探索和开展老年人照料评估工作。在地方试点、逐步发展的基础上,应该建立全国范围内的老年人照料评估体系,对于不同老年人的个性化需求的满足,以及均衡和调整各地社区照顾服务发展的不均匀,将是大有裨益的。

(五)构建配套养老保险、医疗保险和长期护理保险制度

要建立完善的老年社会保障制度,除了发展社区照顾外,还要建立配套的养老保险、医疗保险和长期护理保险制度。我国正在实施新型农村社会养老保险和城镇居民养老保险全覆盖,施行城镇职工基本养老保险省级统筹和基础养老金全国统筹,积极推进城乡养老保障制度的有效衔接,推动机关事业单位养老保险制度改革。我国也在逐步完善基本医疗保险制度,包括职工基本医疗保险、城镇居民基本医疗保险和新型农村合作医疗制度,并积极发展商业健康保险,完善补充医疗保险制度。完善的养老保险和医疗保险制度,是满足老年人养老和医疗的基本需求的保障。

长期保险则是针对老年人需要长期护理服务的保险制度,既能满足失能老人或需要住院治疗老人的服务需求,也能促进护理事业的发

展。在美国,长期护理保险属于商业保险,承保被保险人入住护理院、使用社区服务和家庭健康护理服务等产生的护理费用进行补偿,可以是全天候的专业护理,也可以是非全日的中级护理与日常护理。在日本,长期护理保险属于社会保障体系的一部分,要求 40 岁以上的人都要参保,保险费按照全国医疗保险费的一个固定比例支付,低收入者可减免。其主要目标是建立以使用者为中心的护理服务体系,把以前分属于老年福利与老年医疗领域的高龄者护理服务一体化,并且通过在宅护理服务解决一般病人的长期住院问题。在我国,长期护理的需求在 65 岁以上老年人口中是非常普遍的。截至 2010 年年末我国部分失能和完全失能老年人约有 3300 万,占总体老年人口的 19.0%。当前,这些失能或者部分失能老年人的长期护理需求只能通过家庭护理或机构照顾解决,对家庭成员或者照顾机构都是非常沉重的负担。如果我国能够效仿美国和日本确立长期护理保险制度,这种长期护理需求对社区照顾的压力将会大幅度减轻。

柔性退休人员的劳动关系探析

李凌云*

2010 年 10 月 1 日起,上海市人力资源和社会保障局出台的《关于本市企业各类人才柔性延迟办理申领基本养老金手续的试行意见》(以下简称试行意见)开始实施。该意见规定,参加本市城镇养老保险的企业中具有专业技术职务资格人员,具有技师、高级技师证书的技能人员和企业需要的其他人员,到达法定退休年龄、符合在本市领取基本养老金条件,如企业工作需要,本人身体健康,能坚持正常工作;经本人提出申请,与企业协商一致后,可以延迟申领基本养老金。延迟办理申领基本养老金手续的年龄,男性一般不超过 65 周岁,女性一般不超过 60 周岁。这一被称为"柔性退休"的制度刚一出台,便引发社会各界的广泛争论。使用柔性退

---

* 李凌云,法学博士,华东政法大学副教授,硕士生导师,中国社会法学研究会理事,上海市法学会劳动法研究会理事。

休人员形成的是劳动关系还是劳务关系，许多企业也存在困惑。本文从劳动法的视角出发，对柔性退休人员与单位之间形成的用工关系进行准确界定，并对企业使用柔性退休人员提出若干操作建议。

一、退休人员再就业法律关系的认定

要对柔性退休人员形成的用工关系进行界定，必须首先弄清退休人员再就业形成的法律关系是何属性。长期以来，劳动法理论界和实务界对这一问题一直存在很大争议。劳动部对此虽有规定，但是并不十分明确。《劳动部关于实行劳动合同制度若干问题的通知》(劳部发〔1996〕354号)第13条规定："已享受养老保险待遇的离退休人员被再次聘用时，用人单位应与其签订书面协议，明确聘用期内的工作内容、报酬、医疗、劳保待遇等权利和义务。"劳动部办公厅对《关于实行劳动合同制度若干问题的请示》的复函(劳办发〔1997〕88号)进一步规定，"离退休人员与用人单位应当按照聘用的协议约定履行义务，聘用协议约定提前解除书面协议的，应当按照双方约定办理，未约定的，应当协商解决。离退休人员聘用协议的解除不能依据《劳动法》第28条的规定执行。离退休人员与用人单位发生争议，如果属于劳动争议仲裁委员会受案范围的，劳动争议仲裁委员会应予受理"。上述规定并未明确享受养老保险待遇的退休人员与单位签订的聘用协议是劳动合同还是劳务合同，但是聘用协议的解除不适用劳动法第28条的规定，无须支付经济补偿金。至于退休人员与单位发生的争议哪些属于劳动争议，哪些属于民事争议，则仍是一个悬而未决的问题。各地在司法实践中对这类案件的理解不尽相同，形成了以下四种具有代表性的观点。

(一)劳务关系说

此观点认为，退休人员与单位形成的是劳务关系。这类观点的主要依据是退休人员已经超过法定的就业年龄，依法不具备建立劳动关系的主体资格,因此与用人单位形成的用工关系只能是劳务关系。[1] 2004 年 2 月 3 日颁布的《江苏省高级人民法院关于审理劳动争议案件若干问题的意见》(苏高法审委〔2004〕4 号)第 4 条规定,“劳动者办理退休手续后又被其他用人单位聘用,与实际用人单位发生的争议,不属于劳动争议,应作为雇佣合同纠纷予以受理”。2007 年江苏省劳动争议仲裁委员会《关于印发江苏省劳动仲裁疑难问题研讨会纪要的通知》(苏劳仲委〔2007〕6 号)中也有类似的规定。

(二)劳动关系说

这类观点认为,退休人员与单位形成是劳动关系。这种观点认为,劳动法并未规定最高就业年龄,达到退休年龄并不意味着劳动者丧失劳动能力,因此超过退休年龄的人员应该能与用人单位建立合法的劳动关系。[2] 2007 年,广东省高级人民法院《关于已退休人员与用人单位之间的用工关系是否应按劳动关系处理及相关问题的批复》(粤高法民一复字〔2007〕14 号)中指出,“《劳动法》及相关行政法规禁止用人单位非法招用未满十六周年的未成年人,但未禁止用人单位在不损害劳动者健康的前提下招用已达法定退休年龄或已办理退休手续的人员。因此,为充分维护退休再聘人员的合法权益,在法律、行政法规未有明确规定之前,宜将该类用工关系按劳动关系处理”。但劳动关系解除或终止的经济补偿不适用《劳动法》第 28 条的规定。

(三)社会保险待遇挂钩说

这种观点以退休人员是否享受养老保险待遇为判定劳动关系或劳务关系的标志。2008 年,广东省高级人民法院和广东省劳动争议仲裁委员会出台的《关于适用〈劳动争议调解仲裁法〉、〈劳动合同法〉若干问题的指导意见》中规定,“用人单位招用已达法定退休年龄但未享受

---

〔1〕 参见王继红:《此案退休职工和另一用人单位只形成劳务关系》,载《人民司法》2007 年第 2 期。

〔2〕 参见王皎皎:《离退休人员就业权法律保护问题研究》,载《当代法学》2008 年第 3 期。

养老保险待遇或退休金的人员，双方形成的用工关系可按劳动关系处理。用人单位招用已享受养老保险待遇或退休金的人员，双方形成的用工关系应按雇佣关系处理”。

（四）特殊劳动关系说

特殊劳动关系说是各类学说中最为独特的一种，它跳出了非此即彼的思维定势，认为退休人员与单位形成的用工关系既不是劳动关系也不是劳务关系，而是一种保护标准介于两者之间的特殊劳动关系。[3] 2003年，上海市劳动和社会保障局发布的《关于特殊劳动关系有关问题的通知》，就特殊劳动关系的内涵作出以下规定：“特殊劳动关系是现行劳动法律调整的标准劳动关系和民事法律调整的民事劳务关系以外的一种用工关系，其劳动者一方在用人单位从事有偿劳动、接受管理，但与另一用人单位存有劳动合同关系或不符合劳动法律规定的主体条件。”形成特殊劳动关系人员包括协议保留社会保险关系人员、企业内部退养人员、停薪留职人员、专业劳务公司输出人员、退休人员等。在劳动标准的适用上，用人单位与劳动者形成特殊劳动关系，应当参照执行工作时间、劳动保护和最低工资方面的规定，双方当事人也可以协商约定其他有关的劳动权利义务。可见，上海“特殊劳动关系的”模式是将退休人员再就业的行为视为介于标准劳动关系与民事劳务关系之间的折中状态予以处理，既考虑到这一行为的人身性、隶属性而加以倾斜保护，又兼顾到社会的承受度和利益的平衡性。

上述观点的争论，随着《最高人民法院关于审理劳动争议案件适用法律若干问题的解释（三）》（法释〔2010〕12号）（以下简称为司法解释三）的出台而告一段落。2010年9月14日开始实施的司法解释三第7条规定：“用人单位与其招用的已经依法享受养老保险待遇或领取退休金的人员发生用工争议，向人民法院提起诉讼的，人民法院应当按劳务

〔3〕 参见姚岚秋：《论超龄劳动关系——超龄劳动者再就业法律关系辨析》，载《中国劳动关系学院学报》2009年第4期。

关系处理。”显然司法解释三采取了将劳动关系的认定与是否领取养老保险待遇挂钩的思路。

二、柔性退休人员与用人单位形成特殊劳动关系

司法解释三出台后,退休人员与单位之间的法律关系如何认定本该一清二楚,但是“柔性退休”制度的推出使这一问题变得复杂了。柔性退休人员与用人单位之间的关系到底是劳动关系还是劳务关系,实务中依然众说纷纭。篇幅所限,各种观点本文不再详述。

实际上,退休人员再就业可能形成三种不同的法律关系:第一种是达到法定退休年龄且依法享受养老保险待遇的人员再就业的,与单位之间形成劳务关系,这就是司法解释三所规定的情形;第二种是达到法定退休年龄但无法享受养老保险待遇(如因为缴费年限不满15年而无法享受,或因为外来从业人员参加综合保险而无法享受)的人员再就业,与单位之间形成的是劳动关系,这也是司法解释三的固有之意;第三种是达到法定退休年龄且符合享受养老保险待遇条件,但自愿办理延迟申领养老金的人员,即柔性退休人员,与单位之间形成的是特殊劳动关系。

尽管在试行意见中并未出现特殊劳动关系的表述,但是从其内容中不难作出判断。试行意见规定,“企业与符合本意见规定延迟办理申领基本养老金手续条件的人员可协商签订相关工作协议。在延迟申领基本养老金期间,企业应当参照与工作直接相关的劳动标准(工作时间、劳动保护、最低工资规定)保障延迟申领基本养老金人员的基本权益,双方还可以通过协商在工作协议中约定其他有关的劳动权利义务”。显然,这些规定体现了上海特殊劳动关系相关规定的特点。

三、对企业使用柔性退休人员的若干操作指南

(一)有关工作协议的内容

既然按照特殊劳动关系来定位柔性退休人员与单位之间的用工关

系,那么双方之间签订的工作协议就不属于劳动合同的性质,无须适用劳动合同法的规定,而是更多地尊重单位与劳动者之间的平等协商。

1. 工作协议的期限

协议的期限由双方协商确定。但是由于延迟办理申领基本养老金手续的年龄,男性一般不超过65周岁,女性一般不超过60周岁,因此,工作协议的期限只能短于或者等于上述年龄上限。双方约定的履行期限届满时,工作协议自然终止。

2. 劳动报酬、工作时间、劳动条件与劳动保护条款的约定

由于柔性退休人员与单位形成特殊劳动关系,应参照适用工作时间、劳动保护、最低工资方面的劳动标准,因此在工作协议中约定的相应条款均不得低于法定的最低标准,否则约定无效。安排柔性退休人员加班加点的,也应该按照法定标准向其支付加班费。柔性退休人员为单位工作期间发生意外伤害事故的,如符合工伤保险条例规定的工伤情形,单位应该在事故发生30日内向劳动部门申请工伤认定。

3. 工作协议的解除或终止条件

工作协议履行过程中双方协商一致的,可以解除协议。此外,双方也可在协议中约定解除或终止的条件、单方解除协议提前通知期等。用人单位可以将劳动者在延迟申领基本养老金期间发生工伤约定为工作协议的解除或终止的条件。如未约定单方解除协议提前通知期的,根据规定,工作协议也可单方提出解除,但应提前30日以书面形式通知对方。

(二)有关社会保险事宜

1. 社会保险费的缴纳

工作协议履行期间,企业及个人按规定缴纳基本养老保险费和工伤保险费,但无须缴纳医疗、失业及生育保险费。

2. 社会保险待遇的享受

柔性退休人员的医疗保险待遇按照到达法定退休年龄领取基本养老金人员的医疗保险待遇规定执行。柔性退休人员发生工伤事故的,

按照本市工伤保险有关规定享受相应工伤保险待遇。因病或非因工死亡的，丧葬补助金按照本市企业退休人员因病或非因工死亡后相关规定执行，所需费用由本市城镇基本养老保险统筹基金支付。工作协议解除、终止时，劳动者申领基本养老金的条件即时成立，企业应当为延迟申领基本养老金人员办理申领基本养老金手续。工作协议解除、终止的当月，企业应按约定标准全额发给延迟申领基本养老金人员报酬。

老年监护监督模式的建立
——兼论《民法总则(草案)征求意见稿》成年监护监督制度

李　霞*

2016年6月,第十二届全国人大常委会第二十一次会议初次审议了民法总则(草案)征求意见稿(以下简称草案)。其中,第17条至第30条规定了成年监护制度,相较民法通则,草案的规定相对详细,但涉成年监护监督制度的法条寥寥无几。成年监护监督制度是成年监护制度的重要组成部分,缺失成年监护监督制度,仅仅依赖监护人道德良知来履行监护职责的成年监护制度,容易滋生监护权之滥用并损害被监护人的合法权益。本文拟分析总结草案中成年监护监督制度存在的问题,在对国外监督模式介绍的基础上,结合我国立法和理论研究

* 李霞,法学博士,华东政法大学教授,博士生导师。

的最新成果,对我国成年监护监督的规定提出模式和内容之建构,以期求教于同仁,并作为完善草案的一项立法建议。

一、草案中有关成年监护监督制度的规定与不足

(一)草案监护监督制度的立法规定

草案中并未使用成年监护监督的字眼,但其中的监护人资格的撤销与临时监护人的设立已为实质上的成年监护监督制度。草案中的成年监护监督制度主要为公力监护,且为事后监督,体现在立法设计中的第34条和第29条中。

第一,监护监督机关。资格的撤销。草案第34条规定,监护人有下列情形之一的,人民法院根据有关人员或者组织的申请,撤销其监护人资格,并根据最有利于被监护人的原则依法为其指定新监护人。草案保持了民法通则有关人民法院撤销监护人的资格,并规定了人民法院可以根据被监护人最佳利益原则指定新监护人的权利。

第二,申请撤销的机关。根据第34条之规定,人民法院可以根据有关人员和组织申请撤销监护人资格,这里的有关人员和组织包括:其他有监护资格的人员,被监护人住所地的居民委员会、村民委员会,学校、医疗卫生机构、妇女联合会、残疾人联合会、依法设立的老年人组织、民政部门等。当有关人员和组织未及时向人民法院提出撤销监护人资格申请的,民政部门应当向人民法院提出申请。也就是说,有行使申请撤销监护人资格的机关为民政机关和社会组织,且公权力机构民政部门应当作为监护监督的最后防线。相比民法通则第18条的规定,草案除强化了人民法院的监护监督权利外,还将监督机构细化到个人与可列举的公权机关与社会组织。

第三,实施监护监督的情形。第34条规定,当出现下列三种情形,人民法院可以依申请撤销监护人资格,此情形包括:(1)实施严重损害被监护人身心健康行为的;(2)怠于履行监护职责,或者无法履行监护职责并且拒绝将监护职责部分或者全部委托给他人,导致被监护人处

于危困状态的;(3)有严重侵害被监护人合法权益的其他行为的。草案的这三项规定对民法通则中关于“侵害被监护人合法权益的行为”进一步细化为三项具体条款,并将严重损害被监护人身心健康行为放在第一项中。

第四,临时监护的设立。临时监护制度亦为监护监督的重要组成部分。草案第29条第3款规定:“依照本条第一款规定指定监护人前,被监护人的人身、财产及其他合法权益处于无人保护状态的,由被监护人住所地的居民委员会、村民委员会、法律规定的有关组织或者民政部门担任临时监护人。”

第五,草案并未对于民通意见第20条监护监督的程序性规定予以延续。民通意见第20条规定:“监护人不履行监护职责,或者侵害了被监护人的合法权益,民法通则第十六条、第十七条规定的其他有监护资格的人或者单位向人民法院起诉要求监护人承担民事责任的,按照普通程序审理;要求变更监护关系的,按照特别程序审理,既要求承担民事责任,又要求变更监护关系的,分别审理。”

(二)草案有关成年监护监督制度存在的不足

草案虽改良和细化了原《民法通则》的法律规定,但仍不够充分。不足之处主要体现在以下方面:

第一,尚未形成系统化的成年监护监督机制。

草案基本延续了民法通则有关监护监督的相关规定,虽在此基础上细化,但仍未使用成年监护监督字眼,本质上只是对监护人加害被监护人之后的民事责任进行分配,而非对监护人职务执行行为的监督。有关成年监护监督的制度性规定仍以事后监督为主,未形成系统的成年监护监督体系。基于中国重身份伦理道德轻法律规制调整的法律传统,草案中对监护的规定仍反映了私领性和自治性,成年监护监督亦出于大范围缺位状态。而事实上,基于被监护人民事行为能力的局限性,有监护之名而不监护之实的侵害成年被监护人合法权益的现象屡见不鲜,监护人的监护权容易变成监护人侵吞财产的工具。草案中,法院的司法监督是事后监督,是司法救济措施,由于监护事务本身的私密性与隐蔽性,事后司法救济远不能代替事前和事中监督的科学性与时效性。

此外,我国无相应的监护登记制度,对监护的设立、变更、终止都采取放任主义。监护登记属事前监督,监护登记制度旨在稳定老年人监护关系,在尊重被监护人人格尊严的基础上保护知虑不周之人并兼顾交易安全。监护登记并未将被监护人的行为能力、意思能力现状及监护人的监护内容公之于众,仅限于查阅登记簿的利害关系人,便于必要范围内利害关系人的了解,更便于法院等其他个人与机关监督监护人在登记监护的范围内履行监护权利和义务。

第二,成年监护监督主体不明确。

草案将监护监督权的部分交与有关单位及村民(居民)委员会,当出现监护人损害被监护人利益情形时,它们可以向法院提请撤销监护人资格。而草案第 30 条又将部分监护执行权让渡于相同机构,这就可能形成监护执行权和监督权的合二为一,权利人监督权利人本身,职权混乱,监督权形同虚设。即使在监督主体与监护人分而设之的情形下,监督机构只有在监护人出现法定情形,才履行指定监护,而在监护进程中,监护机构根本不了解也不会有主动性去了解监护执行之情形,或者了解却推诿而不提起对监护人之诉讼。此种情形会使被监护人的权利枉遭侵害。此外,尽管草案细化了监督主体,但是草案并未明确哪个人、哪个机构具有直接、主动地承担监护的管理、监督职责。这种“泛社会化”的责任在实践中可能成为有关单位相互推诿和逃避责任的理由,以致当监护问题真的出现时,我们却找不到合适的监督者,最终导致监督制度名不副实。

第三,成年监护监督内容含糊。

草案作出的法院可依申请撤销监护的规定过于笼统,对于监护人如何履行监护职责,是否最大限度地尊重被监护人意思自治,法院不得而知也不加过问。在成年监护监督过程中,尤其在涉及一些同被监护人人身财产等密切相关的重大事项时,监护人是否拥有替代决定权,如何界定监护人的越界行为，这需要法律贯彻“尊重自主决定权”原则，作出示例性规定，法院或监督机关才能依据法律规定，根据被监护人现状仔细甄别，权衡利弊。同时，草案亦无关于监护人设立和撤销登记制度、被监护人财产公布及登记制度和监护人定期述职制度的相关监督制度，这就大大增加了监护监督制度的实施难度。草案目前的笼统规定可能将监护置于一种无人监督的放任状态，仍无法避免“系统性侵害”。

第四，公权监督主体监督力度薄弱。

据草案的规定，在监护制度设立、变更、终止中，公权机关有着举足轻重的作用。将公权力介入引入监护监督机制中，允许法院撤销监护资格，这弥补了家庭自治对监护监督之不足，实属必要，但草案于根本上，依然缺乏公权力的充分参与。如前所述，不能完全依赖于社会主体之间相互信任的成年监护事务，在尊重被监护人自主决定权的前提下，为实现个人有尊严有自决的生存，应采取成年意定监护以公权监督为轴心，法定成年监护公权力适度监督的模式，监督检查监护事务的执行情况。

二、成年监护监督制度必要性探究

（一）私法自治与公权干预的平衡

成年监护监督制度是以公权干预为核心，但不仅限于公权监督。但无论是公权监督或是监督人监督，均需公权机关的明确干预。梁慧星先生认为：“私法自治是指不受干涉的获得权利、承担义务，从事民事活动。”[1]摆脱“一揽子许可”模式的成年监护制度的设立初衷即为最大化地保证成年人被监护人的意愿不受干涉，尊重当事人的自我决定权。无论是以全权的个人自治为核心的意定成年监护制度，亦或是对

〔1〕 梁慧星：《从近代民法到现代民法》，载《民商法论丛》（第7卷），法律出版社1997年版，第238页。

以最大限度尊重个人意愿为核心的法定成年监护制度来说，公权干预与私法自治的结合才有可能达到成年监护的立法目的。从本质看来，成年监护制度对本人的保护，是以限制个人的基本权利和自由为前提、以干预其日常事务为手段的，因而成年监护制度是一把“双刃剑”，它的利弊二重性也决定了监护监督的必要性。于成年人意定监护制中适度介入公权监督可弥补完全的私法自治带来的不足与弊端，于成年法定监护制度中介入公权力干预也是对监护运行的进一步保障。当然，以公权力干预并不是肆意无止境的，必须对成年监护监督的内容、干预的程序等方面作出严格的限制性规定，确保本人最大的自我决定权。对实体与程序性事项作出明确规定的成年监护监督制度，可通过国家适度干预督促委任监护人更好地履行监护职责，实现私法自治与公力干预的动态平衡。

(二)维护被监护人合法权益

成年监护制度的设立就是为被监护人提供最有利于被监护人的生活方式，且保障此种生活方式的延续。从实践来看，无论是由本人设立的成年意定监护或经法律强制设立的成年法定监护，“本人一旦欠缺能力便无法监督监护人，失去了监督与控制的监护人，在执行职务时全靠自己的道德良知。在缺乏监督的真空地带，监护权的滥用极易滋生”。[2] 监护人代为行使包括人身照顾和财产管理在内的广泛权利，财产性权利包括出卖本人房屋与财产、投资、撤销保险单、重新指定受益人以及清空银行账户，人身性权利包括健康照顾及医疗决定，尤其是人身照顾事项上，监护人很可能因为财产性利益而对本人的人身利益有所侵犯。而现实中，代理人挪用自己所管理的本人的财产而受到逮捕、起诉并被判决有罪的案件比比皆是，且对本人财产的侵吞和人身利益的侵犯多发生在与其关系亲密的监护人中。成年监护监督即旨在以必要的干预防止监护人滥用监护权，维护被监护人的合法权益。

---

〔2〕 李霞：《成年监护制度的现代转向》，载《中国法学》2015年第2期。

此外,对于处于监护真空状态下的成年人,草案设立了有资质的临时监护人或公职监护人弥补私力监护的不足。此类公权代为成年监护的设立也有赖于成年监护监督制度的完善。成年监护监督机构必须能够对本人的行为能力及监护状况进行有效监督并及时反馈,才能为适用公权代位监护提供证据,以公权代为监护弥补私力监护的不足,维护被监护人的合法权益。

三、成年监护监督模式论证:比较法分析[3]

(一)私力监护监督模式

私力监护监督模式是以利害关系人或私人监督为主的监护监督模式,它主要包括监督人的事前报告和事后提请审查。私力监督模式的主要代表为美国的 UPA 和 UHCDA 法案。[4] 它们均为意定成年监护监督。UPA 的监督机制主要有两种:一是代理人向监督机构的报告义务;二是共同代理人的告知和采取必要手段的义务。UPA 第 111 条第 5 款规定,在财产可持续性代理授权中,代理人需要向委托人,或委托人的监护人或特定第三人履行报告义务。第 6 款规定,当有两个以上可持续性代理人时,代理人如明确知道另一代理人做出有违委托人利益的,违反信任原则的行为时,有向委托人通知的义务,如果委托人处于无能力状态,则它有采取必要手段维护委托人利益的义务。否则,他将承担不告知和不采取必要手段所造成损害之责任。而 UHCDA 规定,健康护理决定应当设立无利害关系人为监督者,可以是无利害关系第三人也可以为相关机构。在实施病人的一项健康护理决定之前,健康护理监督者应当在可能的情形下,迅速同病人沟通,辨明他们的真实意图;健康护理监督者应当尽快将病人的相关情况记录在案或复制原文

[3] 事实上很多国家并不是完全的私力监督或公力监督模式,只是在监护监督过程中更侧重于某一方面。本文即根据其侧重面做出归纳总结。

[4] UPA 全称为 uniform power of attorney act. , UHCDA 全称为 uniform health care directive act.

件;如果有两个或两个以上前款所提到的成年人有权为病人提供健康护理决定服务,但是之间达不成一致意见,向健康护理决定监督机构提出申请,则该监督机构应当按照同病人交流频繁的大部分人的意见作出决定。

私力监护监督的优势在于,排除公权干预,保护当事人隐私,公权机关并不主动参与监护全程,只在利害关系人或监督人提请司法审查时才予以调查。但私力监护监督的收效甚微,“美国的一项调查显示,94%持续性代理权中(意定监护)存在滥用情形;2/3的司法人员在执业期间受理过代理权滥用案”。[5]

(二)公权监护监督模式

公权监护监督模式是指公权机关,一般为法院,以积极的姿态主动介入监护监督。公权监督模式的典型代表是英国法。无论是意定成年监护,亦或是法定成年监护,英国法院始终以高调坚定的姿态强化对监护进程的监督。英国《意思能力法》(以下简称LPA)规定,主要意定老年监护监督机关为监护法院,也即高等登陆法院。受最高人民法院领导的高等登陆法院,拥有整部法律的管辖权,并对意思能力事务有最后之决定权,有权作出法定成年人监护制度的设立、变更、终止由法院判令。高等登陆法院对整个LPA制度中的有效性和其运作方面进行监督。法院可以审核可持续性代理授权的生效是否符合法定条件;有权解释代理授权书的内容;在本人欠缺意思能力时,法院可以对代理人的行为进行适当指引;在本人丧失意思能力时,法院可以监督代理人的代理行为,命令代理人提交报告、账目记录、代理证件或者他作为代理人所拥有的资料、相关文件及物品、涉案信息等;法院可以就有关代理人的酬劳或者开支提供建议;法院可以决定可持续性代理权是否已经以撤销等方式终止;由于登记机关是法院,法院可以决定是否登记一项可持续性代理授权,包括因为当事人签署授权书时的无意思能力而拒绝

[5] See Dep't for Constitutional Affairs, Mental Capacity Act 2005 Code of Practice, 2007.

登记;法院也可撤销一项可持续性代理授权,如法院发现该可持续性代理权的授予或执行是由于欺诈、胁迫或不适当的压力导致,或代理人的代理行为违背授权书的所规定之范围,或超出代理权限,或此项代理不符合本人的最佳利益原则。

而在法定成年监护中,英国法院监督更是贯穿始终。监护法院的法官必须是以下三种职务的人,即家事法庭庭长、高等法院陪席法官、巡回法官或地方法官。该法案第 19 条规定,法院指定法定监护人,在指定监护人后,法院可以同时指定该监护人的继承代理人。法院可以授予监护人处理个人的全部或部分事务,当法定监护人违背法院规定的事务范围时,法院可以判令变更或终止监护。在监护进程中,首先,保护法院有要求监护人提交报告的权力。保护法院也可提前要求监护人给予公职监护人一个履行职责的保证,以及于特定时间和地点向公职监护机构递交报告,可以要求其向当地政府或者国民健康服务机构做报告,报告必须按法庭的要求以书面或者口述方式完成,报告必须按法庭要求处理与本人相关的事项,保护法庭可以详细说明必须要写入报告的事情。其次,保护法院宣示之权力,即可以宣示某人于特定陈述决定中是否具有或是否欠缺意思能力。最后,第 61 条规定,监护法院可以指定常规或特殊监护探访人,特殊探访人必须是登记在案的医疗专家或由大法官委任的受过特殊资格和培训的人,对大脑意识能力的损伤的辨别有专门的知识。常规探访人不需要医疗资格。监护法院探访人是由大法官任命的。他于任何合理情形下可以查阅和复印个人的医疗等记录且可以私下探访个人,确定个人的能力。依照法院指令对被监护人的意识能力等进行辨认及上报法院,法院也可指定监督人,访问法定代理人、向法院汇报监护相关事宜、处理同法定监护和意定监护相关的事宜。在他认为必要时,公开监护相关信息。此外,在英国,大法官还可指定公共监护人,并设立公共监护协会。公共监护人的职责包括监督、指导与保护由法庭所指定的代理人;接受法定代理人的保证;当法院要求时,向法院提交与本法案中的法律程序相关的报告;处理被法定代理人在执行他的权利过程中所提起的意见等。也就是说，英国法中的公共监护人是为法院监护监督提供协助和补充的。

公权监护监督较为全面，它既包括预防滥用监护权的事前监督也包括弥补滥用监督权后果的事后监督。以公权机关作为核心地位的监护监督是自上而下的强制性监督，效率高，但成本大，且公权机关的强制性干预，对监护进程设置层层监控，"使意思自治的当事人可望而不可及"。[6]

（三）双轨制监护监督模式

基于私力监护监督模式的低效性与公力监护监督模式的繁琐性，一些国家采用了双轨制监护监督模式，在监护监督中，采用公权监督与私力监督并行的监护监督模式。这里的典型代表是日本法。修法后的日本法"一改2000年之前的公权监督模式，废止亲族会"，[7]以家庭法院和监护监督人为主要监督主体，通过家庭法院和监护监督人的合力和相互监督，构建了双轨制监督模式。

于意定监护，《日本关于任意后见契约之法律》规定，对任意后见监督主要通过第一，事前监督——任意后见合同的公证和登记以及事中事后监督——任何后见监督人和家庭法院的配合。第一，根据本法第3条的规定，任意后见合同应当由本人预先以公证证书的形式同任意后见受托人订立任意后见合同，公证证书原则上在公证机关制作，并由本人和受托人亲自制作。当出现法律允许的特殊情形时，依据本人申请，根据公证法律规定，公证人也可于本人或者受托人的居住场所制作公证证书。公证人为了确认本人在订立任意后见合同时的意思能力，原则上应和本人直接面谈。若公证人对老年人本人订立合同时之意思能力存有疑念时，有必要要求会见能够确定其意思能力之医师或要求本

---

〔6〕 Doug surtees, "Co-Decision Making: Making Assumptions and Making Decisions", "*Vancouver, Canadian Conference on Elder Law*", 2005.

〔7〕 [日]冈孝：《面向21世纪的日本国成年监护制度》，刘善华译，载《上海政法学院学报》2012年第4期。

人或利害关系人提供医师的有关意思能力之诊断书。同时,依据《日本公证人法》第 57 条第 3 款之规定,公证机关制作公证证书后,应将该任意后见合同在指定的法务局进行登记。第二,根据法条第 4 条第 1 款之规定,家庭法院选任可依申请选任任意后见监督人,监督人选任后,合同即成立。家庭法院选任的任意后见监督人,在后见合同生效后,由于本人不能有效监控后见人的后见行为,任意后见监督人代其行使监督权能,以防止后见人行使的后见行为违背本人福祉,造成权利滥用,"真正实现后见的主动保护与消极保护的统一"。[8] 根据《日本任意后见合同法》第 7 条的规定,任意后见监督人的职责为,向家庭法院定期报告任意后见人的活动;紧急情况下为帮助委托人的处分行为,或成为其代表人(但仅限于任意后见人代理权范围内的行为);任意后见人做出同本人意愿或利益相悖之行为时,任意后见监督人可代表本人提出异议,行使权利;对任意后见人的适格性存在疑问时(如任意后见人存在不法行为、品行不端不适合其职务),监督人可以向家庭法院请求解除该任意后见人的职务;可以以法定理由要求任意后见人提供报告;可以调查任意后见活动的情况和本人的财产情况(如作为任意后见合同之内容,在进行财产管理事项的委托、接受有关财产收支文件的递交时,可以对其进行严格检查)。家庭法院主要是通过对任意监护监督人的监督来行使任意后见监督职权的。家庭法院可在必要时,命令监护监督人对监护人的事务执行情形和被监护人的财产和人身状况进行调查,或要求任意监护监督人提交任何有关监护人如何行使监护事务的报告,还可以命令其对任意监护人之行为做必要的处分。当任意监护人有不正当的行为、严重的不轨行为以及出现不适于执行监护事务的事由时,家庭法院可以根据本人或其亲属、任意监护监督人、检察官的请求,解除任意监护人的监护职务。

---

〔8〕 [日]田山辉明:《日本成年监护制度——少子、老龄社会的法律制度》,顾祝轩译,载《交大法学》2015 年第 3 期。

于法定监护监督。首先,监护开始时,法定监护监督人的选任。《日本民法典》规定了监护、保佐、辅助监督人。849 之 2、876 之 3、876 之 8 条规定,家庭法院在认定为有必要时,根据老年被监护、保佐、辅助人及其亲属或老年人监护、保佐、辅助人的请求,或者依职权,可以选任老年人监护、保佐、辅助监督人。其次,法定监护监督人的职责。包括请求权、处分权、报告权、调查权、同意权。第 864 条规定,监护人、保佐、辅助人缺任时,监护监督人应当毫不迟延的请求法院选任接任人;有于紧急状态下做出必要事务处分之权利;可以随时要求监护人、保佐人、辅助人报告监护事务或提出财产目录,或者对监护、保佐、辅助事务或被监护、保佐、辅助人的财产状况进行调查并汇报给家庭法院;就与被监护人、保佐人、被辅助人利益相反的行为,代表被监护、保佐人、被辅助人反驳或修复此种行为。此外,监护人的某些行为,必须经过监护监督人之同意。[9] 最后,家庭法院的监督。法典规定法定监护的开始、变更和终止都由家庭法院作出。依据第 843、876 之 2、876 之 6 条规定,家庭法院做出监护(保佐、辅助)开始的裁定时,或老年监护人、保佐、辅助人缺任时,家庭法院可以依据老年被监护人、被保佐人、被辅助人或其亲属以及其他利害关系人的请求,依职权选任老年人监护、保佐、辅助人;即便已经选任了老年人监护、保佐、辅助人,家庭法院在认定有必要时,也可以根据前项规定的各种人或老年人监护人、保佐人、辅助人的请求,或者依其职权重新选任老年人监护人、保佐人、辅助人。当监护人有不正当行为、严重劣迹及其他不适于担当监护人的事由时,家庭法院可根据监护监督人、被监护人及其亲属、检察官的请求或者依职权将其解任。除前条规定的家庭法院可以随时要求监护人、保佐人、辅助人报告监护事务或提出财产目录或进行调查外,家庭法院还根据监护

---

[9] 这些行为包括:代被监护人实施营业行为、以不动产或其他重要财产的权利的设立或丧失为目的的行为、诉讼行为、赠与和解达成仲裁合意行为、对继承的承认放弃及遗产分割行为、拒绝他人提出的赠与邀约、放弃遗赠、承诺附负担赠与的邀约或承认附负担的遗赠、新建改建扩建或大型修缮行为、某些租赁行为等特殊行为。

或保佐、辅助监督人、被监护人或被保佐人或被辅助人的亲属或其他利害关系人的请求,或者以职权,可以命令就被监护人或被保佐人或被辅助人的财产管理及其他监护、保佐事务做出必要的处分。第870条规定,监护、保佐、辅助人的任务终了时,监护、保佐、辅助人或其继承人须在两个月内就管理在监督人的见证下进行清算。

四、民法总则(草案)完善我国成年监护监督制度的主要内容

在现行成年监护制度的基础上,民法总则应当完善以下内容。

(一)双轨制监护监督模式的采纳

基于私力监督与公权监督的优缺点,应取长补短,事中监督以私力监督为主,事前和事后监督以公权监督为主。集私力监督与公权监督为一体,采双轨制监护监督模式。无论是意定监护或法定监护,从监护制度的设立、变更和终止,到监护整个过程,私力和公权监督人均应贯穿始终。当然,由于意定监护为私人定制,自治性较为明显,应强化公权监督机构对意定监护合同的审查和对意定监护人的监督。而对于公权机关居主导地位的法定监护,则更应当强化私力监督的重要作用,节约司法资源,提高监督效力。

(二)监护登记制度的设立

设立监护登记制度,促使监护监督人(包括自然人和法人)能更好地履行事前监督职能。在成年意定监护,监护合同成立后,当本人行为能力减弱或丧失时,本人或监护人应当向民政机关履行登记手续;于成年法定监护,法院任命监护人后,本人、监护人应当向民政机构履行登记手续。履行登记手续包括领取登记事项证明书,证明书上应当记载本人、监护人、监护监督人、监护事项等内容。监护登记不予公告,仅供查阅。本人或监护人在行使监护职责时,可以出示登记事项证明书作为行为能力的民事证据。当然,在监护变更和终止时,本人、监护人、监护监督人也应及时向民政部门登记。此项登记的意义在于保护被监护人利益,维护交易安全,且民政部门可以根据登记簿,更好地履行监护

监督职责。

(三)法院监督的主导地位

无论设立何种类型的监护,都应由本人或利害关系人向法院提起申请,在监护申请提出并递交后的10天内,任何利害关系人可以向法庭提出异议,反对此种申请并向法院陈述理由。法院在考察老年人本人的实际行为能力或处理事务的能力后,作出是否设立监护的判决。

在监护权行使进程中,法院的监护监督也贯穿整体。法院可以设立、同意或剥夺监护人的某项监护权,也可对监护人的监护范围进行限制。此外,监护人在履行某些监护行为时,也需要法院认可,一些医疗措施的实施及与剥夺自由相关的安置等涉及被监护人人身和财产的重大事项时,必须由法院仔细辨明才可授权。在某些涉及被监护人意思自治的重大事项时,除非被监护人特殊声明,否则法院禁止被监护人行使。在监护执行过程中,法院有权要求监护人定期和随时毫不迟延地提交监护报告、监护决算、账目明细,提交监护报告能使法院更清楚地监督监护人的监护行为,并为监护行为提出合理化建议与指明方向。

(四)监护监督人的选任与职责

无论是意定监护或法定监护,均应选任合适的监护监督人。成年意定监护监督人可由本人选任,如本人未选任,当本人由于意思能力丧失和欠缺时,法院应当应利害关系人的请求,选任合适的监护监督人。成年意定监护制度的成立应当以监护监督人的选任为要件。在成年法定监护中,监护监督人可由人民法院根据利害关系人提起选任。此处的利害关系人包括配偶、父母、老年子女、近亲属、朋友或其他利害关系人,还包括本人所在地的村民(居民)委员会及民政机构。指定或选任的监护监督人不能同时担任监护人。选任监护监督人要本着本人最佳利益保护原则,尊重本人意愿,与本人协商。其既可以选任自然人,也可选任村民(居民)委员会、民政机构、养老院等法人,既可以选任一人,又可选任数人,但监护监督人应当具有独立性,与被监护人有重大利害关系的个人,包括监护人的配偶、直系亲属、兄弟姐妹、利害关系人等不能担任监护人。当监护监督人因年龄超过60岁,疾病、年龄、路途遥远而力不从心,已经担任两个或以上监护监督职务等原因,难以履行监督职责时,可以向人民法院辞去老年监护监督人职务,由人民法院根据被监护人具体情形重新选任。

监护监督人的职责包括请求权、处分权、报告权、调查权、同意权。请求监护人提供财务明细账单给本人及监护监督人,如监护人不提供,可申请法院强制执行;监护监督人应当定期向法院做监督报告,报告监护人的监护行为,当监护监督人发现监护人的监护行为违反意定监护合同规定或违反法定监护职责时,应及时向法院报告,如出现情况紧急时,应当在推测监护人意愿的基础上作出及时处分,事后及时向法院汇报。监护监督人应当定时并可以随时调查意定老年监护人的监护事务及本人的人身及财产情形,包括:监督监护人是否在法定职责范围内行使监护权限,履行监护职责;监督监护人的监护行为是否最大限度地保障了被监护人的意思自治;监督监护人对被监护人的某些监护行为是否必要和合理,是否侵犯了被监护人的人身和财产权益,如其处置被监护人财产、剥夺被监护人人身自由等行为是否经法院准许,其对被监护人的就医、住所、疗养等事项的安排是否妥当、合理;在监护人缺位时,向法院申请选任监护人并担任临时监护人;对监护人违反法定职责的行为有向法院等机构及时报告的义务,并要求监护人及时更正或向法院申请撤换监护人;当被监护人行为能力恢复或可以处理全部或部分事务时,在被监护人没有提出申请时,监督人应当及时向法院提起更换或撤销监护措施的申请。法院除享有同意定老年人监护监督人监督权外,还享有依申请或职权对意定老年监护监督人的监督行为进行监督。此外,如无适当的近亲属、朋友等成年监护监督人,法院可以设民政机构为监护监督人,民政部门可指定专人或设专门的监护事务部门,由监护事务官员从事专门的监护监督活动,对监护事务跟踪了解,为利害关系人提供监护咨询信息,协助法院审判监护案件等。

五、小结

(一)监护登记

于成年意定监护,当本人行为能力减弱或丧失时,本人或监护人应当向民政机关履行登记手续;于成年法定监护,法院任命监护人后,本人、监护人应当向民政机构履行登记手续。履行登记手续包括领取登记事项证明书,证明书上应当记载本人、监护人、监护监督人、监护事项等内容。监护登记不予公告,仅供查阅。本人或监护人在行使监护职责时,可以出示登记事项证明书作为行为能力的民事证据。当监护变更和终止时,本人、监护人、监护监督人也应及时向民政部门登记。

(二)监护监督人的选任

成年监护制度的成立应以监护监督人的选任为要件。选任监护监督人应依据本人最佳利益保护原则,尊重本人意愿,与本人协商。当本人未指定监护监督人时,应由人民法院选任;人民法院可依职权或依利害关系人的申请,选任自然人,或村民(居民)委员会、民政机构、养老院等法人为监护监督人,既可以选任一人,又可选任数人;与被监护人有重大利害关系的自然人,包括监护人的配偶、直系亲属、兄弟姐妹、利害关系人等不能担任监护人。

当监护监督人因疾病、年龄、路途遥远而力不从心,已经担任两个或以上监护监督职务等原因,难以履行监督职责时,可以向人民法院辞去监护监督人职务,由人民法院根据被监护人具体情形重新选任。

(三)监护监督人的任职资格

下列人员和机构可以为监护监督人:

1. 被监护人在监护合同中指定的监护监督人。

2. 被监护人的近亲属或关系密切的朋友,但担任监护人的除外。

3. 被监护人住所地的居委会(村委会)、民政部门或社会保障部门。居委会(村委会)、民政部门或社会保障部门担任监护人的,其上级主管部门为监护监督人。

（四）监护监督职责

监护监督人监督监护人是否在法定职责范围内行使监护权限，履行监护职责。监护监督人的职责如下：(1)监督被监护人的事务，可随时要求监护人履行报告义务；(2)当监护人违反监护义务时，必须毫不迟延地向人民法院报告；(3)定期向法院做监督报告，报告监护人的监护行为；(4)如出现情况紧急时，应当在推测监护人意愿的基础上为必要处分，事后及时向法院汇报；(5)定时并可以随时调查意定老年监护人的监护事务及本人的人身及财产情况；(6)当缺少监护人时，应立即向人民法院提出申请，要求人民法院重新选任监护人；(7)当被监护人行为能力恢复或可以处理全部或部分事务时，在被监护人或其他利害关系人没有提出申请时，监督人应当及时向人民法院提起更换或撤销监护措施的申请。

（五）法院的监督

人民法院履行监护监督职责，有权要求监护人定期和随时毫不迟延地提交监护报告、监护决算、账目目录、财产明细；可以调查监护事务或被监护人财产状况。人民法院可依据监护监督人、被监护人或其亲属及利害关系人的申请或依职权，对被监护人财产管理及其他事务为必要处分。

成年监护制度改革初探

薛　芳*

一、问题的提出

随着我国经济的发展，我国民众生活水平得到提高，医疗卫生事业发展迅速，出生率降低，已步入老龄化社会。联合国资料显示，2000 年我国 65 周岁以上的老龄人口为 8550 万，到 2020 年将达到 1 亿 5647 万，到 2030 年将达到 2 亿 1596 万。伴随着老龄人口的急剧上升，患老年痴呆症和其他身心障碍的高龄人受照顾的需求增加，而照料、看顾四位老人对于一个核心家庭来说确实是沉重的负担。农村地区的养老方式仍以家庭养老为主，生活水平相对较低，虽然新型农村合作医疗缓解了部分就医压力，但老年人的生活难以完全得到保障。在城市，随着生活条件的改善以及独生子女的父母开始进入老年期，“空巢老人”越来越多，“空巢期”也相

* 薛芳，华东政法大学法律学院硕士研究生。

应延长。面对老龄化社会的压力，现有的监护制度和老年人权益保障法都无法满足保障老年群体的利益需求。如何通过改革成年监护制度更好地保障老年人的财产、人身权益是我国目前亟待解决的问题。

二、我国成年监护制度的缺陷

（一）监护主体范围太小

依据我国民法通则第 17 条和《最高人民法院关于贯彻执行〈民法通则〉若干问题的意见》第 5 条和第 7 条等的规定，成年人监护设立的原因是成年人为精神病人，且属于无民事行为能力或限制民事行为能力人。当事人是否患有精神病，人民法院应当根据司法精神病学鉴定或者参照医院的诊断、鉴定确认，在不具备诊断、鉴定条件的情况下，也可以参照群众公认的当事人的精神状态认定，但应以利害关系人没有异议为限。对于不构成完全不能辨认或不能完全辨认行为后果的老年人，适用监护制度。然而实践中大部分的情况是，老年人的精神状态未达到限制行为能力人的程度，但因本身心理或身体障碍影响到正常民事活动的进行，权益难以得到保障。可见，我国监护制度主体的范围难以适应老龄化社会。

（二）监护种类过于单一

仅仅限制行为能力难以适应不同程度的身心残障者的意识能力残缺的多层次需求，如果考虑到各个身心残障者的主观意识和客观行为能力，应当相应设置不同监护种类，尊重部分轻微身心残障者的自我意识。法国、德国和日本等大陆法系国家都在成年监护制度改革中设置了多种监护类型，并且赋予法官根据当事人的具体情况规定监护事务范围的权利。例如，法国规定了“受司法保护”“受监护”“财产受管理”三种监护类型。每一种监护类型由法律明确规定需要监护人予以代理或同意的监护事务的范围，但法官也可以根据具体案情作出适当地改变。德国 1992 年废止了成年人禁治产宣告制度，以“法律上的照管”代替原先的成年人监护和残疾人保佐。《德国民法典》第 1896 条第 1 款规定,成年人因心理疾患或身体上、精神上或心灵上的残疾而完全或部分不能处理其事务的,照管法院根据该成年人的申请或依职权为其选任一个照管人。该项申请也可以由无行为能力人提出。以成年人因身体上的残疾而不能处理其事务为限,仅得根据该成年人的申请为其选任照管人,但该成年人不能表明其意思的除外。[1] 照管人在监护关系中只包括一种监护措施,那就是照管,照管人在监护关系中具体权限由法官在个案中裁定。

依据现行法规,我国的受宣告者无选举权,无立遗嘱的权利,另外还有许多资格受到限制。然而,剥夺或限制民事权利能力会对当事人生活产生极大影响,除非本人毫无判断能力,否则对其行为能力的限制通常力求最小限度。

(三)监护人的监督制度不尽完善

我国民法通则第18条、民通意见第20条规定,监护人未履行监护责任或侵害本人利益的,其他有监护资格者可以向法院起诉,要求更换监护人。由此可见,我国的法院并无主动监护权。《德国民法典》就有设定专门的监护监督人,必要时甚至可以导入法院监督的规定。随着我国高龄化社会的到来,成年监护制度将越发显得重要,在现有制度下,监护人未尽其职的现象屡见不鲜,而我国对监护人的监督制度显然存在立法缺陷。

三、我国成年人监护制度的立法改革建议

我国目前正在着手进行的民法典起草和修订工作应对民法制度的设计进行大胆的开拓,在借鉴各国成年人监护制度基础上,结合我国国情,改革成年人监护制度。

(一)纳入新的成年人监护立法理念

国外新型的养老制度以及残疾人福利的新理念为我国传统的民法

---

[1] 参见陈卫佐译著:《德国民法典》,法律出版社2010年版,第536页。

制度的完善提供了多方面的启示。借鉴他国的新理念，我国成年人监护制度的总体设计要体现“尊重受监护成年人的自我决定权和维持其生活正常化”的人本思想。“维持生活正常化”就是不将身心障碍人与我们普通社会成员隔离开来，而应让他们全方位地参与社会活动，过普通人的生活。“对自我决定的尊重”就是让被监护人借监护人之手，依本人的意思融入普通人的正常社会，并有权对本人基本生活有自主决定权。[2]

这一理念已成为国际社会的通行概念，法国的监护、保佐和需要紧张处理的法院保护、德国的成年人照管法、日本的任意监护制等均纳入了这一理念。我国在进行相关立法时也应接受身心障碍人福利的新理念，充分尊重被监护人的自我决定权，转变监护职能，由传统的接管和约束转变为现代的监督和照顾，体现更多的人文关怀。

（二）保护被监护成年人具体法规方面的立法借鉴

第一，在民法监护制度中扩大被监护的对象范围，尤其应将因年龄增大而判断能力衰退的无行为能力的老年人列为被监护的对象。总体上看，成年人监护制度可由法定监护制度和意定监护制度构成。改革原有的法定监护制度，突破传统的无民事行为能力和限制民事行为能力的规定。通过增设意定监护制度，扩大民法通则成年人监护对象上的范围。在新的监护制度中除了应将有精神病人、精神衰弱人、酗酒成病者、吸毒用毒成病者、挥霍浪费人纳入保护范围之内外，尤其应将因高龄而无法全部或部分处理自己事务的老年人列为需要保护的对象。对这部分老人的保护以辅助他们处理身体照料和财产管理为限。[3]

第二，根据被监护人行为能力的层次区分，确立监护标准，细化监

---

〔2〕 参见李文胜：《美国成年人监护法的改革对我国未来民法典之借鉴意义》，载《广西政法管理干部学院学报》2008 年第 23 卷第 1 期，第 113 页。

〔3〕 参见何宏莲、王威武：《老龄化社会背景下我国成年监护制度的立法完善》，载《学术交流》2007 年第 5 期。

护类型。为了更好地实现对成年的被监护人的帮助，根据其年龄、智力状况、身体和精神状况的实际情况，更细致地划分监护类型，并根据个案审查情况的不同对被监护人适用不同的监护措施，并以实际需求来确定监护人的职责，意定监护应优先于法定监护。2012 年公布的老年人权益保障法的实施，标志着我国正式确立了成年人意定监护制度，这是我国在成年监护制度上的最新进展。老年人权益保障法第 26 条第 1 款规定："具备完全民事行为能力的老年人，可以在近亲属或者其他与自己关系密切、愿意承担监护责任的个人、组织中协商确定自己的监护人。监护人在老年人丧失或者部分丧失民事行为能力时，依法承担监护责任。"意定监护制度允许被监护人在具有完全的判断能力时，以自己的意思能力，通过法律行为预先选择自己将来的监护人，签订委托监护合同。这样的类型划分可以在充分尊重本人意愿的基础上，更好地实现对被监护人利益的保护。

第三，确立监护监督人制度，并明确规定监护监督人的相应职能。为保护被监护人的利益，防止监护人利用管理地位损害被监护人的人身和财产，早在罗马法中就设置了相应的规则。我国在构建新型的监护制度中可规定只要监护人不是被监护成年人的配偶、父母、成年子女的应设置监护监督人以更好地完成监护职责，保护被监护人的合法权益。就老年人的监护监督制度而言，可以借鉴其他国家的立法例，设专门的监护法院或法庭或由民政部门为监护监督人，并根据需要设监护监督个人，对监护人的监护事务进行监督，分配监护职责，对于某些特别重大的监护事务应经监护监督机构的同意，从而使被监护的老年人的利益得到充分保障。成年人监护制度是民法典重要的组成部分，为迎接即将来临的高龄化社会，加强对障碍者的积极保护，我国现行的成年人监护制度应借鉴外国的有益经验，将需要给予救济的精神耗弱人，尤其是日益增多的因年龄增大而判断能力衰退的老年人纳入监护法保护的范畴，并根据不同层次行为能力群体的状况细化具体法规，完善立法。

中国社会老年人犯罪的多维分析研究

杨兴培*

老年人是一个社会的一抹晚霞，人们看到或者听到过太多童颜鹤寿、慈眉善目、一副古道心肠的老人故事，给社会添上了一曲颂歌。人到老年应当安享夕阳的余晖，颐养天年，安度人生的晚霞岁月。然而社会本身是个万花筒，世上总还存在一些老年人不守安分、忘乎所以、老来作祟，以致实施犯罪，或者因为温饱所困，或为情感所伤而陷入犯罪的泥淖。老年人犯罪是一个社会极不正常的现象，也是一个社会无法回避的现实问题。但如何对待老年人犯罪的问题，却是一个社会文明的"晴雨表"，它往往涉及社会生活的各个领域，特别是整个犯罪学、刑法学和社会学研究的重要内容。因此加强对

* 杨兴培，华东政法大学教授，博士生导师。

老年人犯罪的研究,也是老年人法律问题中的一个重要内容,更是提高社会文明程度不可缺少的重要一环。

一、老年人犯罪的犯罪学分析研究

随着中国社会经济的迅速发展、社会成员生活水平的不断提高和国家医疗条件的大力改善,中国人的寿命在不断延长。如果仍然以男60周岁、女55周岁为老人的界定标准,无疑今天的中国已经进入到了老人社会。2011年3月1日,老龄办副主任吴玉韶在北京召开的新闻发布会上就曾宣称,“十二五”时期中国人口老龄化加速发展,人口老龄化形势更加严峻,呈现出老龄化、高龄化、空巢化加速发展的三个新特征。预计到2015年,中国60岁以上老年人口将达到2.16亿,约占总人口的16.7%,年均净增老年人口800多万,超过新增人口数量,这在当今世界也是少有的现象。[1] 老人社会自有老人社会的问题,其中就包括老年人的犯罪问题。随着老年人口的比重日益增加,社会、家庭的环境对老年人的身心及自身诸因素的影响,老年人犯罪在社会犯罪占有的比重和数量也有增长的趋势。据统计,某地监狱在押犯常年1200人左右,老年犯罪人员占到在押犯总数的2.1%。[2] 因此老年人的犯罪增长应当引起有关方面的重视。

当然从整个社会的成员结构和犯罪主体的年龄来说,老年人犯罪在整个社会的犯罪总量中所占的比率是不高的;即使在整个老年人口中,犯罪的比率也是很低的;而在老年人的犯罪中,女性的犯罪率比男性的犯罪又要低得多。但老年人犯罪确实很受人关注。人将老去,何以犯罪而谢幕?令人深思。而且随着老人社会的扩大,老年人犯罪问题也会变得越来越突出,这就需要我们对此进行专门的研究。

(一)从老年人本身的生理、心理发展状态上进行考察

人从孩提到少年,从青年到壮年再进入老年期,其生理、心理状况

---

[1] 至本文初次发表日,最新的统计还没出来。

[2] 载 http://www.docin.com/p-242279773.html,最后访问日期:2015年1月25日。

都会都发生很大的变化。老年人在生理上的变化主要表现是：身体多病，耳聋眼花；体力下降，感官功能降低；知觉衰退，反应迟钝。老年人在心理上的变化则更多。《北京晚报》曾载文归纳为10种类型：(1)享受型。表现为人生已老，看破“红尘”，只想享受，不愿奉献，以期补偿自己一生之不足，慕名、占物，不一而足。(2)贪婪型。对财物贪得无厌，什么东西都想多积攒一点，占而不用，只求心理上满足。(3)虚无型。对周围一切事物均持冷漠态度，与世无争，得过且过，无所作为，思想空虚。(4)保重型。自知人生“已近黄昏”，来日不多，只求保重，延年益寿。(5)操劳(心)型。国事、家事、天下事，事事挂心，生怕别人出差错，事必躬亲。(6)表率(为人)型。严格要求，苛刻自律，过分节约，省吃俭用，为子女后代作奉献，为他人行善，为有难者解囊，不遗余力。(7)奋发型。深知夕阳无限好，只缘时光近黄昏，发奋学习，研究，著书，指导晚辈，培育后代，力求为社会和人类留下更多的东西。(8)绝望型。认为一切希望都即将破灭，总是在悲愁伤感中回忆过往失意之事，痛感前景暗淡，万事皆空，常在泪水和失落感中打发时光。(9)消遣型。不计较物质享受，不注意精神修养，一心追求安逸、恬静、解脱和轻松。清心寡欲，淡泊明志，知足常乐，颐养天年。(10)寄托型。意志薄弱，缺乏主见，不计得失，听由别人安排，寄生苟安，听天由命。[3] 这种社会学的分析研究从一个侧面为我们进行老年人犯罪的研究提供了一个很有说服力的群体面貌。这里，老年人具有的消极颓废、享乐消遣的消极心理变化对老年人的犯罪有着直接的影响。特别是其中的第一种享受型、第二种贪婪型、第八种绝望型具有较大的负面效应，由这种消极颓废、享乐消遣的消极心理往往又会引导出犯罪的心理活动。例如：(1)没有底线的享受快乐心理，自以为即将退出或者已经退出社会主要活动舞台，产生自我解除社会责任感，可以为所欲为，以填补其内心的空虚，于是表现为思想腐朽，生活无聊，精神空虚，以玩弄女性为乐，甚至以发泄

---

〔3〕 载《北京晚报》1989年11月25日。

和满足性欲为目的的犯罪实施。老年人的性犯罪就是其中的一种极端表现。(2)满足对财物占有的心理需要,于年老力竭之际,伸出手来非法侵占他人财物。这里既有生活窘境引发的温饱要求,也有对财物的贪得无厌的心理作祟。于是盗窃、诈骗成了非法占有他人财物的主要犯罪手段。(3)年老气衰,但自负心理不减,一事不顺,忌恨在心,报复心理陡起,以致不择手段,立刻伤害、杀害他人,以逞一时心理满足。正所谓我不求他人原谅我,但我也绝不原谅他人。正是这种消极负面的心理活动,结合老年人生理的变化,其参与社会活动的范围和深度日益缩小和减弱,容易形成一些怪癖,其心理表现也往往出现以自我为中心、固执、偏狭、幼稚、神经质、多疑的变化,以致表现出与社会明显不适应性,暗器伤人、突然袭击,在毁灭他人的同时,也将自己引向歧途,走上违法犯罪道路。

(二)从老年人犯罪的现象上进行分析研究

对于老年人的犯罪,宏观的数据调查应该是一种比较好的研究方法。但是在中国,各地整治、经济、文化发展的不平衡,甚至在中国还存在多民族的生活特性差异,城乡的区别还大面积存在。所以在与宏观研究相媲美的微观研究仍然不失为一种解剖麻雀,也能起到管中窥豹,略见一斑的效果,故本文主要采取微观研究的方法加以进行。在当前众多的老年人犯罪中,当然有着众多的犯罪形式比如杀人、放火、投毒、强奸、盗窃、诈骗、侵占、窝藏、赌博、伪造、诈骗、奸幼、教唆、传授犯罪方法等犯罪行为,甚至可以说,社会生活中绝大多数的犯罪,老年人都可以涉及。但是从老年人犯罪的数量和突出表现而言,其中性犯罪、暴力侵害性犯罪和财产性犯罪是其主要的犯罪类型。我们这里以此作为分析研究的主要样本。

1. 老年人的性犯罪

为了进行本课题的研究,笔者开始搜集各种老年人性犯罪案例,意图从中发现这类犯罪的心理活动、表现手段、行为特征。由于工作的关系,之前早听说过类似案件,但没想到会有如此之多。打开网页,简直有一种触目惊心的感觉，强作斗胆以敢继续。这里随便撷取几例，以作分析样本。

案例一：《海峡导报》2015 年 1 月 31 日报道：2014 年 9 月，福建省漳州市漳浦县霞美镇溪仔村村民阿南 18 岁女孩阿花被发现怀孕 7 个月。阿花智力低下，并不知道孩子父亲是谁，只是口称村里好几个老头都和她发生过性关系，因此阿花的家人便去报案而案发。经鉴定，阿花患有"中度精神发育迟滞"。经侦查，阿花原来被 3 个村民强奸，并被另 1 个村民强制猥亵。4 名因此而被捕的村民中，年纪最大的已经 72 岁，最小的也已经 59 岁。

案例二：重庆市大足县三驱镇农妇陈某的 10 岁女儿吃过午饭后，到邻居林某家玩。74 岁的林某将其奸污，并给小女孩 1 元钱，叫她不要向别人讲。第二天小女孩因下身肿痛，把事情告诉了妈妈，第 9 天，她们才到派出所报了案。2 月底，林某因涉嫌强奸罪被逮捕。

案例三：湖北省襄樊市 72 岁的秦老汉两次服刑都因为强奸幼女罪。秦老汉没有兄弟姐妹，自他成人后，媒人为他介绍了许多对象，但一个也没成，他的心理渐渐失衡。55 岁那年，他诱奸了一名 9 岁的女孩，64 岁才刑满回家，村里人没有歧视他，村委会每年发给他五保生活费。刚回家的那阵儿，他喂猪、养鸡、种菜园，生活过得有滋有味。生活好了，他又想找老伴，对方一听说他坐过牢，谁也不敢嫁给他。他绝望之后，又一次向一个 11 岁的女孩发泄了兽欲。

这一类案件往往大同小异，通过分析研究可以发现它们具有诸多明显的共同特点：

（1）涉罪老年人往往身体健康，精力旺盛，有着强烈的性欲望。随着中国社会物质生活水平的大幅度提高，老年人的身体素质确实有了很大的提高，特别是性需求和性能力，并不像一般人所想象的那样随着年龄增长会在一夜之间丧失殆尽。社会生活和现代医学研究表明，只要老年人身心健康，同样需要性生活，有时还很旺盛。据国内外性医学专家证实，绝大部分老年人的性生活可以持续到 70 岁以上，其中一部分人可以保持到80岁左右。关于人的性欲问题是一个十分复杂的自然现象,人们可以从同一个起跑线上出发,但绝对不会在同一个时间到达终点。写下过《梦的解析》《性爱与文明》《性学三论与爱情心理学》,专门以研究性爱与精神现象并获得诺贝尔奖金的弗洛伊德41岁就终止了性行为;明代冯梦龙所编《喻世明言》第十卷《滕大尹鬼断家私》就叙述了一个八十多岁的退休太守续娶新妻、结婚生子的故事;著名的国画大师齐白石晚年娶妻也是一段为人们津津乐道的人间佳话。老年人的性观念一般与一个国家性文化传统有着密切的关联。中国性学会理事、全国妇联秘书处工作人员陈欣新指出,在中国80%的老年人在压制自己的性需求。陈欣新还说:"在西方国家,性生活是每一个人的权利,没有人会因为自己已经迈入老年而不再过性生活。而在中国却不是这样,许多老年人认为性生活是年轻人的专利,如果老年人还有这种举动,则有点不正经。""老年人特别是老年男性仍然会有性需求,但受传统文化的影响,社会一般将老年人性需求禁忌化,认为老年人不能也不应该进行性生活。"陈欣新说:"许多在性方面有需求的老年男性,不敢通过正常的交友或是婚姻的途径满足生理和心理需求,只是苦苦压抑,又没有其他方法进行疏导,逐步形成极度饥渴的性心理,于是一旦出现特定机会,他们的伦理意识和法制观念就会瞬间崩溃,便会采取猥亵,甚至强奸等极端的方式来发泄性欲。"[4]

(2)涉罪老年人往往文化水平低下、法治观念淡漠、道德意识沦落、心理意念肮脏、人格精神扭曲,由此引发出性犯罪倾向。对所搜集到的案例进行深入分析,涉案的老年人大多都在60岁以上,人生的经历很多,虽其中内容不算复杂,但有些人已是儿孙绕膝,按道理说应该对性问题有了正确和清醒的认识,最起码知道在婚姻关系之外单向性的性行为不为传统的道德观念和法律制度所允许。然而正因为涉罪的老年人存在上述所说的文化水平低下、法治观念淡漠、道德意识沦落、心理

---

〔4〕 南方网讯时间:2012年3月11日。

意念肮脏、人格精神扭曲等精神心理问题,丧失了最起码的老年人消极守成的底线,使这些涉罪的老年人即使面对一些未成年女孩、比他们更弱势的女性群体,仍然不知收手,为了填补其内心的空虚,以发泄和满足性欲为目的而实施犯罪,以致轻易地滑向犯罪的泥坑。

(3)老年人的性犯罪对象往往是幼女、智障女、老寡妇等更弱势的群体。众多的老年人性犯罪案例呈现出一个明显的特点,即他们的性犯罪对象大多是幼女、智障女、老寡妇等更弱势的群体。这表明老年人的性犯罪有着其自身的生理和心理表现。从生理状态来说,一方面他们也有着强烈的性冲动,另一方面他们毕竟也是年老力衰,面对比他们更强壮的女性群体来说则是望而生畏,望而兴叹,无法得逞的。从他们的心理特征来说,文化水平低下、法治观念淡漠、道德意识沦落、心理意念肮脏、人格精神扭曲等精神心理问题也反映了这些涉罪的老年人其性取向的畸化,导致了性心理失衡,性取向容易发生偏离,侵害幼女、智障女和其他比他们更弱势的女性群体,除容易得逞的生理条件外,也使他们更容易在这类弱势人群面前获得性占有的心理满足和平衡。

(4)老年人性犯罪的暴力特征并不明显,一般采取较为温和的行为方法。从司法机关已经披露的众多案件来看,由于老年人性侵害对象主要集中于幼女、智障女、老寡妇等更弱势的群体,所以一般是用温和的手段就可得逞的。比如一般采取用糖果、零食等引诱,用钞票、玩具来收买,即使当对方不愿意时,由于这些性侵对象在力量上的弱势,使得犯罪的老年人也不用使用强烈的暴力手段也能轻易得逞。

(5)老年人的性犯罪一般发生在农村的较多,涉罪的老年人基本上处于一种丧偶、离异或者独居的状态。相对于许多大城市人口集中、群体活动频繁,甚至还存在专门针对老年人的卖淫活动,使一些心理不健康的老年人要么不敢轻易为所欲为,要么有了性欲发泄的时空条件和对象存在,没有必要铤而走险。在农村,老年人独居现象较为普遍,有的老人因丧偶而独居;有的虽然有配偶,但分别随不同的子女生活,平时很少有机会在一起,难以过正常的夫妻性生活;也有的因性格不合,离婚又受子女阻拦只好分户独居难能再婚。另一方面,丧偶未娶或分户独居的老人,也有他们自己的生理需求,渴望再能有自己的性生活。而农村的居住环境使他们大多是单门独户,与人交往较少,他人的眼光视力监督容易形成盲区。所以一旦出现人格障碍,在不健康的心理支配下,就会见色起淫心或酒后生色胆而实施性犯罪。

2. 老年人的暴力侵害性犯罪

老年人的暴力侵害性犯罪包括了暴力杀害性犯罪和暴力伤害性犯罪。在现实生活中,暴力杀害性犯罪比暴力伤害性犯罪更带有社会冲击性,但无论是暴力杀害性犯罪还是暴力伤害性犯罪,都是对他人人身的一种暴力侵害性犯罪。这里我也选取几个典型的老年人的暴力侵害性案例做样本分析:

案例一:陕西安康市紫阳县高滩镇高滩村老梁(70 岁)的儿子小梁(43 岁)多年来一直游手好闲,嗜好赌博,非但不赡养老人,两个老人还要养他,平日动辄打骂父母。2011 年 6 月 10 日 17 时许,梁家父子吃完晚饭,老梁在饭桌前劝说小梁少玩些牌多关照点家,小梁很不耐烦并大声怒斥其父多管闲事,老梁一怒之下,便乘其子不备提起斧头从背后狠狠打击小梁的头部,致使小梁当场死亡。[5]

案例二:江西抚州老汉周某某,75 岁,常在药店买"伟哥"等壮阳药服用,但因老伴未能满足其性欲,周某某竟在半夜趁老伴熟睡之际,将其砸死。事情起于 2015 年 1 月 5 日凌晨,周老汉趁老伴熟睡之际,用茶杯、床板将老伴砸死,之后再服用事先买好的农药自杀。当日一大早,当地村干部时发现这一惨剧,救得周老汉一命。经调查,周老汉因老伴无法满足其需求,并疑老伴与他人有染,故下毒手。1 月 8 日,江西省金溪县检察院近日以涉嫌故意杀人罪对周某某作出批准逮捕处理。[6]

案例三:2015 年 2 月 19 日凌晨两点左右,湖南省娄底市双峰县永

---

〔5〕 载紫阳县公安局官方网站:http://www.zyga.gov.cn。
〔6〕 载 2015 年 2 月 8 日中国江西网,作者王樊。

丰镇民办爱心养老院发生一起护工恶性伤害事件，致3人死亡，15人受伤。据介绍，永丰镇爱心养老院护工罗某（男，64岁）因与养老院法人代表房某（女，48岁）发生矛盾，持红砖在院内行凶后逃跑。到目前为止，造成3人死亡，15人受伤。记者从湖南省娄底市双峰县有关部门获悉，嫌犯罗某于21日下午17时许在湘乡市中沙镇大杉村被抓获，案件正在审理中。[7]

老年人暴力侵害性犯罪一段时间来有所增加，像上述这类案例在很多地方并非个案。据云南省曲靖市会泽县的一个资料统计，2011年至2013年三年中60岁以上老年人犯罪的就有22件22人，占受理总数的2.5%。[8] 老年人暴力侵害性犯罪有着明显的自身特点。

（1）这类犯罪案件发生在农村要远多于城市。这表明暴力侵害性犯罪主要发生在人群不太集中的区域，犯罪人一般躲开人群集中的地方。曲靖市会泽县近三年老年人犯罪中，有21名为农村老年人，仅有1名为城镇老年人。[9] 这一特征与老年人的性犯罪具有一定相似性。

（2）暴力侵害性的犯罪一般发生在熟人之间甚至亲属之间。这表明加害方与被害方存有一定的恩怨关系，说明涉罪的老年人处理问题的能力十分有限，这跟涉罪的老年人的文化水品不高有着密切的关系。对已有的老年人暴力侵害性犯罪案例观察中，绝大多数的老年人只有小学文化或者是文盲，所以处理问题的手段十分单一简单，一事不顺，就用极端的手段来解决问题。

（3）男性犯罪要远远多于女性的犯罪。从老年人暴力侵害性犯罪的主体性别上来看，男性多于女性。以前述会泽县的统计资料为例，近三年老年人犯罪中，男性老年人犯罪的有17件18人，女性老年人犯罪的仅有4件4人。[10] 这表明女性老年人在心理上较男性更为稳定，她

---

〔7〕 载2015年2月22日法制晚报。

〔8〕 载人民网云南频道，2013年4月23日。

〔9〕 载人民网云南频道，2013年4月23日。

〔10〕 载人民网云南频道，2013年4月23日。

们在生活上更以家庭为中心，生活的圈子相对较小，接触的新事务也较少，性情相对比较温和。而男性老年人则有点相反。老年人暴力侵害性犯罪尽管大多与家庭生活有关，但又不限于此。双峰县永丰镇民办爱心养老院护工罗某恶性伤人案就是一例。

(4)犯罪手段单一。涉及暴力侵害性犯罪的老年人往往自身力量不够，所以犯罪往往带有突袭性。从老年人犯罪的手段上看，其犯罪手段相对单一，暗器伤人，突然攻击，以简单、直接的暴力手段作为解决问题的主要方式。其主要的心理原因往往因为犯罪的老年人都久居农村，受自身性格，文化环境、思想狭隘、遇事冲动、对人猜忌等多种因素影响下，有时仅仅因一点小小矛盾就引发极端情绪，仇恨强烈、急切报复泄愤，以致实施暴力侵害性犯罪。

(5)老年人心理特征所致。老年人精神与身体衰退，感官功能降低，反应迟钝，自控力差，使其人格心理发生了较大的变化，固执、偏激、幼稚、易被激怒。这种心理使老年人在产生人际冲突时不能恰当解决所遇到的纠纷，很容易因为小事而激发不可调和的矛盾，出现攻击性的行为，从而实施犯罪。

3. 老年人的财产性犯罪

在刑法领域，涉老年人的财产性犯罪往往把老年人作为犯罪对象进行研究，这是因为当前的社会环境中以老年人为对象的财产性犯罪比比皆是。但是我们千万也不能忽视老年人所实施的财产性犯罪。国以民为本，民以食为天。钱财和食物总是人们生存的基本要素。当人们缺乏必要的生存条件时，饥寒起盗心就成了社会的一种必然现象。这一类犯罪又往往在人们的同情范围之内。但我们更注意到老年人财产性犯罪主要表现为贪欲性的财产性犯罪。

案例一：据 2009 年 2 月 6 日《法制日报》报道，1910 年出生、今年 99 岁的作为北京“史上”年纪最大的刑事被告人周某，冒充国民党元老李烈钧，编造“解冻民族资产”的神话，诈骗一名美籍华人 74.9 万元的诈骗案,成为中国社会年龄最大的诈骗犯。[11]

案例二:重庆市巴南区66岁的黄某本应颐养天年,却因多次小偷小摸行为被判入狱。据办案的检察官介绍,黄某偷的东西可以说是五花八门,有鸡、鸭、玉米、茶杯、牛仔裤……不到8个月就偷了30多次。黄某偷来的东西一般都拿去卖,大概能卖几块到几十块钱。有的东西卖不了,就拿去与别人交换。在不到8个月时间里,他共偷盗30多次,偷的东西价值3000余元,其行为已构成盗窃罪。"我就是想占点小便宜。"案发后黄某说,他家其实并不缺这些东西,子女也会定期给他一些生活费。[12]

案例三:据中新网温州2014年12月18日报道,在外人看来,八旬高龄的老人家比较容易上当受骗,但偏偏有这么一个老头子,"精明能干",各地流窜诈骗其他老年人,数额高达30余次,共骗取36万人民币。薛某,1936年出生于浙江省乐清市。十分爱好赌博,也因为赌博输了很多钱,甚至房子也输没了,以前家里人还帮着还赌债,但见薛某屡犯不改,便不再帮忙还赌债。后来,薛某没有钱去赌了,便萌生了念头:骗钱去赌。之后,薛某一直在乐清一带行骗,每次都是骗了钱去赌钱,赌钱输了又去骗钱,如此恶性循环,薛某在乐清一带也因此成了臭名远扬的"骗钱专业户"。日前,温州市永嘉县人民法院对该案公开进行一审宣判,薛某犯诈骗罪,判处有期徒刑九年,并处罚金人民币38,000元。[13]

相对于生存条件缺失、饥寒起盗心的临时起谋实施的财产性犯罪而言,贪欲性的财产犯罪显得较为复杂。其主要特点大致是:

(1)以非暴力性的偷盗、诈骗为主。这一犯罪表现与老年人的智力和体力是相适应的。老年人由于受自身体力衰退的影响,所以体现在

---

〔11〕 载法制日报,2009年2月6日。

〔12〕 载法制网,2011年11月28日。

〔13〕 本文转自案例馆,载原文地址:http://www.anliguan.com/html/201412/20141219192741.php。

财产性犯罪方面往往以非暴力性的智取方法的偷盗、诈骗犯罪为主，隐蔽性、智能性、非暴力性则为老年人财产性犯罪主要的行为表现。隐蔽性是由于老年人一般往往受到尊重和保护，人们容易对老年人放松警惕，使老年人的偷盗行为容易得逞，即使财富增加也不会关注其财产来源的合法性。而智能性主要体现在老年人毕竟是过来人，有着人生的各种阅历。俗话说得好，“姜还是老的辣”。所以老年人容易针对各种不同对象的所好，实施诈骗容易得逞。而非暴力性主要受老年人的体力所制约，所以在财产性犯罪中，主要以盗窃、诈骗为主，老年人涉及的抢劫、抢夺、绑架一类的犯罪较少。

(2)具有一定的惯性特点。老年人走上财产性犯罪，基本上都是深思熟虑的结果体现。所以一旦走上这条路，就有一种欲罢不能的惯性。从心理学上进行分析，老年人之所以走上侵财性犯罪，除为解决温饱问题不得已而为之外，老年人的财产性犯罪基本上已是考虑成熟的行为表现，一旦得手除了财富的增加，更是一种心理满足。所以老年人的财产犯罪往往具有连续惯性的表现，不愿轻易罢手。

(3)犯罪数额有限。老年人由于其精力不足、体力不够的原因，往往使得犯罪不可能具有规模性，因此其犯罪数额往往有限，像案例一的北京周某某似的犯罪案例仅仅属于特例，不具有普遍性的特点。即使像案例三薛某连续诈骗，其犯罪数额也只是数万元之多。

从上述三类老年人的犯罪案例分析，我们大体能发现中国社会老年人犯罪的一般表现特点和发展趋势。当然这种现象和趋势也是与东亚国家的老年人犯罪具有相似性。据韩国《中央日报》2012 年 8 月 1 日报道称，近年来韩国老年人性犯罪率持续增高。韩国警方调查显示，去年发生的性侵案件中，60 岁以上犯罪的有 809 起，71 岁以上的有 268 起，与 2007 年相比大幅攀升。[14] 另据韩国警察厅统计，2008 年性罪犯中 61 岁以上老人为 710 人，但 2011 年增加到 1070 人，3 年间增加了

〔14〕 载环球时报 – 环球网(北京)，2012 年 8 月 2 日。

50%以上。从大检察厅整理的去年针对儿童的性犯罪者的年龄分布来看,60~69岁为77人,占总数的9%;70岁以上为27人,占总数的3%;60岁以上为106人,比20~29岁(95人)多,比50~59岁(115人)略少。[15] 而据日本放送协会(NHK)报道,贫困孤独导致日本老年人盗窃犯罪增加。2012年东京都内被检举并抓获的65岁以上的老年窃贼首次超过了年纪不满20岁的小偷。东京警视厅称,2012年东京都内被检举并抓获的窃贼人数约为1.35万人,其中65岁以上的老年人数同比增加了55人,达到3321人,占全体的24.5%,年纪不满20岁的小偷人数为3186人,占全体的23.6%。东京警视厅对500名老年窃贼所做的调查显示,他们偷窃的70%的物品为食品,大都是为生活所迫。他们的显著特征是大都没有亲人和朋友,也没有兴趣爱好和生活目标。东京警视厅认为,这反映出老年人生活的贫困以及被社会孤立的客观现实。[16]

二、老年人犯罪的刑法学分析研究

我国刑法并没有"悼耄不罪"的专门规定,老年人的犯罪在刑法上与其他人犯罪会作一样的规范评价,但是对老年人犯罪如何处罚,却是跟一个国家的刑法观念、刑事政策和刑法规定以及如何进行司法技术操作紧密相关的。这里涉及刑法的观念修养、刑法的制度规定和刑法的司法操作等诸多刑法问题。

(一)从刑法观念上说

我国素有矜老恤幼的刑事立法传统和刑法文化传承,而且刑罚的运用本身又是一个世轻世重、时轻时重、轻轻重重的司法实践过程,对老年人犯罪实行从轻宽缓的刑事政策,在今天依然有着十分重要的理论意义和实践价值。

---

〔15〕 载 http://roll.sohu.com/20120802/n349695721.shtml,最后访问日期:2015年2月3日。

〔16〕 载 http://news.sina.com.cn/o/2013-07-17/111627693065.shtml,最后访问日期:2015年2月3日。

中国作为一个具有三千年文明的古国,其文化传承源远流长,自古以来就有矜老恤幼之说。《周礼·秋官·司刺》中有“三赦之法”的规定。三赦即一赦幼弱,二赦老耗,三赦蠢愚。[17]《礼记·曲礼上》记载:“八十、九十曰耄,七岁曰悼,虽有罪,不加刑焉。”到了汉代,随着废黜百家、独尊儒术的政策推行,法律的儒家化已成为一种既定方针,西周时期体现着儒家思想的尊老观念得到了明显的传承。例如,惠帝时规定:“民年七十以上,若不满十岁,有罪当(肉)刑者,皆完之。”西汉孝景年间有诏曰:“高年老长,人所尊敬也;鳏、寡不属逮者,人所哀怜也。”至孝宣元康四年,又下诏曰:“朕念夫耆老之人,发齿堕落,血气既衰,亦无逆乱之心,今或罗于文法,执于囹圄,不得终其年命,朕甚怜之。自今以来,诸年八十非诬告、杀伤人,它皆勿坐。此皆法令稍近古而便民者也。”[18]到了唐代时,有关矜老的立法规定就较前朝更加完善。将老耄分为九十以上、八十以上、七十以上三级分别给予矜恤待遇,并明确规定九十以上虽有死罪不加刑。唐代以降,这种矜老的刑法观念和司法实践一直被后代所继承。仔细究来,这种纯粹儒家化的刑法思想和尊老观念与今天的人道主义精神也有着一种殊途同归的蕴含。

其实,对老年人犯罪的从宽处罚不仅存在于我国古代的刑事立法中,而且在世界各国的现行法律中也有存在和体现。无论是大陆法系还是英美法系包括世界上绝大多数国家对于老年人犯罪都规定了相应的从宽或减轻处罚的刑法制度。

1. 在刑法总则中,有的国家对老年人犯罪,规定予以从轻、减轻或者免除处罚,或者对不同年龄的老年人犯罪规定不同的从宽处罚幅度。例如,《墨西哥刑法》第 34 条、《荷兰刑法》第 3 章第 3 条都规定,70 岁以上的老年人犯罪的,免除刑罚。有的国家对老年人适用死刑进行了限制。例如,《俄罗斯联邦刑法典》第 59 条第 2 款规定,死刑不适用于

〔17〕《汉书·刑法志》。

〔18〕《汉书·刑法志》。

妇女以及犯罪时未满 18 周岁的人和法院下判决时已满 65 周岁的男性。再如,《蒙古国刑法典》第 18 条第 2 款规定,60 岁以上犯罪者不适用死刑。

2. 在刑罚执行的种类、内容、方式上,有的国家对老年人犯罪予以从宽处罚。例如,《蒙古国刑法典》规定,剥夺自由刑的最高期限不得超过 15 年,但对犯罪时 60 岁以上的男子和 50 岁以上的女子,剥夺自由刑的期限不得超过 10 年。

3. 放宽适用缓刑、减刑、假释的条件。例如,我国台湾地区"刑法典"第 63 条、第 64 条、第 65 条规定,年满 80 周岁的人不得被判处死刑或者无期徒刑,而如果本刑就是死刑和无期徒刑的人,减轻其刑。死刑减刑者,为无期徒刑;无期徒刑减轻者,为 7 年以上有期徒刑。再如,《巴西刑法典》规定,对被判处监禁刑的犯罪人不得适用缓刑,但犯罪人超过 70 岁,且所监禁不超过 2 年的,可以宣告缓刑。

当然我们也应当看到,在老年人犯罪的问题上,并不是所有的观点都支持从轻从宽处理的。应否从轻从宽?能否从轻从宽?怎样从轻从宽?关键要看老年人实施了什么样的犯罪。对于那些因一时义愤而实施的犯罪,对那些一时为生活所迫而实施的犯罪,对于那些一时糊涂而实施轻微的犯罪,给予那些犯罪的老年人从轻从宽一般来说都能被人理解和接受。但是对于那些穷凶极恶的犯罪老年人,对于那些有悖人伦的荒淫无耻的犯罪,对于那些贪得无厌的犯罪,我们认为必须要进行区别对待,对此采取世轻世重、时轻时重、轻轻重重的刑事政策也势所必然。

其实矜老观念跟刑法有罪必罚、重罪重罚的制度规定并不存在必然的冲突。在同样深受东方儒家观念影响的韩国,对于老年人犯罪如何处罚也存在不同的观念体现。韩国《中央日报》2012 年 8 月 1 日称,韩国将废除对强奸未满 13 岁女孩或残疾女性罪犯的公诉时效。《中央日报》称,对于那种禽兽不如的犯罪,对于那些"看上去慈祥的长者,有可能是害人的恶魔"的性侵罪犯,我们不能忽视那些色心未泯的老色魔,他们造成的案件日益增多。韩国渐已进入老龄化社会,随着生活水平日益提高,健康长寿早已不是难题,韩国性侵女童和残疾女性的老年人越来越多。为此,韩国有舆论专门发出呼吁:“不能放过老流氓!”〔19〕有专家表示,老年性罪犯往往把相对自己处于弱势的儿童、老人、残疾人作为犯罪目标。韩国京畿大学犯罪心理学教授李水晶说:“因为是对弱势群体的犯罪,所以即便加害者是‘高龄’,也不能宽大处理。”韩国性暴力咨询所的金斗娜(音)说:“不要以为老年人力气衰弱,性犯罪方式就不会残忍。”〔20〕所以,对老年人的犯罪如何处罚并不存在必然的冲突不等于不存在各种观念的差异。

(二)从刑法制度上来说

随着老年人犯罪日益成为社会的一种诡异现象,也受到了我国刑事立法者的关注。从我国刑法原来没有任何有关老年人犯罪的规定,到司法实践中开始以刑事政策的方式慢慢介入就是一种显著的发展趋势。应当说,宽严相济一直是我国刑事政策的核心内容,分清轻重、区别对待更是我国刑事政策指导刑事司法实践的方针策略,它与我国尊老爱幼的传统文化相连接、与矜老恤幼的刑法观念是相通的。2010年2月8日,《最高人民法院发布的关于贯彻宽严相济刑事政策的若干意见》中,首次规定老年人犯罪酌情从宽。意见规定,全国法院对于未成年人犯罪、老年人犯罪要酌情从宽处罚。最高人民法院的这一司法解释意见的出台,使尊老矜老的刑事政策转化为司法实践的一种具体要求。而2011年2月25日,我国刑法修正案(八)正式公布,更是将尊老矜老的刑法文化观念转化为刑法的一种制度性安排,于是刑法对于老年人犯罪的刑事处罚作出了直接明确的规定,其主要内容是:“已满七十五周岁的人故意犯罪的,可以从轻或者减轻处罚;过失犯罪的,应当从轻或者减轻处罚。”“审判的时候已满七十五周岁的人,不适用死刑,

〔19〕 载 http://roll.sohu.com/20120802/n349695721.shtml,最后访问日期:2015年2月3日。

〔20〕 来源于国际在线,2012年8月2日。

但以特别残忍手段致人死亡的除外。”“对于被判处拘役、三年以下有期徒刑的犯罪分子,同时符合下列条件的,可以宣告缓刑,对其中不满十八周岁的人、怀孕的妇女和已满七十五周岁的人,应当宣告缓刑:(一)犯罪情节较轻;(二)有悔罪表现;(三)没有再犯罪的危险;(四)宣告缓刑对所居住社区没有重大不良影响。”

从上述的刑法规定来看,不难看出,随着老年人犯罪已经越来越引起社会的关注,刑法已经明确规定,尽可能地对老年人犯罪采取从轻从宽的处置方法加以解决,体现了对老年人特殊宽宥的价值取向。可以预言,随着我国刑法对老年人犯罪的宽缓性规定在司法实践中获得较好的社会效果后,我国刑法还会作出进一步的正面性发展规定。

(三)从司法实践的操作技术上来说

无论是一定的刑法观念还是明确的刑法规定,只有在司法事件得到贯彻落实,才能体现出其应有的时代价值意蕴。2011 年 2 月 25 日通过的刑法修正案(八)确立了老年人犯罪的宽宥处罚制度,将老年人犯罪的刑事责任追究和刑罚处罚规定纳入刑事立法后,在司法实践中对老年人犯罪如何追究刑事责任主要体现在对老年人犯罪区别对待量刑、不适用死刑及适用缓刑这三个方面。

1. 对老年人犯罪区别对待量刑的分析

老年人作为社会的一个特殊群体,正如我们分析的那样,他们有着自身很多的特殊性:首先从心理现象上来说,我们应当承认,就一般而言,老人就是老小孩,老年人意识和意志状态与年轻人相比毕竟有所模糊和逐渐减弱。因此老年人对其犯罪行为的刑事责任承担理应与普通成年人有所区别。其次从行为能力上来说,老年人的行为能力已有所降低。就一般而言,老年人犯罪毕竟很难作出惊天动地的恶性极其严重的犯罪来,即使有的话,也是极为稀少。最后从人身危险性角度来看,老年人毕竟由于年事已高,身体的行动能力减弱,其再犯的可能性不断降低,其人身危险性会明显小于普通成年人。因此,归结到对老年人的刑罚处罚上说,对垂垂老矣的老年人处于过于严厉的刑罚,既无法起到阻止其再犯的可能性，也不能威慑其他潜在的犯罪分子，反而可能引起社会的不解与不满。因此，刑法修正案（八）明确规定，老年人“故意犯罪的，可以从轻或者减轻处罚；过失犯罪的，应当从轻或者减轻处罚”。当然，刑法在这里设立了一个清晰的刑罚适用边界，老年人故意犯罪，表明了其人身危险性比过失犯罪要来的深刻，其行为的社会危害较之过失犯罪也较严重，因此对于老年人故意犯罪是采取酌定的从宽原则，从宽的尺度较严；相比之下，对老年人过失犯罪则采取法定的从宽原则，从宽的尺度比较大。这一规定，一是体现了我国“矜老”的传统立法思想；二是反映了故意犯罪与过失犯罪的本质性区别；三是体现了罪责刑相适应的刑罚原则。

2. 对老年人不适用死刑的分析

老年人犯罪，能不能适用死刑？这首先是一个国家死刑观念的反映，而一个国家的死刑观念像流水一样，一直处在动态的过程中。对老年人犯罪，从“老不死”到“老不该死”的发展转变，应该说是一个历史的进步。所以刑法修正案（八）明确规定，“审判的时候已满七十五周岁的人，不适用死刑”，不仅不会冲击我国目前的司法体系，反而会改变我们国家对外的死刑形象。但刑法在这里作出了适应我国社会现阶段人们死刑观念的例外规定，既老年人“以特别残忍手段致人死亡”的则不在宽宥的范围之内。何为“特别残忍手段致人死亡的”，则是一个原则性的规定，具体由司法机关根据案件的情节作出司法判断。

3. 对老年人适用缓刑条款的分析

刑法修正案（八）规定对于一般犯罪行为人，符合适用缓刑条件的人是采取可以适用的量刑原则，即赋予法官一定的裁量权。但是，对于已满 75 周岁的人只要符合缓刑条件的，则采取应当适用缓刑的量刑原则。这一规定既可以实现由矜老观念引导的宽宥刑事政策的价值内容，也可以由此减轻我国现有监狱的关押压力和关押难度。对老年人采用缓刑等无须羁押的刑罚措施，可以节省一定的社会资源，包括监狱的修建、看守人员的工资、衣食住医等环节的开支。而且由于老年人的身体因素使他在羁押期间难能参加正常的生产劳动,所以这对国家而言绝对是一种负担,由此我们可以看出刑事立法者的良苦用心。

当然,在具体对老年人适用缓刑的过程中,司法机关也应当要遵循一定的条件。这些条件大体应当包括:(1)犯罪情节较轻。这主要是指犯罪老年人其主观恶性较浅,客观危害较小,以至于其刑罚结果在3年有期徒刑或者拘役的,并且不累犯。(2)有悔罪表现。这主要是指犯罪的老年人能够认罪服罪,表现出对自己罪行的悔悟,能够表示痛改前非的内心愿求。(3)没有再犯罪的危险。这里是指犯罪的老年人已经彻底打消了再次犯罪的念头。一般来说,对于老年人有过一次刑法打击后,生理上基本是一蹶不振了。一次犯罪经过处罚以后,如果在心理上能够下定决心,痛改前非,那么不再进行新的犯罪,其可能性可想而知。(4)宣告缓刑对所居住社区没有重大不良影响。这是从社会秩序的角度加以考虑的。这是因为只有不会造成广大民众的恐慌和不安,才能对其适用缓刑,从宽处罚。当然,对老年人犯罪适用缓刑,根据其身体状况,依然要依法受到禁制令的限制。人民法院"可以根据犯罪情况,同时禁止犯罪分子在缓刑考验期限内从事特定活动,进入特定区域、场所,接触特定的人",从地点、行为、对象上对适用缓刑的老年人加以限制,避免与他人发生犯罪的"交叉感染"。

三、老年人犯罪的社会学分析研究

在现代法治社会,一个老年人犯罪,不仅是他个人的道德堕落和人生悲哀,而且也是他整个家庭(如果有的话)的不幸和蒙羞。而如果出现众多的老年人犯罪,则又是一个社会的不幸和蒙羞,更反映出一个社会生存系统出了一定的问题。因此一个健康、向上和日趋文明的社会,对于老年人的犯罪,除了按照法律给与必要的惩罚之外,应该想到更多的是,这个社会怎么还会有老年人的犯罪。这并非是一个伪问题。因为相对于一些连年轻人的犯罪都开始下降甚至稀少的国家(比如北欧一些国家),老年人的犯罪更是一个天方夜谭的故事时,我们应当要想到,对于老年人的犯罪,刑事惩罚毕竟是一个国家进行社会管理和社会控制时最末端的手段。如何实现中国古代多少仁人志士提出的“以刑去刑”“刑期于无刑”的治世理想才是人间正道。所以,对于老年人犯罪,运用刑法进行必要的惩罚,应当看作不得已的最后手段。一个文明和不断进步的社会,坚持在风起青萍之末之时,基于人文关怀的立场,彰显对人性的尊重,出于对人权的保护,加强对老年人犯罪的预防,才是一个正常国家的应有社会政策。对于我们这个老年人犯罪还有点严重的国家来说,只有努力寻找、及时发现老年人犯罪的原因,客观、积极和全面地采取措施加以应对、进行预防,从而将各种引发老年人犯罪的可能性消灭在风起于青萍之末之时,才是我们这个国家的应有态度和沧桑正道。因此在怎样对待老年人犯罪的问题上,首先了解老年人犯罪的原因所在,是我们进行老年人犯罪预防的前提所在。这正像治病救人一样,只有知道病因所在,才可以对症下药。也只有这样,才能亡羊补牢、防微杜渐。

人的本质意义是社会的人。任何一个社会的犯罪现象,总是存在社会的客观原因和犯罪人个人的主观原因,两者往往兼而有之,当然还会有其他很多的子原因,但其中必定有其主要的原因所在。老年人犯罪有其内在的主观原因,个体的原因也许会千差万别,不幸的个人各有各的不幸,但同样也有其主要的原因所在。在社会学方面的研究,这里我们不准备作个案的分析,只是就前面提到的老年人犯罪的性犯罪、财产性犯罪、暴力侵害性犯罪这三种类型,做一下宏观方面的原因分析和犯罪预防建议。这是因为和一个社会的整体性犯罪相比较而言,老年人犯罪的客观原因或者其主要的原因毕竟相对要简单一些。

(一)对于老年人性犯罪的原因与预防

从我们前面对老年人性犯罪的特点上分析研究可以知道,老年人性犯罪往往发生在偏僻的农村区域或者在离群索居的状态下进行的,并且侵害的对象往往是比他们更为弱势的对象。这表明了老年人由于自身的体力、智力的限制,他们无法进行对那些年轻体壮的女性进行性侵害，而农村区域或者在离群索居的状态又容易避开他人的眼光监督。由此我们想到，居住环境对于预防老年人的性侵害犯罪起着重要的制约作用。一般来说，老年人具有性犯罪的行为表现，往往是以具有一定的性冲动为牵引。在性冲动的刺激下，老年人往往会有很多下流的行为举止的日常表现，人们常常形容这些老年人“老不要脸”。所以群居性生活或者集体性活动将弱势的对象置于他人的目光保护之下，将老年人蠢蠢欲动的行为举止置于众人的目光监督之下。人们完全可以想象，在光天化日之下，众目睽睽之前，即使被害对象再柔弱，老年人内心的欲火再旺盛，借给老年人一副肝胆，谅他也不敢胡作非为。这样，加强农村的小城镇建设，将孤单老人集中于敬老院进行集体生活，都是预防老年人性犯罪的一个重要措施。

加强农村的小城镇建设和加强农村的孤单老年人的群居生活，对于预防老年人的犯罪具有重要意义主要在于，在现代社会生活中，老年人的社会化与社会发展应该要同步进行。到目前为止相对于人口老龄化的增长速度，我国在老年人的社会化社会化生活方面的提升在某些区域明显滞后，在农村尤为突出。这样，就会将老年人推向正常化社会生活的边缘。与之相随的便会出现文化生活上的“真空”，容易导致文化导向模糊、法治观念淡漠、道德意识沦落、心理意念肮脏、人格精神扭曲，在形式上表现为在生活观、人生观、价值观方面与社会主流文化发生脱节，以致产生一些消极颓废、下流肮脏的意念，进而实施犯罪。让老年人尽可能过上群居性、集体性的社会生活，在我国将会是一个巨大的系统社会工程，也许不可能一蹴而就，但其蕴含的预防老年人犯罪的积极作用是不可低估的，正像在其他犯罪中采取技防手段给我们的很多启示一样。[21]

当然，对于这种老年人实施的性犯罪，依照法律给与处罚是必要

〔21〕 技术防范手段可以说是人力防范手段和实体防范手段功能的延伸和加强，是对人力防范和实体防范在技术手段上的补充和加强。

的,但处罚后的预防其再次犯罪也是重要的,并且可以采取多种措施。其中之一我们在这里想到了是否可以对实施性犯罪的老年人采取“化学阉割”。“化学阉割”在当今国际上既是一种新型的刑罚方法又是一种性犯罪的预防方法。“化学阉割”(chemical castration)始于美国,是一种对男性强奸罪犯注射一系列雌性荷尔蒙药物使其失去性欲的处罚手段。“化学阉割”属于内分泌治疗,又称药物去势。黄体生成素释放激素(LHRH)可刺激脑垂体释放黄体生成素(LH)。人工合成的超活性 LHRH 类似物(LHRH A)可在用药早期刺激脑垂体释放黄体生成素(LH),使脑垂体的 LHRH 受体下降调节,受体减少,反而抑制了 LH 的释放,睾酮的产生减少,最终使睾酮下降至去势水平,从而起到与手术去势相似的疗效,故称为药物去势。由于当今世界各国对强奸这个现代社会野蛮的异化行为仍然高度戒备,因此在给予人类社会集体谴责的同时,在法律上给予严厉的惩罚变得格外的顺理成章。近些年,“化学阉割”成为不少国家在执法领域的“新宠”。美国多个州均已通过施行“化学阉割”的法律。欧洲的丹麦、德国、法国、瑞士、英国等多国也都引进了此项惩罚措施,允许在罪犯自愿的原则上对其进行“化学阉割”。2010 年 6 月,波兰有关对犯有强奸罪及恋童罪的男性强制施行化学阉割的法律正式生效,而韩国成为首个引入这一惩罚手段的亚洲国家。韩国国会 2010 年 6 月 29 日举行全体会议,通过了“对于以儿童为对象进行性犯罪者,为了防止重犯或习惯犯罪的预防和治疗法案”。该法律规定,法官可依照案情,对性侵 16 岁以下未成年人的成年罪犯处以“化学阉割”,持续时间不超过 15 年。该法律于 2011 年 7 月生效。

“化学阉割”听上去耸人听闻,但事实上它跟传统意义上的“宫刑”根本不是一回事。实施“化学阉割”,不会以物理切割的方式除去强奸犯身上的任何人体器官,也不会让男性终生不孕。西方很多国家目前施行的“化学阉割”实质上只是一种荷尔蒙疗法。普遍的做法是为犯人注射抗雄性激素物质,从而控制性冲动并抑制勃起能力,从而丧失强奸的能力。当然对于老年人来说,不发生影响生育的问题。1989 年至

2004 年,丹麦已经对 25 名强奸犯实施了"化学阉割"。从此以后他们不再犯案。因此支持"化学阉割"的人认为,"化学阉割"更多的作用是防患于未然,保护儿童,至少能在短期内减少对儿童的侵害,其客观的效果还是令人满意的。由于"化学阉割"能收到曾实施过特别是曾一贯实施性侵害的强奸犯在主观上不再具有性冲动,在客观能起到防患于未然的效果,因此已经实施"化学阉割"的国家能够收到防患于未然的客观效果。在这方面我国完全可以通过行政立法或者直接进行刑事立法,对性犯罪的老年人采取这一惩罚性和预防性措施。

(二)对于老年人财产性犯罪的原因与预防

我们首先需要分清是解决温饱型的犯罪还是属于贪欲性的犯罪。对于贪欲性的犯罪,我们除了严格按照对于老年人犯罪的从宽处理的刑法规定和刑事政策外,在其他方面与正常的侵财性犯罪一样处理。但是对于那种为解决温饱型(包括医疗问题)的侵财性犯罪,美国拉瓜迪亚老太太为孙子偷面包的故事可给我们太多的启示。[22] 当然我们千万不要忘了,一个发生在近一个世纪以前的故事,当时美国又遭遇到

---

〔22〕 1935 年的一个冬天,是美国经济最萧条的一段日子。这天,在纽约市一个穷人居住区内的法庭上,正开庭审理着一个案子。站在被告席上的是一个年近六旬的老太太。她衣衫破旧,满面愁容。愁苦中更多的是羞惭的神情。她因偷窃面包房里的面包而被面包房的老板告上了法庭。法官审问道:"被告,你确实偷了面包房的面包吗?"老太太低着头,嗫嚅地回答:"是的,法官大人,我确实偷了。"法官又问:"你偷面包的动机是什么,是因为饥饿吗?""是的。"老太太抬起头,两眼看着法官,说道:"我是饥饿,但我更需要面包来喂养我那三个失去父母的孙子,他们已经几天没吃东西了。我不能眼睁睁看着他们饿死。他们还是一些小孩子呀。"老太太说着,两行泪水从她那饱经风霜的脸颊上流过。闻听老太太言,旁听席上响起叽叽喳喳的低声议论。法官敲了一下木槌,严肃地说道:"肃静。下面宣布判决",说着,法官把脸转向老太太,"被告,我必须秉公办事,执行法律。你有两种选择,一种是处以 10 美元的罚金;或者是 10 天的拘役。"老太太一脸痛苦和悔过的表情,她面对法官,为难地说:"法官大人,我犯了法,愿接受处罚。如果我有 10 美元,我就不会去偷面包。我愿拘役 10 天,可我那三个小孙子谁来照顾呢?"这时候,从旁听席上站起一个四十多岁的男人,他向老太太鞠了一躬,说道:"请你接受 10 美元罚金的判决。"说着,他转身面向旁听席上的其他人,掏出 10 美元,摘下帽子放进去,说:"各位,我是现任纽约市的市长拉瓜地亚,现在,请诸位每人交 50 美分的罚金,这是为我们的冷漠付费,以处罚我们生活在一个要老祖母去偷面包来喂养孙子的城市。"法庭上,所有的人都惊讶了,都瞪大了眼睛望着市长拉瓜地亚。法庭上顿时静的地上掉根针都能听到。片刻,所有的旁听者都默默地起立,每个人都认真地拿出了 50 美分,放到市长的帽子里,连法官也不例外。

严重的经济危机。如果说早年的刑法中罪刑法定、罪刑相应原则阻止了法官的网开一面,那我们也应当想到,这样的故事发生在今天,法官还会这样下判吗?但最起码在我们国家,这样的行为完全可以用紧急避险的刑法规则和刑法理论来加以解决。当然时过境迁,当一个国家慢慢变得富裕起来了,一个老年之人仍然不能获得社会最基本的养老保险,以致饥寒交迫,我们想这个社会应当要负起责任来,而不是简单的如何刑事惩罚的问题,即使情节有点严重,但在处理过程也要本着宽宥的政策放大宽宥的力度。这里促使我们更进一步作深层思考的是,老年人的财产性犯罪是基于什么原因而实施的?其主要的原因是社会环境的促成还是老年人自身的犯罪意识在起作用?在这一分析的基础上,我们完全可以选择对老年人的财产性犯罪,到底以惩罚为主还是在明确犯罪性质、适用从轻减轻处罚后以预防为主?如果犯罪的主要原因在于社会对待老年人不周而引发的老年人的侵财性犯罪,除了根据刑法已有的从轻减轻处罚之外,如何帮助老年人消除这些原因?社会应当是责无旁贷的。

美国学者凯瑟琳·伯恩特(Cathleen Burner)和苏真·T.奥特加(Suzanne T. Ortega)在对老年人的财产犯罪进行研究时发现,尽管媒体经常把老年人财产犯罪数量的增长归咎于他们的经济情况的恶化,但是这个群体的经济状况并不是真的这样糟糕,科学统计发现老年人的收入、经济发展的趋势和犯罪之间的联系比人们经常设想的一对一的关系要复杂得多。尽管现在的研究还不充分,而且还有很多含糊的地方,但是还没有研究表明某些犯罪直接源于经济的波动,这一点无论在老年人犯罪还是在年轻人犯罪中都是这样。而且,通货膨胀和失业率也没有表现出和老年人犯罪之间存在非常明显的关系。[23] 但是在中国,我们还是应当正视贫困、疾病和生活艰辛对老年人的影响。因此,

---

〔23〕 参见 William Wilbanks, Paul K. H. Kim, *Elderly Criminals*, Mary land, University Press of American, 1984, pp. 21 - 22。转引自董纯朴:《世界老年犯罪研究特点综述》,载《犯罪研究》2013 年第 6 期。

重点救助贫困、多病、生活艰辛的特困老年群体，各级政府应当从当地实际出发，建立健全的城乡最低生活保障制度，并且对贫困老人实行特别政策给予特别关爱。对贫困地区，国家给予适当的资金支持，使贫困地区的贫困老人享受到最低生活保障待遇。当地政府还可以通过建立救助贫困老年专用基金，有专门的政府老年工作机构负责基金的管理和使用，帮助这些贫困、多病、生活艰辛的老人渡过难关。这对于防止老年人的财产性犯罪应当有着特别重要的意义。在这方面，明确老年人财产性犯罪的预防主体又是整个预防工作中十分重要的一环。

（三）对于老年人暴力侵害性犯罪的原因与预防

人进入老年期以后，身体机能和心理机能都会发生明显的变化。从心理机能上来看，此时老年人心理上容易产生孤独感和失落感，有些老年人变得敏感脆弱，猜忌多疑是一种老年性通病，总感到自身遭受侵害，怀疑他人是否暗算自己，因此往往由于猜疑被害而发生防御性的犯罪行为。加上身体机能出现的衰退、自身抵抗能力的降低，所以，老年人的暴力性杀害、暴力性伤害的行为一般都是以偷袭的方法进行实施的。

但是从老年人暴力侵害性犯罪往往发生在熟人甚至亲属之间来看，表明加害方与被害方存有一定的恩怨关系，有的恩怨起因并非在朝夕之间，而有些犯罪的被害人也有一些过错甚至劣迹斑斑。当这些暴力侵害性行为发生在一个屋檐下生活的家庭之中，可以说是防不胜防的。但我们还是需要说，这种犯罪也是有许多预兆和迹象的。这样，能够预先发现这些迹象，加强疏导，进行心理抚慰，消解怨气，就具有十分重要的意义。所以加强老年人的群体生活，在老年人之间多进行相互交流，让老年人从众多的不同人的遭遇交流中获得心理安慰。

有些老年人年老之后心中常有失落之感，有时心理上的变化都可能影响夫妻之间、与子女的感情，以至于很多老年人容易激动，无故大发脾气，引起双方的不满，往往会造成夫妻间、与子女间的矛盾冲突。有些老年人觉得自己为家辛苦操劳了一辈子做出了许多的努力，现在夫妻到老反被妻子嫌弃；或者当自己体弱多病身体不佳，正需要儿女照顾的时候却遭到如此冷漠的态度;或者子女不孝,无度索要,使有些老年的生活雪上加霜,从而产生报复泄愤、绝望轻生或者形成“我过不好你们也甭想过好”畸形等心理,长期的内心压抑情绪一旦爆发,往往会造成严重的后果,从而演化为犯罪行为。因此强调人际关系的相互作用,消除夫妻间、与子女间的紧张关系。对于夫妻之间的暴力伤害性犯罪尽管少之又少,但也得让老年人明白:夫妻之间能合到老已是不容易,黄昏夕阳,还有什么不能容忍的。对于与子女间的暴力侵害性犯罪,也要老年人明白:儿孙自有儿孙福,对于儿女子孙辈的事要想的通。能帮就帮一把,不能帮就随他去。儿女子孙成人后,自有社会来管理约束的。特别在财产问题上,千万不要迁就子女儿孙们,不然,养痈遗患只能害自身,后悔也无济于事的。

当然,当老年人暴力侵害性犯罪主要发生在农村区域时,我们应当要发挥农村村民自治组织——村委会的作用。好事不出门,恶事传千里,夫妻争吵、子女不孝、家庭丑事难瞒隔壁邻居和村里人,这时村委会应当及时起到调解和预防作用,甚至可以借助农村的族宗长辈或亲属长辈进行劝解。对于亲属间的暴力侵害性犯罪,我们虽然在法律上很难确定预防的主体,但是寻找和调动各种预防要素和发挥各种预防力量进行总体性预防还是十分必要的。

对于中国社会来说,犯罪还是一种难以消除的社会副产品,而老年人犯罪不过是这一副产品的一种特殊表现形式而已。要彻底杜绝老年人犯罪,对于中国社会的现阶段来说,应当说也是有一定的难处的。但相对一般的犯罪而言,老年人的犯罪数量少,原因相对简单,预防手段容易跟得上,预防成本相对比较低,所以预防甚至杜绝老年人的犯罪比预防一般性犯罪则容易得多,应当要走在整个社会预防犯罪的前列。让老年人在通往彼岸世界的途中,千万不要中途跌跤摔倒,以致锒铛入狱遭受牢狱之灾,应当是一个文明社会的应有责任。

(原文已发表于《犯罪研究》2015 年第 3 期)

预防与矫治准老年人违法犯罪的社会政策制定与立法完善

杨鸿台*

为避免或最大限度减少中国可能成为世界上最庞大老年违法犯罪人口的国度,转型时期的中国特定国情和老年违法犯罪主体的特殊性,决定了对我国准老年人违法犯罪主体的年龄范围、准老年人违法犯罪现象与各相关社会因素的互动关系、制定预防矫治准老年人违法犯罪的社会政策,以及从轻处罚准老年人犯罪的立法完善等进行深度研究的现实性、必要性和特殊意义。

一、中国准老年人年龄范围的社会学界定

1996 年 10 月 1 日起施行的老年人权益保障法第 2 条规定:“本法所称老年人是指 60 周岁以上的

---

* 杨鸿台,华东政法大学刑事司法学院教授,硕士生导师。

公民。”该法的此项规定是目前中国老年公民的法定起始年龄，也是刑法学意义上老年公民的法定起始年龄。而刑法学和犯罪学关于老年违法犯罪年龄则是两种不同的年龄概念。前者是指已满60岁的人实施的刑法所禁止的违法犯罪行为；后者是指60岁以上和近60岁的人实施的具有严重社会危害性的行为。后者的概念远比前者的概念宽泛，它包括刑法又不局限于刑法所规定的犯罪年龄。

“任何一个国家所确定的老年人犯罪的年龄标准都是其根据自身的社会发展状况和研究犯罪的方便的需要所做出的无奈的选择。”各国关于老年人犯罪年龄的规定不一，既有将其的起始年龄规定为60岁以上的，也有将其的年龄规定为60岁以下的。一些美英学者认为，对于老年人犯罪行为来说，55岁是更好的截断点（cut-off point）。也有人认为，这个年龄界限从统计个人逮捕数量的角度还应当更低一些，可以将老年犯罪人划分为50～59岁以及60岁以上。在国外一些监狱里，甚至包括一些联邦监狱，把判断老年罪犯的年龄界限定在45岁。[1]

中国准老年人作为违法犯罪高发年龄的社会群体具有特定社会学含义，应从犯罪社会学角度予以界定。我国台湾地区著名犯罪学学者蔡墩铭认为，事实上56岁以上即可认为进入老年期。[2]《人口科学辞典》指出，准老年人泛指年龄在45～59岁阶段的人，抑或成年人从中年到老年的过渡时期为准老年时期。处于这一时期的中国准老年人是即将补充进入老年人行列的庞大人口群。根据2008年《中国统计年鉴》和《中国卫生统计年鉴》公布的数据推算，截至2007年，中国45～59岁年龄段人口约占全国人口比例的20%，约2.6亿人；同期60岁以上老年人口为1.53亿。预计未来近10年内，去除死亡因素，中国每年将有平均近700万准老年人进入老年人口行列，中国人口老龄化不断扩大的趋势已经形成。处在转型社会时期的中国城乡准老年人，包括45～

〔1〕 参见董纯朴：《世界老年犯罪研究特点综述》，载《犯罪研究》2013年第6期。

〔2〕 参见蔡墩铭：《犯罪心理学》，国立编译馆黎明文化事业股份有限公司1979年版，第171页。

59 岁年龄阶段内提前下岗、失业、待业、无业、贫困者等，他们往往是违法犯罪的高发群体。[3]

二、准老年人违法犯罪现象与各相关社会因素的互动关系

"犯罪作为一种社会现象，是人类社会的产物，重点研究犯罪现象与人类社会的相互关系，关注犯罪的社会特征，从社会的整体结构与功能需要出发，弄清楚犯罪给社会秩序与社会发展与进步所造成的伤害。"[4]

（一）准老年人违法犯罪与社会角色转变的互动关系

退休是绝大多数社会成员人生中的必经过程，感觉与社会脱节、孤单则是导致老年违法犯罪激增的原因之一。美国著名犯罪学家艾伦·A. 马林恰克从老年学角度提出了"老年人犯罪原因解除理论"和"活动性理论"。老年人犯罪原因解除理论"是较为有力的解释老年初犯的理论，主要侧重于从心理的角度，对老年人一旦退休之后容易产生心理失落感进行了阐述，并认为这种不愿离开工作岗位而又被迫退休的经历是容易导致老年人心态失衡并最终犯罪的导火索"。[5] 活动性理论认为老年人应该在退休后一直积极参与活动，这样不仅可以加强个人的自我意识，而且也可以使生活更加满意。通过活动，老人可以获得心理上的满足感，也可以获得自己在社会上生活的价值。该理论认为老年人因年龄原因退休后，"必须保持活动性。否则，如果找不到适合的替代物，在这样的空虚心理和失落感的作用下，老年人就容易出现行为的偏离，进而产生犯罪行为"。"解除理论给我们的启示就是要对老年人在退休前进行适当的心理上的指导，以便于其能够尽快地适应即将离开工作的生活。如果这个心理开导工作能够做得成功，将会很有效地

---

〔3〕 参见王震：《老年人犯罪的概念与主体分类研究》，载《广西政法管理干部学院学报》2012 年第 3 期。

〔4〕 吴鹏森：《犯罪社会学》，中国社会出版社 2001 年版，第 82 页。

〔5〕 王震、王鼎：《论退休对老年人犯罪的影响——以马林恰克的经典理论为视角》，载《三峡大学学报》2012 年第 5 期。

避免一些老年人犯罪的发生。"[6]艾伦·A. 马林恰克从社会学角度提出的老年人犯罪原因解除理论和活动性理论"由于结合了老年人本身的特征,所以更具有针对性的意义。这两个理论也可以被认为老年学上的理论,它们受到了我国和日本犯罪学家的推崇"。[7]

(二)中国准老年人违法犯罪与失业的互动关系

2014年上半年中国调查失业率为5%,而此前中国官方公布的统计指标中,失业率使用的是城镇登记失业率,据此,2014年上半年中国城镇登记失业率为4.1%。[8] 据美国有关部门统计,美国社会失业率每上升1%时,谋杀案件将上升5.7%,监狱中的人数将增加4%,社会安全基金要多耗用34亿美金。[9] 失业率与犯罪率之间存在显著的正相关性。在固定效应模型下,当失业率提升一个百分点时犯罪率会提升0.72个百分点,在随机效应模型下,当失业率提升1个百分点时犯罪率会提升0.67个百分点。[10]

中国的失业人群主要包括:数量最大的农村富余劳动力,其次便是城镇下岗失业人员。包括准老年人在内的农村富余劳动力违法犯罪概况为:他们在城市和乡村之间流动,尤其是城乡结合带,引发了许多治安和犯罪案件。其一般特征为:作案手段简单、低智能化;以侵财型案件(主要是盗窃、抢劫和抢夺案件)为主;暴力性犯罪增加;流动性大、随意性强;结伙结社型黑社会性的犯罪增加,使社会公共安全受到严重威胁。包括准老年人在内的城镇下岗失业人员违法犯罪概况为:他们在城市中生活困难,地位低下,思想反差大,造成心理失衡,从而引发了许多治安和犯罪案件。其特征为:由于下岗失业后经济拮据,侵犯财产犯

---

[6] 王震、王鼎:《论退休对老年人犯罪的影响——以马林恰克的经典理论为视角》,载《三峡大学学报》2012年第5期。

[7] 康树华:《犯罪学通论》,北京大学出版社1996年版,第278~279页。

[8] 中国政府首次公开失业率调查数据,凤凰卫视2014年9月22日一周财经新趋势。

[9] 参见董纯朴:《世界老年犯罪研究特点综述》,载《犯罪研究》2013年第6期。

[10] 参见王道虎:《中国失业率与犯罪率之间关系的定量研究》,山东大学2012年硕士学位论文,中国知网硕士生学位文库。

罪突出(尤其以抢劫、诈骗、敲诈勒索、盗窃为主);小型团伙作案突出;轻罪和故意犯罪多发;男性犯罪为主;残忍报复性暴力犯罪有所增加;长期无业导致心情烦躁,治安案件不断增多。[11]

准老年下岗失业人群成为违法犯罪高发群体,既有客观方面的因素,也有主观方面的因素。从客观方面分析,人口增长导致劳动力总量供大于求,产业结构调整必然产生结构性失业,体制冲突导致下岗失业规模扩大,教育体制落后加剧了素质结构性失业,经济周期波动导致劳力需求减少,择业观偏差引发观念性结构失业。社会再保障机制不健全,对下岗失业人员不能及时有效管理,以及对企业改革宣传不力,社会舆论导向失之偏颇等。从主观方面分析,准老年下岗失业者有如下几种心态:一是落魄失意心态;二是饥不择食的心态;三是急功近利心态;四是盲目攀比心态;五是随波逐流心态;六是不思进取心态;七是贪图安逸心态;八是报复心态等。

(三)准老年人违法犯罪与人际关系变更的互动关系

国内外学者们从社会学角度解释社会对老年人犯罪的直接和间接性影响和现代老人所感受到的焦虑来源,认为由于对家庭和社会的日益不满,导致越来越多的老年人走上了违法犯罪道路。这一切的根源在于,他们当中的许多人无法接受变化了的社会。其研究结果对于促进政府采取有针对性的社会预防措施、维护社会治安、减少老年人犯罪具有重大的现实意义。美国犯罪学家莱马特认为,“是社会的反应导致了犯罪而不是犯罪导致了社会反应”。[12] 首先,现代社会人情相对冷漠,导致老年人内心孤独、抑郁烦闷的社会问题愈发普遍和严重。其次,随着年龄的增长和交往学习能力的减弱,社会交流的减少使老年人的交流能力出现严重问题,由于无法适应网络和移动通信等新型虚拟

---

〔11〕 参见吴振坤:《失业人群与违法犯罪——兼论社会保障的犯罪预防作用》,载北大法律网·法学在线,2005年12月7日。

〔12〕 转引自 Edwin M. Lemert. Human Deviance, *Social Problems and Social Control*. New York: Free Press, 1967。

交流方式的改变，他们变得愈发孤独。最后，整个社会“周到化”也是老人失控的原因之一。由于一些老人越老越将周围人的尊重和来自整个社会的周到服务视为理所当然，形成了特定的特权意识，一旦有谁使其稍有不满，便可能立刻就暴怒异常，甚至动起粗来。“空巢现象”也是引发老年违法犯罪的诱因，很多老人由于子女平时远离身边，加之与邻里缺乏交往，很有可能形成消极情绪的长期积累，在偶然因素的刺激下以爆炸性的方式发泄出来，实施可能产生严重后果的暴力犯罪行为。例如据台警政部门统计，2000 年老人犯罪案例为 4000 多起。2011 年达到 8000 多起，以窃盗、赌博和公共危险罪占多数。[13]

（四）准老年人违法犯罪与违法犯罪经济成本的互动关系

理查德·A. 波斯纳从经济学角度分析老年人犯罪成本问题：“犯罪是一种工作，任何工作的生产率都与人力资本投资有关系（至少是部分关系）。因此，我们可以预计，老人不会再获得犯罪技能方面进行过多投资；没有这些技能，犯罪被抓获和定罪的概率就会大大增加。由于处罚的预期成本大约等于现在处罚的负效用乘以受到处罚的概率，前者的下降能够由后者的上升所抵消。如果犯罪技能与受雇于合法工作的技能大不相同，这种抵消效果就特别可能发生。动态智力的下降增加了学习新技能的成本。为获取犯罪技能而进行投资的收益，不仅因老人缩短的预期寿命而减少，而且这样投资的代价也比年轻人的高。因此这种技能很难在生命后期获得，没有这些技能，被抓获和定罪的机会，以及成为罪犯的成本就会猛增。如果由于这些原因之故，即使刑罚的严厉度很低，老人对犯罪活动的需求也很小，那么刑事司法体系宽大处理老年犯罪也许是最佳的。”[14] 在中国，低成本的准老人违法犯罪现象与国外是相吻合的。

---

〔13〕 参见董纯朴：《世界老年犯罪研究特点综述》，载《犯罪研究》2013 年第 6 期，第 86 页。

〔14〕 理查德·A. 波斯纳：《衰老与老龄》，中国政法大学出版社 2002 年版，第 155、168 页。

三、制定预防和矫治老年人违法犯罪的社会政策

李斯特认为,最好的社会政策就是最好的刑事政策。现实生活中准老年人的大量越轨行为属于违法行为而非犯罪行为。犯罪行为在老年人群中毕竟是少数现象,犯罪率仅在3%上下。因此通过制定适合中国国情的有关社会政策,对于有效预防与矫治准老年违法犯罪更具有现实意义。

(一)高度重视与切实关怀下岗失业准老年人的疾苦

针对引发失业问题的主客观原因,需采取具有针对性的治理对策,包括"实行稳定的宏观经济政策,保持适度的经济增长;合理调整经济结构,积极创造就业机会;完善劳动力就业市场,规范劳动力市场管理;深化教育体制改革,全面提高劳动者素质;健全和落实社会保障体系,调动失业者再就业的积极性。"[15]要求各地各级政府必须高度重视与切实关怀下岗失业准老年人的疾苦,强化对下岗失业人员的法制宣传教育,杜绝或减少违法犯罪现象的发生。进一步拓宽就业渠道,鼓励和支持下岗失业人员灵活就业。加强职业教育和再就业培训,提高下岗失业人员的就业能力。加强领导和监督检查,把再就业工作落到实处。

(二)进一步完善社会保障制度

社会保障制度是社会经济发展和社会秩序稳定的必不可少的保障机制,也是为下岗失业者提供必要的生活来源,保障其基本生活的重要机制。目前中国的社会保障制度覆盖还不全面,尤其是对下岗失业者的保障水平还不够高,需要采取倾斜性政策,通过加大政府年度财政预算等途径,促使其进一步完善和发展。

(三)建立老年犯社区矫正制度

中国于2003年开始推进社区矫正制度实施。21世纪以来,主张老年犯罪人管理向带有轻缓、人道特色的社区矫正制度方向发展的观点

---

〔15〕 蒋海棠:《中国失业问题现状分析及对策》,载论文网,2013年5月30日。

已经渐趋共识。对老年犯罪人实行社区矫正有利于推动整个国家的文明进步,有利于延续中国的传统文化,有利于建设和谐社会,有利于节省社会资源。“本着宽严相济的刑事政策,对老年犯在使用减刑、假释方面适当从宽,对那些符合刑法规定的‘确有悔改表现’,并且‘丧失作案能力、生活自理困难’的老年犯,加大减刑、假释的力度,特别是多适用假释制度,使多数老病残罪犯由监禁刑转化为非监禁刑,如社区矫正,将有限的监狱资源用来惩罚与改造对社会具有严重危害性的罪犯,使纳税人的钱在行刑效能方面取得效益最大化。”〔16〕“社区矫正机关应当在接收老年犯罪人后,重视对他们的心理状态、犯罪后的态度、身体情况、社会危险性等进行恰当评估,并且根据评估结果对他们进行适当分类,然后对不同类型的老年犯罪人采取不同的管理方法。”“重视发挥邻里聘请矫正志愿者参与对老年犯罪人的监督管理等工作,就可以大大增强对于老年犯罪人的监督管理效果。”〔17〕

四、从轻处罚准老年犯罪的立法完善

从轻处罚包括准老年人在内的老年人违法犯罪,除制定积极的社会政策外,凡是能不上升到刑法调整的就尽量不要用刑法来调整。从轻处罚准老年犯罪的立法完善,宜包括免除处罚,从宽处罚,放宽适用缓刑、减刑、假释的条件,刑罚执行给予特殊待遇等。

(一)宽宥准老年人犯罪的立法依据

我国在《刑法修正案(八)》出台前没有关于老年人犯罪处罚的专门规定,只是在最高司法机关的文件中零散地体现了对老年人犯罪从宽处罚的倾向。最高人民法院于2010年2月8日发布《最高人民法院关于贯彻宽严相济刑事政策的若干意见》(以下简称《意见》)第21条

---

〔16〕 戴卫东、余飞:《老年犯犯罪及改造问题的研究》,载 http://www.aisixiang.com/data/50895-3.html,最后访问日期:2012年3月6日。

〔17〕 吴宗宪:《老年犯罪人社区矫正论》,载《中国司法》2011年第8期。

规定对于老年人犯罪要综合考虑各种情节酌情予以从宽处罚，第34条规定对老年犯在依法减刑、假释时应当根据悔改表现予以从宽掌握，从而确立了对老年犯在量刑和行刑时从宽处罚的原则。刑法修正案（八）规定，已满75周岁的人故意犯罪的可以从轻或者减轻处罚，过失犯罪的应当从轻或者减轻处罚；审判的时候已满75周岁的人，不适用死刑，但以特别残忍手段致人死亡的除外；被判处拘役、3年以下有期徒刑的满75周岁的人在一定条件下应当适用缓刑。这就为包括准老年人在内的老年人犯罪从宽处罚提供了明确的法律依据，可以更好地贯彻宽严相济的刑事政策，传承发扬中国尊老敬老的优良传统，进一步保护老年犯这一特殊群体的合法权益。

（二）宽宥准老年人犯罪年龄下限的可行性刑法规定

本着刑法修正案（八）有关中国老年人犯罪从宽的规定精神，宜考虑合理界定老年人犯罪从宽的年龄标准，将宽宥老年人犯罪的年龄降为50周岁，放宽对年满50周岁的老年犯罪人适用减刑、假释的条件等非刑罚处置措施。同时将"'以特别残忍手段致人死刑的除外'修改为'情节特别严重的除外'"。[18] 中国法定退休年龄是男性60岁、女性55岁。依据本文前半部分的分析，作为宽宥对象的老年人的起始年龄应低于退休年龄，以50岁为宜。应赋予司法机关对年满50周岁、生存型犯罪的准老年人作为宽宥对象的自由裁量权，制定进一步放宽缓刑、减刑、假释等规定。例如，细化刑法修正案（八）对老年人缓刑等规定，只要符合条件即应当适用缓刑，对犯罪时已满50岁的准老年人，取消"累犯不适用缓刑"的规定。建议通过立法放宽对满50周岁的准老年人减刑、假释等规定，以更好地贯彻宽严相济这一刑事政策。

从司法实践分析，检察院宜将年满50周岁的犯罪人纳入涉老案件办理程序，主动放缓节奏，一般采用不捕、不诉、建议缓刑、减刑、假释等运作方式。法院则宜全面、细致、慎重、适度从宽处理涉老案件，在审判

〔18〕 徐振科、张鹏辉：《浅析老年人犯罪的立法完善》，载《法制与社会》2012年第17期。

实践中更好地贯彻《意见》中关于老年犯的从宽处罚规定。当然减轻处罚并不意味着必然减轻处罚,审判机关可以根据准老年犯所处的客观生存环境与主观恶性程度高低等具体情况,在量刑时使用自由裁量权,既保证给予老年犯以一定程度宽宥的法律处遇,又避免某些主观恶性和人身危险性大的准老年犯轻易逃脱法律制裁。

(三)宽宥准老年人犯罪的立法阙如与补充建议

目前中国对从宽从轻处罚老年人犯罪立法存在诸多不足之处。首先,对老年人犯罪处遇的关注度不高。对于老年人犯罪则仅在《意见》中规定"酌情予以从宽处罚",并且没有规定老年人的具体年龄,尽管在司法实践中也不乏对老年人从宽处罚的做法,但由于缺乏明确法律依据,可操作性差。刑法修正案(八)规定对满75周岁的老年人从宽处罚,为老年人的权益保护提供了法律依据,具有进步意义,但现有法律对群体年龄层次的犯罪处遇年龄规定仍不够全面,与国外的有关立法相比,中国刑法对老年人的覆盖面明显要小得多。中国老年人的平均年龄为72周岁,男性平均年龄为70周岁,此规定仅覆盖了老年人中的极小部分,实际意义不大。立法者宜考虑把各年龄段的老年人作为整体来考虑其犯罪能力和再犯可能性,在秉承尊老敬老这一传统美德的前提下,合理确定从宽处罚的年龄。此外刑法修正案(八)对满50周岁的人犯罪的从宽规定付诸阙如。从其所承担刑事责任来分析,故意犯罪的"可以"从轻或者减轻处罚,意味着也可以不从宽处罚;过失犯罪尽管"应当"从宽从轻或者减轻处罚,但此年龄阶段的人绝大多数只是实施了危害公共安全的过失犯罪和侵犯公民人身权利等几种有限的罪种。所适用的刑种也只是有条件地排除了死刑的适用,刑罚的执行方式在一定条件下才考虑"应当"适用缓刑。因此在司法实践中,不论是刑事责任、刑种还是刑罚执行方式实际上都停留于从宽有限,未能充分体现和谐理念下宽严相济这一刑事政策的原则和精神。

(原文已发表于《犯罪研究》2014年第3期)

老年人犯罪的刑法规制不足及完善

李振林*

随着社会经济的发展、人民生活水平的不断提高和医疗条件的大力改善，人的寿命不断延长，人口死亡率逐步下降，人口老龄化趋势也日益严重。按照国际标准，60 岁以上人口占总人口 10% 以上，或者 65 岁以上人口占总人口 7% 以上，都属于老年型人口结构的国家，并可称为老龄化社会。据 2011 年我国第六次人口普查数据显示："大陆 31 个省、自治区、直辖市和现役军人的人口中，60 岁及以上人口为 177,648,705 人，占 13.26%，其中 65 岁及以上人口为 118,831,709 人，占 8.87%。"〔1〕专家预测，到 2020 年，我国 60 岁以上的老年人将达到 2 亿，

---

* 李振林，华东政法大学法律学院讲师，法学博士。

〔1〕 中华人民共和国国家统计局：《2010 年第六次全国人口普查主要数据公报（第 1 号）》2011 年 4 月 28 日。

到2050年将超过4亿。[2] 可见,我国已经跨入了老龄化社会。随着老龄化进程的不断加速,我国已拥有世界上人数最多的老年人群体。[3] 人口老龄化对我国的政治、经济、文化及社会发展都产生了严重的影响,其中老年人犯罪就是一个不容忽视的社会问题。随着老龄化速度的加快、老年人口的大增,老年人犯罪也会相应地增加。与发达国家不同的是,我国的人口老龄化是在经济尚不发达,社会正处于变革、转型时期而提前到来的。这就必然会对社会发展各个层面产生重要影响,而作为特殊群体的老年人犯罪问题也就越来越突出。

刑法对老年人犯罪的规制状况,不仅体现了国家对老年人的态度,也体现了一个国家法律文明的程度。对于老年人犯罪,我国现行刑法在很长一段时间内都没有很好地发扬"矜老恤刑"的传统,没有对老年人犯罪宽宥处理的规定。直至2011年刑法修正案(八)对刑法进行了修订,增设了诸多对老年人犯罪宽宥处理的规定,从而弥补了这一法律空白。展望未来,我国对老年人的保护水平还应进一步提高,应当对现行有关老年人犯罪的刑法规定进行修改和完善,如此方能使我国刑法对老年人犯罪的规制能够充分契合"矜老恤刑"之传统。

一、老年人犯罪的概念及特征

欲要对老年人犯罪进行科学、合理、有效的刑法规制,首先我们必须了解何为老年人犯罪,以及老年人犯罪主要存在哪些特征,如此方能对症下药,事半功倍。

(一)老年人犯罪的概念及类型

目前,尽管我国现行刑法将老年人犯罪界定为75周岁以上的人实施的犯罪,但学界对此并不完全认同,故而需要对其进行科学界定。

---

〔2〕 参见康树华、石芳:《老年人犯罪特点、原因与对策》,载《南都学坛》2004年第1期。

〔3〕 参见李本松:《中国人口老龄化发展趋势百年预测》,华龄出版社2007年版,第5页。

1. 老年人犯罪的概念界定

关于老年人犯罪的概念可以从广、狭两种含义加以说明。广义的老年人犯罪是指60岁以上老年人的犯罪行为。以60岁为分界点,是因为工业化国家以及发展中国家,不管在生理、心理以及社会方面,均有异于一般成年人。狭义的老年人犯罪是指由于身体、心理及社会的特殊原因而引起的老年人犯罪。[4] 两个概念的定义,一个着眼于行为主体,一个着眼于行为特征。狭义的老年人犯罪所包括的范围较小,它把老年人实施的并非由于老年化过程而引发的犯罪行为排除在外。就整体犯罪现象的观察,以广义的老年人犯罪为着眼点较妥,因为犯罪统计无法以老年人的特殊犯罪原因做分类依据,而犯罪统计是迄今为止研究老年人犯罪的重要资料。[5] 德国著名犯罪学家施奈德、凯泽、阿尔布莱希特等人也从广义的角度定义老年人犯罪,认为老年人犯罪是指年满60周岁及60周岁以上的老年人实施的犯罪行为的总和。[6]

笔者认为,要界定老年人犯罪,首先在于明确老年人的起点年龄。年龄是反映一个人的认知能力、辨认能力,以及心智是否健全的重要因素,在很大程度上决定了一个人对其行为的辨认力和控制力。人的辨认和控制能力的演变也是一个渐变的过程。法律以一个刻度性的年龄界限将人辨认和控制能力的演变过程人为断裂,虽不符合人的自然特点,但却能实现其可操作性、可执行性的价值,从而最终有效践行其对符合特定年龄条件的人的规制和保护。因此判断一个人是否是老年人必须有一个明确的年龄标准。

不同国家和组织对老年人起点年龄的规定是不同的。目前世界各国界定老年人的起点年龄一般有两个:一是发达国家界定为65周岁,如美国、德国等西欧国家将65岁退休年龄作为老年期的起始标准;二是发展中国家将其界定为60周岁,如俄罗斯、巴西等国将60周岁以上

---

〔4〕 参见林山田等:《犯罪学》(增订三版),三民书局2004年版,第317、318页。
〔5〕 参见林山田等:《犯罪学》(增订三版),三民书局2004年版,第317、318页。
〔6〕 参见徐久生:《德语国家的犯罪学研究》,中国法制出版社1999年版,第245页。

的人视为老年人。[7] 而1982年联合国老龄问题世界大会提出以60岁为老年期的开始年龄;2002年在维也纳举行的第一次老龄问题世界大会上通过的《老龄问题国际行动计划》将老年人界定为60岁及60岁以上的人。在我国,早在几千年前就将60岁界定为老年人的起点年龄。《礼记·曲礼》记载:“六十曰耆,指使。”古时把老年期分为耆、老、耄、期颐四个阶段,老年时期的“耆”解释为至也,即进入老年人的开始,故古有“六十花甲”之称。新中国成立后我国离退休制度把60岁作为男性的法定退休年龄,在我国群众的一般观念中,大都将退休作为人们步入老年的标准。[8] 此外,我国目前人口平均寿命为72岁,60岁以后,我国国民体质已发生明显变化,一般不再承担繁重的工作和重体力劳动。同时,我国老年人权益保障法第2条亦规定“本法所称老年人是指60周岁以上的公民”,即年满60周岁的中华人民共和国公民都属于老年人。

综上,笔者认为,将60周岁作为界定老年人的起点年龄,符合我国的历史传统,符合发展中国家的国际通用标准,符合我国的退休制度和国民的身体状况,也与现行法律相吻合,是适宜的。因此,老年人即为60周岁以上的人,相应地,老年人犯罪是指60周岁以上的人所实施的危害社会,依法应受刑罚处罚的行为。

2. 老年人犯罪的类型

至于老年人犯罪的类型,日本犯罪学者将老年人犯罪分为早发犯、迟发犯与初犯三类。早发犯是指25岁之前,即开始有犯罪行为,其犯罪继续至老年期。根据德国学者的研究,只有大约5%的老年人犯罪,属于早发犯。迟发犯是指自25岁后开始犯罪,继续至老年期。这类老年人犯罪也比较少见。初犯是指老年期始行犯罪者。初犯大多有配偶及血亲,老化的程度较诸一般人为大,而且多具有各种身心的障碍。德

---

〔7〕 参见陈鑫:《老年人犯罪宽宥化研究》,华东政法大学2012年硕士学位论文,第3页。

〔8〕 我国女性干部的退休年龄为55周岁,女性工人的退休年龄为50周岁。目前,我国有的地方政府已经逐步将女性干部法定退休年龄由55周岁调整为60周岁。

国学者的研究指出，大约有 3/4 的老年犯罪属于初犯。德国犯罪学家葛品格认为，初犯及无前科的老年人犯罪甚多，具犯罪学上的特殊意义，刑事政策上宜有特别的因应措施。[9] 因此，本文也将着重于对老年人犯罪中的初犯的研究。

（二）老年人犯罪的一般特征

老年人犯罪并非无章可循，其既不同于未成年人犯罪，也凸显出了诸多区别于一般成年人犯罪的特征。

第一，渐进性多于突发性。老年人对外界信息的刺激一般反应迟钝，情绪情感较为稳定，再加之老年人行为谨慎，瞻前顾后，因而其实施犯罪行为时一般周于考虑，逐步实施，逐步强化，并非是一时感情冲动的结果，表现出智能性、间接性、隐蔽性的特点。

第二，诱骗性强。老年人知识丰富，有较多的社会经验，实施犯罪行为一般经过“深思熟虑”，周密设计安排，掩饰隐蔽犯罪意图。因而欺骗、诱惑成为老年人犯罪的重要特征。或者以金钱为诱饵，或者以迷信手段为幌子，或者教唆腐朽生活方式引人上钩，或者以关心为名骗取信任，而且老年人年龄大也成为一种优势，可使其以长者慈祥的面目出现，使一些单纯的人们丧失警惕而疏于防范，因而老年人犯罪往往更容易得逞。台湾学者蔡墩铭在其所著《犯罪心理学》一书中指出：“老年人对于财产犯之实施，不必亲自为之，亦可藉他人实行，尤其体力不济或行动不便之老年人，多假手他人为其实施财产犯。例如教唆或帮助有责任能力人实施盗窃，然后分享赃物，抑或拟订计划，再利用无责任能力人实施盗窃，以达不劳而获之目的。”

第三，个体犯罪多于团伙犯罪。与同为特殊群体的未成年人犯罪相比，老年人犯罪多表现为单独作案。未成年人缺乏足够的智力、胆量和经验，主观独立性较弱，故常结伙作案，增强犯罪能力。而老年人受到自身生理条件的限制，活动范围有限，再加之其生活孤独、情感冷漠、

[9] 参见林山田等：《犯罪学》（增订三版），三民书局 2004 年版，第 320、321 页。

结伙意识淡薄、惧怕暴露,因而更多的是分散、孤立的个体犯罪。

第四,犯罪对象多为弱者或熟人。人进入老年阶段,生理和心理机能不断衰弱,其生活范围也在不断缩小。对没有反抗能力或反抗能力弱的弱势群体以及缺乏防范意识的熟人实施犯罪,老年犯罪人更有达到不法目的的把握。因此,其更多选择弱者或熟人作为侵害对象。

第五,犯罪类型多为财产型和性犯罪。由于老年人无法在社会上继续工作以获取报酬,生活来源的减少甚至缺失严重影响其生活质量。加之我国目前的社会保障制度还不完善,不少老年人尤其是农村老年人甚至连最基本的生存都无法保障。这些都会促使老年犯罪人迫于生计而实施侵财型犯罪。在性犯罪方面,由于老年人离异或丧偶后再婚率较低,从而导致男性老年人对性的需求被长期压抑,进而诱发性犯罪。[10]

二、我国老年人犯罪的刑法规制现状

在我国刑法史上,有关老年人犯罪刑事责任的特别规定最早可以追溯到有确切资料记载的西周。西周《周礼》的"三赦"制度中有一赦就是针对老年人犯罪。《周礼·秋官·司刺》规定,一赦曰幼弱,再赦曰老髦。《礼记·曲礼上》对这两赦的解释是"七十曰老,八十、九十曰髦,七年曰悼,悼与髦,虽有罪,不加刑焉"。[11] 这足见我国"矜老恤刑"传统的历史悠久性。这些规定经过春秋战国、汉代、魏晋南北朝和隋朝的发展,到唐代形成了比较完备的制度。按照唐律的有关规定,满70岁者犯罪即有从宽处遇;满80岁者犯谋反、谋大逆、杀人罪应判死刑者要上报皇帝裁决,犯盗窃与故意伤害罪可以拿钱抵罪,犯其他罪不予追究刑事责任;满90岁者即使犯死罪也不追究刑事责任。唐律中对老年人犯罪宽宥处理的制度为后世尤其是宋、明、清诸代所承袭。直至民国

---

〔10〕 参见王震:《老年人犯罪类型分布特点分析》,载《河北公安警察职业学校学报》2012年第2期。

〔11〕 陆心国:《晋书刑法志注释》,群众出版社1986年版,第17页。

时期刑法也仍有对老年人犯罪宽宥处理的内容。例如,1928 年颁行、1935 年修正的《中华民国刑法》规定,满 80 岁人犯罪者得减轻处罚,并不得处死刑或无期徒刑。

然而,在我国 1979 年刑法和 1997 年刑法中却没有对老年人犯罪宽宥处理的规定。这主要是因为,我国在"矜老恤刑"传统思想之外,还存在另一种传统思维或认识,即认为,老年人犯罪与青壮年人犯罪相比,其社会危害性是有过之而无不及:老年人犯罪不仅严重地损害了我国老年人为人师表的良好形象,而且加深了社会遗毒的代际传播,给家庭及其子女带来心灵上的阴影;老年人犯罪不仅对青少年有直接、间接的"教唆"影响,而且"上梁不正下梁歪",由于上辈人犯罪,整个家庭都被污染,继而以这个家庭为媒介,流毒四方。而且,这种传统思维还认为,老年人基于其丰富的人生阅历和生活经验,其辨认能力和控制能力要强于青壮年人,所谓"五十知天命,六十不惑"等广为流传的名言正是这种思维或认识的生动写照。

随着我国社会经济的发展,人口老龄化速度的加快,人们尤其是立法者对老年人的传统思维也逐渐发生了变化。立法者逐渐认识到,对老年人犯罪适当宽宥处理,既不会影响到社会治安秩序,也有利于贯彻刑法宽严相济的刑事政策。具体来说,以下几种认识使"矜老恤刑"的传统思想又逐渐在我国刑法中占据了主导地位。其一,就辨认和控制自己行为的能力而言,当一个人进入老年期之后,其身心功能逐渐衰弱,体能和精力显著减退,辨认能力和控制能力实际上是减弱而不是加强了,故而老年人对其犯罪行为的刑事责任承担理应与青壮年人有所不同。其二,就现代刑罚的目的而言,除了一些难以改造的老年人累犯和惯犯外,其他老年人犯罪的社会危害性较小,而对老年人适用过于严厉的刑罚,势必无法很好地发挥刑罚的一般预防效果,即既不能起到吓阻社会上不稳定分子的作用,也难以获得民众的理解和支持。而且,老年人受刑罚能力的有限性也决定了即便对其科处正常的刑罚也无法实现刑罚目的。老年人由于生理上的限制,其受刑罚的能力是有限的,而在确定刑事责任的承担时,必须充分考虑到每个犯罪主体的个体差异,考虑其是否有能力接受刑罚,以及接受此种刑罚能否达到应有的效果,如若不考虑这些因素,刑罚的意义就将大打折扣。其三,就再犯可能性而言,由于犯罪的老年人年事已高,社会阅历丰富,许多事都看开了,所谓“六十而耳顺”,再加上其行为能力普遍较弱等因素,其再次实施犯罪的可能性大大降低,人身危险性要明显小于青壮年人。[12] 其四,就社会文明和刑罚人道性而言,老年人是现代文明社会中尤其需要特别关爱的弱势群体之一。对犯罪的老年人即使是犯了重罪的老年人,从现代刑法所坚持的刑罚人道主义出发,也应当尽可能地予以从宽处罚,而不宜适用过于严厉的惩罚,尤其不宜适用最严厉的生命刑。

思维和认识的深刻转变无疑会推动法律的变化,我国有关对老年人犯罪宽宥处理的规定也如雨后春笋般显现。[13] 首先是在刑事政策方面对老年人犯罪从宽处罚作了一些指导性的规定。例如,2009 年颁布的《人民法院第三个五年改革纲要(2009—2013)》在落实宽严相济的刑事政策部分提出了老年人犯罪适度从宽处罚的司法机制。又如,2010 年 2 月 5 日颁布《最高人民检察院关于深入推进社会矛盾化解、社会管理创新、公正廉洁执法的实施意见》,建议建立老年人犯罪依法适当从宽处理机制。再如,2010 年 2 月 9 日《最高人民法院关于贯彻宽严相济刑事政策的若干规定》第 21 条规定,全国法院对老年人犯罪应酌情从宽处罚。刑事政策的转变也必然影响到刑事立法的变化,为弥补刑事立法方面对老年人犯罪从宽处罚的立法空缺。2011 年刑法修正案(八)在对 1997 年刑法进行修订过程中,增设了诸多对老年人犯罪宽宥处理的规定,从而使我国刑事立法对弱势群体保护的法律规定更加完

---

〔12〕 参见黄太云:《〈刑法修正案(八)〉解读(一)》,载《人民检察》2011 年第 6 期。

〔13〕 此外,也有针对老年人的违法行为宽宥处理的规定。例如,2006 年 3 月 1 日,国家颁布实施的《治安管理处罚法》第 21 条规定,对于 70 周岁以上的,如果发生违反治安管理行为,本应适用行政拘留处罚的,不执行行政拘留处罚。又如,2006 年 8 月 24 日,公安部发布的《公安机关办理行政案件程序规定》第 140 条规定:“违法行为人七十周岁以上,依法应当给予行政拘留处罚的,应当作出处罚决定,但不送拘留所执行”。

善。这无疑是对中华民族传统美德的继承和发展,具有重要的理论意义和实践价值。

(一)对老年人犯罪从轻或减轻处罚的规定

刑法修正案(八)第1条就开宗明义地规定在刑法第17条后增加一条,作为第17条之一:“已满七十五周岁的人故意犯罪的,可以从轻或者减轻处罚;过失犯罪的,应当从轻或者减轻处罚。”其中的“故意犯罪”,是指刑法第14条规定的“明知自己的行为会发生危害社会的结果,并且希望或者放任这种结果发生,因而构成犯罪的”。“可以从轻或者减轻处罚”,是指要根据老年人故意犯罪的具体情节,通过司法机关的自由裁量,酌情决定是否对其予以从轻或者减轻处罚。“过失犯罪”是指刑法第15条规定的“应当预见自己行为可能发生危害社会的结果,因为疏忽大意而没有预见,或者已经预见而轻信能够避免,以致发生这种结果的”。“应当从轻或者减轻处罚”,是指对于过失犯罪的老年人,应当一概予以从轻或者减轻处罚,而不存在司法自由裁量的空间。据全国人大常委会法工委刑法室黄太云副主任的介绍,对于老年人犯罪应当如何从轻或减轻处罚,立法过程中争论异常热烈,其争议焦点主要有两个:一是从宽处罚的老年人的年龄界限问题。有人提出,老年人权益保障法第2条已明确规定“本法所称老年人是指六十周岁以上的公民”,故而应将对老年人犯罪从宽处理的年龄界限划在60周岁。也有人提出,现在生活水平提高了,人均寿命已超过70周岁,建议划在70周岁甚至80周岁。立法机关综合了各方面意见,同时考虑到老年人的生理特点、老年人犯罪的情况以及社会公众的接受程度,最终将老年人犯罪从宽处理的年龄界限规定为75周岁。二是对老年人犯罪从宽处罚的尺度问题,即是对老年人犯罪一概从轻或减轻处罚,还是应在从宽处罚上有所区分。对此,有人提出,对老年人犯罪一概从轻或减轻处罚不会影响到社会的治安秩序。也有人认为,老年人虽然身体衰弱了,但社会阅历多、生活经验丰富,更应遵纪守法,犯罪后一概从宽处理并不妥当。立法机关通过综合研究各方意见,最终对老年人犯罪从轻或减轻处罚作了区别性规定,即规定故意犯罪的老年人可以从轻或减轻处罚,而对过失犯罪的老年人则应当从轻或减轻处罚。[14]

笔者认为,刑法修正案(八)根据罪过形式对老年人犯罪刑事责任加以区别对待是比较合理的。该规定对老年人犯罪从宽处罚不仅仅简单地以达到一定的年龄为标准,同时还结合了老年人在犯罪时主观意志上的不同,即如果年满75周岁的老年人在犯罪时主观上是故意的,那么就可以从轻或减轻处罚,如果主观上是过失的,那么就应当从轻或减轻处罚。因为,老年人毕竟是刑法上心智正常的人,如果老年人实施故意犯罪行为,说明其主观意识还是清楚的,对自己行为的性质和后果还是有一定认识能力和控制能力的,只是基于老年人犯罪宽宥处理的理论和事实依据,我们规定对其可以从轻或减轻处罚;而如果老年人实施的是过失犯罪,其主观恶性通常是非常小的,往往是因某种原因而对自己的行为缺乏正确的认识,故而我们应当对其予以从轻或减轻处罚。这样将主客观方面的因素结合起来考量,有利于作出科学合理的刑罚裁量,更有利于实现罪刑均衡之基本原则,也更能体现出对老年人的特殊保护。然而,刑法修正案(八)中将老年人犯罪从宽处罚的年龄起点规定为75周岁则不甚合理。刑法修正案(八)将75周岁作为老年人下限的规定与2012年12月修订的老年人权益保障法将老年人界定为"六十周岁以上的公民"的规定之间形成了巨大反差,也与治安管理处罚法将70周岁作为老年人的年龄起点的规定不甚协调,以致超出了民众的心理预期。这使我们不得不重新审视这个年龄下限规定之合理性。

另外,该规定在适用过程中,理论界和实务界对于其中的"已满七十五周岁"是指行为人犯罪的时候已满75周岁抑或审判的时候已满75周岁,存在不同的理解和判断。笔者认为,将其理解为审判的时候已满75周岁较为妥当,即对于那些在犯罪的时候不满75周岁,但在审判的

〔14〕 参见黄太云:《〈刑法修正案(八)〉解读(一)》,载《人民检察》2011年第6期。

时候已满75周岁的老年人,也应适用该条规定,理由主要有以下两点:

第一,这一理解符合老年人的生理和心理特征。应该看到,老年人在生理和心理方面有着不同于一般成年人的特征。在生理上,老年人的许多器官和组织的功能会出现一定程度的萎缩现象,如听力、视力下降等;在心理上,老年人容易产生孤独感和失落感,通常表现为内心空虚、情感单调、自我封闭等特点。概言之,随着年龄的增长,老年人辨认和控制自己行为的能力越来越小,其对刑罚的承受能力、再犯能力以及人身危险性都呈严重下降的趋势。由此可见,与未成年人年龄越小越需要体恤的情况相反,老年人则是年龄越大越需要体恤。由于年龄具有不可逆转性,因此,在考虑是否"已满七十五周岁"时,以"审判的时候"作为时间节点,显然要比以"犯罪的时候"对犯罪的老年人更为有利。据此,以"审判的时候"作为时间节点符合老年人的生理和心理特征,体现了老年人年龄越大越需要体恤的特点。[15]

第二,这一理解符合罪刑法定原则的实质要求。刑法修正案(八)中有关老年人犯罪从宽处罚规定的文字表述与刑法中有关未成年人犯罪从宽处罚规定的文字表述基本相同,而按照刑法条文的字面含义和相关司法解释的规定,"犯罪的时候"是未成年人犯罪从宽处罚的时间节点,那么,我们是否也应将老年人犯罪从宽处罚的时间节点理解为"犯罪的时候"?对此,笔者持否定观点。笔者认为,在贯彻罪刑法定原则的过程中,必须要摒弃教条主义的观念,即适用法律者不能望文生义,用教条主义的观念死抠字眼来理解和贯彻刑法条文,而是应该注意从立法原意的角度考察和适用刑法条文,必要时对相关刑法条文进行扩大解释,进而克服罪刑法定原则形式侧面的缺陷,实现刑法的正义。应该看到,由于年龄是未成年人和老年人适用从宽处罚规定的考量因素,且年龄又具有不可逆转性,因而未成年人和老年人在这一考量因素

〔15〕 参见刘宪权、周舟:《特殊群体从宽处罚规定司法适用分析》,载《华东政法大学学报》2011年第6期。

上呈现出完全相反的方向,即未成年人是年龄越小越需要从宽处罚,而老年人则是年龄越大越需要从宽处罚。因此,分别以"犯罪的时候"和"审判的时候"作为未成年人犯罪和老年人犯罪从宽处罚的时间节点,既符合刑法作出老年人犯罪从宽处罚规定的立法原意,也有利于犯罪的老年人。应当说,这种理解不仅没有违背罪刑法定原则的要求,相反也符合罪刑法定原则"有利于被告人"的根本精神,有利于实现公平和正义。[16]

(二)对老年人犯罪限制适用死刑的规定

刑法修正案(八)第3条规定在刑法第49条中增加一款作为第2款:"审判的时候已满七十五周岁的人,不适用死刑,但以特别残忍手段致人死亡的除外。"根据全国人大常委会法工委刑法室黄太云副主任的解读,该条款规定的"审判的时候已满七十五周岁的人",是指按照刑事诉讼法的相关规定,在案件进入法院审理程序的时候被告人已年满75周岁。"以特别残忍手段致人死亡",是指以令人发指的手段,如以肢解、残酷折磨、毁人容貌、摘除人体器官等惨无人道的手段致使被害人死亡的。本款规定的不适用死刑,也包括不适用死刑缓期执行。[17] 黄太云副主任也指出,在草案征求意见和审议过程中,有些人担心,如果规定对年满75周岁的人免死,一些犯罪组织可能会专门雇用75周岁以上的老人去犯罪,一些老年人可能会抓住法律上的漏洞,毫无顾忌地实施各种犯罪,会产生极其严重的负面后果。但有些人不认同这个观点,认为这种说法只是基于人们的主观臆断,人要犯罪不是刑法能控制的,犯罪人也不是以刑法有无死刑的规定去选择要不要犯罪的。如果按照这种逻辑推理,我国刑法已规定对不满18周岁的人不判处死刑,一些犯罪集团也可能会专门雇用不满18周岁的人去犯罪,由此推论出对不满18周岁的人也应当判处死刑,显然是错误的。另外,黄太云副

---

〔16〕 参见刘宪权、周舟:《特殊群体从宽处罚规定司法适用分析》,载《华东政法大学学报》2011年第6期。

〔17〕 参见黄太云:《〈刑法修正案(八)〉解读(一)》,载《人民检察》2011年第6期。

主任还指出,在立法过程中,有人主张将"审判的时候已年满七十五周岁的人"改为"犯罪的时候已年满七十五周岁的人",理由是,如果将老年人不适用死刑的年龄界定为审判时而不是犯罪时,在司法实践中就可能出现推迟审判的情况,即将一些应当判处死刑且在犯罪时不满 75 周岁的行为人推迟到已满 75 周岁后审判,从而不对其判处死刑。这极有可能会滋生腐败,进而造成过度放纵犯罪分子的严重后果。但立法者考虑到对已满 75 周岁的人不判处死刑主要是从人道角度出发的,全国每年年满 75 周岁以上的人犯罪少之又少,该判处死刑的就更少了。全国法院近几年只判处过一起年满 70 岁以上的老年人死刑案件,罪犯也还不到 75 岁。因此,将年龄限定在"审判时"是合理的。再者,对审判时满 75 周岁的人不判处死刑也并非不判刑,从某种意义上讲,判处无期徒刑让罪犯在服刑过程中心存愧疚地慢慢死去对他来说或许更加痛苦,也并没有放纵罪犯。因此,刑法修正案(八)最终还是将"审判的时候"作为判定行为人是否"已满 75 周岁"的时间标准。〔18〕

笔者认为,将"审判的时候"作为判定行为人是否"已满七十五周岁"的时间标准,是完全合理的,理由主要有以下两点:

第一,刑法修正案(八)的这一规定不会造成过度放纵犯罪分子的严重后果。首先,从司法实践看,在我国人均寿命为 74.83 周岁(2010 年)的情况下,将老年人不适用死刑的年龄界定为 75 周岁,实际上对该条文的受益面作了很大的限制;而且,从我国以往的刑事案例来看,老年人严重犯罪的比例极低,老年人犯罪被判死刑的更是屈指可数,平均每年只有几起。在此情况下,即使将"审判的时候"作为判定行为人是否"已满七十五周岁"的时间标准,实际上并不存在过度放纵犯罪分子的状况。其次,从刑法修正案(八)的规定看,我们并非对所有已满 75 周岁的老年人都不能适用死刑,如果以特别残忍手段致人死亡的,仍然可以判处其死刑,也即对以特别残忍手段致人死亡的老年人即使推迟

〔18〕 参见黄太云:《〈刑法修正案(八)〉解读(一)》,载《人民检察》2011 年第 6 期。

审判,使其在审判的时候达到75周岁,也仍然不能规避对其死刑的适用。由此,将“审判的时候”作为判定行为人是否“已满75周岁”的时间标准,并不会导致放纵情节特别严重的犯罪分子的后果。再次,从审理期限看,我国刑事诉讼法对于法院审理案件的期限有十分严格的规定。法院审理公诉案件,应在受理后一个月内宣判,至迟不得超过一个半月,如果有法律规定的特殊情况的,经省、自治区、直辖市高级人民法院批准或者决定,方可再延长一个月。正因为刑事诉讼法对审理期限作了严格限制,所以司法实践中通过推迟审判使老年人不被判处死刑的空间也是十分有限的。最后,从立法精神看,刑法修正案(八)之所以对老年人作出从宽处罚的规定,主要是出于刑罚人道主义和刑罚个别主义的立场。依笔者之见,即使司法实践中存在通过推迟审判使老年人不能适用死刑的情况,也不应该加以过度指责,因为这些情况的存在,既不违背刑法修正案(八)的立法精神,又可以实际达到慎用死刑的效果。[19]

第二,刑法修正案(八)的这一规定内容与相关国际公约及国外立法例基本相符。联合国经济与社会理事会在1989年5月24日及1996年7月23日通过的决议中,均倡导和要求成员国应在刑法中规定可判处和执行死刑的最高年龄,超过这一年龄便不得判处和执行死刑,并将之作为限制死刑的措施之一。[20] 这就要求我国应在刑法中具体规定可判处和执行死刑的最高年龄,亦即应将老年人不适用死刑的年龄界定为审判时甚至执行时的年龄。因此,刑法修正案(八)将“审判的时候”作为判定行为人是否“已满75周岁”的时间标准,完全符合相关国际公约对我国的要求。此外,在国外的刑法中也存在将老年人不适用死刑的年龄界定为审判时候的年龄的立法例。例如,《俄罗斯联邦刑法

---

〔19〕 参见刘宪权、周舟:《特殊群体从宽处罚规定司法适用分析》,载《华东政法大学学报》2011年第6期。

〔20〕 参见赵秉志:《关注老年人犯罪应否免死问题》,资料来源:http://news.sohu.com/20101027/n276553476.shtml,最后访问日期:2016年9月23日。

典》第59条第2款规定："死刑不适用于妇女以及犯罪时未满18周岁的人和法院下判时已满65周岁的男性。"[21]

(三)对老年人犯罪适用缓刑的规定

刑法修正案(八)第11条对刑法第72条作了修改,对于被判处拘役、3年以下有期徒刑的犯罪分子,同时符合缓刑条件的,可以宣告缓刑,对其中不满18周岁的人、怀孕的妇女和已满75周岁的人,应当宣告缓刑。对于一般主体,符合缓刑适用条件的,法律仅仅是规定可以适用缓刑,即赋予法官一定的自由裁量权,由法官依据案件和罪犯个人的情况决定宣告缓刑,也可以不适用缓刑。但是,对于符合缓刑适用条件的已满75周岁的人等,法律则规定应当宣告缓刑,即只要符合缓刑适用条件的,就应当适用缓刑,体现了对老年人犯罪等进行特殊处理的立法精神,也彰显了我国刑法更加人性的一面。对此,全国人大常委会法工委刑法室黄太云副主任指出,我国1997年修订刑法时并未对犯罪的老年人等的缓刑问题作出特别规定,不少司法机关和法律专家提出,在缓刑制度完善的基础上,可以适当放宽对犯罪的老年人等的缓刑适用,会大大减轻监狱等刑罚执行机关的压力,既有利于节省司法资源,体现刑法对弱者的人道主义关怀,又可以使其不脱离社会,在亲人、基层组织的帮助与监督下进行教育和改造,不仅可以取得良好的效果,也有利于社会的和谐、稳定。[22]

对于这里的"已满75周岁"是指犯罪时已满75周岁还是审判时已满75周岁,笔者认为,根据体系解释的要求,宜将其理解为审判时已满75周岁。体系解释,一般是指根据刑法条文在整个刑法中的地位,联系相关法条的含义,阐明其规范意旨的解释方法。体系解释的目的在于避免断章取义,以便刑法整体协调。刑法是存在于法律体系中的一个整体,它不仅要与宪法相协调,而且其本身也是协调的。因为刑法体现

---

[21] 《俄罗斯联邦刑法典》,黄道秀译,北京大学出版社2008年版,第20页。

[22] 参见黄太云:《〈刑法修正案(八)〉解读(一)》,载《人民检察》2011年第6期。

正义,要对相同的案件做相同的处理,绝对不能自相矛盾。如果作出不协调的解释,则必然会导致对不同的案件做相同的处理,或者对相同的案件做不同的处理,从而有损刑法的正义性。[23] 而刑法修正案(八)第11条的规定与第1条、第3条关于老年人从轻或减轻处罚的规定和不适用死刑的规定又均属于针对老年人的广义的从宽处罚规定。因此,理应运用体系解释的方法对其作出统一的理解。既然刑法修正案(八)第3条已明确规定老年人不适用死刑规定中的“已满七十五周岁”是指审判的时候已满75周岁,第1条实际上也规定予以从轻或减轻处罚中的“已满七十五周岁”是指审判的时候已满75周岁,那么,我们也就理应将第11条规定中的“已满七十五周岁”同样理解为审判的时候已满75周岁。这样理解既能保证法律的协调性,也能在更大的范围内保护老年人。

三、我国老年人犯罪的刑事立法完善

虽然现行刑法经刑法修正案(八)修订后对老年人犯罪宽宥处理的规定有了实质性的进步和意义,但展望未来,我国对老年人的保护水平还应进一步提高。相比较我国刑法对未成年人犯罪的特殊规定和保护,对于老年人犯罪的相关规定仍显单薄。毕竟老年人同未成年人一样,在社会中都属于弱势群体,而且老年人承受刑罚的能力相对于一般成年人甚至未成年人而言还是比较低的,加之老年人群体自身的特殊性,故而很有必要进一步完善老年人犯罪宽宥处理的特别规定,以充分体现中华民族矜老恤刑的传统美德,全面保障犯罪老年人的合法权益。因此,笔者认为,未来我国刑事立法应当从以下几个方面对现行有关老年人犯罪的规定进行修改和完善。

(一)降低对老年人犯罪宽宥处理的年龄起点并设置免刑的年龄起点

正如前文所提及的,现行刑法关于对老年人犯罪宽宥处理的年龄

---

[23] 参见张明楷:《刑法分则的解释原理》,中国人民大学出版社2004年版,第28页。

起点的规定与民众的心理预期以及老年人权益保障法、治安管理处罚法的规定均相去甚远。笔者认为,75 周岁的年龄起点有过高之嫌,对已满 65 周岁而未满 75 周岁的老年犯罪人不予以宽宥处理会使得刑罚显得既严苛又没有很大的实际意义,而且也不符合我们对老年犯罪人宽宥的立法精神和目的。

首先,从我国人口平均寿命来看,75 周岁的年龄起点过高。根据第六次全国人口普查详细汇总资料显示,2010 年我国人口平均预期寿命仅有 74.83 周岁。[24] 应当看到,按照我国人口 74.83 周岁的平均寿命来看,如果一个 70 多岁的老年人实施犯罪,不对其从轻或减轻处罚的话,那么在其极其有限的生命里恐怕也无法执行完其被判处的有期徒刑。而将老年人犯罪从宽处罚的年龄起点规定为 75 周岁,尽管可以体现出立法者的谨慎,但这样的规定无异于是对高寿者的奖赏,而不是一种具有普遍适用意义的刑事政策设计,因为相当一部分老年人实际上无法达到这样的年龄。[25]

其次,从人的生理变化规律来看,75 周岁的年龄起点设置也不合理。从心理学的研究中,我们可以看到,老年人智力衰退跨度最为明显的分界线发生在 61 周岁至 65 周岁组和 65 周岁至 70 周岁组之间,这两组的总智商的均数差为 9.1;而 55 周岁至 60 周岁组和 60 周岁至 65 周岁组之间的智商均数差仅为 3.9;65 周岁至 70 周岁组和 70 周岁至 75 周岁组之间的智商均数差也仅为 6.6。[26] 由此可见,65 周岁是一个人在智力上产生衰退现象的分水岭,而 75 周岁已经远远超过了这个衰退分水岭,故而不甚合理。

最后,从我国监狱目前在押的老年服刑人员的年龄结构来看,75 周

---

〔24〕 参见《我国人口平均预期寿命 74.83 岁》,载新浪网:http://news.sina.com.cn/c/2012-08-10/043924941262.shtml,最后访问日期:2016 年 9 月 25 日。

〔25〕 参见王震、沙云飞、顾静薇:《老年人犯罪的概念与刑事责任年龄上限关联性研究》,载《政治与法律》2012 年第 7 期。

〔26〕 参见谢亚宁、龚耀先、周长株等:《离退休老年人智力与生理及社会文化因素的关系》,载《中国临床心理学杂志》1996 年第 3 期。

岁的年龄起点设置也过高了。截至2012年2月,浙江省某大型监狱中的老年服刑人员共有111人,其中已满60周岁不满65周岁的74人,占老年服刑人员总数的66.7%;已满65周岁不满70周岁的20人,占老年服刑人员总数的18%;已满70周岁不满75周岁的12人,占老年服刑人员总数的10.8%;75周岁以上的仅有5人,占老年服刑人员总数的4.5%。截至2012年2月,河南省某监狱中,60周岁以上的老年服刑人员共有17人,其中60周岁以上不满65周岁的6人,占老年服刑人员总数的35.3%;65周岁以上不满75周岁的7人,占老年服刑人员总数的41.2%;75周岁以上共有4人,占老年服刑人员总数的23.5%。[27]因此,如果以65周岁作为划分节点的话,有33.3%的老年犯罪人在这个范围内,但是如果以75周岁作为界限,那么仅有4.5%的老年犯罪人在这个范围内。管中窥豹,这两个监狱至少可以在一定程度上反映我国监狱目前在押老年服刑人员的年龄结构状况,[28]即75周岁以上犯罪的老年人数量是非常少的。故而以75周岁作为对老年人犯罪宽宥处理的年龄起点,其象征意义远大于实际意义。

另外,基于老年人的辨认能力和控制能力将会随着年龄的增长而逐渐减弱直至衰竭的现实,以及刑法谦抑性原则和刑罚人道主义的要求,我们可以像刑法对未满14周岁的未成年人免除承担刑事责任的规定一样,在刑法中规定对已满一定年龄的老年人予以免除承担刑事责任。这无论在外国还是我国古代均有规定。例如,《荷兰刑法》第3条规定和《墨西哥刑法》第34条均规定,70岁以上的老年人犯罪的,免除刑罚。[29] 汉律也直接按年龄确定刑事责任,并有最低年龄和最高年龄的区别,将不负刑事责任的年龄基本规定为不满8周岁和80周岁以

---

〔27〕 参见王震、沙云飞、顾静薇:《老年人犯罪的概念与刑事责任年龄上限关联性研究》,载《政治与法律》2012年第7期。

〔28〕 当然,其中必然包含一些之前因被判处长期有期徒刑和无期徒刑的罪犯,但从犯罪人主要是青壮年人及我国减刑制度适用频繁甚至泛滥的现状来看,存在这种情况的罪犯人数必然是不多的。

〔29〕 参见赵秉志:《犯罪主体论》,中国人民大学出版社1989年版,第154页。

上。考虑到我国人口的平均寿命以及老年人辨认和控制能力衰竭的实际情况,笔者认为,宜将对老年人免除承担刑事责任的年龄设置为80周岁。

(二)对老年人犯罪彻底免于适用死刑

从现行刑法第49条第2款的规定来看,我国并非对所有已满75周岁的老年人都不适用死刑,如果以特别残忍手段致人死亡的老年人罪犯,仍然可以判处死刑。而在死刑控制如此严格的今天,故意杀人案件中除非是以特别残忍手段致人死亡或故意杀害多人才可能被判处死刑,故而除非老年人是以特别残忍手段致人死亡或故意杀害多人才可能被适用死刑,否则一般也不会被判处死刑。对于75周岁以上的老年人而言,由于其生理原因,故意杀害多人的情况是极为少见的,因而更可能出现的仍然是以特别残忍手段致人死亡。而刑法却将这种几乎是仅有可能判处老年人罪犯死刑的情况排除于免予适用死刑的范围之外,这实际上无异于没有规定对老年人免于适用死刑。故而现行《刑法》对75周岁以上的老年人罪犯免于适用死刑的规定也是象征意义远大于实际意义的。

老年人犯罪的态势严峻是一个不可否认的事实,但刑罚只是抗制犯罪的一种手段而并非唯一的手段,更不是最好的手段。尤其是死刑,实践已经充分证明,死刑并没有人们想象的那种威慑力,并不是打击严重犯罪的灵丹妙药。老年人犯罪的原因是纷繁复杂的,死刑无法从根本上消除老年人犯罪,我们也不能寄希望于通过严厉的刑罚来解决老年人犯罪的一切问题,而且对老年人适用死刑也无法实现刑罚的目的。老年人身心衰弱,再犯能力较差,无须从肉体上消灭其来达到防止本人重新犯罪的目的。对老年人处以死刑,非但不能有效地威慑社会上的不稳定分子,不能有利于刑罚适用的报应目的的实现,反而让一般人觉得刑罚过于残酷,使刑法无法获得普通民众的认同,甚至对刑法产生反感、抵触和对立情绪。因此,从世界上规定对老年人犯罪不适用死刑的国家和地区的立法例来看,都是一概免死而无例外之规定。例如,《蒙古国刑法典》第53条第4款规定:"60周岁以上的人和犯罪时未满16周岁的人不得适用死刑。"〔30〕《俄罗斯联邦刑法典》第59条第2款规定:"死刑不适用于妇女以及犯罪时未满18周岁的人和法院下判时已满65周岁的男性。"〔31〕此外,墨西哥、危地马拉刑法规定60周岁以上不得执行死刑,哈萨克斯坦刑法规定65周岁以上不得执行死刑,苏丹刑法规定70周岁以上的人不得执行死刑,我国台湾地区"刑法"规定年满80岁的人犯罪不得处死刑等。〔32〕 此外,联合国经济与社会理事会1989年5月24日通过的《保护死刑犯权利的保障措施的执行情况》和1996年7月23日通过的1996/15号决议也均是要求达到一定年龄的老年犯罪人不得判处死刑,并无例外。《美洲人权公约》也明确规定对70岁以上的人一律不得判处死刑。借鉴上述国际立法经验,并考虑到老年人犯罪的刑事责任特点及刑法立法应面向普遍与一般情况之特性,笔者认为,未来对刑法进行修订时,不论是否对老年人犯罪宽宥处理的年龄起点维持为年满75周岁还是下调为年满70周岁,都应设置为一概免死,而不应设置例外不免死刑之规定。

(三)对老年人犯罪限制适用无期徒刑

无期徒刑是生刑中最严厉的刑罚方法,主要表现为剥夺犯罪人终身的人身自由并实行强制劳动改造。虽然生命价值优于自由价值的观念已经得到了很多人的认同,但是,还有不少人认为,无期徒刑作为保留剥夺犯罪分子终身自由可能性的制度的严厉性在某种程度上并不逊于死刑。例如,贝卡里亚就指出终身苦役刑甚至比死刑更可怕——"有人说,终身苦役同死刑一样也是痛苦的,所以,它也同样是残酷的。如果把苦役的受苦时间性加在一起,甚至是有过之而无不

〔30〕《蒙古国刑法典》,徐留成译,北京大学出版社2006年版,第14页。

〔31〕《俄罗斯联邦刑法典》,黄道秀译,北京大学出版社2008年版,第20页。

〔32〕参见刘仁文:《对刑法修正案(八)(草案)的几点意见》,载 http://www.iolaw.org.cn/showArticle.asp?id=2758,最后访问日期:2016年9月25日。

及”。[33] 因为“对人类心灵发生重大影响的不是刑罚的强烈性，而是刑罚的延续性”。[34] 就此而言，无期徒刑从某种程度上说其残酷性并不亚于死刑。

根据我国现行刑法的规定，无期徒刑主要适用于那些罪行严重、人身危险性很大但又不必判处死刑的犯罪分子。然而，也并非所有犯罪分子都有必要在符合条件下适用无期徒刑。例如，2006 年 1 月 11 日《最高人民法院关于审理未成年人刑事案件具体应用法律若干问题的解释》第 13 条规定：“未成年人犯罪只有罪行极其严重的，才可以适用无期徒刑。对已满十四周岁不满十六周岁的人犯罪一般不判处无期徒刑。”由此可见，基于对未成年犯罪人的特殊保护，无期徒刑的适用是十分慎重和严格的，那么对于犯罪的老年人我们能否考虑慎用无期徒刑呢？笔者认为，考虑到老年犯罪人已到暮年，时日不多，如果判处无期徒刑，极有可能老死狱中，从而使得刑罚的意义和价值大打折扣，也有悖于现代刑罚的人道性。此外，结合国外的相关立法和我国近代刑事立法，我们可以发现，世界上很多国家和地区及我国近代的刑法均规定对犯罪的老年人不适用无期徒刑。例如，《俄罗斯联邦刑法典》第 57 条规定：“对于妇女以及犯罪时不满 18 岁的人和法院作出判决时已满 65 岁的男子，不得判处终身剥夺自由。”[35] 我国台湾地区“刑法”规定到达一定年龄以上的人不适用无期徒刑；我国 1935 年的“中华民国刑法”中也有规定，如果犯罪人年满 80 岁的，那么不能处无期徒刑和死刑。因此，笔者建议对于年满 65 周岁的犯罪的老年人，可以规定一般不适用无期徒刑。之所以将 65 周岁作为年龄起点，是与上述我们讨论的关于老年人犯罪从宽处罚的年龄起点是相一致的，具体理由不再赘述。此外，笔者只是建议限制适用而非绝对不能适用无期徒刑，因为在目前情况下，我们并不排除有一些老年犯罪人可能会实施严重的犯罪行为，所

---

〔33〕［意］贝卡里亚：《论犯罪与刑罚》，黄风译，中国法制出版社 2005 年版，第 58 页。

〔34〕［意］贝卡里亚：《论犯罪与刑罚》，黄风译，中国法制出版社 2005 年版，第 58 页。

〔35〕《俄罗斯联邦刑法典》，黄道秀译，北京大学出版社 2008 年版，第 19 页。

以在特殊情况下仍然可以适用无期徒刑。如此,既不会使无期徒刑丧失存在的意义,也不用担心因一些老年人犯罪实施严重犯罪而没有相应的刑罚可以适用。

(四)对老年犯罪人放宽减刑和假释的适用条件

减刑和假释是世界上大多数国家都采用的刑罚执行制度,其适用的主要依据是犯罪分子在服刑期间的表现等,如果犯罪分子在服刑期间表现良好,确有悔改表现,并符合减刑和假释的其他适用条件,就可以减少其执行期限或附条件地予以提前释放。这是刑罚人道性和谦抑性的体现。对于犯罪者来说,减刑和假释更能够调动他们改造和悔过的积极性和自觉性,故而为大多数国家所采用。我国刑法也有关于减刑和假释制度的规定。我国刑法第 78 ~ 80 条和第 81 ~ 86 条分别对减刑和假释的适用对象、实质性要求和执行期限等作了相关规定。然而,从中我们可以发现,刑法中关于减刑和假释的规定并没有因犯罪人年龄段的不同而予以区别对待,即便是老年人,也必须与青壮年人适用同样的减刑和假释条件,而并没有体现出对老年人宽宥处理的原则。应当看到,监狱内的环境对于老年人的身心健康是非常不利的,往往会使他们的寿命有一定幅度的缩短。为了更好地体现对老年人罪犯宽宥处理的原则,也为了充分保护老年犯罪人的权益,充分调动老年犯罪人改造的积极性和自觉性,我们有必要进一步完善我国老年人减刑和假释制度。对此,2010 年 2 月 8 日《最高人民法院关于贯彻宽严相济刑事政策的若干意见》第 34 条首次对老年人减刑和假释的标准、幅度、间隔时间等作出了原则性的从宽规定:对于老年犯,“在依法减刑、假释时,应当根据悔改表现予以从宽掌握。对认罪服法,遵守监规,积极参加学习、劳动,确有悔改表现的,依法予以减刑,减刑的幅度可以适当放宽,间隔的时间可以相应缩短。符合刑法第 81 条第 1 款规定的假释条件的,应当依法多适用假释”。2012 年 1 月 17 日《最高人民法院关于办理减刑、假释案件具体应用法律若干问题的规定》第 20 条第 2 款也规定,基本丧失劳动能力、生活难以自理的老年犯罪人,“能够认真遵守法律法规及监规,接受教育改造,应视为确有悔改表现,减刑的幅度可以适当放宽,起始时间、间隔时间可以相应缩短。假释后生活确有着落的,除法律和本解释规定不得假释的情形外,可以依法假释”。虽然上述司法解释填补了刑法中未对老年人犯罪适用减刑和假释从宽规定的空白,但是它们毕竟没有上升到立法的高度和层次,而且上述规定或因过于笼统而使司法实践中很难统一适用,或因限制条件过多而无法适用于所有的老年人。因此,笔者认为,在今后的立法中应从以下几个方面对老年人罪犯减刑和假释的适用条件与限度等进行规定:

1. 降低老年犯罪人减刑要求的服刑期限和假释要求的实际执行年限

事实上,根据刑法第 78 条第 2 款和第 81 条第 1 款的规定,老年人罪犯经减刑后应当执行的最低年限和适用假释所要求的最低实际执行年限均与青壮年罪犯相同,而并没有体现出对老年人的从宽原则,因此我们可以适当降低老年犯罪人减刑要求的服刑期限和假释要求的实际执行年限。笔者认为,根据目前的情况,我们可以考虑规定,老年犯罪人减刑以后实际执行的刑期,判处管制、拘役、有期徒刑的不能少于原判刑期的 1/3,判处无期徒刑的不能少于 10 年。老年犯罪人适用假释要求的实际执行年限,被判处有期徒刑的犯罪分子,执行原判刑期 1/3 以上,被判处无期徒刑的犯罪分子,实际执行 10 年以上。

2. 放宽对老年人适用减刑和假释的实质性条件

刑法第 78 条第 1 款和第 81 条第 1 款分别对适用减刑和假释的实质性条件进行了规定,分别是“认真遵守监规,接受教育改造,确有悔改表现的,或者有立功表现的”和“认真遵守监规,接受教育改造,确有悔改表现,没有再犯罪的危险的”。笔者认为,应当适当放宽对老年犯罪人适用减刑和假释的实质性条件的要求。根据 2012 年 1 月 7 日《最高人民法院关于办理减刑、假释案件具体应用法律若干问题的规定》第 2 条第 1 款的规定:“‘确有悔改表现’是指同时具备以下四个方面情形:认罪悔罪;认真遵守法律法规及监规,接受教育改造;积极参加思想、文化、职业技术教育；积极参加劳动，努力完成劳动任务。”然而，对于老年犯罪人而言，受制于其身体状况，要求他们积极参加劳动，完成生产任务或是积极参加政治文化学习等并不现实，如若因此而不能减刑或假释并不利于对他们的改造。因此，笔者认为，对于老年人来说，可以不要求他们同时或完全具有以上四个条件，只要他们在服刑期间认真遵守监规，接受教育改造，认罪伏法就应当予以减刑或假释。此外，由于“基本丧失劳动能力、生活难以自理”等对老年犯罪人的限制性规定均属于仁者见仁智者见智的规定，不仅徒增司法判断的繁琐，而且使对老年人特殊保护原则的贯彻显得不够彻底，因而应取消这些对老年犯罪人的限制性规定，规定对所有65周岁以上的老年犯罪人均放宽减刑和假释的适用条件。

3. 明确老年人减刑的起始、间隔时间与减刑幅度标准

2012年1月17日《最高人民法院关于办理减刑、假释案件具体应用法律若干问题的规定》第20条第2款虽然规定对于确有悔改表现的老年犯罪人，“减刑的幅度可以适当放宽，起始时间、间隔时间可以相应缩短”，但并没有对老年犯罪人的减刑幅度、减刑的起始时间和间隔时间等进行明确。笔者认为，为保证司法的统一，并防止减刑权和假释权的滥用，我们可以借鉴上述司法解释第5条和第6条的规定，对老年犯罪人的减刑幅度、减刑的起始时间和间隔时间等进行明确规定。在减刑幅度上，可以规定，“确有悔改表现，或者有立功表现的，一次减刑一般不超过2年有期徒刑；确有悔改表现并有立功表现，一次减刑一般不超过3年有期徒刑；确有悔改表现并有重大立功表现的，一次减刑一般不超过5年有期徒刑”。对于减刑起始时间和间隔时间，可以规定，“被判处5年以上有期徒刑的罪犯，一般在执行1年以上方可减刑，两次减刑之间一般应当间隔6个月以上；被判处不满5年有期徒刑的罪犯，一般在执行6个月以上方可减刑，两次减刑之间一般应当间隔3个月以上；确有重大立功表现的，可以不受上述减刑起始和间隔时间的限制”。

简析“老年人犯罪免死”条款的理解和适用

王恩海*

刑法修正案(八)对老年人犯罪的规定体现为三个方面:第一,对老年人犯罪从轻处罚:“已满七十五周岁的人故意犯罪的,可以从轻或者减轻处罚;过失犯罪的,应当从轻或者减轻处罚”;第二,老年人犯罪有条件免除死刑的适用(即“老年人犯罪免死”条款):“审判的时候已满七十五周岁的人,不适用死刑,但以特别残忍手段致人死亡的除外”;第三,老年人优先适用缓刑:“对于被判处拘役、三年以下有期徒刑的犯罪分子,同时符合下列条件的,可以宣告缓刑,对其中不满十八周岁的人、怀孕的妇女和已满七十五周岁的人,应当宣告缓刑:

---

* 王恩海,法学博士,华东政法大学刑法教研室主任,副教授,硕士生导师。

(一)犯罪情节较轻;(二)有悔罪表现;(三)没有再犯罪的危险;(四)宣告缓刑对所居住社区没有重大不良影响"。

这三条规定均体现了对老年人犯罪的从宽处罚。在此之前,新中国的刑事立法并无此类相关规定,与老年人犯罪相关的规定主要集中在刑罚执行方面,一些法律法规对服刑期间的老年人可以准许监外执行作出了规定。值得注意的是,2005 年颁布的治安管理处罚法首次明确"七十周岁以上的,违反治安管理行为人不执行行政拘留处罚"。之后,最高人民检察院于 2007 年发布修改后的不起诉案件标准,将"主观恶性较小的老年犯罪嫌疑人"列为五种不予起诉的情形之一。2010 年颁布的《最高人民法院关于贯彻宽严相济刑事政策的若干意见》规定:"对于老年人犯罪,要充分考虑其犯罪的动机、目的、情节、后果以及悔罪表现等,并结合其人身危险性和再犯可能性,酌情予以从宽处罚。"上述规定散见于级别较低的文件中,效力不高,因此,刑法修正案(八)的出台引起了社会各界的广泛关注并得到了好评,其中最引人关注的就是"老年人犯罪免死"的规定,它不仅契合了中国传统上的"尊老"传统,是对中国传统文化的确认,体现了对传统文化的尊重,也切实贯彻了限制死刑适用的刑事政策。本文就这一问题展开粗浅探讨。

一、"老年人犯罪免死"体现了尊老传统

从我国历史看,"尊老"这一传统在刑事立法领域的体现,远在奴隶社会就已产生,并一直延续到新中国成立前。为此,本文将其分为三个阶段予以简要介绍。

(一)奴隶社会对老年人犯罪的规定

西周时期,有三赦制度:"一赦曰幼弱,再赦日老旄,三赦曰蠢愚。"[1]这三个对象分别是年幼的人,年纪大的人以及存在精神障碍的人。

---

〔1〕 参见李学勤主编:《十三经注疏·周礼注疏》(卷三十六),北京大学出版社 1999 年版,第 947 页。

同时，有“悼与髦，虽有罪，不加刑焉”的说法，也即对年满八九十岁的老人以及不满7岁的儿童，即使构成犯罪，也不予刑事处罚。

除此之外，还有年满70岁的人，犯盗窃罪，不罚为奴隶的规定。[2]

由此可见，远在几千年前，中国古人即有明确的规定，体现了对生命的尊重和对儿童、老人的关爱。

（二）封建社会对老年人的犯罪的规定

战国时期的魏国《法经》规定：“年六十以上，小罪情减，大罪理减。”[3]也即年满60岁的人犯罪，如果触犯的是轻微罪名，可以宽宥，如果触犯的是重罪，则应当减轻处罚。

魏晋南北朝时期是我国封建刑法形成的关键时期，其奠定了为世人所熟知的唐律的框架。自这一时期，关于老年人犯罪的规定屡见不鲜，择其要者，主要有如下规定：

《晋律·名例》规定：“若八十，非杀伤人，他皆勿论，即诬告谋反者反坐。”也即年满80岁的老年人，除非犯的是杀伤人罪，不予处罚；如果诬告他人谋反，则以谋反罪反加其身。

《北魏律》规定：“年十四以下，降刑之半，八十及九岁，非杀人不坐。”也即年龄在14岁以下的，可减刑一半。年满80岁以及不满9岁的，除非犯杀人罪，否则不承担刑事责任。

南朝《梁律》规定：“耐罪囚八十以上，十岁以下，及孕妇、盲者、侏儒，当械系者；及郡国太守相、都尉、关中侯以上，亭侯以上之父母妻子，及所生坐非死罪除名之罪，二千石以上非槛征者，并颂系之。”也即强制剃除鬓毛胡须之刑的犯罪之人、已满80岁、未满10岁的未成年人，以及孕妇、盲人、侏儒以及郡国太守之相、都尉、关中侯以上、亭侯以上的父母妻子，及其所生犯应判处非死罪或除其名爵之罪，二千石官以上犯非拘禁之罪的，均予以宽容，不加栓桔。

---

〔2〕 参见李学勤主编：《十三经注疏·周礼注疏》（卷三十六），北京大学出版社1999年版，第956页。

〔3〕 参见周密：《中国刑法史纲》，北京大学出版社1998年版，第173页。

隋朝规定:“老小于律令当得鞭杖罚者,皆半之。其应得法鞭、杖者,以熟靶鞭、小杖。过五十者,稍行之。”也即老年人及幼年人犯罪,根据律令,应当处鞭杖刑罚的,只执行鞭杖刑罚的一半。依法应当鞭、杖的,用经过加工柔软的皮革制成的鞭和小杖。超过五十下的,从轻鞭杖。

代表中国封建刑法鼎盛时期的《唐律》对此也有相关规定,集中体现了封建社会对老年人犯罪的态度。

《唐律·名例律》规定:“诸年七十以上、十五以下及废疾,犯流罪以下,收赎(犯加役流、反逆缘坐流、会赦犹流者,不用此律;至配所,免居作)。八十以上、十岁以下及笃疾,犯反、逆、杀人应死者,上请;盗及伤人者,亦收赎(有官爵者,各从官当、除、免法)。余皆勿论。九十以上、七岁以下,虽有死罪,不加刑(缘坐应配没者不用此律);即有人教令,坐其教令者;若有赃应备,受赃者备之。”“诸犯罪时虽未老、疾,而事发时老、疾者,依老、疾论。若在徒年限内老、疾,亦如之。犯罪时幼小,事发时长大,依幼小论。”[4]

译文:对已满70岁……的人,犯应处以流刑以下之罪的,可以用金钱赎刑,犯“加役流、反逆缘坐流、会赦犹流”之重罪的,虽不允许用金钱赎刑,仍要流配,但到流配地后,免除劳役。已满80岁……的人,犯反逆、杀人之罪应当处死刑的,可通过“上请”程序减免刑罚;犯盗窃及伤人之罪者,可以用金钱赎刑。对上述罪名以外的其他罪名不承担刑事责任。已满90岁、未满7岁的人,虽犯死罪条文,但不能对其判处刑罚。但因家人谋反,依律连坐配没者,仍应配没。若有人教唆,只处罚教唆者,但有赃款、赃物的,应由受赃者补偿。犯罪人在犯罪的时候还未满70岁或尚未丧失刑事责任能力的,但案发时已达到相关年龄或有丧失刑事责任能力的,依照案发时年龄及情况处理。若犯罪人在执行刑罚过程中达到相关年龄或丧失刑事责任能力的,按这些年龄段的从

[4] (唐)长孙无忌等:《唐律疏议》,中华书局1983年版,第81~85页。

宽规定处理。未成年人依照其行为时而不是案发时的年龄论其刑事责任问题。

除了这一原则性规定外,《唐律》还规定,凡犯谋反、谋大逆罪的,均应处以斩刑……但男子年满 80 岁的,免除此刑。

之后,宋元明清时期的法律均在很大程度上沿袭《唐律》的规定,不再赘述。

(三)民国时期对老年人犯罪的规定

清末制定的《大清新刑律》是我国刑法近代化的开端。之后,无论是北京政府时期的《暂行新刑律》还是南京国民政府时期的 1928 年和 1935 年《中华民国刑法》都对该问题作出了明确规定。

1911 年颁布的《大清新刑律》第 50 条规定:"未满 16 岁人或满 80 岁人犯罪者,得减本刑一等或二等。"国民党政府于 1928 颁布的《中华民国刑法》规定:"满 80 岁人之行为,得减轻其刑",并且不得适用死刑或者无期徒刑。"〔5〕1935 年《中华民国刑法》第 18 条规定:"未满十四岁人之行为,不罚。十四岁以上未满十八岁人之行为,得减轻其刑。满八十岁人之行为,得减轻其刑。"第 63 条规定:"未满十八岁人或满八十岁人犯罪者,不得处死刑或无期徒刑……"〔6〕

这一传统在共产党的革命根据地同样得到了体现。1939 年《陕甘宁边区抗战时期惩治汉奸条例》规定了 18 种汉奸罪行,然而即使对汉奸,该条例仍规定:"犯第 2 条各款之罪,年龄在 80 岁以上者得减刑。"〔7〕

遗憾的是,基于各种因素,这一传统在新中国成立后并没有得到延续,经过 60 余年后,在社会公众的广泛关注下,终得以回归,不仅体现了传统的强大力量,也昭示现代法治精神在刑法中的确认和体现。

---

〔5〕 陈永革、李缨:《老年人犯罪的刑罚问题刍议》,载《西南民族大学学报》2003 年第 12 期。

〔6〕 张保来、崔嵬:《中国历代刑事责任年龄考》,载《天中学刊》1995 年第 4 期。

〔7〕 参见赵秉志:《犯罪主体论》,中国人民大学出版社 1989 年版,第 154 页。

二、“审判的时候”的理解与适用

刑法修正案(八)规定,审判的时候已满七十五周岁的人,不适用死刑。“不适用死刑”是指不适用死刑立即执行,也包括不适用死缓,对此并无异议。但对何谓“审判的时候”(以下简称“审判时”)则存在争议。

第一种观点认为,理解“审判时”可以参考“审判的时候怀孕的妇女”,但两者有一定区别。就怀孕妇女而言,怀孕是其不适用死刑的考量因素,但这一因素却会随着时间的推移而消失。因而,怀孕妇女不适用死刑规定中的“审判的时候”理应指的是一个时间段,而非一个时间点,即在一个时间段内,妇女无论何时怀孕均不适用死刑。据此,在一个时间段内,越往前确定该时间段的起始点,对怀孕妇女而言就越有利。而如果将怀孕妇女不适用死刑规定中的“审判的时候”严格理解为“法院审判期间”,那么,对那些在审判前的羁押期间怀孕但在法院审判期间已不再怀孕的妇女,就仍然可以适用死刑。从有利于怀孕妇女的角度出发,将其不适用死刑规定中的“审判的时候”扩大解释为“羁押期间”显然具有较大合理性。但老年人与怀孕妇女不适用死刑的情形并不相同。就老年人而言,“已满七十五周岁”是其不适用死刑的考量因素,而这一因素只会随着时间的推移产生,而并不会随着时间的推移消失。因而,老年人不适用死刑规定中的“审判的时候”理应指的是一个时间点,而不可能是“羁押期间”或“审判期间”这样的时间段。同时,由于年龄具有不可逆转性,因而随着时间的推移,老年人不适用死刑的考量因素就越可能出现。因此,越往后确定老年人不适用死刑的时间节点,对老年人而言就越有利。据此,理应将老年人不适用死刑规定中的“审判的时候”理解为“一审判决确定时”这一时间点,而不能理解为“羁押期间”这一时间段。[8]

---

〔8〕 参见刘宪权、周舟:《特殊群体从宽处罚若干疑难问题研究》,载《华东政法大学学报》2011 年第 6 期。

第二种观点认为,“审判时”应指行为人在一审、二审和死刑复核期间已满75周岁。行为人在审查起诉、开庭审理期间未满75周岁,被羁押(或被变更强制措施)一段时间以后才年满75周岁的,也应成为适用本条款的对象。死刑复核审判的性质决定了死刑复核期间应当理解为审判时,因此,被告人在死刑复核期间年满75周岁的,也应当成为适用本条款的对象。理由在于,老年人犯罪免除死刑的立法目的就在于对老年人犯罪实行人道主义的宽缓处罚,在司法适用时,应作出对老年人量刑有利的解释。〔9〕

笔者认为,正确认识老年人犯罪的“审判时”,需要综合考虑我国刑法的规定,采纳体系解释的方法,并遵循罪刑法定原则。

我国刑法在5个条文提及“审判”,分别涉及对外国判决的承认(第10条)、特殊人群的处罚(第49条)、追诉时效的中断(第88条)、司法工作人员的解释(第99条)、徇私枉法罪以及民事、行政枉法裁判罪(第399条)。〔10〕 除了新增加的老年人条文外,理论界和实务界对其他条文中“审判”的含义均无异议,其含义也各不相同,如第10条中的“审判”应指的是外国法院的有效判决,第88条应指的是立案,第399条应指的是狭义的审判阶段,即从法院立案到作出判决。

老年人犯罪免死条款规定在第49条第2款,而第1款规定的是“审判的时候怀孕的妇女”,这也是其他条款中唯一出现“审判的时候”的规定。

---

〔9〕 参见王瑞祥:《老年人犯罪死刑立法的理性思考——〈刑法修正案(八)〉第3条的理解与适用》,载《犯罪研究》2011年第6期;冯雪:《特殊群体从宽处罚问题研究——以〈刑法修正案(八)〉为视角》,辽宁大学2012年硕士学位论文。

〔10〕 第10条规定:“凡在中华人民共和国领域外犯罪,依照本法应当负刑事责任的,虽然经过外国审判,……”第49条规定:“……审判的时候怀孕的妇女,不适用死刑。审判的时候已满七十五周岁的人,不适用死刑,但以特别残忍手段致人死亡的除外。”第88条规定:“在人民检察院、公安机关、国家安全机关立案侦查或者在人民法院受理案件以后,逃避侦查或者审判的……”第94条规定:“本法所称司法工作人员,是指有侦查、检察、审判、监管职责的工作人员。”第399条规定:“司法工作人员……在刑事审判活动中故意违背事实和法律作枉法裁判的……在民事、行政审判活动中故意违背事实和法律作枉法裁判……”

由前述可知，同一词语在同一法律规定中，甚至在同一条文中作出不同的解释是正常的。[11] 因此，即使同时规定在第49条，老年人中的“审判时”和怀孕妇女的“审判时”可以得出同一结论，也可以得出不同的结论，这均不违背罪刑法定原则。

在这种情况下，应当考虑的问题是罪刑法定原则的实质：尽可能地有利于被告人，这一点无论是从禁止不利于被告人的类推解释、禁止不利于被告人的溯及既往的发展历程，还是从最高人民法院对“审判的时候怀孕的妇女”的解释中都可看出。由此出发，比较前两种观点，显然第二种观点比第一种观点更有利于被告人。参考最高人民法院针对“审判的时候怀孕的妇女”的解释，笔者建议将该时间点截止到死刑判决执行时。

但是，采纳第二种观点带来的问题是导致二审判决和死刑复核裁定会因事实和法律适用之外的因素（被告人年龄不断增长这一客观事实）而变得不稳定，这应是第一种观点采纳“一审判决确定时”的理由。但笔者认为，立法者对老年人犯罪作如此规定，已经考虑到这一因素，否则将其规定为“犯罪时”完全可以解决这一问题，其隐含的“矜老恤幼”理念也符合现代法治理念，更重要的是，刑法修正案对老年人犯罪免死作出了例外规定：“以特别残忍手段致人死亡的除外”，这保证了罪行极其严重的老年人罪犯也能得到必要的惩罚。

另外，采取第二种观点可以在一定程度上切实贯彻我国现阶段的“少杀慎杀”刑事政策。

综上所述，笔者认为，将老年人犯罪中的“审判时”节点限制在死刑执行时，并无不妥，这也得到了立法机关相关人士的认同。[12] 这一观

---

〔11〕 例如刑法第240条规定的拐卖妇女、儿童罪中的“妇女”仅限于已满14周岁的女性，但该条第1款第3项中的“奸淫被拐卖的妇女的”中的“妇女”应指所有女性，包括不满14周岁的幼女。

〔12〕 “本款规定的‘审判的时候年满七十五周岁的人’，是指按照刑事诉讼法的规定，在案件进入法院审理程序的时候被告人已年满75周岁。”参见黄太云：《〈中华人民共和国刑法修正案（八）〉内容解读（节选）》，载最高人民法院刑事审判庭编：《刑事审判参考》（第81集），法律出版社2012年版，第104页。

点不仅符合立法者规定这一条文的初衷和目的,体现“矜老恤幼”的传统,也并不违背罪刑法定原则。[13]

三、“以特别残忍手段致人死亡”的理解与适用

刑法修正案(八)生效至今,尚未看到以该规定判处老年人死刑的报道。参照最高人民法院对故意杀人罪“情节较轻”以及故意伤害罪“特别残忍手段致人重伤造成严重残疾”的态度,[14]出台相关司法解释的可能性微乎其微,因此,对该规定的认识和理解应当成为理论界关注的焦点,以有助于司法实践。

笔者认为,在理解该规定时,应当注意如下方面:

第一,手段“特别残忍”与被害人“死亡”两者缺一不可。如果手段特别残忍,但被害人并未死亡,或者致使被害人死亡的原因并非特别残忍的手段,均不能适用该规定判处老年人死刑。

第二,特别残忍的手段,并无定数,只要一般社会公众认为该手段难以接受,即可以认为特别残忍手段,如用硫酸等腐蚀性极强的溶液毁人容貌以及电击、烧烫他人要害部位;挖他人眼睛致人失明,割他人耳、鼻;砍他人手足,剜去他人膝盖骨,挑断他人脚筋致人瘫痪等。再如2011年发生在河南洛阳的李某“囚禁性奴”案,其将两名女性被害人杀死的行为也可以视为“特别残忍”。有观点认为,这种行为既包括行为上的,也包括言语上的,甚至是精神上的。[15] 笔者认为,将其扩大解释到言语和精神上的范畴,违背了对“特别残忍”的文本解释,也有违限制

---

〔13〕 这一观点的直接后果就是对“以特别残忍手段致人死亡”之外的老年人犯罪,最高只能判处无期徒刑。

〔14〕 最高人民法院对这两个问题从未有相关文件予以解释,即使在最高人民法院出版的《刑事审判参考》中,迄今为止近1000个案例,只有第647号案例涉及如何理解故意杀人罪中的“情节较轻”,还尚无案例涉及故意伤害罪中的“以特别残忍手段致人重伤造成严重残疾”。这可能意味着司法实践中此类案件数量少,也可能意味着各地司法机关根据社会公众所能接受的认识,对这类案件予以合理解决了。

〔15〕 参见冯雪:《特殊群体从宽处罚问题研究——以〈刑法修正案(八)〉为视角》,辽宁大学2012年硕士学位论文。

老年人犯罪死刑适用的趋势和潮流。言语和精神上的伤害，在我国刑法中单独规定为侮辱罪、诽谤罪、虐待罪等相关犯罪，与故意伤害罪相比，法定刑相当轻，因此，将其纳入该规定的范畴，有待商榷。

概言之，在认定手段是否特别残忍时，考察的因素包括手段的种类、行为持续的时间以及次数、行为的方法等，“如以肢解、折磨、毁人容貌、切除人体器官等惨无人道的手段”，[16]结合社会公众的一般认识予以判断。

第三，特别残忍的手段并非仅限于以特别残忍手段杀人，还应当包括以特别残忍手段实施其他暴力犯罪，如以特别残忍手段故意重伤他人、以特别残忍手段实施爆炸、以特别残忍手段予以强奸等。总之，行为人实施特别残忍手段的目的并非仅限于杀人。

第四，“致人死亡”必须出现被害人死亡的结果，但行为人对被害人死亡的结果不应仅限于故意，还应当包括过失。有观点认为，不适用死刑的老年人所实施的行为必然是故意犯罪行为，因为过失犯罪没有规定适用死刑，并进而认为，刑法修正案（八）第 3 条的规定应当是审判的时候已满 75 周岁的人故意犯罪的不适用死刑，但以特别残忍手段故意致人死亡的除外。[17]

笔者认为，以过失犯罪没有规定死刑为由得出上述结论值得商榷。众所周知，故意伤害致人死亡，根据刑法的规定，可以判处死刑，而理论界和实务界一致认为，行为人对伤害行为是故意，对死亡结果是过失。假设老年人以浓硫酸毁人面容，被害人经抢救无效死亡，根据这一观点，不能判处行为人死刑，这难以令人接受。它无端限制了应当判处老年人死刑的范围，值得商榷。

第五，特别残忍手段实施的对象与最终死亡人应当是同一人，否

---

〔16〕 黄太云：《〈中华人民共和国刑法修正案（八）〉内容解读（节选）》，载最高人民法院刑事审判庭编：《刑事审判参考》（第 81 集），法律出版社 2012 年版，第 105 页。

〔17〕 参见王瑞祥：《老年人犯罪死刑立法的理性思考——〈刑法修正案（八）〉第 3 条的理解与适用》，载《犯罪研究》2011 年第 6 期。

则,不能适用该条款。

总之,“老年人犯罪免死”条款的适用,涉及“矜老恤幼”原则的贯彻落实,与限制死刑适用这一世界潮流相关联,在对其适用时,应当坚持罪刑法定原则,针对具体案件予以详细分析,缜密解释,从而作出为大多数人所能接受的判决。

空巢老人犯罪的特点、原因及对策

俞　倩*　张　勇**

以老年人为犯罪主体的犯罪行为如潮涌而至，而空巢老人则是其中更为特殊的群体。但是以空巢老人为对象的犯罪学研究却极为少见。本文以空巢老人犯罪为研究对象，从现象入手看深层原因，以由表及里的研究方法为指导，提出对这一“特殊犯罪群体中的特殊群体”进行预防和矫治的意见和看法，以作抛砖引玉。

一、空巢老人犯罪的特点

研究空巢老人犯罪的特征对我们探讨空巢老人犯罪问题并提出预防和矫治的方案具有先导性

---

* 俞倩，华东政法大学2013级刑法学硕士研究生。
** 张勇，法学博士，华东政法大学刑法学教授，硕士生导师。

的意义。由于其生理、心理、生活环境等各方面的特殊性，空巢老人犯罪无论与一般犯罪主体相比，还是与一般老年人犯罪主体相比，都具有显著而集中的特点。

（一）与一般主体相比

1. 犯罪类型

在所有老年人犯罪案件中，财产性犯罪的比例始终占据首位。暴力型犯罪所占比例较非暴力型犯罪少，但呈现快速增长的趋势，其中以故意伤害行为最甚。性犯罪的数量也日益增加。从具体罪名来看，盗窃、诈骗、妨碍公务、强奸、猥亵儿童等犯罪行为所占比例较大。

2. 犯罪行为针对的对象

老年人犯罪针对的主要对象为社会弱势群体，包括儿童、精神病患者、身体残疾者、体弱者和其他老年人。

3. 犯罪动机

在老年人犯罪案件中，激情犯罪占大多数，即大部分老年人犯罪主体的犯罪行为均为临时起意，无预谋，无明显的犯罪动机。其犯罪目的多为解一时心头之怒，报复社会，与邻里等人因琐事纠纷而愤然动武等。

4. 实施犯罪行为后的态度

悔罪态度呈现两极化。为数不少的老年人在实施犯罪行为之后缺乏应有的罪恶感，甚至对自己已经犯下的罪行浑然不知，对司法办案人员态度恶劣，倚老卖老、态度恶劣甚至暴力抗法。也有部分老年人悔罪态度十分积极，甚至主动自首并主动如实地交代犯罪行为和经过。

5. 受到刑事处罚后的态度

老年人罪犯在受到刑事审判后往往趋向于消极地接受，特别是被判较重刑罚的，容易因可能会在监狱中度过整个晚年直至死亡而心灰意冷，因此虽在狱中表现良好但并不积极、主动改造。

（二）与一般老年人犯罪主体相比

1. 主体性别差异

根据《2011 年朝阳区检察院公诉部门办理 60 岁以上的空巢老人犯

罪案件的统计数据》,相较于一般老年人犯罪,空巢老人犯罪主体中男性占多数的状况更为突出,占总数的89%。这可能是由于男性从生理上更具有实施犯罪行为的能力,而从性格上又较女性更易怒、更易冲动行事,而空巢的特征则加剧其性格缺陷的严重程度。性犯罪的增多也为这一数据如此悬殊的原因之一。

2. 生活缺乏保障

相较于一般的老年人,大多数空巢老人的生活起居只能依靠自己。而农村空巢老人的经济状况更为拮据,有数据指出仅1/3的农村空巢老人有独立的经济能力。而其他绝大多数的老人们则必须依靠子女的供养或者从事体力劳动以维持生计。在我国对空巢老人的社会保障机制还不够健全和有力的背景下,空巢老人的生活多为拮据而孤苦的,甚至部分空巢老人缺乏最基本的生存保障。在物质生活无法满足的情况下,其精神生活也处于贫乏状态,为犯罪埋下了罪恶的种子。

3. 生活方式不健康

大多数空巢老人的生活极其枯燥。他们的生活中只有自己,鲜少与他人交流,更缺乏健康的娱乐方式。而部分空巢老人更因此沾染上了不良的生活恶习,如赌博、酗酒、沉迷于淫秽网站,这些为他们日后的犯罪行为打开了罪恶之窗。

二、空巢老人犯罪原因

(一)空巢老人犯罪产生的社会背景——社会转型期下的人口老龄化

1. 人口老龄化与空巢家庭

按照联合国的相关规定,如果一个国家或地区60岁以上的老年人口占总人口的比重大于10%,这个国家或地区的社会人口年龄结构就成为了一个“老年型”的结构。[1] 人口老龄化的形成,主要是由于人口出生率下降和人口出生率处于下降的态势或是较低的水平,而人口平均寿命又在不断的提高,就会形成老年人口在社会总人口中所占比例不断上升的局面,这个国家或地区的社会人口年龄结构就会呈现老龄化发展的趋势。由于我国实行严格的计划生育政策,人口增长的速度在相当长的一段时间内保持平稳。直至21世纪初,人口增长率已有明显下降,特别是在一些大型中心城市,下降比例更为显著。例如2004年,上海的人口增长率已呈现了负增长。相对于人口增长率的下降,我国人口的平均寿命却逐年升高。根据第六次全国人口普查详细汇总资料计算,我国人口平均寿命从2000年的71.40岁,达到了2010年的74.83岁。[2] 这其中的原因不仅包括了人民物质生活水平的日益提高,也得益于医疗水平的提高、人民生活方式的转变等方面的原因。两相结合,人口老龄化现象应运而生。而近几年来,相对于热议已久的老龄化社会问题,一个较新的社会问题正在不断发展和蔓延——空巢家庭问题。“空巢”这一词汇也是我国社会转型期间顺应而生的。它形象地描述了独居老人的悲哀和窘境,正如小鸟长成羽翼丰满后一飞冲天,留下双翅僵硬再也飞不起来的母鸟独守空巢。空巢家庭产生的具体原因有以下几种:(1)老人无生育或生育后子女先亡。(2)老人有子女,但因各种原因与所有子女均长期分居(如子女居于外省、外国,观念不同导致分居,不愿离开久居的旧居等),实际上处于空巢状态。(3)空巢老人夫妇一方死亡或离婚或因其他原因长期分居等,则另一方成为(狭义的)空巢老人,或称为独居老人。据资料显示,1987年全国空巢家庭占有老人家庭比例是16.7%,2000年上升到26%,北京市已达

---

〔1〕 参见刘宝驹:《社会变迁中的家庭——当代中国城市家庭研究》,巴蜀书社2006年版,第295页。

〔2〕 参见刘铮、王希:《我国人口平均寿命达74.83岁》,载《宁波日报》2012年8月10日。

34%。[3] 南京 1999 年调查显示，有 9.09% 的老人处于独居状态，20.91% 的老人只与配偶同住。[4]

除了人口老龄化现象之外，“空巢家庭”的产生和迅速膨胀也与我国计划生育政策的实施有着千丝万缕的关系。计划生育政策已经实行了三十余年，随着受计划生育限制的这一代已成长为社会中坚力量，独生子女们一旦因工作、学习、婚姻等其他原因搬离与父母的同居的空间，原本完整的家庭就只剩下了两个老人，空巢的形成几乎成为必然。如果老夫妻一方较早死亡，另一方更是成为了独居老人。

2. 人口老龄化与空巢老人犯罪

正是由于人口老龄化趋势的不断扩大，空巢老人犯罪也成为值得社会重点关注的问题。在社会转型期人口老龄化的大背景下，空巢老人的家庭结构、社会地位、社会关系、身体素质、经济能力等方面发生了重大突变，他们承受的心理压力无法想象，导致犯罪的可能性剧增。一方面，对空巢老人的社会保障机制的空白，使老年人在缺乏子女供养的同时，也无法获得来自社会的支持，甚至出现了为了解决吃住和医疗问题而不断故意触犯法律的情况。另一方面，我国法定退休年龄与老年人身体健康状况已然出现了不同步性。我国一直沿用 1978 年 5 月 24 日第五届全国人民代表大会常务委员会第二次会议原则批准，现在仍然有效的《国务院关于安置老弱病残干部的暂行办法》和《国务院关于工人退休、退职的暂行办法》文件所规定的退休年龄，即男年满 60 周岁，女工人年满 50 周岁，女干部年满 55 周岁。而在如今生活水平普遍上升的情况下，60 周岁的男性与 55 周岁的女性仍然具有良好的精力和身体条件，一旦从岗位上退下来就可能会发生无所适从的情况，若加之不能及时找到替代工作成为其精神支柱的对象，难说不会因无法消磨其多余的精力和时间，最终误入歧途，走进无法回头的违法甚至犯罪

---

〔3〕 参见王正鹏、叶青：《空巢怎样变“爱巢”》，载《北京晨报》2000 年 12 月 19 日。
〔4〕 参见赵芳：《家庭中的亲子关系与养老方式的选择》，载《江海学刊》2000 年第 1 期。

之路。

(二)空巢老人犯罪的家庭原因

家庭是组成社会整体的基本单位,如同细胞对于人体一样至关重要。中国古代的传统家庭结构中,家长对于整个家庭都有决定性的作用和独裁的绝对权力,家庭的维系和生存依赖家长的领导,家庭财产的分配权也掌握在家长手中,整个家庭都是围绕着家长而运转的。现代的家庭模式却似乎与之大相径庭,甚至相反。现代家庭中的小辈拥有强烈的自我意识,更是掌握了大部分的家庭财产,老年人反而成为了家庭的寄生者而非决策人。一旦小辈们与老人们分居,也带走了绝大部分的财产,空巢的老人们就失去了生活的重心。

在空巢老人当中,除去无子女或子女已去世这一部分,其余有子女的可依据其成为空巢老人的主观心理,分为"主动"形成的空巢老人和"被动"形成的空巢老人。"主动"形成的空巢老人是由于生活方式、价值观念等与子辈有巨大差异,为避免日后发生矛盾而主动提出与自子女分开居住或自愿接受子女分开居住建议的。"被动"形成的空巢老人则是心不甘情不愿而又无可奈何的。这常常是由于子女要异地工作、求学,或子女逃避抚养义务而置之不顾,或因子女住房条件紧张而无法同住等客观情况。虽无可利用的统计数据予以支持,但犯罪学中有一个称为"权欲论"的观点认为,权欲不能得到满足会产生自卑感,并由此导致犯罪。这一部分"被动"形成的空巢老人承受的心理压力显然会较"主动"型的更为严重,其权欲被剥夺的感受会更为深刻,这很可能诱导他们产生不良的心理状态最终导致犯罪。不得不承认的是,不与老人同居的家庭成员是在对空巢老人犯罪的评价中值得讨论的一方。在物质上,他们没有满足老人的保障基础生活的需求。在精神上,因他们长期不探望、不与老人交流感情,致使空巢老人孤寂无依。很多农村老人犯罪是被生活所迫。生活无着落的老年人,极易发生小偷小摸行为,进而一步步踏上犯罪之路。例如,马某,69 岁,因子女不愿意赡养老人,生活极度困难,遂盗窃了邻居 20 只鸡,构成盗窃罪。当然,也存在子女充分满足空巢老人物质需求甚至给予丰厚经济支持的情况,但这不能弥补其造成老人精神空虚的严重责任。有些鳏寡老人的犯罪原因只是希望通过制造一些“动静”来提升自己的存在感,引起子女的关注,这实在悲哀。例如,王某,70岁,案发前生活在敬老院,衣食无忧,却无事生非故意毁坏公共设施而成罪。在中国的家庭观念深入人心这一背景下,失去子女关怀的老人很难再从他人或社会中寻找到精神慰藉。若没有适当处理这一心理上的负面影响,也很有可能导致空巢老人的心理扭曲,致使其性格向尖酸刻薄、狭隘自恃转变以及行事的冲动鲁莽,这为犯罪的发生提供了温床。

(三)空巢老人犯罪的个人原因

1. 文化程度低

据相关统计数据,在老年犯当中,文化程度较低的占很大比例,这使我们难以忽视文化程度对于老年人行为和犯罪可能性的影响。一个人的文化程度会大大影响他的行为方式、价值取向和处事态度。由于所处时代的特殊性,老年人们普遍存在受教育程度较低的问题,其中的很多人属于文盲或者半文盲,法律意识更是淡薄。而社会对其关注程度却远远不如同样作为社会弱势群体的青少年人,甚至还比不上普通成年人。开展法制教育时,一般都只注重年轻人和未成年人,而忽视了空巢老人,特别在农村、偏远地区的老年人更难以接受法制教育,从而使他们不仅文化程度低,且缺乏基本的法律常识。这导致了他们易受到不良因素的影响,如法轮功组织的诱骗,又如受其他犯罪分子的唆使、诱骗而步入犯罪之路。

2. 精神生活匮乏、生活态度消极

老年人的生活观可以从三个方面来理解,即价值观、生活形态观和亲子观。其中老年人的价值观是生活观的核心,直接影响了老年人的生活形态观和亲子观。子女是多数老年人重要的精神寄托,子女也是多数老年人最为重要的甚至是唯一的关注点,他们认为有价值的老年生活就应该是“儿女绕膝、含饴弄孙”。这一观念深刻地影响甚至决定了他们的生活方式和对子女的关注程度。一旦成为空巢老人,加之千百年来中国传统的"年老无用"的消极价值观,其一直以来赖以生存的价值观会威胁到其稳定的生活现状。由于退休、离群索居等原因,空巢老人们的关系网单一甚至空白,许多空巢老人自觉被社会抛弃,于是过起了"与世隔绝"的生活。但与青年人一样,老年人的精神需要同样包括认识需要、交往需要、娱乐需要、审美需要和全面发展的需要,而学习和闲暇就是满足这些需要的重要途径。然而据有关数据,我国城市地区有半数以上老人未参加任何学习闲暇活动,这一比例在偏远农村地区显然更高。他们不与人交流,不参加社会交往,几乎没有娱乐活动。因此当一些在常人看来微乎其微的事情发生时,如被他人匆忙中撞了一下,他们的全部精力都会关注于此,且无人可问,无人疏导,郁结之心越积越深,最终化为罪恶的行为。例如,孙某故意伤害一案,案发时77岁,与后老伴的子女均不在身边,且不常来看望,仅仅因为做菜这一小问题就与老伴发生冲突,将老伴打成轻伤,致其左耳鼓膜穿孔。

3. 封建思想根深蒂固

我国自古以来便是以血缘、亲情关系为中枢的伦理社会形态。社会的核心价值观——"礼"承担着约束人行为的准则性角色。这一根深蒂固的传统思想不仅调整着人与人之间的关系,也成为定分止争的最终标准。"德礼为政教之本,刑罚为政教之用"(出自《唐律疏议·名例》),"礼之所去,刑之所取,出礼则入刑"(出自《后汉书·陈宠传》),在传统思想中,"刑"是"礼"的补充,起着保障"礼"地位的作用。"礼"的思想不仅影响了人们的行为方式和人际关系,更是深入其价值观念,而"法"则难以在其思想中占取一席之地。在传统社会中出生并成长,受传统文化影响的老年人们,其内里自然生长着传统的思想。但随着社会的进步、法治的理念引入改革开放后的中国,大多数老年人懂得与时俱进,而一部分则无法摒弃传统思想中的糟粕部分,封建的等级思想、宗族思想等仍然根深蒂固地在他们的信仰中占据主导地位,对法制模式下的行为规则、社会秩序及其背后的价值观念本能地抵触。大部分的老年人所犯暴力干涉婚姻自由罪都是由于他们认为子女的婚姻应当随“父母之命”,认为对自己的子女拥有支配权。

4. 性格冲动易怒,睚眦必报

按照心理学理论,一部分人在进入老年期过程中会出现“情绪回归”的现象,具体表现为思想情绪变得固执易怒、冲动和以自我为中心,缺乏宽容和克制。情绪激动时,语言和行为有明显的攻击性。这种现象被称为“第二儿童期”。[5] 这就导致了这类老年人遇到些许不满或矛盾就容易小题大做,就像小孩子一样蛮横无理。而空巢老人更是无处发泄这一情绪,更有可能以自己的方式——暴力的方式,进行打击或报复。例如,2012 年 10 月 9 日,62 岁的孔某与 76 岁的刘某发生争吵相互抓扯,最终被人劝开。孔某认为,60 多岁的人居然打不过 76 岁的人,会遭到邻居耻笑。孔某的子女长年在外打工,老伴也在外地帮女儿带孩子,独自在家的孔某无人劝解便借酒消愁。喝下一斤半白酒后,孔某持自制锯皮刀将刘某头部砍伤。[6]

5. 漠视法律,自我主义

中华民族一直以尊老爱幼为传统美德,而在这一美好民族文化的反面,则是被“劫持”的尊老的思想。在许多老年人心目中,法律只不过是一张写满字的无用的纸,他们信奉的是“人善被人欺”,他们解决事情的方法从来不是寻求法律的帮助,而是私力。他们惯于用粗鲁的方式以满足自己的私利。一部分老年人,尤其是与现代社会接触甚少的空巢老人们,抱着倚老卖老的不良心态,一旦与年轻人发生冲突,就容易以暴力攻击对方,并认为这是在替其父母教训他,不认为自己的行为可能违反法律甚至刑法。他们固执而不可一世地认为,自己“教训”小辈的行为不仅没错而且应当被感谢,这是许多故意伤害行为的深层原因。而对于与自己同龄或者更年长的人,一旦发生争执,他们相信只要自己

---

〔5〕 参见罗大华:《犯罪心理学》,群众出版社 1986 年版,第 48 页。

〔6〕 参见徐伟:《空巢老人激情犯罪曝心理病》,载《法制日报》2013 年 6 月 4 日。

人多，只要自己态度够强硬、够蛮横，别人就会怕自己，会听从自己的摆布，即使是国家公权力也不放在眼里。例如，2009 年 6 月，临沭县 71 岁农民闫某，带头组织村民阻碍高速公路施工近一个月，造成重大财产损失。

三、空巢老人犯罪的预防对策

在对空巢老人犯罪的原因从各个角度进行全面分析之后，我们可以由此对症下药，整理出合适而有效的预防措施，以减少这一弱势群体沦落为阶下囚的悲剧发生。而要预防空巢老人犯罪并不是一个简单的问题，也不是单独的措施就能行之有效的，必须要求各方面相关人员、机构从不同层面、不同角度以不同的方式和力度进行干预并配合良好，形成一个统一而协调的系统。

（一）从不同角度加强对空巢老人的关注

家庭是预防空巢老人犯罪的基础。老人的子女、亲友作为老人晚年的精神支柱，应当时常探望老人，依据自己的经济能力至少给予基本的物质保证，倾听其心声，为其排忧解难，减少老人内心的孤独寂寞，带给老人颐养天年的良好环境。而对于没有子女和其他亲戚的鳏寡老人而言，期望邻居和社区工作人员在能力范围内给予一定帮助，使他们的晚年生活不至于与社会隔绝。为了从制度上保证家庭作用的不至缺失，相关法律法规中应当强调“精神赡养”的概念。我国现行保障老年人权益的法律如老年人权益保益法一味注重物质赡养。第 14 条规定：“赡养人应当履行对老年人经济上的供养、生活上的照料和精神上的慰藉的义务……”仅这一条涉及了精神赡养的部分，但对于不履行“生活上的照料和精神的上慰藉的义务”情况下将承担何种后果或老年人可通过何种方式进行救济却毫无提及。这使得该条款后半部分的规定形同虚设。而对于空巢老人来说，精神赡养却最为重要，因此深入研究有关精神赡养的立法和具体实施、保障手段无疑是有意义的。

社会力量则是预防空巢老人犯罪的保障。社区、村居委会、街道办事处和其他社会老年保护机构和社会组织应相互配合,组织社区活动、街道活动,让空巢老人融入大家庭当中,关注他们的心理健康;还可尝试让相近的空巢老人们组成小团体,经常见面谈心、互帮互助,让他们得到真实的家庭的温暖氛围。例如,定期或不定期地安排相近社区的空巢老人们进行聚餐、茶话会、老年舞蹈等活动,促进空巢老人与空巢老人之间的互动;将同一社区或相近社区父母已逝且有供养意愿及能力的青年、中年与空巢老人一一配对,促使其形成以虚拟家庭为形式的关怀模式。

地方政府是预防空巢老人犯罪的引导主体,应加大对空巢老人的关注程度,配置更多人员跟进每个空巢老人的心理、生理健康,拓宽视角,以多种方法灵活地预防空巢老人犯罪,如设立老年人志愿者机构,让空巢老人们得以发挥余热,在社会中找到自己的定位,获得自身价值的实现。而在法律层面上,地方政府的作用则更多地表现在如何更好、更快、更有效地保障空巢老人的权益。例如,可以考虑在老年人涉案的调解中建立特殊调解方式,以空巢老人为重点对象,采取"优先立案、优先审理、优先执行"的调解绿色通道,并在调解人员、调解场地、时间、方式等方面依更符合老年人特点的方向转变。

(二)重视对空巢老人的生活资料分配

对空巢老人社会资源的分配不合理是导致许多空巢老人生长出罪恶之心的社会原因,尤其是在农村地区。虽然我国对养老方面有着"老有所养、老有所医、老有所为、老有所学、老有所乐"的宗旨,但要在实际上做到,却是谈何容易。"老有所养、老有所医"是其中最为基本的要求。而空巢老人们往往难有所养、难有所医,一部分空巢老人的生活仅仅依靠微薄的退休金,甚至连退休金都没有,仅靠最低生活保障金维持生计。一旦有意外支出,他们就会连温饱这一问题都存在困难,更无法想象生病后的昂贵支出,因此导致了无奈的"小病扛,大病拖"消极心态。谁来照料病痛的老人,巨额的医疗费用由谁负担成为现实而残忍的社会问题。在这种窘迫环境下,空巢老人被迫将手伸入他人口袋就不再是老人个人的罪恶，而是整个社会的罪恶。这些空巢老人们不仅是我们的父辈祖辈，也是曾为我们的家庭、社会和国家的安康和发展做出过或大或小贡献的人，对其公平地分配生活资源，是应当且必须的。只有完善的社会保障体系才能解决这一问题。

鉴于包括空巢老人在内的老年人们生活保障存在的现实问题，相关的改革不得不提上议程。在具体落实上表现为老年人(特别是空巢老人)权利保障机制，通过一定的制度设计增加老年人的社会参与程度和社会地位，帮助其建立起正确的坦然面对和处理难题的能力。微观而言，首先应当提高最低生活保障的标准，以符合物价飞涨的事实，并加大地方财政在老年人生活保障这一方面的投入，如增设公益性老年人福利院、医疗中心、养老院、老年活动中心等，积极鼓励、支持和引导建成民间的或私人的(尤其是非盈利性的)养老服务机构；其次应当从各个角度对空巢老人的生活保驾护航，包括医疗保健、法律维权、文化宣传、心理治疗等，可由政府牵头，联合各大高校、志愿者机构、医疗机构等，多举办面对老年人的公益性诊疗会、咨询会、法律援助活动等。而对于空巢老人，除了要保障以上活动之外，还要特别关注起心理方面的问题，可在可操作范围内进行一对一或一对若干的心理咨询帮助，甚至上门主动走访。

(三)提高针对空巢老人的社区服务条件

在城镇和农村都应建设一定老年人服务设施，农村在这一方面尤其欠缺。有关机构应当在老年人的交通、娱乐、文化活动中心等公共设施加大投入，不仅要增大和提高数量、质量，还要增加种类，并配备专业的人员指导、保护老人的安全使用。空巢老人们通过这些便利、有趣、安全的公共设施，不仅能培养兴趣爱好，结识志同道合的好友，强健身体素质，拓展生活圈子，增强对新时代生活的适应度，而且能排解生活中的不悦，找到自己的生活价值，培养良好的心态和心理素质，形成良好、积极的处事态度和方式。例如，在每个小区、村委会、社区活动中心等地建设老年活动中心，并安排志愿者值班，陪同老人们进行活动。有条件的社区还可以安排志愿者或者应聘工作人员教授老人们一定的技能,如舞蹈、书法、棋艺、插画、茶艺。这将有效打开空巢老人们因空虚而紧闭的心门,使他们的生活多姿多彩,犯罪的威胁自然会离他们远去。

(四)普法教育应走入空巢

法律走进普通家庭的主要方式就是普法,而我国普法活动的重点则一直放在青少年,忽视了包括空巢老人在内的老年人这一庞大的群体。事实上,空巢老人从某些角度来看比青少年更需要及时的普法教育。空巢老人大多文化水平不高,对是非的评判基本依据以往的生活经验,对社会的变革、社会体制的变迁无法良好地适应,若没有适当的普法教育积极介入,很可能会因无知而走上犯罪的不归路。充分而适当的普法教育不仅能让空巢老人知道哪些行为可为,哪些行为不可为,在思想上形成自己行为的规范,更能让其在观念中形成法治的基本外形,帮助其建立理智的行为模式。应当尽快研究出适合的并能长期适用的针对空巢老人的普法模式。例如,由地方政府或居委会、村委会牵头,联系周边的法科院校、法律服务机构、律所、公检法普法办公室等,形成庞大而稳定的定期普法活动,让学生、律师、志愿者等从家长里短入手,以随性闲谈的形式深入了解空巢老人们的性格和烦恼,从细节处帮助空巢老人们正确处理所遇困难和所处纷争,帮助其逐步形成更为理性的思维模式。

四、空巢老年罪犯的特殊矫治手段

空巢老年罪犯与其他罪犯相比有着显著的特征。从身体上说,他们身体素质较差,有些已经丧失劳动能力或部分丧失劳动能力。从心理角度讲,他们普遍心理压力重,一方面担心会在监狱中终老,再也见不到墙外的太阳,另一方面又担心出狱会遭到子女、亲友和社会的排斥,无法融入社会,又缺乏自给自足的能力,表现得焦躁不安或极度消极。针对这些特点,对于空巢老年罪犯犯罪后的矫治手段也应对症下药,才能起到改造和预防再次犯罪的目的。

（一）转变处罚方式

相对于传统的收监改造的刑罚方式,空巢老年犯更适合社区矫正,有必要扩大社区矫正适用的范围,将能够以社区矫正的手法进行处罚的空巢老年犯尽可能纳入。我国针对空巢老年犯的统计数据空白,只能无奈借取老年犯的统计数据以做参考。根据司法部统计,截至2007年年底,61周岁以上的老年服刑人员2572人,占社区服刑人数总数的2.5%;截至2011年3月底,61周岁以上的老年社区服刑人员9986人,占社区服刑人员总数的3.3%。[7] 从空巢老年犯的角度来看,他们的特点适合实施社区矫正,身体机能的衰退决定了他们再犯的可能性一般比其他罪犯要小得多,社会危害性较小。对他们实施社区矫正不但不会对社会造成威胁,而且能防止其身体状况在狱中每况愈下,避免产生抑郁等精神疾病,获得更好的改造效果。从监狱的角度来看,老年犯会给监狱带来极大的负担,如身体顽症、心理疾病、自杀倾向等,都需要监狱人员给予全天候的照顾和看管,财力和人力的支出都较大,改造效果也有限,将老年犯纳入社区矫正的范围无疑给监狱减小了沉重的负担。从社区矫正机构的角度而言,专门的社区矫正机构在有关社会团体、民间组织和社会志愿者的协助下,有充分且多样的力量帮助空巢老人犯走出阴霾并改过自新,这是社区矫正的可行性。而在狱外,空巢老年犯的心理状态必然会平和得多,改造效果自然也会事半功倍,且不会担心其与社会脱节的情况发生,这是社区矫正的优越性。而社区矫正的适用也符合矜老恤幼的美好民族风俗和人道的历史潮流,如“诸年七十以上、十五以下,及废疾犯流罪以下收赎。八十以上、十岁以下,及笃疾,犯反逆、杀人应死者上请,盗及伤人者亦收赎,余者不论。九十以上、十岁以下,虽死罪不加刑”。[8]

---

〔7〕 司法部社区矫正管理局:《社区矫正工作简报》2011年第11期。

〔8〕 出自《唐律〈名例律〉》。

我国社区矫正制度刚刚起步，由最高人民法院、最高人民检察院、公安部、司法部于2012年1月10日联合印发的《社区矫正实施办法》也尚无对老年犯的具体规定，但社区矫正制度的优越性决定了其光明的发展前途。随着制度的完善和相关人员、设备的健全齐备，社区矫正将会获得巨大效益。空巢老年犯由于其特性也必会成为社区矫正的一大重点对象。当然，能够适用社区矫正的只能是那些社会危害性较小的空巢老人，其他危害严重或再犯可能性高的则不能一体用之。

（二）分类管理

当今许多国家在监狱设置上选择了对罪犯进行分类关押和管理。例如法国设立了专门收押老年犯和慢性病犯人、残废犯、哮喘犯以及精神病犯等的监狱和监区。在我国人口基数巨大的背景下，犯人的数量也比其他国家大得多。在此压力之下，我国还是建立了专门的未成年犯监狱和女犯监狱，但无专门的老年犯监狱。这是我国对老年犯和老年犯罪问题不够重视的结果。比照以上两种专门监狱，老年犯监狱的设立条件更为严苛，但绝不可因此而搁置设立专门的老年犯监狱。在老年犯监狱中，不仅要有一般监狱的设备和人员，还要在医疗设施和经费上给予足够重视。老年犯监狱的监管人员的选择也应适当特殊化，选择年龄稍大、人生阅历更丰富的监管人员有助于空巢老年犯向其吐露心声，从而获得更好的改造效果。

对空巢老年犯之间也应体现分类管理的科学精神，区别不同犯人的性格特征、罪行特性、家庭状况、身体心理状态、文化程度等而因材施教。例如，相对于一般盗窃的犯人，对于因家人极度漠视而以盗窃方式引起其注意的空巢老年犯的管理方式应不同，应在常规的教育之外，给予他们更多生活上的关心和帮助，增加与他们交流的频率，要特别注重他们心理方面的健康，并可适当安排他们与家人见面，鼓励他们主动与家人联系，并和其他犯人、监管人员交流。

（三）重回社会

对于被收监的空巢老年犯来说，坐牢本身也许并不是最可怕的。

他们中的一部分人在狱中度过一段时间之后，甚至会希望在狱中死去，而不是尽早地离开监狱，回归社会。这是因为他们内心缺乏社会融入感和家庭归属感。和其他罪犯一样，空巢老年犯一旦进入监狱，就会面临被“烙印”的余生。而与其他罪犯不同的是，“晚节不保”的空巢老年犯们对这种“烙印”的绝望感更深。他们不愿意自己已经能看到尽头的余生，再在他人鄙夷的眼光下丧失尊严地度过，宁愿选择在监狱这一由和自己“相同的人”聚集起来的集体中了此残生。这导致他们出狱后有更高的再犯可能性，也有部分空巢老年犯在出狱后选择以自杀等偏激的方式结束内心的彷徨和羞耻。

一方面，由于其罪行，相当部分老年犯的子女和亲属在其入狱不久之后就不愿再与之联系，甚至销声匿迹，连监狱工作人员也无法找到他们并与之取得联系。这一问题在空巢老年犯身上则更是致命的伤害。本就独居的空巢老年犯们在出狱之后不但得不到精神上的慰藉和支持，更是失去了维持生存的基本物质供给，也会给社会增加不稳定因素。这就需要监管人员在空巢老年犯的服刑期间注重其心理上的指引，除了积极与犯人家属联系，说服其保持与犯人的日常联系之外，还要侧重帮助空巢老年犯学会在社会大环境如此的情况下保持正确、平和的心态。同时为其出狱后的自理能力、自给自足的能力提供前瞻性的帮助，如安排专业人员教会他们能赚取基本生活费用的技能或技术。另一方面，对空巢老年犯的社会保障必须一视同仁，为符合条件的空巢老年犯争取社会最低保障金和必要的医疗保障。这不仅不违背社会的善良风俗，而且是人道主义的必然要求。

五、结语

在我国社会转型的背景之下，在刑法修正案(八)出台之后，我们必须看到：在空巢老人犯罪这一问题上，更理智、更高效、更人道的精神应当一以贯之。但纸面上的理论研究再多，也代替不了脚踏实地地实施和践行，空巢老人犯罪问题的解决亟待全社会的共同关注和努力。笔者阅历浅薄,即使掏尽所学所知也难逃挂一漏万的命运。谨期待本文能起到抛砖引玉之用,使空巢老人犯罪这一犯罪学问题兼社会问题能够更好地被重视、研究和讨论。

涉众型经济犯罪的老年被害预防

安曦萌*

一、问题的提出

据统计，截至2015年年底，我国60周岁以上老年人口已达2.22亿，约占总人口的16.1%；65周岁以上老年人口1.43亿，约占总人口的10.5%。[1]随着我国老龄人口的不断增加，中国社会逐渐向老龄化社会的方向演化。然而，以老年人为目标群体的经济犯罪行为也在近年来频频发生，尤其是在涉众型经济犯罪中，[2]老年被害现象日趋严重。尽管目前尚缺乏全国性的统计，但是，根据一些机构和

---

* 安曦萌，法学博士，华东政法大学国际金融法律学院讲师。

〔1〕 参见《民政部：坚决贯彻落实全面深化改革决策部署，全面放开养老服务市场提升养老服务质量》，载http://www.cncaprc.gov.cn/contents/2/178847.html，最后访问日期：2017年3月29日。

〔2〕 涉众型经济犯罪是指针对不特定受害群体，以高额回报等虚假信息为诱饵，非法牟取财产的经济犯罪，常见的行为类型有非法吸收公众存款、集资诈骗、组织领导传销活动、非法经营以及带有涉众因素的合同诈骗等。

地区的犯罪被害统计,老年被害人在涉众型经济犯罪被害人中占据了较高比例。依据山东省济南市老龄办公室统计,2016 年 1 月至 8 月期间,济南市发生的 23 起非法集资者案件涉及 1368 名被害人,其中老年人约占 80%。[3] 广州中院调查表明,从 2009 ~ 2013 年法院审结的非法集资案中,以老年人为主要作案对象的案件有 22 件,占非法集资案的 42.31%。[4] 也有针对非法集资类案件的实证分析表明,非法集资类犯罪中,被害人的平均年龄为 54 岁,明显高于我国犯罪被害人的主要年龄层(18 ~ 45 岁)。[5] 这一现象成为涉众型经济犯罪的典型表现之一,老年人在这类犯罪中不但面临严重的财产损失,而且往往受到严重的精神打击,犯罪的负面影响可以扩散至整个家庭的生活,甚至社会的和谐稳定。受害群体串联聚集效应放大,社会维稳压力相对集中。[6] 因此,各地司法系统投入了大量资源,严厉打击与惩治这类犯罪。

从犯罪学的角度来看,犯罪的发生与犯罪机会有关。美国犯罪学家萨瑟兰认为,“人们犯罪的类型以及频率会因时间、空间的不同而有变化。这种变化可能部分的归因为机会”。[7] 他同时引用了劳伦斯·科恩和马库斯·费尔森的分析结论。根据他们提出的日常活动理论,对于掠夺性犯罪(即人们故意进行的伤害他人身体或夺取他人财产的非法行为)来说,需要三种最低限度的因素在时空上的融合为犯罪的发生提供可能性:动机性犯罪人、适宜的目标和缺乏有能力的保卫者。其中,随着社会老龄化程度的增加,潜在的老年被害者即适宜的目标也在增加。一旦社会缺乏动机性犯罪人的抑制机制,并且没有为适宜的目

---

[3] 参见李远方:《非法集资向农村蔓延,隐蔽性更强》,载《中国商报》2017 年 2 月 8 日。

[4] 参见马钊楷、马伟锋:《广州中院发布“涉众型经济犯罪白皮书”》,载《南方法治报》2014 年 5 月 9 日。

[5] 参见孙利国:《非法集资犯罪小样本实证分析——以相关案件为依据》,载《北京政法职业学院学报》2013 年第 3 期。

[6] 参见北京市第二中级人民法院重点调研课题组:《对涉众型经济犯罪案件的调查研究》,载《人民司法》2013 年第 1 期。

[7] 参见[美]埃德温·萨瑟兰等:《犯罪学原理》(第 11 版),吴宗宪等译,中国人民公安大学出版社 2009 年版,第 288 页。

标引入有能力的保护者,此时,大量增加的潜在被害人几乎等同于大量潜在的犯罪“机会”。换言之,即使投入了大量的社会资源事后进行打击,也难以完全遏制层出不穷的犯罪“机会”诱导之下针对这一群体的经济犯罪。所以,有必要进行反向思维,从犯罪发生机制入手,从多个维度寻找解决路径,提高犯罪预防与打击的效果。

德国被害人学家汉斯·冯·亨蒂希指出,犯罪概念中包含“犯罪人”与“被害人”两个“搭档”,被害人对于犯罪行为的发生有着不同程度的促进作用。〔8〕事实上,犯罪行为的发生过程同时也是加害人与被害人互动过程,二者的关系并非一成不变,相互之间的影响贯穿犯罪过程始终,尤其是在涉众型经济犯罪中,没有被害人的“合作”,犯罪行为很难完成。犯罪被害人学的研究同样认为,被害人具有犯罪条件的地位,一定程度刺激或诱发了犯罪的发生,弱化乃至消除被害人身上的被害性因素,以降低其成为犯罪对象的可能性。〔9〕因此,结合上述考察犯罪发生的思路,本文拟以被害预防为主题,从被害人的角度出发,考察涉众型经济犯罪中老年被害人对于犯罪发生的“参与”和“影响”因素,将犯罪预防的视线转向被害人本身的特性和所处的环境,强调通过个人和社区消除招致受害的因素,减少乃至消除老年人生活中发生涉众型经济犯罪的“机会”,从犯罪发生的源头为潜在的受害群体提供保护。

二、涉众型经济犯罪中老年人的被害性特征

被害人学的创始人之一门德尔松认为,被害人在被害时存在生物的、心理的、社会学上的弱点。〔10〕因此,结合涉众型经济犯罪老年被害的现状,本文拟选取以上三个角度分析老年人的被害性,以确立犯罪预防的切入点。

---

〔8〕 参见吴宗宪:《西方犯罪学史》(第二卷),中国人民公安大学出版社 2010 年版,第 601 页。

〔9〕 参见王刚:《犯罪被害人视域中的被害性问题研究》,载《犯罪研究》2014 年第 6 期。

〔10〕 参见赵可:《一个被轻视的社会群体——犯罪被害人》,群众出版社 2002 年版,第 33 页。

(一)生理特征

老年人的生理特征影响行动能力和偏好。老年人身体功能衰退,活动能力有限,如果缺乏基本的社会保护措施,这些特征增加了老年人的被害风险,使其容易为犯罪人所利用。

其一,根据不同老年人的身体情况与活动能力,犯罪人可以有选择性地确定犯罪对象的范围。

一般认为,按照年龄对老年人进行分类,60~70 岁年龄段的老年人称为低龄老人,70~79 岁年龄段的称为中龄老人,80 岁以上的称为高龄老人。人的身体状况与年龄相关。低龄和中龄老年人的身体状况较好,活动能力强于高龄老人,因而能够更多地参与社会活动。在一组针对上海市社区老年人为样本的统计中,60~74 岁组老年人的生理功能、生理职能及社会方面功能显著高于 75~85 岁组老年人,〔11〕也在一定程度上验证了年龄增长对身体功能和社会功能的负面影响。因此,在涉众型经济犯罪的被害人中,低龄和中龄老年人面临的被害风险较高。有学者收集了 89 起针对老年人的诈骗犯罪,被害人是 80 岁以上的高龄老人的案件寥寥无几。〔12〕 在一些集资诈骗、非法吸收公众存款罪中,犯罪人明确将犯罪对象的年龄范围设置为 80 岁以下的中老年人。例如,在蒋洪伟等 24 人集资诈骗、非法吸收公众存款罪一案和王民权等集资诈骗罪一案中,犯罪人不约而同地将犯罪对象限定为 55~80 岁之间退休的中老年人,结合举办免费讲座、组织旅游等社会活动,吸引受害者的目光。〔13〕

---

〔11〕 参见贾守梅等:《上海市社区老年人生活质量及影响因素调查》,载《护士进修杂志》2004 年第 19 卷第 5 期。

〔12〕 参见彭玉伟:《人口老龄化背景下的老年诈骗犯罪被害现象初探——基于 89 起老年诈骗犯罪被害案件的分析》,载《广西警官高等专科学校学报》2013 年第 2 期。

〔13〕 参见中国裁判文书网,http://wenshu. court. gov. cn/content/content? DocID = aa4ef02b - fb5b - 4b31 - ac94 - a6f70100f642&KeyWord = % E6% 97% 85% E6% B8% B8 | % E8% 80% 81% E5% B9% B4% E4% BA% BA, http://wenshu. court. gov. cn/content/content? DocID = a8388c9e - 7887 - 4043 - a133 - 0148f70cd994&KeyWord = % E8% 80% 81% E5% B9% B4% E4% BA% BA | % E9% 87% 91% E8% 9E% 8D | 80,最后访问日期:2017 年 3 月 11 日。

其二,受限于身体状况,老年人的活动范围与内容相对有限,容易为犯罪人所掌握和利用。

老年人基本已经远离工作场所,主要处于居家状态。与年轻人相比,他们的日常活动范围相对有限,彼此之间生活轨迹近似,因而容易为犯罪人所掌握进而利用。例如,有调查表明,在城市老人中,高达96.7%的老年人将收看电视与收听广播作为打发闲暇时间的首选。〔14〕因此,电视、广播成为老年人重要的信息来源。然而,与互联网不同,电视、广播的角色是进行单向的信息传播,一旦传播内容有问题,无法如网络世界一般出现信息受众的声音。所以,仅仅作为信息的被动接受者,老年人缺少辨别信息质量的其他途径。于是,如泛亚有色金属交易所、信和财富,以及目前已经进入刑事司法程序的E租宝、大大宝、金鹿财行等涉嫌非法集资的公司,往往选择花费重金在知名电视媒体上投入大量广告宣传,借助电视平台,成功地诱导大批投资者进行投资。另外,受限于身体情况,老年人出行特征较为一致,范围有限,参加社会活动的地点相对集中。例如,有针对城市老年人生活历程的研究表明,老年人生活随着年龄的变化通常分为以下三种阶段:低龄时期主要处于日常活动空间拓展阶段,追求居住区周边高质量的休闲设施,喜欢选择物美价廉、物品种类齐全的农贸市场或购物超市,可以乘坐公共交通克服距离问题;随着年龄增长,日常活动空间逐渐收缩,主要集中在社区附近的购物设施和非正式的休闲场所;在高龄阶段,日常活动空间严重局限,主要集中于社区内部。〔15〕因此,老年人的行为轨迹容易被掌握。在这些老年人活动频繁的区域,若缺乏预防措施,很容易使区域内的老年人面临被害风险。例如,在重庆的一起案件中,某犯罪团伙以农业公司的名义,专门在公园、老年大学、闹事街头等地,针对60~80岁的老

---

〔14〕 参见陶涛、李龙:《城市老年人闲暇时间安排及对健康的影响》,载《人口学刊》2016年第3期。

〔15〕 参见谷志莲、柴彦威:《城市老年人的移动性变化及其对日常生活的影响——基于社区老年人生活历程的叙事分析》,载《地理科学进展》2015年第12期。

年人发放传单,骗取了123名老年人的积蓄近300万元。[16] 而在合肥的另一起案件中,犯罪人选择广场舞的舞伴进行非法集资,涉案资金500多万元。[17] 一些涉嫌非法集资的理财担保公司往往选择在老年人集中的超市门口向老年人发送传单,[18] 甚至将门店直接开在超市旁边。[19]

其三,老年人的身体健康问题是老年人关注的重点,犯罪人可以对此有意识地进行诱导,选择加害方式。

随着年龄的增长,老年人不可避免地面对活动能力逐渐退化的问题,健康、养生往往成为老年人在生活中关注的一项重要命题。因此,保健品、治疗仪、养生活动等与健康相关的产品或活动容易引起老年人的兴趣。据北京老龄办、致诚公益·北京老年维权服务工作站联合发布的《老年人涉众型经济犯罪被害风险调研报告》(以下简称《报告》)统计,在192件老年人遭遇的涉众型经济犯罪案件中,有43.23%的案件属于购买药品保健类的犯罪案件,成为占比最高的涉众型经济犯罪类型。这些犯罪往往冒用卫生部、药品监督管理局、各大医院和医学研究单位、"老龄委"等机构的名义,采取免费赠送医疗保障、免费体检等方式,推销保健品、药品、治疗仪等,骗取老年人财产。[20]

(二)心理特征

被害是一种复杂的社会过程的集合体,并非具体的静态事件;在犯罪的每个阶段,被害人作出的决策影响他人决策,同时也被其他人的决

---

〔16〕 载凤凰资讯:http://news.ifeng.com/a/20161025/50148644_0.shtml,最后访问日期:2017年4月1日。

〔17〕 载新华网:http://www.ah.xinhuanet.com/2015-11/26/c_1117264075.htm,最后访问日期:2017年4月3日。

〔18〕 载新浪网:http://finance.sina.com.cn/money/lczx/20140304/152818400798.shtml,最后访问日期:2017年4月1日。

〔19〕 载凤凰网:http://finance.ifeng.com/bank/yhlc/20121116/7306801.shtml,最后访问日期:2017年4月1日。

〔20〕 载新华网:http://news.xinhuanet.com/gongyi/2016-10/08/c_129313444.htm,最后访问日期:2017年4月1日。

策所影响。[21] 即使是在犯罪中看上去相对被动的被害人，事实上也在被害前后以及被害过程中不断为自身的下一步行动作出决定。尤其是，在涉众型经济犯罪中，犯罪的完成具有一定的时间跨度，需要被害人在不同阶段进行配合，被害人的决策权表现得更为明显。心理学研究认为，人的心理特征可以影响决策，老年人的决策同样受到老年群体心理特征的影响。老年人群体特征的特殊性主要表现在认知能力、情感及决策动机等的变化，决策任务特征则包括任务类型、老年人对任务的熟悉程度和任务的意义等。[22] 笔者将结合涉众型经济犯罪的现状以及其中涉及的决策特征，选取认知能力和情感这两个明显可以影响老年人决策的维度进行分析，以便了解老年人在涉众型经济犯罪中的独有的被害性特征。

1. 老年人认知能力对行为决策的影响

从心理学角度，认知能力对行为决策有着显著影响。认知能力的局限将导致老年人在决策任务中表现水平下降。[23]

随着年龄增长，老年人的流体智力（如记忆、注意、推理能力）下降，影响了决策时的信息分析能力。整体上，人的流体智力则在成年早期达到顶峰，之后处于缓慢下降的状态。[24] 这一部分认知能力的老化不仅使“工作记忆、加工速度、执行控制功能等基础心理过程受到局限，也会损害依赖于认知能力而发展的更为复杂的决策行为”，直接降低了转换、加工信息的能力。于是，随着年龄增长，老年人流体智力退化，在涉及需要进行信息加工和转换的问题时，决策能力下降，容易发生不利的

---

〔21〕 参见［加］E. A. 法坦赫、V. F. 萨柯：《老年人被害与预防》，青锋、罗回平、王学沛等译，群众出版社1992年版，第167页。

〔22〕 参见张力元：《老年人行为决策：领域现状与挑战》，载《心理科学进展》2015年第5期。

〔23〕 参见张力元：《老年人行为决策：领域现状与挑战》，载《心理科学进展》2015年第5期。

〔24〕 参见李德明、陈天勇：《认知年老化和老年心理健康》，载《心理科学进展》2006年第4期。

决策后果,被害风险提升。

同时,“流体智力的衰退导致老年人倾向于情绪情感类的信息加工,更依赖于较少需要进行搜索和整合信息的决策策略”。换言之,老年人在分析已有信息并进行决策时,越来越少地依赖逻辑思考、推理、计算等方式,而基于直觉、经验、情绪等因素等信息加工模式对决策的影响保持不变或者呈现上升趋势。[25] 虽然老年人的晶体智力(如词汇、知识经验)仍然增长,当老年人的流体智力逐年下降时,晶体智力可以从另一条通路进行弥补,从而形成正确的决策。[26] 但是经验的效果是有限的,一定程度上受制于决策内容。如果决策内容与老年人的经验等晶体智力优势有关,决策质量可以得到保证;反之,如果决策内容与老年人的流体智力相关,与年轻人相比,老年人决策表现不佳。并且,对经验的依赖也导致逻辑推理等精细型思考模式减少,容易产生有偏见的决策。

上述认知能力的局限对于老年人被害性的影响可以从涉众型经济犯罪被害情况中找到证据。在涉众型经济犯罪的场景中,老年人往往需要对陌生领域的问题进行决策。在经济发展日新月异的今天,新事物、新领域不断出现,老年人学习、分析能力下降,与年轻人相比,知识结构更新较慢。于是,“在年轻人看来‘小儿科’的互联网欺诈手段,对初涉互联网的老年人而言很难分辨清楚”。[27] 根据《报告》,针对老年人的此类犯罪主要集中于投资、理财以及购买药品、保健品等方面。投资理财需要基本的金融知识,而药品、保健品则需要了解基本的药物特征和效果。对于年轻人而言,即使缺乏相关的知识背景,也可以借助互联网等方式搜集信息,迅速地建立知识结构以便决策,而对于老年人而言,运用互联网本身已经存在障碍,加上认知功能退化的影响,难以进行高质量的信息加工。一些犯罪人以“金融投资”为名,混淆理财概念,

---

〔25〕 参见王惠芳、蒋京川:《老年人的框架效应》,载《心理科学进展》2016 年第 4 期。
〔26〕 参见王惠芳、蒋京川:《老年人的框架效应》,载《心理科学进展》2016 年第 4 期。
〔27〕 赵哲:《谁来拯救父母财商》,载《经济参考报》2016 年 10 月 21 日。

用私募基金、原始股发行、债券投资、外汇买卖等老年人生活中很少接触领域中的名词进行包装，使得被害人被眼花缭乱，成功诱骗被害人进行投资。

2. 老年人情绪对决策的影响

老年人的情绪发展及其特征是影响决策的另一重要因素，有时甚至可以超越认知因素的影响。老年人的情绪可以影响决策时的信息加工偏好以及决策方式，进而影响决策质量。

与年轻人相比，老年人在决策时更关注积极的情绪体验，这种关注可能导致决策前的信息加工存在偏差。例如，在进行决策信息搜索时，老年人更偏爱情感上有意义的信息。〔28〕 现实中，这一情绪特征可以被有意识地引导和利用。例如，有研究表明，我国老年人孤独感水平逐年上升，呈现代际增长的态势。〔29〕 老年人的感情需求满足程度越来越低。此时，那些能够填补感情空白、解决个人孤独感的方式更容易打动老年人。于是，一些犯罪人采取犯罪手段选择相对封闭的社交集群模式，强化集群内部联系，减少老年人的孤独感，增强老年人对于集群的归属感和信任感，同时蓄意隔离老年人与亲友、外界的联系，导致有些老年人在上当受骗后难以接受亲人以及警察、法官等专业人士的劝说，甚至阻碍执法。

并且，由于认知功能的下降，老年人更加偏向在情绪信息的指引下进行决策，相应地，简化了决策过程，人为忽略了决策的难度，从而难以做出高质量的决策。一些犯罪人通过对老年人日常的嘘寒问暖骗取信任，通过吹捧奉承提升老年人的尊严体验，使得老年人在决策时更多地为情感的满足所主导，难以对接触的所有信息进行筛选和评估，容易出现为"情感牌"一叶障目的后果。

---

〔28〕 参见张力元：《老年人行为决策：领域现状与挑战》，载《心理科学进展》2015 年第 5 期。

〔29〕 参见闫志民、李丹、赵宇晗、余林、杨逊、朱水容、王平：《日益孤独的中国老年人：一项横断历史研究》，载《心理科学进展》2014 年第 7 期。

（三）社会变迁

随着社会的变迁，社会文化、家庭结构、养老方式等方面的变化，老年人需要调整养老预期，适应当下的养老环境。

其一，传统的养老文化受到冲击，老年人面对文化转型的挑战。

改革开放以来，西方文化大量涌入，给传统文化带来了巨大冲击，多元文化取代一元文化成为社会主流文化。老年人面临的是前所未有、内容复杂的社会文化，以及相应而来的养老观念的转变与养老方式的变迁。“在传统养老观念割裂的背景下，以子女和父母为主体的养老关系开始松散化，表现为代际之间养老关系的约束力下降以及养老伦理标准的多元性和不确定性。”[30]依照传统儒家养老文化的逻辑，子女是老年人寻求精神与物质支持的目标，子女与父母之间自有养老伦理进行规制。然而，在当前日渐松散的养老关系中，传统的养老礼俗难以实现。例如，受市场文化的侵蚀，养老责任常常被简单量化为物质照顾，传统养老文化中蕴含的精神内容缺位。即使是“孝敬”概念本身，也从传统的威权主义色彩的概念转化强调以权利平等为前提的情感输出。再如，伴随着城市化进程，子女离开故乡，不但在客观上难以实现直接、密切的赡养支持，而且远离了传统养老礼俗的束缚，养老责任缺乏原有的伦理约束。于是，老年人长于传统养老文化的时代，却不得不应对文化转型带来的落差。

其二，家庭结构发生变化，来自于家庭的支持和保护程度降低。

作为计划生育政策的实施的重要影响之一，当前我国平均家庭户规模迅速缩小。与传统社会的大家族情况不同，老年人的地位降低，在家庭生活中不再发挥主导作用。传统父权制的统治模式已经发生根本性改变，家长不再是家庭的权威。老年人在家庭中多承担辅助作用，家庭地位日渐边缘化。有调查显示，在重大事项的决定权方面，完全由子

---

〔30〕 吴海涛、王晶：《从传统到现代：积极老龄化视域下养老文化的思考》，载《东北师大学报》（哲学社会科学版）2014 年第 4 期。

女自己决定的已经占到七成,其中有些并不征求父母的同意,完全由父母决定的情况已经十分罕见。[31] 有些老年人可以适应这种亲子关系的变化,但也有些老年人因此而感到失落,甚至认为自尊受到损害。倘若有些犯罪人许以高息诱惑,使老年人误信可以为家庭做出积极贡献时,老年人容易降低防范意识,甚至主动隐瞒子女,防止"投资"受阻。如果事与愿违,出现上当受骗的后果,有些老年人倾向于隐藏真相,甚至选择逃避,不愿寻求救济途径。根据《报告》中的统计,在老年人遇到诈骗不愿寻求帮助的原因中,有45%的老年人是因为害怕被子女埋怨,成为占比最多的原因。[32]

统计表明,与后代共同生活的老年人比例基本上都处于减少趋势,而"空巢"家庭户的老年人比例则处于加速上升趋势。[33] 由于大量独生子女之间结婚成家,容易产生对其中一方的排斥力,使得其中一对老年夫妇不得不成为"空巢"家庭。这意味着,越来越多的老年人将远离子女,独自应对陌生的"网络""科技"时代。当犯罪人针对老年人展开行动时,子女往往不能及时介入老年人的行为过程,难以及时地采取措施保护父母免于犯罪侵害。

其三,老年人社会地位边缘化,来自于社会的保护和支持资源不足。

现在,整个社会以经济建设为核心,效率、竞争等适合年轻人的主题成为社会发展关注的重点。因此,社会政策和制度建设更关心年轻人发展的问题,对老年人的需求有所忽视。对年龄优势的强调不仅在利益分配格局中有所体现,甚至将影响蔓延至整个社会,形成了一种忽

---

〔31〕 参见李银河:《家庭结构与家庭关系的变迁——基于兰州的调查分析》,载《甘肃社会科学》2011年第1期。

〔32〕 其余的三个原因及其比例分别是:"维权要花费太多时间精力,嫌麻烦",占30%。"不想街坊邻居笑话",占21%;"不知道如何寻求帮助",占7%。载新华网:http://news.xinhuanet.com/gongyi/2016-10/08/c_129313444.htm,最后访问日期:2017年4月1日。

〔33〕 参见郭志刚:《关于中国家庭户变化的探讨与分析》,载《中国人口科学》2008年第3期。

视乃至歧视老年人的社会环境。这种现象不但影响了整个社会的代际关系处理，使尊老爱老的传统美德沦为空谈，甚至渗透到家庭内部的代际关系处理中，降低了老年人的社会和家庭支持，导致老年人成为人数不断增多的弱势群体。

随着年龄增长，老年人逐渐退出政治、经济、社会活动的舞台，导致群体弱势化、边缘化。老年人渐渐丧失社会权力结构中的话语权，其利益诉求和发展要求不仅容易被误读，而且容易被忽视甚至漠视。目前，虽然我国老年人保护的制度体系取得了显著的发展，但是依然有很多问题。“其中一些政策存在价值取向偏误、政策对象覆盖范围偏窄、政策内容缺位、碎片化和执行力不足等问题。”〔34〕即使已经修订了老年人权益保障法，但是老年人权益保障的法制建设还有大量的完善空间。毕竟，“老龄社会的法律应对并非一部老年人权益保障法就可以解决的，还需要大量的配套制度建设和相关立法予以跟进”。〔35〕虽然当前养老制度体系和养老服务体系已经初步成型，但与老年人日益紧迫和多样化的养老需求相比仍有较大差距。

以老年金融消费为例。一方面，老年人群体掌握可观的财富。据统计，2010 年，我国老年人退休金总额达到 8383 亿元，预计到 2020 年，将达到 28, 145 亿元。而老年人可用于购买老年用品的支出已达到 4000 亿元。另一方面，老年人缺乏稳定的经济来源，难以满足财富积累的需求。可以说，我国的老年人群体已经形成了庞大的消费市场，同时也意味着巨额的资金需要投资机会。但是，我国目前尚未出台针对老年人金融服务及消费权益保护的专门法规，更缺乏保护老年金融消费者权益的专门机构，制度顶层设计严重不足，难以应对老年人的金融服务要求。然而，缺乏针对老年人投资需求的金融产品，使老年人除了传

---

〔34〕 吴帆：《中国老年歧视的制度性根源与老年人公共政策的重构》，载《社会》2011 年第 5 期。

〔35〕 肖金明：《构建完善的中国特色老年法制体系》，载《法学论坛》2013 年第 3 期。

统低息的储蓄方式之外，难以找到适合投资需求的金融产品。[36] 不仅如此，针对老年人的专业服务水平参差不齐，营业网点服务设施和环境以及工作人员的服务态度和方法等，未能形成与老年人交流沟通的“友好界面”，越发抑制了老年人通过正规渠道投资理财的意愿。当传统、正规的金融服务业难以满足老年人的投资理财需求时，老年人只能选择了解、评估身边出现的新的投资机会。倘若政府监管不足、权益保护缺位，等同于将高风险直接置于老年人面前。尤其对于居家养老的老年人，原本就缺乏保护，具有脆弱性。“经济上的不稳定使老年人更容易为所谓的‘致富’计划所骗”；并且，缺乏经济来源使老年人更加难以承受被害带来的损失，被害负担比其他人更重。[37] 所以，当如此巨大的市场反而变成了犯罪“机会”成长的土壤时，不但使越来越多的老年人转化为犯罪被害人，甚至因为被害负担之深重引发严重的社会问题。因此，可以说，在社会层面上，老年人遭受涉众型经济犯罪的被害风险，也与社会对老年人的忽视、老年人利益诉求难以满足等现实问题相关联。这些人们有意无意造成漏洞，成为犯罪人利用的犯罪机会，进而损害老年人权益，危害社会的和谐稳定。

三、涉众型经济犯罪中的老年被害预防

根据劳伦斯·科恩和马库斯·费尔森提出的日常活动理论，犯罪行为的发生与日常生活中的某些因素密切相关。如前文所言，如果日常生活中能够发现适宜的犯罪目标，并且缺乏有能力的保卫者，那么，当生活中出现了有动机的犯罪人时，难以避免发生掠夺性犯罪。[38] 基

---

〔36〕 例如，辽宁丹东地区的统计表明，由于缺乏适合老年人需求特点金融创新产品，86%的老年人只能选择传统的储蓄方式保值。参见刘杨、刘知源：《加强老年金融服务和消费权益保护》，载《金融时报》2016年10月10日。

〔37〕 参见[加]E. A. 法坦赫、V. F. 萨柯著：《老年人被害与预防》，青锋、罗回平、王学沛等译，群众出版社1992年版，第166页。

〔38〕 参见吴宗宪：《西方犯罪学史》（第3卷），中国人民公安大学出版社2010年版，第915页。

于此,本文将针对减少潜在被害人以及强化防卫力量两个角度,分析涉众型经济犯罪中的老年被害预防。

(一)减少适宜的犯罪目标

其一,加强宣传教育,提高老年人对涉众类经济犯罪的防范意识。

近年来,随着涉众型经济犯罪越来越多,社会影响越来越恶劣,媒体关于老年人遭受涉众类经济犯罪侵害的报道已经十分常见,政府也十分重视在社区、金融机构等区域进行宣传。然而,需要注意的是,宣传教育措施有其自身缺陷。宣传教育等措施效果主要体现在个人,也就是通过让潜在的被害人提高警惕以减少个人被害风险,意味着某些个体被害性有可能被消除,但社会整体被害性并没有消除。因为总有潜在被害人意识不到或者缺乏能力应对和辨别潜在的被害风险,于是,这类措施可能导致的效果是"被害可能仅仅是被取代而不是被阻止","被害之苦将越来越重地压在易侵害的人头上"。[39] 这类措施存在的另外一个问题在于有可能抑制老年人在遭受侵害后及时寻求公力救济的动力。在一些报道中,当描述老年人遭受侵害的原因时,使用幼稚、贪利、轻信等带有负面倾向的表述。而在一些宣传教育中,往往隐含着这样一种暗示:"具备了某些知识后,人们便能够识破骗局,否则,就是被害人自身的问题,比如无知、缺乏洞察力或者判断力。"这样,原本出于犯罪预防目的的宣传教育将被害原因一部分归结或暗示为老年人自身缺陷,不仅有伤害老年人自尊的嫌疑,而且容易使老年人将被害事实当作自身的错误,过于强化老年人被害身份,反而增加老年人被害受容性,妨碍他们及时采取措施,降低被害损失。实际上,如前文所言,老年人的被害性受到生理与心理的影响,但如同儿童、青年人等群体的生理与心理特征一样,这些影响是客观的、中立的。因此,在进行宣传教育时,更多地应从中立、平等的姿态进行,似乎不宜过于强调老年人存在

---

〔39〕 [加]E. A. 法坦赫、V. F. 萨柯著:《老年人被害与预防》,青锋、罗回平、王学沛等译,群众出版社 1992 年版,第 274 页。

不足或天然弱势,更不应隐含带有歧视性意味的评价。总之,宣传教育的方式效果有限,因此仅能够承担被害预防的辅助作用。

其二,加强对老年人的社会支持,增强老年人的被害风险抵御能力。

如前文所提及的,由于种种原因引发的老年人孤独、失落的心理,结合老年人的决策心理特点,事实上增加了老年人在涉众型经济犯罪中的被害风险。因此,有必要采取措施,引导老年人享受健康、快乐的晚年生活,降低他们心理上的被害可能。与此同时,"随着社会经济的发展,通过社会福利为老年人提供必要的生活保障必将成为主要的制度安排形式"。[40] 并且,心理学研究表明,除了来自家庭内部的支持以外,社会支持程度即社会对老年人的重视和支持能够有效提升老年人主观的幸福感。[41] 所以,应当重视建立多元的社会支持体系,提升老年人的生活幸福感。

例如,可以借助社区平台,增强对老年人的支持。如今,在老年人的生活中,社区占据着重要的地位。"伴随着单位社区的解体,家庭结构小型化的趋势也不可逆转,个人生活逐渐独立化,社区活动成为个人参与社会生活重要的方式之一。"[42]"社区不单是一个自然环境,而是人们之间建立跨越不同时间和空间范围的情感纽带的社会空间。"[43] 对于老年人来说,他们可以通过社区邻里之间的交流互动寻求社会角色的代偿,获得心理上的满足,实现自我价值认可。不仅如此,增多的社会交往有助于及时发现针对老年人的犯罪,进而对犯罪人形成一定程度的威慑。同时,根据老年人权益保障法的规定,社区是我国的社会

---

〔40〕 彭希哲:《公共政策视角下的中国人口老龄化》,载《中国社会科学》2011 年第 5 期。

〔41〕 参见邓云龙、阳中华、陈向一:《社会支持和家庭功能与老年人主观幸福感的相关性》,载《中国老年学杂志》2012 年第 16 期。

〔42〕 孙永生、叶词润:《社会支持视角下老年人主观幸福感影响因素研究》,载《老龄科学研究》2016 年第 12 期。

〔43〕 [新]Alexandra BOYLE:《对就地养老的反思——人与地方关系视角》,刘燕君译,载《地理科学进展》2015 年第 12 期。

养老服务体系的依托。社区将成为满足老年人日常需求的重要渠道。如针对老年人的健康需求，可以通过建立锻炼场所、设立社区卫生服务站、引入心理咨询师、营养师等外部资源、举行公益医疗活动等形式，帮助老年人树立正确的健康意识。最终，“整合社区老年社会支持资源，形成相互联系的支持网络，提高支持的整体效能”，[44] 从而提升老年人的主观幸福感，增强抵御被害风险的能力。

（二）增强外部防御力量

其一，加强政府监管，提高相关领域市场的规范性。

根据涉众型经济犯罪中出现的违法行为类型，政府应当加强相关市场的监管，整顿市场秩序，规范交易行为。如果可以通过政府有意识地引导和监管，减少“假冒伪劣”经济活动的存在，在市场环境中增加违法成本和难度，就可以减少涉众型经济犯罪出现的机会。例如，针对目前混乱的保健品市场，强化对保健品市场的审查和监管，规范保健品生产的销售，对违法经营行为进行严厉处罚。又如，针对金融领域出现的乱象，则可以通过鼓励和引导养老金融发展，提升金融服务质量，同时加强监管，与司法资源形成合力共同打击违法犯罪行为等方式予以完善。

其二，提升法律武器的效率和质量，为老年人权益提供法律保障。

一方面，保障老年人权益，重视法律制度与司法实务层面的完善。在制度建设层面，进一步完善老年人权益保护法律体系，形成全面、细致的制度架构，让老年人权益保障有法可依，有制可寻。同时，在实务中形成体系化的应对思维，不仅仅局限于某一业务领域或是依赖某一机关，而是根据老年人权益保障的需求，共同强化对老年人权益的保护，适时建立部门间联动合作机制。

另一方面，提升法律救济途径的效率和质量。老年人被害后获得

---

〔44〕 孙永生、叶词润：《社会支持视角下老年人主观幸福感影响因素研究》，载《老龄科学研究》2016 年第 12 期。

事后救济的时间成本较高。与年轻人相比,在漫长的诉讼程序面前,长期的等待无论对他们的身心健康还是经济能力所造成的影响更大,并且,复杂的救济步骤和规则可能会令老年人心生畏惧,不愿积极维权,甚至选择独自承受被害后果,进而不能使犯罪人及时地被绳之以法,而在一定程度上纵容了犯罪的进行。所以,对老年被害人人数众多的犯罪,既要考虑提升追责退赔的速度,又要考虑老年人的精神、物质情况调整救济程序和条件,以谋求最佳的救济效果。

老年教育理论的反思与重构

——基于西方现代老龄化理论视野

李　洁*

从20世纪70年代后期因西方福利国家危机而盛行的老年歧视主义(ageism),到八九十年代因西方学者在寻求应对老龄化之策的过程中发现老龄化自身的潜能而相继提出的成功老龄化(successful aging)、健康老龄化(healthy aging)、产出性老龄化(productive aging)和积极老龄化(active aging)等理念,人类现代老龄化视野在近半个世纪以来的发展中经历了从歧视到平等、消极到积极、危机到发展的巨大转变。在这一转变过程中,西方社会老年学

* 李洁,教育学博士,法学博士后,华东政法大学马克思主义学院副教授,硕士生导师。

领域涌现了许多老龄化理论，[1]包括：关注社会结构因素对个人及行为的影响的宏观理论，如年龄分层理论（age stratification）、现代化理论（modernization）、老龄政治经济学理论（political economy of aging）等；关注个体的内在动力和社会过程这两个层次同时发生老龄现象的中观理论，如生命进程理论（life course）、生命周期理论（life circle）、活动理论（activity）、亚文化理论（subculture）等；关注个人及个人间的互动的微观理论，如社会建构主义理论（social constructivism）、社会交换理论（social exchange）、超老化观感（gerotranscendence）、选择—优化—补偿理论（Selective Optimization with Compensation，SOC）、智慧（wisdom）等（Bengtson et al.，1997）。[2] 这些老龄化理论有其争议更有其价值，整体上推动了老年教育学（educational gerontology）的产生，并为老年教育（gerontology education）的研究与发展提供了丰富的理论渊源。然而，通过对我国老年教育实践的现实考察发现，我国老年教育理论的发展相对落后于人类老龄化理论视野的积极转换，或者说对上述现代老龄化理论的理解与接纳产生了偏差与误解，因而客观上造成了老年教育发展的价值定位模糊不清，从而也制约了人口老龄化背景之下的老年教育的实践发展。因此，本文将以西方现代老龄化理论视野为基础，对老年教育的目标、对象、内容、方法等基本理论问题进行反思与重构，以期能够为我国老年教育的未来发展找到新的方向。

一、活动参与或精神发展：老年教育应以何为目标？

纵观国内外老年教育理论主要形成了社会参与和丰富老年人生活这两类体系。前者是西方国家人口老龄化背景下老年教育实践最重要

---

〔1〕 社会老年学是指研究老龄问题的社会科学的一个统称，它包括了老年社会学、老年经济学、老年心理学等诸多分支学科但又是在这些学科基础之上的具有整合意义的学科。参见穆光宗：《丧失与超越：寻求老龄政策的理论支点》，载《市场与人口分析》2012 年第 7 期。

〔2〕 Bengtson V. L. et al.（1997）. Theory, Explanation, and a Third Generation of Theoretical Development in Social Gerontology[J]. *Journal of Gerontology*. B,52(2):S72 - S88.

的理论,它从人与社会共同发展的角度强调老年人是社会的一员,是社会成果的分享者和社会发展的参与者,它强调社会参与是实现老年人自身发展的根本途径,也是成功老龄化目标的核心内容。而后者是我国老年教育理论取向,更注重于老年人的休闲活动与生活质量(李学书,2014)。[3] 从本质上来讲,这两种理论都是以参与活动(个人或社会活动)为目标。这一取向应该是受到了哈维格斯特(Havighurst,1961)提出的活动理论的影响。该理论认为成功老化的人是那些仍保留中年时的社会角色与个人关系的老年人,它的基本假设是参与的活动越多,生活满意度越高。[4] 该理论相对于卡明斯和亨利(Cummings & Henry,1961)同年提出的分离理论(建议将老年人从积极参与生活事件和社会关系中分离出来为即将到来的死亡作准备[5])是进步的,但却遭到了超老化观感研究者拖恩斯戴姆(Tornstam,1997a)等人的质疑,[6]因为他们发现,老年人对积极独处的需要与快乐非常明显,而对于社会活动及其他活动的参与选择变得非常精心,并且对他们的生活与社会活动有高度的生活满意感(Lewin,& Thomas,2000)。[7] 也就是说,那些因身体疾病或兴趣爱好(如宗教信仰)退出社会角色与活动去享受沉思与独处的老年人同样具有超然的心理状态和高的生活满意度。因此,拖恩斯戴姆等人认为"老年是一个与众不同的生命发展时期",并支持老年人在有限的生命期里获得一个无限的超老化观感的发展,即"一个元观念的转变过程——从一个物质的和理性的世界观转向一个更超越自然的世界观,并且通常伴随着生活满意度的增加"

---

〔3〕 参见李学书:《中外老年教育发展和研究的反思与借鉴》,载《比较教育研究》2014 年第 11 期。

〔4〕 Havighurst R. J. (1961), Successful aging, *The Gerontologist*, 1, pp. 4 – 7.

〔5〕 Cummings E. & Henry W. (1961), *Growing old: The process of disengagement*, New York, Basic Books.

〔6〕 Tornstam, L. (1997a), Gerotranscendence: The contemplative dimension in aging, *Journal of Aging Studies*, 11, pp. 143 – 154.

〔7〕 Lewin E. A., & Thomas E. (2000), Gerotranscendence and life satisfaction: Studies of religious and secular Iranians and Turks, *Journal of Religious Gerontology*, 12, pp. 17 – 41.

(Tornstam,1997)。[8] 他们的观点也得到了心理学家荣格(Jung)的生命发展两阶段心理模型的支持,即在上半阶段,个体的任务是建立他或她的外部世界及在某个文化内的社会化,由此获得一个发展的自我;在下半阶段,个体超越生理机能的视野理想地建立“一种更高、更广的意识状态”(或曰集体无意识),并在这个意识状态里寻找完善与和谐。这两个阶段任务的关注焦点是直接对立的——从专注他人到专注个体内的自我,简言之,即个体随着老化有一个从外倾性到内倾性转换(Beckett,2002)。[9] 这种内部关注应当是一个“健康基因”的发展(即信仰、态度和行为是健康的促进因素),而不是一个心理状态的病态发展。可见,从这些西方学者对老化的理解来看,老年期的差异、脆弱和依赖是不可逆转的,只有超老化观感或精神(如信仰、态度、行为)的积极发展才应是“老年是一个与众不同的生命发展时期”的根本内涵,而活动参与(个人或社会活动)只是促进精神(或超老化观感)发展的一个手段或途径。

进入终身教育时代,“教育的起点是社会要求,终点是人的发展”——杜威的教育目的说已得到了来自学前教育(preschool education)、教育学(pedagogy)、成人教育学(andragogy)和老年教育(gerontology education)领域的理论家与实践者的一致认同。然而,未成年人、成年人和老年人这三个生命存在的特殊性却决定了教育的“发展目的说”在具体的教育实践应用中极为不同。如果说未成年人教育应该具有未来性,因为要把身心尚未成熟的未成年人培养成为一定社会需要的人,那么成人教育则应该具有现实性,因为“具有独立人格的成年人的学习意向与其承担的社会角色及其发展任务是紧密相关的,并且是以解决职业生活、家庭生活、社会生活中的实际问题为中心”

〔8〕 Tornstam, L. (1997a), Gerotranscendence: The contemplative dimension in aging, *Journal of Aging Studies*, 11, pp. 143 – 154.

〔9〕 Beckett C. (2002), *Human growth and development*, London, Sage, p. 200.

(Knowles,1980);[10]而老年教育则应具有超然性,因为要引导逐渐退出社会角色的老年人获得一个超老化观感的精神发展,即发现生命的意义、寻找内心和平,促其自我接纳和完善。

二、老年人或所有人:老年教育应以谁为对象?

1996 年颁布、2012 年修订的老年人权益保障法是保障我国老年教育的最高法律,其第七章第 70 条明确规定,老年人有继续受教育的权利;国家发展老年教育,把老年教育纳入终身教育体系,鼓励社会办好各类老年学校。2002 年,天津颁布了我国首部老年教育地方性法律——《天津市老年人教育条例》,其第 2 条明确规定,本条例所称的老年人教育,是指以提高老年人思想道德和科学文化素质,使受教育者增长知识、丰富生活、陶冶情操、增进健康、服务社会为目的所实施的非学历的老年人学校教育和其他形式的老年人教育活动。五年之后,江苏徐州也颁布了《徐州市老年教育条例》,其第 2 条明确规定,本条例所称老年教育,是指对六十周岁以上公民实施的非学历教育。紧接着,2011 年、2015 年,上海、宁波等地先后颁布的《终身教育促进条例》中所涉及的老年教育均指以老年人为对象开展的教育活动。首先值得肯定的是这些法律法规的出台对于推动我国老年教育发展的确产生了积极的作用。不过,这些法律条文中所体现的老年教育理念明确以活动参与为目标,且专门针对老年人群开展。倘若我们将老年教育的目标转向了精神发展,那么老年教育的对象是否仅限于老年人?对此疑问,依然可以从老龄化理论视野中寻找答案。

1994 年,超老化观感学者托恩斯戴姆在对 912 位年龄在 74 ~ 100 岁的丹麦老人的访谈研究中发现,受访者的超老化观感并没有在老年期获得增加。为了解释这点,他将超老化观感从年龄中分离出来,并提

---

〔10〕 Knowles,M. S. (1980),*The Modern Practice of Adult Education: From Pedagogy to Andragogy*(2nd ed.),New York,Cambridge Books,351,47.

出超老化观感可能发生在被试者到达 74 岁之前(即研究人口的最低年龄)(Tornstam,1994a)。[11] 由此,他发现年龄与超老化观感之间的积极相关并不能支持超老化观感的基本主张,即老年期本质上不同于中年。同年,他在另一项研究中发现了超老化观感从儿童早期的高超然性,到中年的低超然性,再到老年期的高超然性的一个"U"型发展曲线(Tornstam,1994b)[12],而后他又在 1997 年的研究中发现,青年才是超老化观感的暴发时期,而老年并不是主要发展期,甚至还是下降时期(Tornstam,1997b)。[13] 从托恩斯戴姆的研究来看,超老化观感的引导若只在老年期显然有些太晚,这种教育应至少提前至中年,甚至是青少年。

奥德杰(Oyedeji,1991)等人也提出了类似观点,他们指出,对大多数人来说,30 岁是身体发展的分水岭,此后,各项生理机能开始衰老,身体逐渐变得极易感染疾病,同时,精神也开始受损,最突出的老化表现是老年性痴呆——人的推理与概念、注意力和记忆力(特别是短期记忆)都遭受了破坏。[14] 而且,随着信息爆炸、科学技术进步、工业现代化的发展,属于老年人的财产继承权、土地所有权和传统与智慧的监护权也被剥夺,青年人不再为了获得这些权利而不得不依靠老年人,因而老年人的社会地位也随之降低(Cohn,1982)。[15] 这些身体的、精神的和社会地位的衰退变化从成人发展任务与责任增加的时候就已经开

---

〔11〕 Tornstam L. (1994a), Gerotranscendence: a theoretical and empirical exploration, Thomas L. E. & Eisenhandler S. A. (1994) (eds.). *In Aging and Religious Dimension*, Westport: Greenwood Publishing Group, pp. 203 – 225.

〔12〕 Tornstam L. (1994b), *Aldranders socialpsykologi* (*The social psychology of aging*) (5th ed.), Stockholm: Rabcn&Sjogren.

〔13〕 Tornstam L. (1997b), Gerotranscendence in a broad cross sectional perspective, *Journal of Aging and Identity*, 2(1), pp. 17 – 36.

〔14〕 Oyedeji, L. (1991), Wisdom: The Ultimate Goal of Education, *Inaugural Lecture*, University of Lagos, Nigeria.

〔15〕 Cohn, R. M. (1982), Economic Development and Status Change of the Elderly [J]. *American Journal of Sociology*, 87(5), pp. 115 – 161.

始,而成人必须额外花精力应对这些变化,因此成人需要学习,学习如何优雅地老化……因而,老年教育应当是一种提前教育——在成人到达老年之前很早就应提供的一种教育(Oyedeji,1992),[16]它可以在退休前几年就开始,而最有利地开始时间应该在大约30岁——即我们认同的人类寿命的分水岭(Chukwuneke,1990)。[17]

克莱因等人(Klein et al.,2005)进一步指出,目前学校并没有为学生提供任何有关老化的课程以学习对待老年人的积极知识和态度。[18]由于老化教育在学校的缺失,学生毫无意识地接受了来自社会的老化的神秘与刻板印象,然后他们又会有意识地实践老年歧视主义:一方面,青少年会歧视老年人,另一方面,他们对自己的老化也有焦虑。因此,如果学生在学校继续学习变老是一件糟糕的事情,他们更加可能逃避老年人,实践年龄歧视主义,拒绝他们自己的老化,并发展对老年的低的自我概念(Couper & Pratt,1999)。[19]

综上可见,现代西方老龄化理论视野为老年教育带来了新的内涵:我们每个人都会变老,都要为人子女赡养父母,而且,我们中的有些人还会以服务、照料或教育老年人为终身职业,因而,我们每个人都需要接受超老化观感的培养与老年教育。这一教育应该是在我们开始变老之前就已经进行并持续至退休、死亡的终身过程。所以,老年教育的对象应该是我们所有人。

---

〔16〕 Oyedeji.(1992), Education for the Elderly: Coping with Learning in Adult Years, *International Review of Education.* Education and the Elderly, 38(4), pp. 363 – 373.

〔17〕 Chukwuneke, O. F.(1990), *Preparation for and Adjustment During Retirement: A Study of Retired Persons in Lagos State*, Unpublished doctoral dissertation, Department of Adult EducationUniversity of Lagos, Nigeria.

〔18〕 Klein, D. A., Council, K. J., & McGuire, S. L.(2005). Education to promote positive attitudes about aging [J]. *Educational Gerontology*, 31, pp. 591 – 601.

〔19〕 Couper, D., & Pratt, F.(1999), *Learning for a longer life. A guide to aging education for developers of K – 12 curriculum and instructional materials*, Denton, TX: National Academy for Teaching and Learning about Aging, University of North Texas, pp. 3 – 6.

三、知识或智慧：老年教育应该教什么？

早在20世纪70年代末，上海就已成为我国第一个进入老龄化社会的经济发达的城市，因而其老龄化程度也一直保持着非常高的记录。截至2014年12月31日，上海户籍60岁及以上老年人共计413.98万人，占全市户籍人口28.8%，比上年增加26.36万人，占比提高1.7个百分点，老龄化程度继续加深（吴振东，2015）。[20] 在此背景之下，上海的老年学校教育的发展也较我国其他城市早且繁荣。除老年学校的数量和规模发展迅速之外，课程体系的建设也相对完善。据了解，上海老年大学自创立初期，就开始了课程开发的探索之路。随着社会时代背景的变迁，老年大学课程开发先后经历了框架形成（1985～1990年）、精细化（1991～1995年）、新突破（1996～1999年）和新层次（2000年至今）四个阶段，由最初的时事政治类、法律哲学类、文学艺术类三个层次的课程，到今天的传统课程（书画类、外语类、家政类、保健类、文艺类、文史类）与新兴类课程（计算机类、钢琴类、器乐类）两个层次（郑令德，2007）。[21] 显然，这些课程内容的设置代表了知识技能取向，当然它也是与丰富老年人生活的目标相符的。虽然活动参与本身可能会给老年人带来精神上的满足与愉悦，但它并不直接为精神发展的新目标服务。那么，老年教育到底应该教什么？让我们继续求解于老龄化理论视野。

托恩斯戴姆认为，超老化观感是一种自然发展的过程，这个过程包括人们不断改变他们原有基本观念的发展，从而导致他们对现实的重新定义。当尽可能理想化时，超老化观感的发展将最终导致一个新的视野，即从物质与理性的世界观向更超越自然的世界观的元观念转变，

---

〔20〕 参见吴振东：《上海户籍老年人口比例超28%》，载《人民日报海外版》，载 http://paper.people.com.cn/rmrbhwb/html/2015－03/31/content_1548783.htm。

〔21〕 参见郑令德：《和谐社会与老年教育》，上海教育出版社2007年版，第218页。

而这一转变给老年个体所带来的终极结果是成熟与智慧的获得[22]（Tornstam,1997a），简言之，即发现了个体在宇宙中生命与空间的意义，并接纳了衰老和死亡，实现了自我超越。同时，荣格的生命发展两阶段心理模型也指出，从专注他人转向专注个体内在自我，也就是个性化（Jungian individuation）过程，它最后的走向是成熟和智慧（Wadensten,2005）。[23] 类似地，埃里克森（Erikson,1997）认为，社会心理发展的最后两个阶段的任务包括：关心（扩大承诺，关心他人的需要和利益）和通过成功解决繁殖与停滞、完善与绝望的"智慧"的发展。[24] 辛诺特（Sinnott,1998）则认为，老年有一个将自己与所在环境整合并获得一种意义感的目标，允许"有意识的控制情绪和认知生活，这将导致情感自我调节……成熟和智慧"。[25] 新皮亚杰理论家帕斯卡. 莱内昂（Pascual-Leone,1990）也认为，智慧是一个正常人成长的最后的发展可能，是一个人的存在的整体整合——当到达足够宽容与内敛时，智慧便出现了。[26] 对于上述这些观点，特罗布里奇（Trowbridge,2007）最后进行了总结：现代社会，庞大的人口正进入老年……面对空巢、离职等生活变化的挑战，他们需要智慧来解决，而智慧是一个长期伴随那些长寿并经历更多的老年人的品质，它意味着老年人积极发展的潜能。[27] 显然，从这些老龄化理论视野来看，相比知识，智慧是人类发展的新维度，

---

〔22〕 Tornstam, L. (1997a), Gerotranscendence: The contemplative dimension in aging, *Journal of Aging Studies*, 11, pp. 143 – 154.

〔23〕 Wadensten B. (2005), Introducing older people to the theory of gerotranscendence[J]. *Journal of Advanced Nursing*, 52(4), pp. 381 – 388.

〔24〕 Erikson, E. H. (1997), *The life cycle completed*, New York, W. W. Norton & Co., p. 67.

〔25〕 Sinnott, J. D. (1998), Creativity and postformal thought: why the last stage is the creative stage, in: C. E. Adams-Price (ed.), *Creativity and successful aging: theoretical and empirical approaches*, New York:, Springer, pp. 43 – 72.

〔26〕 Pascual-Leone, J. (1990), An essay on wisdom: toward organismic processes that make it possible, in: R. Sternberg (ed.), *Wisdom*, Cambridge, Cambridge University Press, pp. 244 – 278.

〔27〕 Trowbridge R. H. (2007), Wisdom and lifelong learning in the twenty-first century, *London Review of Education*, 5(2), pp. 159 – 172.

是一种高级精神活动，所有的高级技能如元认知、情感与社会智力、自我认知、自主与相互关系、批判思维和后形式思维等都被整合在其中(Trowbridge,2007)。[28] 比如，选择—优化—补偿理论就是一个强调运用智慧实现优雅老化的模型，它要求最小化负面影响并最大化积极影响，以求平衡伴随老化的得与失(Baltes & Freund,2003)。[29]

事实上，创造智慧社会最快且最有效的渠道是通过老年人——这个群体有一个完成完整的生命周期的能力，这能够满足他们令生活有意义并发展理解与智慧品质的欲望(Trowbridge,2007)，因为自我实现是一个终身过程，老年人也要实现自我。[30] 而在我们的文化中，年轻人仍然没有获得认同或自主……也没有变得博学和有足够教养去开启变得智慧的可能性，所以，在我们的社会，仅有1%的人正在通向自我实现(许多人由于性别、宗教和种族所带来的经济和社会的障碍不可能达到自我实现)，因而也很少有人会获得智慧的发展；只有当8%的人达到了自我实现，这个社会才会很快变成一个智慧社会(Maslow,1969,1970,1987)。[31] 这些观点意味着，重视并传播智慧是帮助每个人都能达到自我实现的精神体验的创新之举。然而，现代世界却常常忽略和贬低智慧的价值，这毫无疑问也导致了老年人的价值被忽略和贬低(Marcel,1955)。[32] 因此，斯科特等人(Scott et al.,1998)提出，老化教育应当尽快在学校教育中提供，他们建议这类课程的内容重点应当放

---

[28] Trowbridge R. H. (2007), Wisdom and lifelong learning in the twenty-first century, *London Review of Education*,5(2),pp. 159 – 172.

[29] Baltes,P. B. & Freund, A. M. (2003), The intermarriage of wisdom and selective optimization with compensation: two meta-heuristics guiding the conduct of life, in Keyes C. L. M. & Haidt J. (eds.), *Flourishing: positive psychology and the life well-lived*, Washington. DC, American Psychology Association, pp. 149 – 173.

[30] Trowbridge R. H. (2007), Wisdom and lifelong learning in the twenty-first century, *London Review of Education*,5(2),pp. 159 – 172.

[31] Maslow, A. H(1970), *Motivation and personality*, New York, Harper & Bros; Maslow, A. H. (1969), The farther reaches of human nature, Journal of Transpersonal Psychology, 1(1): 204; Maslow, A. H. (1987). *Motivation and personality*, New York, Harper & Row, p. 263.

[32] Marcel, G. (1955), *The decline of wisdom*, New York, Philosophical Library, p. 40.

在老年人的价值和贡献之上,而不是生命的老化过程与身体变化。同时,他们也指出老化教育应当在童年早期开始,让儿童学习对待老年人的积极知识和态度,那么,整个社会中,歧视性的老年刻板印象(病弱、衰老、贫困、抑郁、保守和孤独)和老化的恐惧感才可能被消除。[33] 恰恰在很多时候,是对时间的恐惧而非时间本身对我们的身体和心灵有破坏作用,它可能是导致提前老化的原因,因为那些长寿的人往往在早年就对老年的前景形成了积极的态度(Murphy,1982)。[34] 可见,对于未成年人而言,能够理解老化的价值与意义并战胜对老化的恐惧,从而形成对老化的积极态度,这即获得了一种自我超越的智慧,而这种智慧又将助他应对成年后的老化,优雅地变老。综上所述,从未成年到成年,再到老年的老龄化教育应始终坚持以智慧为主要传授内容。

四、传统或现代:老年教育应采取什么方法?

据一项对上海1000名老年大学学员的调查显示,在最喜欢的学习方式中,"自学"占41.5%、"听老师讲"占83.3%、"向他人学习"占39.8%、"小组合作学习"占17.7%、"电视"占28.7%、"广播"占19.8%、"旅游学习"占15.6%、"网络学习"占11.3%、"其他"占0.9%(郑令德,2007)。[35] 可见,80%以上老年学员偏爱传统的课堂"听老师讲"的面授方式,其次分别有40%左右老年学员喜欢"自学"和"向他人学习"的传统方式,而老年学员普遍对于其他现代学习方式感到比较陌生。对于目前老年教育方法过于传统的现象,库普和普拉特指出,现代社会的"长寿变革"要求必须在教什么以及怎么教中发起

---

〔33〕 Scott,T.,Minichiello,V.,& Browning,C.(1998),Secondary school students' knowledge of and attitudes towards older people:Does an education intervention programme make a difference, *Ageing and Society*,18,pp. 167 – 183.

〔34〕 Murphy,J.(1982),*The Power of Your Subconscious Mind* [M]. New York:Prentice-Hall.

〔35〕 参见郑令德:《和谐社会与老年教育》,上海教育出版社2007年版,第218页。

革命性变化，而教给学生为何老化和怎么老化的基本知识与技能对于促进成功老龄化的可能性是必需的(Couper & Pratt,1999)。[36]

托恩斯坦姆、荣格、埃里克森、辛诺特、莱内昂、特罗布里奇等人都坚持随着个体老化并接近死亡会变得更加智慧，但是这个过程不可能在没有指导的情况下理想顺利地完成。期望老年人依靠自己完成加强自我认知、获得自我整合与超越，以及获得智慧等任务是不现实的，因为他们需要社会支持，比如在退休中心、老年学校或其他场所学习。穆迪(Moody,1978)认为，当个体从关注他人转向关注自我的时候，对生活经历与成就的回顾(life review)则成为老年期发展的主要任务，因而，老年人有一种讲故事、令经历有意义的欲望。[37] 这意味着引导老年人怀旧(reminiscence)可能是一个投其所好的有效教育方法。不仅如此，生活回顾或怀旧对于人的精神发展与智慧获得有重要意义，因为，生活回顾可以让我们理解生死、剖析自我、评估精神发展、完成使命、展望未来(Williams,2015)；[38] 怀旧是一个改变和发展自我的机会，可能不仅有利于认同的变化与重构，而且有利于人们对现实理解的方式的变化与重构(Tornstam,1999b)；[39] 回顾过去，通过拓宽他自己与自我、他人和自然的关系对现在产生影响，是有超老化观感或智慧发展意义的(Wadensten,2010)，它甚至对绝症也是有效果的(Jenko et al.,2010)。[40] 然而，与这些评论不同，科尔曼(Coleman)却认为通过生活

---

〔36〕 Couper, D., & Pratt, F. (1999), *Learning for a longer life. A guide to aging education for developers of K-12 curriculum and instructional materials*, Denton, TX, National Academy for Teaching and Learning about Aging, University of North Texas: 3-6.

〔37〕 Moody, H. R. (1978), Education and the life cycle: a philosophy of aging, in Sherron R. H. & Lumsden D. B. (1978) (eds.), *Introduction to educational gerontology*, Washington, DC: Hemisphere: 31-47.

〔38〕 Williams K, The Life Review and the Near-Death Experience, http://www.near-death.com/experiences/research24.html.

〔39〕 Tornstam L. (1999b), Gerotranscendence and the functions of reminiscence, *Journal of Aging and Identity*, 4, pp. 155-166.

〔40〕 Jenko, M. J., Gonzalez, L., & Alley, P. (2010), Life review in critical care: Possibilities at the end of life, *Critical Care Nurse*, 30(1), pp. 17-28.

回顾获得成熟与智慧只是一种可能,因为并不是每个人都擅长应对任何面向反省(reflective)、生活回顾或智慧发展的欲望。因而,大多数人参与的、需要反省技巧的生活回顾可能不是一个学习活动,他们反而会间接地通过其他课程或群体(如人文课程、讨论群体、步行群体、社会活动或其他场所)获得智慧发展(Trowbridge,2007)。[41] 可见,在科尔曼看来,智慧也可以通过迎合老年人认知丰富与社会参与的活动兴趣而获得成功发展,这样的项目将对老年人寻求意义和为他们提供最佳的问题解决办法都是有益的。

特罗布里奇指出,在智慧技能中,智慧被界定为深刻理解存在的基本现实(如痛苦与死亡;善良与邪恶;美的欣赏;人类知识的有限性和情感的敏感性;理解以自我为中心的自然倾向性;个体的超越;意识到所有存在的基本品质;爱、意识和幸福的可能性等),并按照这个理解做出最好的可能选择。因此,智慧作为一种技能是建立在智慧培养的哲学传统和技能发展模型的基础上。为此,他针对参与者特别设计了三个学习步骤:第一步,了解什么是智慧——花大量时间通过书籍、讨论、影像等方式学习宗教、哲学和心理学中的智慧内涵,并了解已经显示智慧的人或群体;第二步,发展智慧观点并智慧地生活——通过学习和实践与智慧相关的性格特征(如开放、反思、移情、公平和良好判断力、安宁、幽默、自我认知、人性和超越视角等)内化大量智慧原则,并且参与日常训练;第三步,在参与者自己的生活中情境实践(这个情境必须能够表现他或她的巨大智慧)——参与者将实践记录下来,并摘出片段在小型群体活动中分享(案例反思),可由教练参与;由同伴、个体或经过培训的评估者来评估;评估依据六个标准(开放、自我中心和自我认知、反思和整体、谦逊、移情、合理性);评估应当尽可能简单,充分评估智慧的定

---

〔41〕 Trowbridge R. H. (2007), Wisdom and lifelong learning in the twenty-first century, *London Review of Education*, 5(2), pp. 159 - 172.

义(Trowbridge,2005)。[42]

威登斯坦和卡尔森(Wadensten & Carlsson,2003)于1999～2000年在瑞典选择了三个小组(32～61岁的没有护理经验的人;25～52岁的有护理经验但非老年护理人员;20～63岁的老年护理人员)进行焦点访谈,目的是探索超老化观感理论实施的护理指南。他们采取了类似于智慧技能的培训步骤:第一步,向各小组成员介绍超老化观感理论;第二步,围绕该理论的自我、自然、个人与社会关系三个维度如何具体实施的主题讨论出可操作的建议;第三步围绕个人(护工)、活动和组织(机构)三个层面提炼了具体的七条护理实践指南。[43] 结果是这项研究的意义超越了所提炼的七条护理实践指南本身,因为,经过超老化观感理论培训与讨论的各年龄段的护理人员与非护理人员都获得了一个对老年人需求的新的理解方式,而这直接决定了他们如何对待老年人或他们自己的老化,以及他们认为老年护理情境中哪些需求必须被满足。因此,智慧技能的培训方法不仅可以用于老年人,还可用于年轻人;不仅可用于专业护理人员,还可用于非专业人士。

此外,对于学校教育中的智慧培训,台湾地区"教育部"联合一所小学开发了一个富有成效的代际合作项目。该项目是将学校空闲的教室翻新成为玩具诊所店,为学生提供玩具修理服务;在玩具诊所店提供玩具修理服务的玩具医生是由经玩具诊所店培训过的老年人胜任。最后项目取得了意想不到的双赢效果:老年人通过修理学生的玩具,发现了一条为社会贡献他们智慧和生活经验的方式以及与青年一代交流与互动的机会,而学生则从老年人那里学会了修理知识与解决问题的技能或态度,同时也认知到了老年人的价值并形成了对他们的积极态度

---

〔42〕 Trowbridge,R. H. (2005), The scientific approach to wisdom, Unpublished doctoral dissertation, http://www.cop.com/TheScientificApproachtoWisdom.doc.

〔43〕 Wadensten B. & Carlsson M. (2003), Theory-driven guidelines for practical care of older people, based on the theory of gerotranscendence, *Journal of Advanced Nursing*, 41(5), pp. 462－470.

(Chin-Shan Huang,2011)。[44]

总而言之,在智慧领域内,高级精神功能(如元认知、情绪智力、反思学习、批判思维和后形式思维等)是一个走向智慧的元探究式的加工思维和品质(Baltes et al.)。[45] 一个智慧的观点是所有输入(信息、资源等)、选择评估、目标与价值,及行为计划和指导的潜在整合(Trowbridge,2007)。[46] 可见,知识相对于智慧而言,它是一个非常具体、平面、静态的客观体系,所以,"授以知识,不如授以智慧"如同"授之以鱼,不如授之以渔",因而,老年教育的方法应强调面向智慧技能的现代性变革,而上述生活回顾(怀旧或反省)、活动参与、智慧技能培训、小组讨论、代际合作项目等都是可尝试的新方法。

五、理论重构:走向终身化老年教育

从生命周期与发展阶段理论、超老化观感理论、社会心理发展阶段理论和选择—优化—补偿理论到智慧技能与自我实现理论,再到个体老化、老年歧视与老化教育等知识,西方现代老龄化理论知识给国内外老年教育带来了全新的革命性视野。若以这个革命性视野来考察我国现在的老年教育,它作为终身教育重要组成部分的蕴意还相当有限。比如,在老年人相关的法规与政策中,我国的老年教育(education for the elderly)通常被概念化为60周岁以上公民参与的非学历的老年人学校教育和其他形式的老年人教育活动。在这样一个以活动发展为教育目标的定义描述中,它首先肯定了老年教育的非正规学校教育与非正式教育活动(non-formal & informal education),也强调了60周岁(法定强制退休年龄)退休老年人(retirement-aged adults)的教育。然而,它却

[44] Chin-Shan Huang(2011), Aging education elementary school textbooks in TaiWan, Educational Gerontology,37,pp. 235 - 247.

[45] Baltes,P. B. & Staudinger, U. M. (2000), Wisdom: a metaheuristic (pragmatic) to orchestrate mind andvirtue toward excellence,*American Psychologist*,55(1),pp. 122 - 136.

[46] Trowbridge R. H. (2007), Wisdom and lifelong learning in the twenty-first century, *London Review of Education*,5(2),pp. 159 - 172.

将老年人拒之于正规教育(formal education)门外,尤其排除了那些对文凭证书(credential programs)有特殊需求的老年人;也将50~59岁(mid-life learner 或 older adult learners)面临退休的老年人(pre-retirement adults)以及30~49岁开始有应对老化发展任务的成人排除在了教育之外;当然,它还忽略了小学、中学、高中到大学的正规学校教育中7~24岁学生的老化教育(aging education),以及各类医学校或大学中老年学或护理学专业的学生或已就职于老年机构的护理人士的老年学教育(gerontology education)与培训等。显然,这样的一个老年教育的时空构架是非常有限的,它既不能将有各种学习需求的所有老年人都纳入终身教育体系,也不能为有学习需求的任何人提供一种基本的老化教育或老年学教育。因此,无论是从纵向来看,还是横向来看,我国现有的老年教育体系都不能充分体现终身教育理念的时空无限性内涵,自然也与我们所构想的人人能学、时时能学、处处能学的学习型社会还有一定的距离。而且,这些被忽略的教育也是"一个能够促进面向成功老龄化的支持环境"(Couper & Pratt,1999)。[47]

所以,为了促进我国终身化老年教育的发展并借此助力实现成功老龄化的社会目标,当务之及的做法是树立积极的人类老龄观,在正确理解并接纳西方现代老龄化理论视野的基础上,反思并重构我国老年教育的目标—从活动参与转向精神发展、对象—从老年人转向所有人、内容—从知识转向智慧技能、方法—从传统转向现代等基本理论问题,然后在教育实践中检验并丰富它,以便形成有特色的本土化教育理论,为未来的终身化老年教育实践提供科学指导。

(原文已发表于《开放教育研究》2015年第3期)

---

〔47〕 Couper,D.,& Pratt,F.(1999),*Learning for a longer life. A guide to aging education for developers of K-12 curriculum and instructional materials*,Denton,TX,National Academy for Teaching and Learning about Aging,University of North Texas,pp. 3-6.

城市老年人孤独感的影响因素分析

李　俊[*]　许　爽[**]

一、问题的提出与文献综述

我国人口老龄化日趋严重,2010 年第六次人口普查数据显示,我国 60 岁以上人口占总人口的 13.26%。随着经济不断发展,社会满足老年人物质需求的能力越来越高,老年人的经济供养已经不再是最棘手的问题。但随着社会流动速度的加快,家庭向小型化、核心化的方向发展,空巢家庭增多,家庭成员之间的关系疏离,家庭养老功能弱化,子女对老年人的精神慰藉尤其不足。据有关部门的最新调查显示,我国约有 1/4 的老年人存在孤独、抑郁等心理问题,严重者甚至有消极的自杀行为。孤独已经成为影响老年人生活质量的一个不容忽视

---

* 李俊,社会学博士,华东政法大学社会发展学院教授,硕士生导师。

** 许爽,华东政法大学社会发展学院硕士研究生。

的问题。[1]

美国学者 Weiss(1975)将孤独感定义为：当个人感到缺乏令人满意的人际关系，个体交往的渴望与实际的交往水平产生差距时的一种主观心理体验。他还提出孤独具有情绪孤独状况、社交孤独状况、情绪孤独体验与社交孤独体验四个维度。[2] Peplau、Perlman(1982)同样认为孤独感是人们期望达到的社交网络模式与实际产生差距时的一种不愉快的感受。[3] 国内学者对孤独感也作了界定，吴捷(2008)认为孤独感是自我感觉与他人脱离时的一种心理感受，这种心理感受尤其指的是被疏远和被轻视。[4] 赖运成(2012)认为孤独感是个体人际关系缺失时的一种情感，并将缺失的本质归结为缺失观和认知观。[5] 缺失观认为由于个人社会关系网中某些关系的缺乏，使同伴需要不能充分满足从而导致孤独感；认知观通过研究个体对人际关系的偏好、期望和渴求，认为孤独感来自于对现存人际关系的不满意。必须说明的是，孤独感与社交隔离不同，即使有相当广泛的社交网络，个体也可能感到孤独，而独居或少有人到家来访也不一定意味着个体会有孤独感。总之，孤独感是一种不愉快或者消极的主观感受，并且和人际交往紧密相关。

在研究对象上，国外孤独感研究大致可以分为儿童青少年孤独感研究和成人孤独感研究两类。国内关于孤独感的研究主要集中在青少年领域(赵冬梅，2007；蒋怀滨，2008；于绪丽，2008)，而关于包括老年人

---

[1] 2010 年《中国人口老龄化与老年人状况蓝皮书》指出，我国 27.5% 的老年人有孤独感；38.7% 的老年人有轻度抑郁，18.1% 的老年人中度抑郁，7.4% 的人重度抑郁。参见张恺悌、郭平主编：《中国人口老龄化与老年人状况蓝皮书》，中国社会出版社 2010 年版。

[2] WeissRS. Loneliness, *The experience of emotional and socialisolation*, CambridgeMassachusetts：MIT Press，1973.

[3] Peplau L，Perlman D. Perspectives on loneliness. In L. Peplau and D. Perlman(eds.), 5*Loneliness：a sourcebook of current theory，research and therapy*，New York：JonesWiley and Sons，1982：1－18.

[4] 参见吴捷：《老年人社会支持、孤独感与主管幸福感的关系》，载《心理科学》2008 年第 4 期。

[5] 赖运成：《老年人孤独感的研究进展》，载《中国老年学杂志》2012 年第 11 期。

在内的成人孤独感的研究相对较少。在研究领域上,心理学的研究较多,社会学的研究较少。心理学多从个体角度出发,将孤独感视为一种主观上的感受,分析孤独感的产生与人格类型(李彩娜,2006;Rokach,1997)、人际交往(曲可佳,2010)、同伴关系(赵冬梅,2007)以及自我同一性(蒋艳菊,2005)之间的关系。而社会学家更倾向于把孤独感置于社会背景下来研究,分析在特定的政治、经济、文化背景下孤独感的产生和影响机制。

孤独感的形成不仅与个体的心理、生理因素相关,而且与家庭和社会环境相关。Pearl A. Dykstra 和 Jenny de Jong Gierveld(2004)在对3737位荷兰老年人进行测试和访谈后得出,不同性别和婚姻状况对老年人孤独感有明显影响并显示出显著差异。[6] Segrin(2001)通过调查得出配偶在地域上的分离会导致孤独感,并且分离的时间越长,孤独感越强烈。[7] Rokach(2001)从文化背景角度对不同地域的人进行研究,发现文化背景确实会影响人们的孤独感,北美人的孤独感比克罗地亚人的孤独感强烈。[8] De Jong Gierveld &Van Tilburg(1999)在另一项研究中发现,家庭构成是影响老年人孤独感的重要因素,但是在家庭状况相同的情况下,意大利没有老伴的老年人很少会产生孤独感,而与之相反,荷兰没有老伴的老年人孤独感会很强烈,这与两国不同的文化背景是息息相关的。[9] 目前,大多数国内学者认为,老年人孤独感的影响

---

〔6〕 Pearl A Dykstra, Jenny de Jong Gierveld. Gender and Marital-History Differences in Emotional and Social Loneliness among Dutch Older Adults[J]. *Canadian Journal on Aging*, 2004, 23(2): 141 – 155.

〔7〕 Chris Segrin, Jeanne Flora. Perceptions of Relational Histories, Marital Quality and Loneliness When Communication is Limited: An Examination of Married Prison Inmates [J]. *Journal of Family Communication*, 2001, 1(1): 151 – 173.

〔8〕 A. Rokach, T. Orzeck, J. Cripps, K. Lackovic-Grgin, Z. Penezic. The Effects of Culture on the Meaning of Loneliness[J]. *Social Indicators Research*, 2001, 53(1): 17 – 31.

〔9〕 J. de JongGierveld, Van Tilburg T. Living Arrangements of Older Adults in the Netherlands and Italy: Coresidence Values and Behaviour and Their Consequences for Loneliness [J]. *Journal of Cross-Cultural Gerontology*, 1999, 14(1): 1 – 24.

因素主要包括年龄、性别、健康状况、受教育程度等人口统计学变量(如刘志荣、倪进发,2003;吴振强,2009;王希华、周华发,2010;王福兴等,2011)。[10] 除人口统计学变量之外,笔者认为还应考察以下三个方面:

第一,家庭状况。胡宏伟(2011)将家庭状况分为婚姻状况、与子女同住和家庭关系。统计结果表明,婚姻状况和家庭关系变量对老年人孤独感的影响显著,婚姻状况越好老年人的孤独感越低,同时,家庭关系不好的老年人更容易感到孤独。而是否与子女同住同样会影响到老年人的孤独感,独居的老年人比与子女同住的老年人更容易感到孤独。[11] 曹梅娟、张姣姣(2013)认为良好的婚姻与和睦的家庭可以为老年人提供一个较好的环境,配偶的相互支持和陪伴对于老年人心理状态的调适有他人无法替代的作用。[12] 林明鲜(2009)同样认为婚姻状况对老年人孤独感有显著影响,丧偶老年人比夫妻老年人更容易感到孤独。但他认为是否与子女同住不会对老人的孤独感产生显著的影响,相比是否与子女同住更重要的是代际之间有没有亲密的交往关系,因此城市"空巢"老年人会产生孤独感不是普遍现象,不应将"空巢"老年人都视为孤独群体。[13]

第二,社会支持水平。国内外学者就社会支持和孤独感的关系开展了大量研究。Martin(1997)对美国和瑞典老年人的研究发现,社会

---

〔10〕 参见刘志荣、倪进发:《老年人孤独及其相关因素研究》,载《中国公共卫生》2003 年第 3 期;吴振强、崔光辉、张秀军:《留守老年人孤独状况及影响因素研究》,载《中国公共卫生》2009 年第 8 期;王希华、周华发:《老年人生活质量、孤独感与主观幸福感现状及相互关系》,载《中国老年学杂志》2010 年第 5 期;王福兴、徐菲菲、李卉:《老年人主观幸福感和孤独感现状》,载《中国老年学杂志》2011 年第 13 期。

〔11〕 参见胡宏伟:《我国老年人心理症状及其影响因素研究》,载《西南大学学报》2011 年第 6 期。

〔12〕 参见曹梅娟、张姣姣:《老年人孤独感影响因素的研究现状及对策》,载《中国老年学杂志》2013 年第 22 期。

〔13〕 参见林明鲜、刘永策、展光祚:《城市"空巢"老人与孤独现象的实证研究》,载《现代预防医学》2009 年第 1 期。

支持状况可以很好地预测其孤独状况。[14] 吴捷(2008)的研究表明,不同社会支持水平的老年人的孤独感有显著差异,而且老年人的社会支持、孤独感与主观幸福感各维度之间有较高的相关度。[15] 周建红等人(2014)通过使用社会支持评定量表对上海市嘉定区空巢老人的调查研究得出,社区空巢老人的孤独评分与社会支持各维度均呈负相关,其获得的社会支持越低其孤独评分越高。[16]

第三,亲子互动状况。亲子互动状况包括两个方面:其一是子女精神赡养水平。一般认为,精神赡养是指在家庭生活中,赡养人对被赡养人在感情、心理等方面给予关心和帮助,从而使被赡养人获得家庭的温暖。目前,对于子女精神赡养与老年人孤独感的关系,国内学者的研究还较少。申继亮等人(2003)的研究结果表明,亲子支持和孝顺期待对老年人的孤独感体验有显著的影响,即老年人接收成年子女的支持行为越多,对成年子女的孝顺期待越高,老年人的孤独感体验就越少。[17] 王大华等人(2004)将老年人亲子支持分为老年人接受成年子女支持和老年人给予成年子女支持,提出亲子支持的过程实际上就是老年人与亲密他人进行社会交往的过程,并通过研究得出相对于与子女关系疏远的老年人,与子女交往密切的老年人孤独感体验会相对较少。[18] 刘靓等人(2009)通过研究老年人孤独感与亲子支持、孝顺期待的关系,得出老年人对成年子女的孝顺期待越高,其孤独体验就越少,并且子女给

---

〔14〕 P. Martin, B. Hagberg, L. W. Poon, Predictors of Loneliness in Centenarians: A Parallel Study, *Journal of Cross-Cultural Gerontology*, 1997, 12(3), pp. 203 – 224.

〔15〕 参见吴捷:《老年人社会支持、孤独感与主管幸福感的关系》,载《心理科学》2008 年第 4 期。

〔16〕 参见周建红、陶琼英、黄立新、马修强:《上海市社区空巢老人孤独水平的影响因素分析》,载《中国老年学杂志》2014 年第 1 期。

〔17〕 参见申继亮、周丽清、佟雁、张金颖:《亲子支持和孝顺期待对老年人孤独感的影响》,载《中国临床心理学杂志》2003 年第 3 期。

〔18〕 参见王大华、佟雁、周丽清、申继亮:《亲子支持对老年人主观幸福感的影响机制》,载《心理学报》2004 年第 1 期。

予支持少的老年人孤独感体验显著高于子女给予支持多的老年人。[19]其二是老年人的主观需求。一般来说,精神慰藉需求越高的老年人,越渴望得到子女的精神赡养,在精神慰藉需求不能完全满足的情况下往往越容易感到孤独。这一方面的研究基本上还是空白。

借鉴既往研究,本文试图通过实地调研了解我国城市老年人的孤独感状况,探索上述三个影响因素与老年人孤独感之间的关系,并提出相应的政策建议,以期对提高老年人的生活质量有所助益。

二、研究设计

(一)变量与假设

1. 因变量:孤独感

本次调查对孤独感的测量采用了 Russell 等人(1988)编制修订的 UCLA 孤独量表第三版(测量老年人的内部一致性信度系数为 0.89)。该量表为自评量表,用于测量由"对社会交往的渴望与实际水平的差距"而产生的孤独感。整个量表共有 20 个条目,其中 11 个"孤独"的正序条目,9 个"非孤独"的反序条目。采用 4 级计分的方法,"孤独"正序条目(从不、很少、有时、经常)分别记 1 ~ 4 分;"非孤独"反序条目(从不、很少、有时、经常)分别记 4 ~ 1 分。量表得分为 20 ~ 80 分,得分越高孤独感越强。一般认为,44 分以上为高度孤独;39 ~ 44 分为比较孤独;33 ~ 39 分为中间水平;28 ~ 33 分为不是很孤独;28 分以下为低度孤独。

2. 自变量

(1)维度一:家庭状况

老年人家庭状况的测量指标主要包括居住方式和婚姻状况。这两个变量都是二分变量,不与子女同住为"空巢老人"(赋值为 1),与子女

---

[19] 刘靓、徐惠兰、宋爽:《老年人孤独感与亲子支持、孝顺期待的关系研究》,载《中国临床心理学杂志》2009 年第 5 期。

同住为“非空巢老人”(赋值为0);无配偶(赋值为1),有配偶(赋值为0)。在控制其他变量的前提下,提出假设一即“空巢老年人比非空巢老年人的孤独感更强”与假设二即“无配偶老年人比有配偶老年人的孤独感更强”。

(2)维度二:社会支持水平

借鉴肖水源社会支持量表(包括8个问题),其中1~3题用于测量主观支持,第4题和第5题测量客观支持,6~8题测量对社会支持的利用度。计分方法:第1~2、6~8条:选择1,2,3,4项分别计1~4分。第3条分A,B,C,D四项计总分,每项从无到全力支持分别计1~4分。第4、5条如回答“无任何来源”则计0分,回答“下列来源”者,有几个来源就计几分。总分为所有条目计分之和,得分越高,社会支持度越高。在控制其他变量的前提下,提出假设三:社会支持水平越低,老年人的孤独感越强。

(3)维度三:亲子互动状况

本研究对亲子互动状况的测量主要包括老年人的主观需求、对自己与子女关系的满意程度、子女精神赡养行为指数、与子女聊天的频率和与子女聊天后的感受。

老年人的主观需求。一共有3个选项,即“经济供养”“生活照料”和“精神慰藉”。由于本研究侧重精神赡养,因而将其转化为二分变量,“精神赡养”(赋值为1),“非精神赡养”(赋值为0)。在控制其他变量的前提下,提出假设四:最希望获得子女精神赡养的老年人比最希望获得子女非精神赡养的老年人,孤独感更强。

对自己与子女关系的满意程度。一共有5个选项,即“很满意”(赋值为1)、“比较满意”(赋值为2)、“一般”(赋值为3),由于“不是很满意”与“完全不满意”样本数很少,因而将两者归并为“不太满意”(赋值为4)。在控制其他变量的前提下,提出假设五:对自己与子女关系比较满意、一般和不太满意的老年人相对于很满意的老年人的孤独感更强。

子女精神赡养行为指数。笔者自己设计了子女精神赡养行为的总加量表,一共有 10 个陈述,由于成就的安心比较难以测量,因而只测量了子女精神赡养的另两个方面——人格的尊重与情感的慰藉。[20] 在正向陈述(包括子女在您生病时照顾您、子女节假日陪您、子女给您买礼物、子女支持您健康的娱乐文化活动、在涉及家庭重大事情的决定上,子女会征求您的意见)中,"总是"计 5 分,"经常"计 4 分,"有时"计 3 分,"很少"计 2 分,"从不"计 1 分;而在反向陈述(包括子女干涉您的人际交往、子女限制您的正常生活开支、子女对您不理不睬、子女对您言语不敬、子女与您发生肢体冲突)中,计分反过来。取值范围从 10 到 50 分。在控制其他变量的前提下,提出假设六:子女精神赡养行为指数越低,老年人的孤独感越强。

与子女聊天的频率。一共有 7 个选项,即"每天都有交流""每周 3 次以上""每周 1 ~3 次""每周 1 次""两周 1 次""每月 1 次""更长时间一次"。以两个月为一个时间周期,将其转为定距变量,分别为 60 次、24 次、16 次、8 次、4 次、2 次、1 次。在控制其他变量的前提下,提出假设七:与子女聊天频率越低,老年人的孤独感越强。

与子女聊天后的感受。一共有 5 个选项,即"很愉快"(赋值为 1)、"比较愉快"(赋值为 2)、"一般"(赋值为 3),由于"不太愉快"与"很不愉快"样本数很少,因而将两者归并为"不太愉快"(赋值为 4)。在控制其他变量的前提下,提出假设八:与子女聊天后比较愉快、一般与不太愉快的老年人相对于很愉快的老年人的孤独感更强。

3. 控制变量

除了常规的控制变量(如性别、年龄、受教育年限、月均收入、政治面貌、户籍等)之外,还包括老年人身体健康状况、子女数、是否信仰宗教。

---

〔20〕 2010 年《中国人口老龄化与老年人状况蓝皮书》指出,我国 27.5% 的老年人有孤独感;38.7% 的老年人有轻度抑郁,18.1% 的老年人中度抑郁,7.4% 的人重度抑郁。参见张恺悌、郭平主编:《中国人口老龄化与老年人状况蓝皮书》,中国社会出版社 2010 年版。

（二）抽样设计

本研究的调查对象有三个方面的限定：一是年龄，1955 年 1 月 1 日以前出生，即年满 60 岁的老年人；二是有子女的老年人；三是在上海连续居住半年以上的老年人。

整个调查采取定额抽样法（根据上海市第六次人口普查数据），主要考虑了老年人在性别（男女比例为 1:1）、年龄（60～69 岁的老年人占 60%，70 岁及以上的老年人占 40%）、户籍（本市户籍为 80%，外地户籍为 20%）三个变量上的分布。共发放问卷 800 份，回收有效问卷 760 份，样本有效率为 95%。回归模型中自变量的样本描述如表 1 所示：

表 1　相关变量的描述统计（N = 747）（%）

定类变量（%）			
性别		身体健康状况	
男性	49.80	很健康	15.80
女性	50.20	比较健康	37.35
婚姻状况		一般	34.54
有配偶	77.11	不太健康	12.32
无配偶	22.89	老人的主观需求	
空巢与否		精神赡养	36.28
空巢	44.44	非精神赡养	63.72
非空巢	55.56	对自己与子女关系的满意程度	
户籍		很满意	26.10
本地户籍	80.59	比较满意	49.53
外地户籍	19.41	一般	20.48
政治面貌		不太满意	3.88
党员	22.49	与子女聊天后的感受	
非党员	77.51	很满意	26.64
是否信仰宗教		比较满意	48.73
信仰	15.80	一般	22.09
不信仰	84.20	不太满意	2.54

续表

连续变量(均值/标准差)			
年龄(岁)	68.79/6.54	子女数(个)	2.62/1.34
月均收入(元)	3323.12/1804.21	受教育年限(年)	9.89/4.03
社会支持水平	31.15/7.07	聊天频率(次)	32.34/24.04
子女精神赡养行为指数	42.37/5.83		

三、研究结果

本次调查发现,上海市老年人普遍存在不同程度的孤独感。其中,29.85%的老年人高度孤独、17.94%的老年人比较孤独、21.02%的老年人为中间水平、19.81%的老人不是很孤独、11.38%的老人低度孤独。那么,影响城市老年人孤独感的因素究竟有哪些呢?由于孤独感是连续变量,故采用多元线性回归分析,建立OLS回归模型。模型一针对维度一——家庭状况,模型二针对维度二——社会支持水平,模型三针对维度三——亲子互动状况,模型四是全模型,包括了所有维度(具体见表2)。

表2　城市老年人孤独感影响因素的OLS回归模型

变量	模型一	模型二	模型三	模型四
自变量				
家庭状况				
空巢(以非空巢为参照组)	1.478** (0.679)			-0.145 (0.653)
无配偶(以有配偶为参照组)	4.471*** (0.821)			2.003*** (0.704)
社会支持水平		-0.489*** (0.049)		-0.301*** (0.045)
亲子互动状况				
最希望获得子女精神赡养(以非精神赡养为参照组)			1.790*** (0.618)	2.206*** (0.594)

续表

变量	模型一	模型二	模型三	模型四
对自己与子女关系的满意程度(以很满意为参照组)				
比较满意			2.166*** (0.780)	1.983*** (0.747)
一般			5.426*** (1.047)	4.183*** (1.016)
不太满意			7.470*** (1.823)	5.769*** (1.762)
子女精神赡养行为指数			-0.757*** (0.064)	-0.738*** (0.061)
聊天频率			0.014 (0.013)	0.009 (0.014)
与子女聊天后的愉快程度(以很愉快为参照组)				
比较愉快			0.684 (0.764)	0.963 (0.733)
一般			0.216 (1.003)	0.111 (0.962)
不太愉快			1.620 (2.264)	0.002 (2.181)
控制变量				
年龄	-0.084 (0.055)	-0.082 (0.052)	-0.015 (0.046)	-0.055 (0.045)
男性(以女性为参照组)	2.274*** (0.684)	1.629** (0.654)	1.511*** (0.577)	1.516*** (0.557)
子女数	0.381 (0.260)	0.472* (0.249)	0.236 (0.221)	0.265 (0.212)
身体健康状况(以很健康为参照组)				
比较健康	3.520*** (1.030)	2.697*** (0.990)	1.952** (0.877)	1.623*
一般	6.701*** (1.045)	5.111*** (1.018)	2.766*** (0.912)	2.015** (0.881)

续表

变量	模型一	模型二	模型三	模型四
不太健康	9.087*** (1.307)	7.241*** (1.269)	4.709*** (1.133)	4.029*** (1.093)
受教育年限	-0.201* (0.103)	-0.226** (0.099)	-0.169* (0.087)	-0.126 (0.084)
月均收入对数	0.515 (1.054)	0.795 (1.009)	0.959 (0.889)	0.678 (0.854)
党员(以非党员为参照组)	-1.553* (0.883)	-0.066 (0.861)	-1.224 (0.751)	-0.308 (0.732)
宗教信仰(以不信仰宗教为参照组)	-0.573 (0.933)	0.164 (0.895)	0.928 (0.791)	1.000 (0.761)
本地户籍(以外地户籍为参照组)	-2.784*** (0.903)	-0.996 (0.880)	-1.976** (0.772)	-0.986 (0.754)
Constant	36.97*** (8.499)	51.04*** (8.316)	59.87*** (7.600)	72.20*** (7.444)
Observations	747	747	747	747
R-squared	0.160	0.226	0.409	0.460
Adjust R-squared	0.145	0.213	0.393	0.443

注:显著性水平,***$p<0.01$,**$p<0.05$,*$p<0.1$。

模型一针对维度一——家庭状况。在模型整体检验通过($P=0.0000$)的情况下,进一步分析家庭状况的两个方面对因变量的影响。第一,是否空巢。数据表明,在控制其他变量的情况下,空巢老年人比非空巢老年人的孤独感高出1.48($p<0.05$),假设一得到验证。相对于非空巢老年人,空巢老年人由于与子女互动较少,精神慰藉需求没有得到充分满足,因而孤独感更强。第二,有无配偶。数据表明,在控制其他变量的情况下,无配偶老年人比有配偶老年人的孤独感高出4.47($p<0.01$),假设二得到验证。这与既往研究相符合。可能的解释是,有配偶的老年人可以成为彼此的精神寄托,相互陪伴、倾诉,因此不容易感到孤独,而无配偶的老年人恰好相反。

模型二针对维度二——社会支持水平。模型整体检验通过（P = 0.0000），回归系数检验通过（P = 0.000），方向为负向。数据表明，在控制其他变量的情况下，社会支持水平每增长1个单位，老年人的孤独感减少0.49个单位（$p < 0.01$），假设三得到验证。这与既往研究相符合。可能的解释是，来自家人、亲戚、朋友与邻居等方面的关心与支持，能够使老年人感到自己仍然被爱护、被理解、被尊重，由此促进老年人的心理健康，孤独感减弱。

模型三针对维度三——亲子互动状况。在模型整体检验通过（p = 0.0000）的情况下，进一步分析亲子互动状况五个方面对因变量的影响。第一，老年人的主观需求。数据表明，在控制其他变量的情况下，最希望获得子女精神赡养的老年人比最希望获得子女非精神赡养的老年人孤独感高出1.79（$p < 0.01$），假设四得到验证。可能的解释是，最希望获得子女精神赡养的老年人，其对子女精神赡养的期望就会较高，而当子女的精神赡养达不到其要求时，期望与现实的落差会导致其孤独感增强。第二，老年人对自己与子女关系的满意程度。数据表明，在控制其他变量的情况下，对自己与子女关系比较满意的老年人相比很满意的老年人孤独感高出2.17（$p < 0.01$），对自己与子女关系满意程度一般的老年人相比很满意的老年人孤独感高出5.43（$p < 0.01$），对自己与子女关系不太满意的老年人相比很满意的老年人孤独感高出7.47（$p < 0.01$）。即对自己与子女关系比较满意、一般和不太满意的老年人相对于很满意的老年人的孤独感更强，假设五得到验证。可能的解释是，与子女关系不融洽的老年人难以从子女处获得充分的精神慰藉，因此孤独感会增强。第三，子女精神赡养行为指数。数据表明，在控制其他变量的情况下，子女精神赡养行为指数每增长1个单位，老年人的孤独感减少0.76个单位（$p < 0.01$），假设六得到验证。可能的解释是，子女的精神赡养行为能够最为直接地满足老年人对家庭亲情、天伦之乐的心理需求，因此，子女精神赡养行为指数越低，老年人孤独感越强。第四，与子女的聊天频率。数据表明，在控制其他变量的情况

下，与子女的聊天频率对老年人的孤独感没有影响（$p = 0.505$），假设七没有得到验证。可能的解释是，聊天频率并不能反映聊天内容与聊天时的心理感受，因此与子女的聊天频率较高，但如果仅仅只是嘘寒问暖，而不能深入老年人的内心，并不能使老年人获得更多的精神慰藉，从而减弱其孤独感。第五，与子女聊天后的感受。数据表明，在控制其他变量的情况下，与子女聊天后的感受对老年人的孤独感没有影响（$p = 0.189$，$p = 0.908$，$p = 0.999$），假设八没有得到验证。可能的解释是，大部分空巢老年人都是通过电话或者网络的方式与子女聊天，而老年人更需要的是子女的看望和陪伴以及面对面的沟通，缺乏直接的亲密接触很难减弱其孤独感。

模型四是全模型。在控制其他变量的情况下，婚姻状况、社会支持水平、老年人的主观需求、老年人对自己与子女关系的满意程度以及子女的精神赡养行为指数对老年人的孤独感仍有显著影响，但是否空巢不再显著。可能的解释是，与模型一相比，加入的维度一（社会支持水平）和维度三（亲子互动状况）反映了两个事实。其一，空巢并不意味着必然孤独，有的老年人可以获得多方面的高质量的社会支持，生活满意度也较高。其二，如林明鲜（2009）所言，相比老年人是否与子女同住，更重要的是代际之间有没有亲密的交往，[21] 即亲子互动状况越好，孤独感越弱。除了这三个维度之外，控制变量中的性别和身体健康状况也是影响老年人孤独感的重要因素。数据表明，男性老年人比女性老年人孤独感高出 1.52（$p < 0.01$），这与既往研究相符合。可能的解释是，男性相较女性而言不擅倾诉和表达，因此更容易感到孤独。数据还表明，身体比较健康的老年人相比很健康的老年人孤独感高出 1.62（$p < 0.1$），身体健康状况一般的老年人相比很健康的老年人孤独感高出 2.02（$p < 0.05$），身体不太健康的老年人相比身体很健康的老年人

---

〔21〕 林明鲜、刘永策、展光祚：《城市“空巢”老人与孤独现象的实证研究》，载《现代预防医学》2009 年第 1 期。

孤独感高出4.03($p<0.01$),这与既往研究相符合。原因可能是身体健康状况不好不仅限制了老年人的户外活动能力,同时也使老年人更容易对自己的生存价值表示怀疑,于是会产生抑郁、孤独的情绪。

四、讨论与建议

本研究主要关注家庭状况、社会支持水平与亲子互动状况对城市老年人孤独感的影响。研究结果表明:(1)家庭状况。空巢老年人比非空巢老年人的孤独感更强;无配偶老年人比有配偶老年人的孤独感更强。(2)社会支持水平。社会支持水平越低,老年人的孤独感越强。(3)亲子互动状况。最希望获得子女精神赡养的老年人比最希望获得子女非精神赡养的老年人孤独感更强;老年人对自己与子女关系比较满意、一般和不太满意的老年人相对于很满意的老年人的孤独感更强;子女精神赡养行为指数越低,老年人的孤独感越强。研究还发现,男性老年人比女性老年人的孤独更强,身体健康状况欠佳的老年人相比很健康的老年人的孤独感更强。据此,本研究提出以下对策和建议,以降低老年人孤独感,提高其晚年生活质量。

首先,改善老年人的家庭状况。尽管部分城市老年人愿意与成年子女分开居住,但相对于非空巢老年人而言,空巢老年人不仅缺乏生活照料,而且精神慰藉明显不足。因此,需要借鉴其他国家的经验(如日本、韩国、新加坡),制定鼓励成年子女与老年人共同居住或就近居住的相关法律政策。此外,为了保证两代人的相对独立性,在住宅设计方面也需进一步完善。老年人婚姻美满不仅有益于老年人身体健康、消除其孤独感,还可以减少老年人对子女的依赖。因此,对于有配偶的老年人,要促进他们互敬互爱,提高婚姻质量;对于无配偶的老年人,应改变传统观念和完善继承方面的法律,以鼓励老年人再婚,拥有幸福的晚年生活。

其次,加强对老年人的社会支持。老年人退休后活动重心从单位转移到家庭,其社会地位和家庭地位也会发生变化,以往的社交活动明显减少，由此就会造成老年人与社会不同程度的疏离感，因此，获得更多社会支持是老年人减少孤独感、保持心理健康的重要途径。鉴于我国以居家养老为基础，社区养老为依托，机构养老为补充的养老模式，加强对老年人的社会支持可以从家庭、社区、政府三个层面入手。在家庭层面，配偶之间相互理解和支持，子女尽可能给予老年人经济供养、生活照料与精神慰藉。在社区层面，可以建立养老机构、日托中心、护理室、老年食堂等，照顾老年人的日常生活，改善老年人的身体健康状况；同时也可以建立老年活动室、老年大学或社区老年人自组织，在丰富老年人文化生活的同时，使老年人结交到更多的朋友，满足其精神需求。在政府层面，可以随着经济水平的提高，不断提高老年人的福利待遇，使老年人能够走出家门、融入社会。

最后，改善亲子互动状况。在精神赡养方面，有的成年子女孝道观念弱化，不关心甚至忽视老年父母，还有的成年子女认为只要父母经济富足，自然就会愉悦。但这些“有力无心”的子女并不是主流。在社会竞争日趋激烈、社会流动日益加快的背景下，孝的成本越来越高，大多数子女不是不愿而是不能（时间、金钱和精力的缺乏）给予老年父母充分的精神慰藉，即“有心无力”。因此，一方面应当继续加强道德建设与法制建设，使子女在道德自律与法律他律下自愿给予老年父母精神慰藉；另一方面也可以考虑通过制定与完善家庭养老支持政策，降低子女的赡养成本，使子女能够给予老年父母充分的精神慰藉。此外，在强调子女精神赡养的同时，也要促进老年人的“精神自养”，即老年人依凭主动进取的人生态度，通过积极有益的社会交往，实现精神的愉悦、满足和发展。

涉老审判探析

老龄化背景下涉老司法审判的实证分析与思考

——以上海法院为例

任湧飞[*]　苏敏华[**]

我国已于1999年提前步入老龄化社会。2013年，中国60岁及以上人口达2.02亿，占总人口的14.9%；65岁及以上人口已超过全国总人口数的9.7%。据预测，我国人口老龄化很可能将在整个21世纪上半叶都继续超前于经济发展，并且人口超前老龄化的强度有升高的趋势。[1] 我国人口占世界总人口五分之一，而"跑步进入老龄化社会"，无论对我国自身还是对世界的发展，都将产生巨大而深远的影响。

---

* 任湧飞，上海市杨浦区人民法院院长。

** 苏敏华，法学博士，上海对外经贸大学法学院讲师。

〔1〕 参见莫龙：《1980~2050年中国人口老龄化与经济发展协调性定量研究》，载《人口研究》(京)2009年第3期。

上海的老龄化情况则更为突出。上海自1979年率先步入人口老龄化阶段,这一时间早于全国20年。上海老年人口占总人口比例超过10%已经有30多年。2013年年底,上海60岁以上老年人口占全市总人口的27.1%,80岁以上老人占60岁及以上老年人的18.5%,占总人口的5.0%。[2] 老龄人口的迅速增加,对司法审判工作同样带来挑战。故此,我们试图通过全面分析上海法院涉老年人(60岁以上)司法审判的现状,包括民事案件、刑事案件的基本情况,剖析当前涉老司法审判中存在的短板与问题,并以此为基础对加强涉老司法审判有针对性地提出对策建议。

一、上海法院涉老审判基本态势

(一)涉老案件数量增势迅猛

1. 民事案件方面:2006年,全市法院审理涉老案件13,455件;2008年审结25,179件,比2006年增长87.1%;2010年审结34,958件,比2008年增长38.8%;2013年审结45,393件,比2010年增长29.9%。(具体见图1)

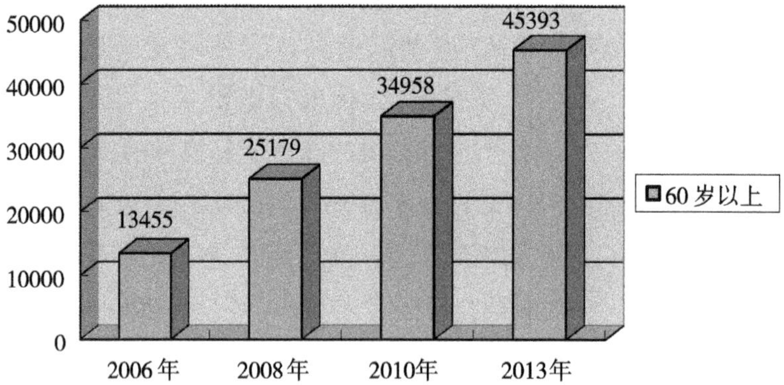

图1　上海法院审理涉老民事案件数据(2006~2013年)

---

〔2〕 参见周海旺:《上海人口老龄化趋势与完善养老服务模式研究》,载《上海金融学院学报》2011年第4期,第37~38页。

2. 行政案件方面:2006 年,全市法院审结涉老行政案件 401 件;2008 年审结 954 件,比 2006 年增长 1.38 倍;2010 年审结 718 件,2013 年审结 909 件,均比 2008 年有所减少。2008 年涉老行政诉讼案件增加迅猛,原因主要是行政其他类案件的增加,为 257 件。(具体见图 2)

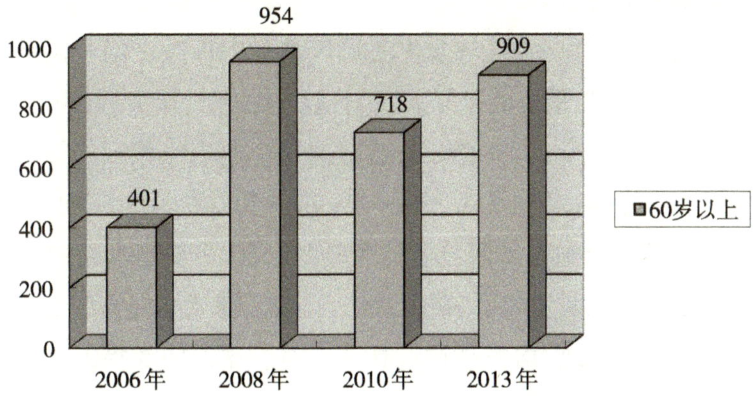

图 2　上海法院审理涉老行政案件数据(2006 ~ 2013 年)

3. 刑事案件方面:2006 年,全市法院共审结被告人为 60 岁以上老人的刑事案件 139 件;2008 年为 235 件,比 2006 年增加了 36.62%;2010 年为 272 件,比 2008 年增加了 15.74%;2013 年为 536 件,比 2010 年增加了 97.06%。(具体见图 3)

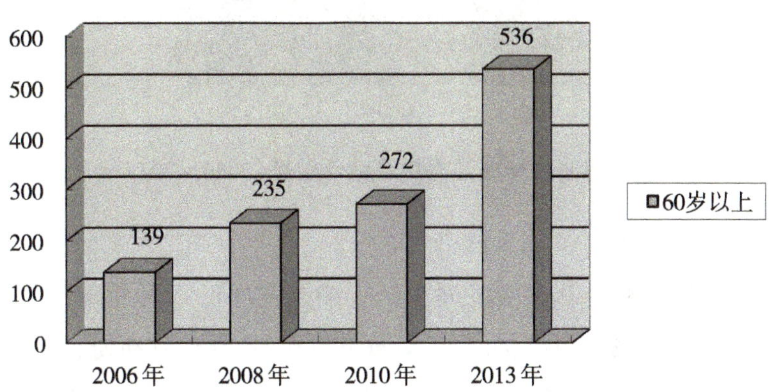

图 3　上海法院审理涉老刑事案件数据(2006 ~ 2013 年)

可见,民事、行政及刑事案件均明显增长,其中民事和刑事案件增长更为明显。涉老案件的增长速度远远超过同期老年人口的增长速度。就全市而言,2006 年至 2013 年期间,老年人口增长了 52.2% ,而同期涉老案件数量的增长速度明显高于老年人口的增长速度。法院涉老案件审判压力不断增长。

从地域来看,中心城区与非中心城区涉老案件数量增长趋势基本一致,并未呈现出数量上的差异。我们选取了徐汇、长宁、黄浦、静安这四个中心城区和闵行、奉贤、宝山、嘉定这四个非中心城区的涉老民事案件数据作为样本,对比发现,中心城区和非中心城区涉老案件均逐年增长。2013 年四个中心城区涉老民事案件比 2006 年增加了 32.61 倍,四个非中心城区同期增加了 33 倍,非中心城区涉老案件与中心城区涉老案件增速基本一致,均呈高速增长的态势。这说明老年人维权意识不断增强,越来越多的纠纷进入法院。(具体见图 4)

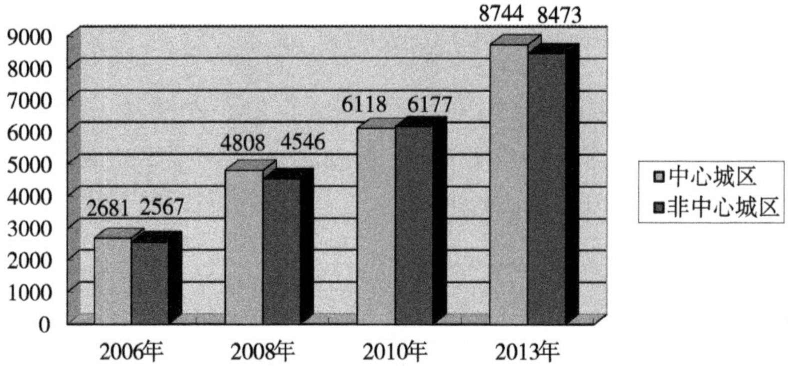

图 4 上海法院审理涉老民事案件数据(2006 ~ 2013 年)

(二)案件类型涉及面越来越广

随着经济、社会的不断发展,目前,涉老案件已不再局限于传统的家事纠纷,物业服务纠纷、机动车交通事故纠纷、动迁款纠纷、民间借贷纠纷呈现急剧上升的趋势,而旅游合同纠纷、电信服务合同纠纷、信用卡纠纷、委托理财合同纠纷等成为出现频率较高的涉老案件类型。

与此同时,涉老民事纠纷还呈现一定的区域差异,以静安、黄浦、奉贤、宝山四个区法院 2013 年审理的涉老民事案件为例,静安区法院审理的涉老案件中,数量最多的为机动车交通事故责任事故纠纷 179 件,占 16.6%;其次为民间借贷纠纷 126 件,占 11.7%;最后为生命权、健康权、身体权纠纷 69 件,占 6.4%。黄浦法院数量最多的为信用卡纠纷 223 件,占 9.8%;其次为民间借贷纠纷 221 件,占 9.7%;最后为法定继承纠纷 199 件,占 8.7%。奉贤区法院数量最多的是机动车责任事故纠纷 471 件,占 35.2%;其次为物业服务合同纠纷 269 件,占 20.1%;数量占第三位的为民间借贷纠纷 99 件,占 7.4%。宝山区法院数量最多的为机动车交通事故责任纠纷 433 件,占 20.8%;其次为物业服务合同纠纷 291 件,占 14%;最后为民间借贷纠纷 204 件,占 9.8%。这种现象与各区所处的地域特征以及区域经济结构不无关系。

老年被告人涉及的罪名方面,2006 年、2008 年、2010 年这 3 年罪名相对集中,主要为盗窃、故意伤害、受贿、合同诈骗与诈骗这五个罪名,2013 年则呈现出不同的特征,涉及罪名最多的为盗窃、故意伤害、危险驾驶、虚开增值税专用发票以及走私、贩卖、运输、制造毒品罪。其中危险驾驶罪与刑法修正案将醉酒驾驶入刑直接相关,而老年人涉及虚开增值税专用发票罪和毒品犯罪增多则为新现象。

(三)大标的案件日趋增多

2006 年,涉案标的为 1000 万以上的涉老案件全市仅有 6 件,2008 年为 34 件,2010 年为 62 件,2013 年则达到 194 件。大标的案件的增加与上海房产市场的持续上扬不无关系,但不少案件中涉案的财产包括公司股权、设有抵押权的房产等,使得案件审理难度增加。鉴于这类民事案件涉及标的大,审理难度相应加大,上海法院加强对大标的民事案件的管理力度,明确要求标的额为 1000 万以上的民事案件组成合议庭进行审理,其中标的额为 3000 万元以上的案件由副庭长担任审判长。涉老案件中的大标的民事案件,由于老年人特殊的生理、心理情况,审理难度更为加大。(具体见图 5)

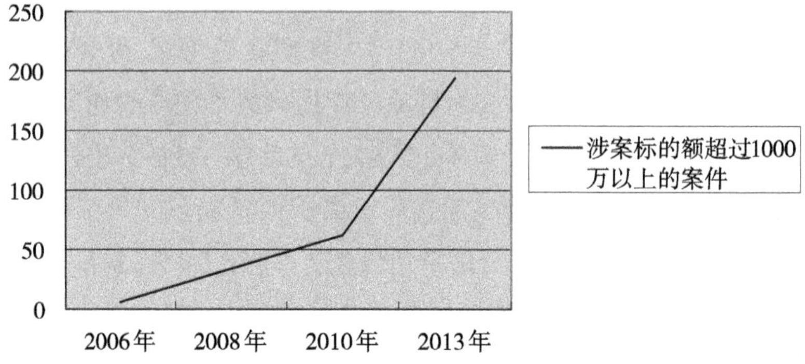

图5　全市法院涉案标的超过1000万元以上的案件情况

(四)80岁以上高龄老人占比较高

2006年审结80岁以上高龄老人一审案件为2399件,占当年审结的全部涉老案件17.8%;2008年审结4399件,占17.5%;2010年审结5266件,占15.1%;2013年审结6385件,占14.1%。可见,80岁以上高龄老人案件数基本保持在15%左右。高龄老人的行为能力、心理特征、生理特征有一定的特殊性,在举证、语言表达等方面存在困难,需要法官多次耐心释明。有些高龄老人由于身体原因,不能到法院出庭,对其是否具备行为能力也存在认定的问题,需要法官上门核实情况,无疑让审判工作增加了难度。

(五)矛盾化解难度大

从统计数据来看,全市法院涉老案件的调解撤诉率整体稍低于当年全市民事案件调解撤诉率,反映涉老案件矛盾化解难度较大。比如,2010年涉老民事案件调撤率为58.2%,低于当年民事调撤率(60.8%)2.6个百分点;2013年涉老民事案件调撤率为62.9%,低于当年民事调撤率(64.1%)1.2个百分点。受心理或生理变化的影响,有些老年人性格固执,较难沟通,调解的难度也比较大。加之涉老案件本身较为复杂,不仅涉及法律问题,在法律问题的背后存在更为复杂的亲情、社会等因素,导致矛盾化解难度大,调撤率自然较低。尤其是,在当前社会大环境的影响下,老年当事人维权意识增强,但法律知识相对欠缺,有时对法院工作不够信任,甚至在案件审理进程中信访、闹访,试图通过外界压力对法院的审判工作形成一定的影响;有的老年当事人难以接受对自己不利的判决,不断信访、投诉,难以化解矛盾。

二、当前涉老审判中存在的问题

由于老年人存在特殊的身体、语言、心理等方面的变化,而这种变化主要都是不利的变化,因此导致老年人在诉讼过程中常常语言表达不清楚,难以陈述清楚具体的诉讼请求,或者诉讼请求经常发生变化。由于许多老年人诉讼中没有聘请律师,老年人自身诉讼举证意识不强,加之行动不便,因此导致举证能力较差,而打官司就是"打证据",老年人如举证不力将承担不利的后果,而这对于老年人诉讼权益的保障无疑是不利的。加之老年人普遍文化程度偏低,往往缺乏基本的法庭辩论对抗能力,进入法院诉讼程序后对于诉讼风险的准备不足,作为原告难以准确提供支持己方诉请的证据,作为被告则难以及时应对举证、答辩等诉讼要求。实践当中,对于涉诉的高龄老年人而言,有时还难以判断其是否具备诉讼行为能力,而一旦不具备诉讼行为能力,就应当指定法定代理人参与诉讼,而这就涉及一系列复杂的鉴定问题,无疑给诉讼增加了额外的难度。

因此对涉老纠纷,尤其是涉老民事纠纷,相对于其他民事纠纷而言,老年人特殊的心理、生理特征使得涉老案件较之于其他民事案件的审理更为困难。而在当前"诉讼爆炸""案多人少"矛盾异常突出的大背景下,目前涉老审判存在以下值得关注的问题。

(一)实体法尚不完善,难以满足审判实践多元需求

我国现有的法律规定中,仅有老年人权益保障法对老年人的权益保护进行了规定。该法对于保障老年人合法权益具有总体推进作用。其中,对于老年人自主指定监护人、家庭成员经常看望或问候老年人、老年人宜居环境等新情况作了原则性规定,但缺乏有效的配套措施及

保障性规定,亟需有关部门结合法律修改与实务问题,制定相应的法律实施细则规定。

与此同时,涉老案件多牵涉家庭事务,完全按照法律规定进行审判,没有做到情、理、法融汇贯通,尽管可以实现法律效果,但社会效果往往不好,容易出现"赢了官司输了亲情""案结情断"的尴尬局面。比如,有的涉老案件是子女以父母名义起诉,实质是为解决家庭内部的财产或其他纠纷,需要法官深入了解真实的情况,才能从根源上化解矛盾纠纷。因此,要真正实现对老年人的权益保障,需要法律做出一些特殊的制度安排,而不仅仅是宣示性的、欠缺可操作性的原则规定。

(二)不加区分的审判组织,难以满足涉老审判的特殊需求

目前涉老案件的审理存在一般模式和专门模式。其中,一般模式指按照案由由不同的民事审判庭进行审理,这为绝大多数。在一般模式中又有所区分,有的在相关民事审判庭中设立专门的合议庭负责老年案件审判,或者由相对固定的人员实现涉老案件审理。专门模式指成立专门的老年审判庭或者家事法庭,其中前者专门审理涉老案件,后者不仅审判涉老家事案件,还处理涉未成年人的家事纠纷。目前,上海市只有闸北区法院设立了专门的老年审判庭处理涉老案件,其他法院都是普通模式。

目前,我国对涉少审判已经确立了完善的审判制度、审判组织,包括建立综合性少年审判庭,以及根据涉少案件的类型,分别确立了特别的审判制度。其中,涉少刑事审判确立了圆桌审判、合适成年人参与诉讼、心理评估干预、法庭教育、社会调查、回访帮教等工作制度;涉少民事审判中,则有社会观护员制度、诉讼教育引导制度、立审执三优先制度,等等。

我国对涉少案件始终给予特殊关注,涉老审判却未获得应有的重视。目前,仅有个别法院探索涉少涉老案件集中管辖。例如,有的基层法院将涉及未成年人及老年人的案件统一归口,成立了未成年人及老

年人案件综合审判庭,体现尊老爱幼的传统。[3] 涉老案件的特殊性,要求法官付出比一般民事案件更多的时间和精力。在涉老案件数量持续增长、审理难度日趋增大,且呈现出一定的类型化特征的状况下,普通的审判组织并不契合涉老案件的特性。在一般模式下,由同一审判组织同时审理涉老案件和其他民事案件,将涉老纠纷与其他类型的民事纠纷不加区别的"一视同仁",不能有针对性地处理老年人的特殊需求,故难以很好地满足老龄化背景下社会的司法需求。

（三）高度对抗的诉讼模式,难以真正保护老年人合法权益

对抗式诉讼模式是英美法系诉讼模式的一个重要特征,表现为当事人双方在诉讼中的对抗和法官中立听审。具体而言,法律地位完全平等的双方当事人通过庭审"对抗"证明诉讼主张,呈现案件事实,法官在庭审中处于消极中立的地位,既不主动收集证据,也不询问证人,通过诉辩双方在诉讼的对抗发现案件真相,并在此基础上出裁决。英美法对抗式诉讼程序复杂,因而一般都要律师代理出庭。我国民事诉讼尽管不是英美法意义上的对抗式诉讼模式,而是具有职权主义的部分特征,但总体而言,查明案件事实主要依靠控辩双方收集、提供证据,并在法庭上抗辩查明事实,因而庭审中的"对抗"程度较高。老年人诉讼能力较弱、心理承受能力不强、法律素养较低,难以适应高度对抗的诉讼程序。

此外,涉老案件特征也决定了难以完全采取高度对抗的诉讼程序。由于相当数量的涉老案件属于涉家事纠纷,这些案件的当事人双方多为亲属关系。家事纠纷的背后潜藏着复杂的人际关系和情感纠葛。从表面上看,有财产分割等金钱支付的请求,其根本则是夫妻间、父母子女间、亲戚间情感上、心理上的纠葛。在处理该类纠纷时,只有综合考量各种因素,才能作出合法、合理、合情的判决。在目前对抗式的诉讼

---

〔3〕 崔静、敖旭扬:《包头昆区:涉老涉少审判一庭挑起来》,载《人民法院报》2013年3月31日,第6版。

程序中,未能充分考虑涉老纠纷尤其是涉老家事纠纷的特殊性,导致案件处理的社会效果大打折扣。因而,对涉老案件,尤其是民事案件,应当从立案、审理、执行全流程做出一些特殊的规定。

(四)案多人少矛盾突出,难以全面保障老年人合理诉求

随着我国改革开放的日益深入和社会利益格局的深刻调整,越来越多的矛盾和纠纷以诉讼的形式进入法院。上海法院2013年共收案48.6万件,而2003年收案数为22.8万件,1993年收案数为9.4万件。也即,2013年收案数为10年前的2.13倍,是20年前的5.17倍,而审判力量却未相应跟上。目前,上海法院年人均办案数为全国法院人均办案数的2倍。而2015年,上海法院共收各类案件62.3万件,同比2013年上升28.2%。可见,"案多人少"是全市法院最大的矛盾,并将在相当长一段时间内成为常态。与此同时,在社会转型期,由于社会主体多元、诉求多样、矛盾多发,导致案件类型更加复杂多样,案件疑难程度越来越大,因而化解社会矛盾、平息各类纠纷的难度也相应增大。在收案不断增加、司法需求持续上升的背景下,许多一线法官,尤其是广大基层一线法官不得不加班加点办案,不少法官都是"五加二""白加黑"连轴转。

目前对涉老案件并无特别的审判组织,一般都是按照案由交由不同的审判业务庭办理。案多人少的矛盾异常突出导致不少法官在处理涉老纠纷时难以做到兼顾办案质效与老年人的感受,影响办案效果。比如,老年人习惯于重复,甚至唠叨啰嗦,而在案多人少矛盾问题异常突出结案压力异常巨大的现状下,法官没有过多的时间倾听老年人的重复陈述,甚至不时会打断、中止老年人的陈述,引起老年人的不满。在涉老案件数量持续增长、审理难度日趋增大现状下,尤其是涉老案件的特殊性要求法官付出更多的时间和精力的情况下,由各业务庭按照普通案件的审理模式来处理,并不能真正保护老年人的合法权益。

(五)配套机制尚不完善,影响老年人合法权益全面保护

处理好涉老诉讼并非法院一家之事,需要其他机构的支持配合,需

要配套机制的落实到位。比如，就涉老诉讼的法律援助而言，我国对涉老诉讼未实行律师强制代理制度，老年人受限于法律意识、经济能力等多种原因，委托律师代理诉讼的比例相对较低，仅占老年当事人总数的19.34%。另有20.76%的老年人虽然委托了其他公民代为诉讼，但这些公民中有不少是没有诉讼经验的老年人，无法与对方当事人形成有力的诉讼对抗，不能为当事人提供有效的帮助。[4] 在涉老纠纷日趋多样、新类型涉老纠纷不断出现的背景下，由律师代理诉讼更具有现实意义。与此同时，由于涉老诉讼不仅仅是法律问题，有时更多的是感情、亲情的纠葛，比如"常回家看看"即精神赡养的落实，并非一纸法律判决就可以解决。对这类案件而言，老龄委、工会、妇联、居委会、派出所、社区工作者、老年志愿者等参与审前调解和审中协调，多渠道入手，合力化开当事人的心结，才能取得"案结事了"的良好效果。因而，对涉老纠纷应当引进其他社会力量，强化诉前调解力度。

三、完善涉老审判机制的相关建议

针对以上问题，要从理念、原则、诉讼模式、具体制度、配套机制等方面着手，全面完善老年人的审判机制。

（一）基于老年人特殊的身心特性确立审判原则

1. 保护原则

由于老年人的身心特点，在涉老案件审理程序中应贯彻保护原则，在诉讼的各环节给予老年人一定的特殊保护。比如，优先接待、优先答复、优先审查立案，对老年当事人来信来访优先予以答复；设立"绿色通道"，对老年人涉诉的案件采取上门立案、下地去开庭等便利诉讼的举措；对于老年当事人经济拮据无钱起诉的案件，允许其缓交或免交诉讼费；对因各种客观原因难以举证的老年当事人，通过法官主动调查，收

---

〔4〕 参见《关爱老年人彰显司法人文关怀——江苏法院涉老民事案件专题调研》，载 http://www.cncaprc.gov.cn/contents/19/11497.html，最后访问日期：2016年12月1日。

集证据查明事实,实现诉讼当事人双方诉讼权利实质上的平等。

当然,对于老年人的保护也应当是适度的,必须是在现有法律规定范围内适当的倾斜,而不应超出合理限度,造成对另一方当事人的不公,影响案件审理的公正性。就法官而言,对老年人的保护更多的是在不偏不倚的前提下,给予老年当事人更多的关爱,使老年人感受到"司法护老"。

2. 延伸原则

做到向审判前以及审判后适度延伸。审前,应做好背景调查工作,全面了解纠纷所产生的原因和症结。通过走访,获取相关基层组织的配合,为调解和审判奠定扎实的基础,从而保证案件的法律效果和社会效果的统一。审后,做好判后答疑与回访,落实判决或调解的内容,切实维护老年人的权益。特别是,针对涉老案件审理中发现的普遍性、倾向性问题,向有关单位制发司法建议,指出问题并提出解决建议对策,向特定单位或社会公众发布审判白皮书,延伸拓展审判效果。[5] 比如,上海静安区人民法院法院、长宁区人民法院均针对涉老审判发布过审判白皮书,其中静安法院已将涉老审判白皮书作为一项常态化工作推进,取得了较好成效。

(二)探索符合涉老纠纷特点的审判方式

上海静安区法院成立了专门的老年审判庭集中审理涉老民商事案件,从运行实践来看,无论是审判绩效,还是制度创新,都取得了较为明显的成效。

1. 审判绩效更优

由老年庭集中审理涉老民事案件,审判绩效趋优。以静安区法院老年审判庭为例,2013 年该庭审理的涉老案件的调撤率为 66.57%,高于全市法院涉老案件调撤率 3.65 个百分点,说明老年庭矛盾化解工作

---

[5] 参见上海市第一中级人民法院课题组:《社会老龄化背景下上海法院涉老民事案件情况分析》,载《上海审判实践》2011 年第 11 期。

相对到位;2013 年该庭审理涉老案件适用简易程序的比例为 72.86%,高于全市平均 3.87 个百分点,建议程序的适用有利于矛盾的快速化解,有利于审判效率提速。

2. 有利于制度创新

数据只是一个方面,静安法院老年审判庭成立于 1994 年,20 年来,创新了不少工作机制,比如上门回访、下地区开庭制度、司法建议及审判白皮书制度等。2012 年,制定了《上海市静安区人民法院关于进一步加强涉老民事审判工作的若干意见》,从优化立案、便捷审理、优先执行、多方维权、宣传引导五方面提高老年审判的工作质量和社会效果,为涉老民事审判确立了一套比较完善的长效机制。特别是 2010 年以来,静安法院每年发布《涉老案件司法情况报告》,介绍该院涉老案件基本情况和我院涉老案件的特色审理概况,结合常见的涉老案件类型分析所反映出的法律问题和社会问题,从加强老年人权益保护角度提出相应的建议,为社会老龄化背景下的涉老案件审理和纠纷化解提供了有效信息,有助于与老龄工作相关的各部门畅通沟通渠道、形成工作合力,更有针对性地开展维护老年人合法权益的活动。

针对涉老案件的特点,笔者建议由专门的审判庭集中审理涉老案件,而条件不具备的法院,可以设立涉老案件专项合议庭,实现涉老案件相对集中审理,有助于更好地实现老年人的诉讼权利,更好地保护老年人合法权益。

(三)完善涉老案件的相关审判机制

1. 圆桌审判

圆桌审判方式在少年刑事审判中普遍存在,是指法庭布局中审判区改为圆桌设置,法官坐在圆桌的一头,背后是国徽;公诉人、辩护人及未成年被告人的法定代理人分坐圆桌两边;未成年被告人则面对法官坐在圆桌的另一端,接受法庭审判。在圆桌审判的和缓氛围中,还可以邀请社工等合适成年人介入法庭教育。圆桌审判看似只是法庭席位改变,却蕴含着深厚司法人文关怀。在涉老案件的审判中借鉴运用圆桌审判模式，营造相对缓和的庭审氛围，尤其对涉老家事纠纷而言，圆桌审判更有利于矛盾纠纷的化解。

2. 诉讼释明

在审理涉老案件时应当适当放慢庭审节奏，加强对老年人的诉讼释明和辨法析理，要使老年当事人明确其诉讼权利和诉讼义务，对相关法律专用词语，通过通俗易懂的语言进行解释确保其合法权益在法律框架内得到充分保护。在案件宣判后，当事人对判决的事实理由或法律适用如有异议，法官也要耐心进行释明。

3. 调解优先

涉老家事纠纷大多发生于老年人与其子女或其他亲属之间，一旦双方关系僵化，对老年人今后处境不利，故应当加强对涉老民事纠纷的调解工作，防止简单、草率下判引发新的矛盾。人民调解具有成本低、周期短、灵活性强、人情味浓等优势，可以从根本源头上化解矛盾，尤其是在多涉及亲友邻里关系的涉老案件中具有显著独到的效果。实践中，应当注重发挥好人民调解功能，培训一批经验丰富、具有亲和力的居委会、社区干部，以及退休法官担任人民调解员，实现矛盾化解在诉前。就诉讼调解而言，可以聘请街道居委干部、相关专业人士等担任人民陪审员，邀请老年人的亲属、子女以及朋友等参加庭内调解，共同化解矛盾。尤其是，对于有矛盾激化可能的案件及时做好劝解、化解工作，达到审理一起案件、解决一家矛盾、教育感化一方的效果。

4. 审执兼顾

特别注重涉老案件的审判与执行的衔接。其中，对涉及基本生活保障的赡养费、扶养费、医疗费用等案件，当事人要求先予执行的，依法裁定先予执行，保障老年人基本生活需求。对老年当事人申请执行的案件，加大财产查空力度，确保执行到位，防止“空判”，落实权益保障。

5. 司法援助

鉴于老年人法律知识较为薄弱、诉讼能力较弱的特点，老年人在没有律师代理的情况下难以维护其合法权益的背景下，为实现诉讼能力的实质平等,应进一步完善针对老年人诉讼的法律援助机制。其中,老龄委、司法局、法律援助中心等部门应加强对涉老司法援助的幅度,明确援助范围、援助条件,与法院搭建合作平台,建立涉老案件信息沟通机制、定期会商研讨机制等,为法律援助工作奠定扎实的基础。法律援助中心可以通过在法院设立法律援助窗口、派驻值班律师等,及时发现有需求的老年当事人,做好援助指引工作,增加老年人获得法律援助的机会,增加接受法律援助涉老民事案件的数量,切实维护老年人的合法权益。此外,除为一定范围的涉老案件提供免费的法律援助,由律师代理出庭外,还可以考虑指定老年热权益保障组织和社区基层组织工作人员作为代理人,切实维护老年人的合法权益。

老龄化背景下设立老年法庭的分析与思考

叶肖静*

在自然规律的主导下,如同世间万物,人也会经历生老病死。在经历了童年、少年、青年和中年后,人会走向生命的末期——老年。对于一个人来说,老年阶段,意味着体能的下降和生命的衰弱。相较于青壮年时期的年轻气盛,老年之人很少会再"壮心不已"。更多的老年人需要子女亲人的照料和社会国家的扶助。中国作为一个人口大国,在社会经济发展的今天,开始面临老龄化的问题。随着老龄化问题的不断凸显,与老年人有关的养老、救助等一系列问题有待解决。随着老龄人口数量的增加、老年人维权意识的提升,涉老诉讼案件的数量也在不断增加。如何把法律对老年人的关爱落

* 叶肖静,华东政法大学硕士研究生。

到实处,这是在老龄化背景下对司法机关提出的一大挑战。对此,以切实保障老年人的诉讼权益为任务的老年法庭应运而生。然而,老年法庭从设立至今,取得了瞩目的成就,却没有大范围地复制推广。“老吾老以及人之老”历来是中华民族的优秀传统文化,在倡导与中华优秀传统文化和人类文明优秀成果相承接的社会主义核心价值观的当下,为设立老年法庭所面临的问题寻求解决思路将具有十分深远的意义。

一、实践:老年法庭仍处于探索阶段

(一)我国老年法庭的设立现状

地处上海市中心的静安区,区域面积小、人口密度高,老龄化程度为全市之首。针对全区老龄人口比重达到全区人口的20%并且逐年递增的现实情况,上海市静安区人民法院于1991年11月成立了全国第一个专门审理涉老案件的老年法庭。后来根据最高人民法院机构改革的要求,1994年静安法院正式成立了全国唯一的老年审判庭,也就是现在的民三庭。[1] 自1997年起,江苏省南京市两级人民法院都相继成立了老年法庭。[2] 辽宁省朝阳市辖区内的基层法院也都设立了老年法庭。[3] 全国其他各个地区也相继有设立老年法庭。[4] 老年法庭在老龄化的当下为老年人维权有着重要的作用,并且也得到了一定的肯定。例如,上海市静安区人民法院民三庭先后荣获“全国老年维权示范岗”“全国维护妇女儿童权益先进单位”“上海市老龄工作先进单位”等一

---

〔1〕 参见徐慧:《静安法院老年庭再创办案新理念》,载《上海法治报》2011年8月30日第B07版。

〔2〕 参见王嘉翔:《南京老年法庭大扫描(上篇)》,载《中国老年报》2002年8月9日第1版。

〔3〕 参见徐志蔚:《我市老年维权体系建设走在全省前列》,载《朝阳日报》2010年10月20日第1版。

〔4〕 例如,安徽省铜陵县顺安法庭、安徽省合肥市蜀山区法院、北京市大兴区红星法庭、北京市昌平区南口法庭、福建省漳州市龙文区朝阳法庭、黑龙江省哈尔滨市道外区、江苏省常州市钟楼区法院、山东省德州市德城区法院、山东省菏泽市鄄城县法院、山东省济宁市市中区法院、四川省旺苍县法院、浙江省奉化市溪口法庭。

系列荣誉称号。2013 年 11 月,该庭又荣获全国老龄工作委员会授予的首届“敬老文明号”称号。[5] 虽然老年法庭在保障老年人权益方面取得了突出的成就,但是老年法庭并没有在全国范围内普及和推广。

(二)设立老年法庭的现实意义

就目前的运行来看,老年法庭在创新涉老诉讼机制、保障老年人的合法权益方面发挥了不可替代的作用,倡导了敬老爱老的社会新风尚,将《老年人权益保障法》中对老年人的法律优待落到了实处。面对老龄化的社会现实,应对不断增长的涉老诉讼案件,老年法庭“司法护老”取得了良好的法律和社会效果。

二、分析:老年法庭的设立基础

(一)法律基础:是否于法有据

我国宪法第 123 条规定,人民法院是我国的审判机关。就目前全国各地将老年法庭设立于基层法院中的现实情况来看,关键的问题是设立在各个基层法院的老年法庭是否有法可依。根据人民法院组织法第 18 条的规定,基层人民法院可以设刑事审判庭、民事审判庭和经济审判庭。从该条规定来看,目前我国设立审判庭的方式是按照案件性质来进行区分,并没有根据案件的特殊性和当事人的特殊性进行区分。人民法院组织法第 19 条规定,基层人民法院根据地区、人口和案件情况可以设立若干人民法庭。该条所指的人民法庭应当理解为派出法庭,是基层人民法院的派出机关,与按照当事人性质划分的老年法庭是存在区别的。从人民法院组织法的规定来看,在基层法院设立与其他审判业务庭同等建制庭的老年法庭似乎是于法无据的。就目前实践中的变通做法是,各地法院所谓的“老年法庭”是设在民庭内的固定合议庭,只审理涉老的民事案件。由此可见,在现行法律框架中,基层法院

---

〔5〕 参见上海市静安区人民法院民三庭:《民三庭光荣榜》,载《静安时报》2014 年 9 月 19 日第 2 版。

设立老年法庭存在法律依据上的困境,设立与民庭、刑庭同等建制“老年法庭”需要立法的突破。

(二)理论基础:有无理论支撑

设立专门的老年法庭解决涉老诉讼纠纷是老龄化背景下的现实需要,其背后的理论支撑应该是涉老法律制度。遗憾的是,我国目前未确立老年人法为独立的法学研究领域与独立的法律部门。虽然我国已经颁布并实施老年人权益保障法,但受制于现有的法律部门划分等技术问题,现有的这部法律的内容多为宣示性法律,对于解决与老年人有关的纠纷往往只能起到指导性作用。而真正与老年人利益直接相关的法律则散见于不同的法律部门。[6] 因此,为老年法庭的设立提供理论支撑,需要对不同法律部门中有关老年人的规定进行梳理,创建跨越不同法律部门的涉老法律制度,促使一部具有可操作性的老年人法诞生。

(三)实践基础:能否解决涉老纠纷

由于我国老龄化程度的不断提高,老年人同社会其他群体和个体发生各种矛盾的概率也在不断变大。对于这些矛盾,老年人往往会诉诸法律,以保护自己的权利。据统计,1994 年正式设立全国第一个“老年审判庭”的上海静安法院民三庭迄今为止已审结案件 7000 余件。近年来,涉老民事案件的受案数量稳定在 400 余件,2010 ~ 2012 年收案数量分别为 438 件、436 件和 454 件,而 2013 年收案量有大幅提升,达到 573 件。涉老民事案件占民事案件收案总数的 10% 左右。[7] 由此可见,老年法庭在成立后,并非门可罗雀,相反案件数量稳中有升。办案效果不仅获得了老年当事人的赞扬,也受到了社会各界的肯定。例如,浙江省奉化市人民法院溪口法庭在当地赢得了良好的口碑,老人们还

---

〔6〕 参见孙颖:《老吾老:老年法律问题研究起点批判》,法律出版社 2012 年版,第 205 页。

〔7〕 参见上海市静安区人民法院民三庭:《涉老民事案件基本情况》,载《静安时报》2014 年 9 月 19 日第 1 版。

亲切地称老年法庭为“贴心人”。[8] 从当前的司法实践来看,各地的老年法庭切切实实地发挥着定分止争的功能,维护老年人的合法权益。

三、思考:设立老年法庭制度的建议

(一)修改法律来保障老年法庭的设立

我国正处于社会转型及快速发展时期,社会背景不断快速发生新的变化,但是由于立法的限制性规定,法律会难以跟随社会现实状况作出改变,导致我国法律滞后性较为明显。面对瞬息万变的复杂社会经济形势,我国的法律修改路径往往是先实践,再将经验总结进行论证,最后对原有法律规定进行修改。回顾我国各个专门法庭设立的历史变迁,可以发现作为社会管理创新的老年法庭无需为突破了现行基本法律的规定而担忧。

根据人民法院组织法的规定,基层人民法院只能设立刑事审判庭、民事审判庭和经济审判庭三种审判组织形式。但是就目前的实践操作来看,人民法院组织法的规定早已经被突破。第一,2000 年 8 月,最高人民法院取消经济审判庭,将其改为民事审判庭。这虽然没有违反人民法院组织法的规定,但是已经对原有的法律规定进行了突破。第二,行政审判庭基本上已经成为每个基层法院必然设立的审判庭。行政审判庭在基层法院的设立,事实上已经是对人民法院组织法的突破。第三,少年庭的发展历程也是一个对于人民法院组织法突破的过程。1984 年 11 月,上海市长宁区法院正式建立我国第一个少年法庭,主要审理有关少年的刑事案件。1991 年 8 月,第一个未成年人案件综合审判庭在江苏省常州市天宁区人民法院建立。随后,少年法庭机构迅速在全国各基层人民法院普遍建立。[9] 未成年人保护法第 55 条规定,公

---

〔8〕 参见王佩岚、汪美芬:《老人“保护伞”百姓贴心人》,载《人民法院报》2011 年 2 月 20 日第 4 版。

〔9〕 参见李冰:《少年法庭工作的现状、改革与发展》,载《人民司法》2010 年第 1 期。

安机关、人民检察院、人民法院办理未成年人犯罪案件和涉及未成年人权益保护案件,……并根据需要设立专门机构或者指定专人办理。该条规定为少年庭确立了法律基础,使少年庭的设立变得于法有据。但仍不能否认,在基层法院设立少年庭也是对人民法院组织法的突破。第四,2014 年 8 月 31 日,十二届全国人大常委会第十次会议表决通过了全国人大常委会关于在北京、上海、广州设立知识产权法院的决定。这标志着对《人民法院组织法》的全面突破。

众多的司法实践现状已经说明了 2006 年修订的人民法院组织法已经无法适应当下的社会。因此,将人民法院组织法第 19 条的规定作为否定老年法庭存在正当性的理由比较牵强。在少年法庭、知识产权法院设立后,都没有对人民法院组织法的修改起到推动作用,若老年法庭能够有效运作,反过来还会成为推动人民法院组织法修改的一股助力。如果现在修改人民法院组织法的相关规定,或者在老年人权益保障法中增加一条法律规定,类似表达为"人民法院办理涉及老年人权益保障案件,可以根据需要设立专门机构或者指定专人办理",这都可以为老年法庭的设立和可持续运行提供法律上的保障。

(二)完善理论来支持老年法庭的发展

老年法庭的发展建立在老年法律体系的基础上,构建老年法律体系将会为老年法庭的发展提供助力。在目前我国的法律体系中,涉老法律规范散布在民法、刑法等诸多法律部门之中。新修订的老年人权益保障法为老年法搭建了框架,但宣示性的意味更大。因此,依据老年人权益保障法的有关条款,对社会照料、社会优待、社会救助等有关内容进行延伸,并进行细节性的阐释,使此类规定能够真正落到实处。针对家庭赡养和抚养部分的有关条款,可以吸收婚姻法、继承法和刑法等有关法律中的规定,构成老年人权益保障法律制度体系的重要部分。由于我国幅员辽阔,各个地区环境和文化传统不同,因此可以因地制宜,突出地方特色,制定地方有关老年人权益保障的立法。通过建立以老年人权益保障法为核心的老年法律体系,能够涵盖老年法的各个领域,包括老年人家庭生活、社会生活以及在家庭生活和社会生活中产生纠纷的争端解决机制,等等。

除了建立完整的老年法律体系以外,老年法庭虽然是诉讼程序上的一个问题,但是实体内容上的统计和分析必不可少。在已经建立老年法庭的司法机关中,可以每年对审理案件情况进行统计和分析,统计案件的总数、涉案的案由、纠纷解决方式和效果等数据,从实体法上的角度对老年法庭的工作进行总结。通过总结,有针对性地改进老年法庭的工作。

(三)构建制度规范老年法庭的实践

1. 关于老年法庭的审判模式

在我国当前的老年法庭审判模式中,老年审判庭是一种较为普遍的实践,各地也积累了丰富的经验。无论人民法院组织法的相关规定何时修改,老年审判庭的做法事实上已经得到了肯定。因此,在设立民庭、刑庭同等建制的"老年法庭"面临法律困境的时候,各地法院仍然可以采取老年审判庭的审判模式,并且将老年审判庭的操作经验进行分享并推广,为老龄化的当下设立更多的老年审判庭做准备。

2. 合理确定老年法庭的受案范围

有学者认为,不能一概而论由老年法庭处理老年人的案件。老年法庭所要审理的老年人案件,应当限制在一般性的民事、行政和刑事案件中,重大的经济案件、政治案件和刑事案件不能由老年法庭所担任。〔10〕就目前的实践操作经验,将老年法庭的受案范围从单纯的民事领域跨越至刑事、行政领域,并不妥当。首先,目前各地的老年法庭受制于法律规定的限制,仅仅是民事审判庭下的老年审判庭或是合议庭,所以只能对涉老民事案件进行审判。其次,以上海市静安区老年法庭(民三庭)为例,老年法庭所受理的涉老民事案件中,权属和侵权类纠纷为常见诉讼事由,约占收案总数五成。按具体案由细分,相邻、民间借

---

〔10〕 参见曾庆敏:《老年立法研究》,社会科学文献出版社 2011 年版,第 282 页。

贷、继承、离婚纠纷占收案数前列。此外,还会受理宣告公民限制行为能力或无行为能力的特别程序案件。[11] 可以看出,目前老年法庭的处理案件的经验集中于民事领域的案件。最后,老年法庭的法官大多在民事审判领域具有丰富经验,但缺乏刑事、行政审判领域实务操作的经验。因此,在目前基于老年法庭已有的审判经验,老年法庭仍然还是应当将受案范围控制在涉老民事领域。

3. 老年法庭审理案件的特别工作机制

(1)立案绿色通道

老年法庭应当设立涉老案件立案的"绿色通道",对老年当事人立案起诉和来信信访实行"优先处理、优先接待、优先受理"的"三优先"制度。除了"三优先"制度,还应当对老年当事人的立案有其他的优待和倾斜。老年人权益保障法第55条第1款明确规定,老年人因其合法权益受侵害提起诉讼交纳诉讼费确有困难的,可以缓交、减交或者免交。那么法院在受理涉老案件过程中,就应当照顾到老年当事人的经济实力。当老年人提出因经济困难,需要缓交、减交或者免交的,只要情况属实,都应当按照法律规定执行。此外,立案庭可以为接待70周岁以上老年人提供专门窗口,提供专门的法官进行立案帮助和心理疏导。面对老年人提交立案材料有些瑕疵的时候,可以考虑宽松处理,或者法官列举清单,让当事人下次前往法院再进行立案。通过立案绿色通道的建立,为老年当事人在诉讼第一步骤时就提供便利。

(2)审理便利措施

老年法庭在案件的起诉、答辩、传唤、送达等方面,均应当从方便老年当事人的角度出发,以灵活、简便的方式进行。对于70周岁以上的或者行动不便的老年当事人可以采取"上门"的工作方法,上门受理、上门谈话、上门开庭。对年迈体弱、难以出行又不便委托他人参加诉讼的

---

〔11〕 参见上海市静安区人民法院民三庭:《涉老民事案件基本情况》,载《静安时报》2014年9月19日第1版。

老年当事人,法官主动到老人居住的社区或者居所就近开庭。

在涉老诉讼中,法官应当充分行使自己的职权,对于老年当事人难以自行取得的证据,法官依法依职权调查取证。在审理涉房屋、婚姻、继承、相邻等与老年人日常生活密切相关的案件中,法官深入街道、居委、物业等基层单位走访调查,不仅调查和取得相关证据,同时实地了解老年当事人的家庭情况和纠纷成因,力求还原案件的客观真实,更有针对性地解决纠纷。

(3)审调结合方式

涉老民事案件多发生于亲属、邻里、熟人之间。为了让裁判同时取得良好法律效果和社会效果,在当事人自愿的前提下,全面调查有关事实之后,可以适用调解优先,着重运用调解手段解决纠纷,防止因简单判决影响老年当事人与亲友邻居的和睦相处。

(4)判后确保执行

对涉及老年当事人基本生活保障的赡养费、抚养费和医疗费用等案件要求先予执行的,优先审查,对符合法律规定的,应当依法裁定先予执行。对于老年当事人申请执行的案件,优先处理主动调查被执行人的财产线索,确保执行到位。对于行动不便的老年当事人,法官上门执行。此外,在案结后,法官定期上门回访,确保案件的效果。

(5)强调行使释明权

在不违反法律规定的前提下,涉老案件中,法官适当强化释明权的行使,针对诉请或抗辩不清楚的部分采用询问方式引导老年当事人准确、完整表达诉求和意愿。对于法律规定以及有关诉讼实务问题尽量少讲法言法语,多用通俗易懂语言,让老年当事人听清楚弄明白,使老年当事人诉讼能力得到补偿性提高。法官在审理涉老案件时审判过程中需要释明,在判决作出后需要加以解释,以防止老年当事人由于不明白败诉的理由而不断上诉上访。

4. 老年法庭组成人员多元化

承办涉老案件的法官除了有过硬的专业知识和丰富的审判经验

外,更需要有“三心”——耐心、责任心和爱心。由于老年人生理的特点,往往腿脚不便、表达不清,因此需要承办法官具有耐心,耐心听取老年当事人的想法。此外,老年当事人体弱难以出行,就需要办案法官上门为老年当事人服务,做好取证、调解等工作,这就要求法官具有高度的责任心和爱心。

老年法庭除了配备审案法官,还可以邀请社会上的贤达人士共同参与涉老案件的审理。比如从社会福利机构以及精神卫生机构等获得帮助,对精神状态不佳的老年当事人进行心理干预。在调解程序上,可以聘请调解委员从事调解工作。从这个角度来说,老年法庭不仅需要办案能手的法官,还需要社会的方方面面的支持和帮助。

5. 老年法庭涉老维权的拓展

(1)普法宣传教育

在做好涉老审判基础工作的同时,老年法庭的法官还可以走向社会,宣传法律知识,营造敬老爱老的社会氛围。具体方法可以多种多样。一是在社区提供法律咨询,为社区中的老年人就法律上的问题进行答疑解惑。二是开设法律知识大讲堂,就相邻、婚姻、继承、养老服务等方面,通过案例与法律相结合的方式,向老年人提出注意事项和维权建议。

(2)建设多元纠纷解决机制

深入推进诉调对接中心建设,加强诉讼和非诉讼渠道的相互衔接,使更多的涉老民事纠纷通过诉讼外调处机制得到及时有效化解;加强对基层调解组织处理涉老纠纷的业务指导,强化涉老矛盾纠纷预防和排摸,推进以基层组织为基础的涉老矛盾纠纷解决机制;加强与街道、居委等基层组织的协调配合,邀请基层组织参与涉老纠纷诉讼调解,发挥其在化解涉老纠纷矛盾中的独特作用。

四、展望:老年法庭的未来

从最初设立老年法庭的上海静安法院,老年法庭也走过了漫长的

20 多年发展历程。这 20 多年来，老年法庭并没有绝迹，而是从最初的一家，发展到遍布大部分地区，并且有的市在全市范围内各基层法院均设立老年法庭。这样的现状表明，老年法庭是经受住时间的考验和实践的检验的。关于是否在全国范围内的各基层法院全面推广老年法庭，这倒大可不必。设立老年法庭，需要考虑三个因素：基层法院辖区内的人口老龄化程度、辖区面积和涉老民事诉讼案件的数量。若基层法院辖区内的 60 岁人口占本地区总人口比例未达 20%，那么老年法庭可以在这个地区暂缓推广。若辖区面积过大，可以在辖区内人口老龄化程度较为严重的地区在派出法庭设立老年法庭。涉老民事诉讼案件的数量达到该地区所有民事诉讼案件的 10%，这保证了老年法庭的设立具有实质性意义，而非形式上的意义。尽管老年法庭并非所有地区都必须设立，但是老年法庭在处理涉老诉讼案件时积累的经验和便利老人的具体措施值得所有地区的法院借鉴和运用。

老年法庭目前在法律规定上存在依据空白，在理论探讨中缺乏支撑。但是从已经设立老年法庭的地区来看，老年法庭的设立在实践中具有实用价值，能够切实解决涉老案件，为保障老年人的权益做出贡献。掌握老年法庭命运的是老年法庭，只要老年法庭能够将自身实践与相关研究的理论成果相互结合，强化其存在的正当性，就老年法庭审判中的一系列问题努力寻求突破，在我国老龄化程度日趋严重的当下，老年法庭一定会有大未来。

韶华易逝，光阴荏苒，每个人都会老去。关注当下的老年人，便是关注未来的我们自己。老年法庭的设立，从司法的层面，弘扬了社会尊老敬老的价值取向，传承和发扬了中华传统美德。

浅析老年人赡养诉讼

——以J法院近20年赡养案件为例

王 茜*

一、赡养法律制度概述

(一)赡养的含义

通常意义上的赡养,是指子女或其他晚辈为父母提供经济上的支持,满足父母的物质需求。社会深入发展后,人们生活水平提高,越来越多的老人物质生活得到保障,他们需要的赡养不再局限于物质赡养,而是更多地寻求精神慰藉。司法实践中,精神赡养案件逐步增加,老人渴望得到子女的探望和关怀。赡养的内涵延伸了、包含了对老人的经济支持和精神慰藉。

(二)我国的赡养文化与法律制度

在我国,赡养老人是传统,有着深厚的文化根

---

* 王茜,华东政法大学法律学院硕士研究生。

基。“孝”在中国文化中是“人之道”,[1]早在《诗经》中就有“无父何怙,无母何恃,出则衔恤,人则靡至”。《尚书》中又有“肇章车牛,远服贾,用孝养厥父母”……在古代中国历史上,随着儒家学说正统地位的确立,“孝”成为中国传统文化中重要的组成部分。

关于养老制度,中国在虞舜时代就有制度萌芽。到了夏商周时期,“老年人”已经被当成拥有特殊社会地位的社会群体。《礼记》中记载:“凡养老:有虞氏以燕礼,夏后式以飨礼,殷人以食礼,周人修而兼用之……”值得注意的是,这一时期的养老制度,并不是单纯为了保障老年人的利益,而是出于构建有序的社会秩序的需要。从这个意义上来说,“孝养”的社会管理职能中已经透露出政治哲学的意味。在之后的不同朝代中,涉老法律制度逐步增多,孝老日渐得到重视,礼法相融,民刑混合。汉代,“不孝”已经入刑,对于老年人犯罪的,刑罚上亦有减免。隋唐时期,“不孝”被纳入“十恶”,对官员的选任也以“孝”为标准。到了宋朝,福利体系的建设得到重视,有了官方的养老机构,政府重视救助老弱病残,虽然效果不尽如人意,但也确实是养老保障制度构建上的一大进步。[2]

在人口老龄化问题日趋严重、经济结构发生巨大变化的今天,传统的养老模式受到冲击。值得庆幸的是,通观社会舆情民意,中国人对敬老、养老传统美德的尊崇依然是主流,这也正是优秀传统文化内在生命力的体现。因而,在构建赡养法律制度的时候,不能脱离我国的赡养文化。这要求当下的赡养制度立法与司法,既要尊重我国孝文化的传统,又要充分考量当下的时代发展。

新中国成立以来,构建老年人保障法律制度的工作得到推进。《宪法》、《婚姻法》、《继承法》、《民法通则》、《刑法》中均有相关规定。1996年颁布的老年人权益保障法,是我国第一部维护老年人合法权益

---

〔1〕 参见孙颖:《老吾老——老年法律问题研究起点批判》,法律出版社2012年版。

〔2〕 参见孙颖:《老吾老——老年法律问题研究起点批判》,法律出版社2012年版,第108页。

的专门立法。

关于赡养，多部法律都有直接表述。宪法第49条第3款有："成年子女有赡养扶助父母的义务。"婚姻法第21条第1款："……子女对父母有赡养扶助的义务。"该条第3款："子女不履行赡养义务时，无劳动能力的或生活困难的父母，有要求子女付给赡养费的权利。"第28条、第29条分别是孙子女对祖父母、外祖父母的赡养义务，以及弟、妹对年老无人赡养的兄、姐的赡养义务。第30条规定子女的赡养义务不因父母婚姻关系的终止而终止。继承法第12条将对公婆、对岳父母尽主要赡养义务的丧偶儿媳、丧偶女婿列为第一顺位的继承人。刑法第261条第1款规定对老年人负有扶养义务而拒绝扶养，情节严重的人处以5年以下有期徒刑、拘役或管制。老年人权益保障法第13条至第16条更是详尽地规定了家庭养老模式的主要地位以及赡养人的赡养义务。

可见，我国现行的赡养法律制度是以宪法为基础，以老年人权益保障法为单行法的，涵盖各法律、行政法规、地方性法规、部门规章及其他规范性法律文件在内的法律法规体系。[3]

二、赡养义务

（一）赡养义务的主体

首先，最主要的赡养义务的主体是子女。宪法第49条规定，成年子女有赡养扶助父母的义务。婚姻法第21条明确了子女有赡养义务，并规定子女不履行赡养义务时，无劳动能力的或生活困难的父母，有要求子女给付赡养费的权利。上述均是子女赡养义务的法律依据。不过，作为赡养义务主体的"子女"是否包含未成年子女？笔者认为还应当考虑子女依靠自己劳动生活独立生活的能力。虽然宪法只明确规定了"成年"子女的赡养义务，但民法通则第11条将以自己劳动收入为主

---

〔3〕 参见李兵、张恺悌主编：《中国老龄政策研究》，中国社会出版社2009年版，第214页。

要生活来源的,已满16岁未满18周岁的公民视为完全民事行为能力人。因此,对该部分未成年子女,有赡养能力的也应当承担相应的赡养义务。此外,依据婚姻法中养父母与养子女、继父母与继子女的关系适用父母子女的规定,养子女对养父母有赡养义务,而继子女仅需对承担了扶养教育义务的继父母有赡养义务。对非婚生子女,条文没有说明适用父母子女关系,但明确非婚生子女与婚生子女享有同等权利,根据权利义务对等的原则,非婚生子女对父母应负有同样的赡养义务。

其次,赡养义务人还包括子女以外的人。依据婚姻法第28条、第29条的规定,有负担能力的孙子女、外孙子女,对于子女已经死亡或子女无力赡养的祖父母、外祖父母,有赡养的义务。由兄、姐抚养长大的有负担能力的弟、妹,对于缺乏劳动能力又缺乏生活来源的兄、姐,有扶养的义务。因此,除子女外的其他亲属在一定条件下也会成为赡养义务人。

赡养人的配偶是否是赡养义务人?老年人权益保障法将赡养人的配偶列为赡养义务的协助人,有意将赡养人与其配偶进行了区分。在现实生活中有许多赡养纠纷,夫或妻一方不履行赡养义务,有可能是配偶从中作梗,对于这种情形受赡养人应该如何救济?配偶协助义务的内容是什么?法律均没有明确规定。笔者以为,赡养人的配偶也应当是赡养义务人,虽然配偶与岳父母或公婆不存在血缘关系,但是作为家庭的重要成员,就应当承担相应的义务,这不仅是法律的需要,也是社会公德的需要。对于阻挠、干涉、不协助对方赡养父母的配偶,应当为受赡养人提供相应的司法救济。当然,对于丧偶的儿媳或女婿,他们的赡养义务多带有自愿性,法律在继承法上保障了尽主要义务的该类主体的继承权益。

(二)赡养义务的内容

赡养义务的内容主要包括下述几个方面:

1. 支付赡养费。这是赡养人在经济上支持受赡养人最主要的方式。赡养费应当足以保障老年人最基本的经济需求,具体的数额应视各地具体生活成本、老年人的生活方式而定。不同老人对赡养费的需求是不一的,但至少要保证能满足当地平均生活水平下老年人的最基本的需求。

2. 生活上的照顾。赡养人除了给予老人经济支持,还应当在生活中给老人必要的照料,特别是对于生活不能自理的老人,更应当尽照顾责任。老年人是弱势群体,他们的身体状况决定了他们与年轻人存在诸多差异,如出行时腿脚的不便、记忆力衰退、疾病的出现等,这种情形下仅有一笔赡养费是不够的。依据老年人权益保障法规定,赡养人还应当确保老年人在患病时得到治疗和护理,保证老人有自己的住房和良好的居住环境,如不能亲自照料老人,也要在尊重老人自身意愿的前提下委托他人或有关机构照料。

3. 不得侵害老人的合法权益。如果说前述是赡养人的作为义务,这里所述的则是赡养人的不作为义务。老年人自然的身体状况使他们会出现视力、听力衰退、反应迟钝、分辨能力及自我保护能力不强等现象。这时赡养人不得欺骗、虐待老人,不得强迫老人为一些行为,不得侵占老人的合法财产或其他收益。

4. 精神赡养。人们生活水平提高后,对精神层面的需求日益增加。涉老案件中,精神赡养类案件呈递增趋势。特别是在农村地区,子女外出打工,空巢老人独居寂寞,无奈之下走向法庭希望得到子女的探望。老年人权益保障法颁布后,第 18 条“常回家看看”条款引发关注,其要求与老人分居的子女要常回家看望、问候老人。虽然精神赡养在司法实践中会遇到执行难等各种问题,但是仍应当被纳入赡养义务而成为一项重要内容。

三、J 法院老年庭:国内涉老诉讼第一庭

J 法院老年审判庭成立于 1994 年,是国内首家老年审判庭。该法庭的设立初衷是促使涉老案件审理的专门化,为保障老年人合法权益提供司法救济。其受理的案件的范围涉及 60 周岁以上老年人受赡养

扶助权、财产权、婚姻自主权等。如今,受案范围逐步扩大,已渗入老年人生活的各方面。

J法院处理涉老案件有自身的工作特色,其确立了优先受理、方便诉讼、着重调解、审执兼顾、依法保护五项工作原则。在该法庭,“司法护老”理念已经深入每位法官心中,为方便老人,老年庭的工作人员采取上门受理、上门谈话、上门开庭、上门执行、上门回访的工作方式;在审理中,法官积极指导老年人正确、及时行使诉讼权利和履行诉讼义务,确保了涉老纠纷得到妥善处理。[4]

(一)J法院赡养民事案件之概况

20年来,J法院涉老民事案件主要有侵权纠纷、合同纠纷、婚姻家庭类纠纷。婚姻家庭类案件是涉老诉讼中常见的类型。该类案件又主要包括继承纠纷、赡养纠纷、离婚纠纷等。其中,赡养纠纷是主要的纠纷之一。

自1993年至2004年,从数量上看,J法院共受理赡养纠纷53件;就结案方式而言,赡养纠纷判决结案22件,占案件总数的41.5%;调解结案10件,占18.9%。撤诉21件,占39.6%。判决的案件中有5件纠纷的当事人提起上诉;诉讼地位上,受赡养人为原告的案件有51件,占案件总数96.2%,受赡养人作为被告案件有2件,占3.8%。该2起案件均是子女诉请减免赡养费。其中,高龄老人提起诉讼的案件为28件,60岁到80岁老年人提起诉讼的案件为23件,原告为60岁以下的赡养纠纷2件;在案件诉由上,诉请支付或增加赡养费的案件51件,占96.2%。诉请减免赡养费的案件2件,占3.8%。2014年,J法院还受理了第一起精神赡养案件,该案老人诉请子女定期探望。诉请精神赡养的案件开始增加。在审理结果上,22件判决案中,老年人作为原告胜诉的案件为8件,作为被告胜诉2件,部分胜诉案件12件,败诉案件0件。

---

〔4〕 参见《上海静安人民法院:“老年审判庭”的价值》,载http://www.chinapeace.gov.cn/,最后访问日期:2015年11月13日。

由上述数据可以看出,受赡养人多为原告,且受赡养人的年龄多为60岁以上;诉由主要是请求支付或增加赡养费,且近两年,精神赡养的诉请开始出现;赡养案件结案方式以调解和撤诉为主。

(二)J法院赡养诉讼的主要特点

1. 被诉赡养人的代际特征

家庭代际关系是具有血缘关系(或收养关系)成员的纵向关系体现。完整的家庭代际关系是抚养—赡养关系和交换关系并存和互补的关系。[5]

在我国,代际之间的供养关系是双向的,一是父母和子女之间互负权利义务,是相邻两代人之间的供养关系。二是祖父母、外祖父母和孙子女、外孙子女之间互负权利义务,即隔代人之间的供养关系。

J法院赡养纠纷主要发生在父母子女之间,且大多是亲生子女与父母之间。养父母与子女之间的赡养关系,同生父母与子女之间的赡养关系并无差别,因为双方均形成了抚养与赡养的关系,但后者更多了一层血缘关系。对于继父母与子女,也要以继父母承担了子女的抚养教育义务作为子女履行赡养义务的前提。

J法院53件赡养纠纷中没有涉及隔代关系的赡养纠纷,依据《婚姻法》第28条的规定,有负担能力的孙子女、外孙子女,对于子女已经死亡或子女无力赡养的祖父母、外祖父母,有赡养的义务。对于祖父母与外祖父母,孙子女、外孙子女同样要尽到赡养义务,这种义务正缘于相互之间的代际关系。

2. 被赡养人生活状况特点

J法院受理的赡养案件,从案件的事实理由能够看出被赡养人的生活状况有很多共同点:

第一,被赡养人丧偶或离婚。诸多赡养纠纷中,被赡养人均是独居老人。特别是高龄老人中,丧偶很常见。他们失去了配偶的陪伴,孤苦

---

[5] 参见王跃生:《中国家庭代际关系的理论分析》,载《人口研究》2008年第4期。

无依。

第二，被赡养人大多疾病缠身，又无收入来源。被赡养人多受高血压、心脏病、糖尿病等疾病的困扰，生活不能自理，低微的收入使他们难以应付高额的医疗费、护理费。随着社会的发展，医疗成本日渐递增，被赡养人的生活变得更加艰难。

第三，子女不孝或家庭矛盾尖锐。分析 J 法院 20 年来的赡养案件，受赡养人往往是家庭矛盾的受害者。在多子女家庭，子女之间感情的淡漠使得他们在赡养父母的问题上相互推卸责任，为“做多做少”斤斤计较。有些子女自身生活状况的窘迫也使得他们不愿在赡养父母上付出更多。更有家庭的子女虐待、遗弃老年人，让老年人居住在肮脏简陋的房屋，甚至辱骂欺负他们。长此以往，被赡养人夹在家庭的积怨中生存，忍受子女的不孝，生活状况十分凄苦。

3. 诉讼请求的特点分析

20 年来，J 法院赡养案件按诉讼请求划分：诉请支付或增加赡养费的 47 件，诉请支付医疗费的 15 件，要求支付养老院费用的 2 件，要求提供住房或支付房租的 1 件，要求免去赡养费的 2 件，要求子女定期探望的 1 件。

由此可见，该院赡养纠纷的诉讼请求多数为支付赡养费，其次是在赡养费之外要求支付医疗费或者护理费，仅有少量案件是其他诉讼请求。

被赡养人要求支付的赡养费分为一次性支付、按月支付两种。要求一次性支付主要是针对赡养人以往未支付的赡养费，按月支付则是为了满足今后基本的生活需求。被赡养人诉请的赡养费通常都较低，近几年生活水平提高后，赡养费数额有所提高。但就其数额来看，赡养费一般仍只能满足被赡养人基本的生活需求，很难达到社会一般人的生活水准。

2014 年 J 法院受理了一起精神赡养案件。该案的老人张某某诉请子女按月支付赡养费，并要求女儿定期探望（每三个月看望一次）。该案最后以调解结案,调解后双方当事人达成协议,由三子女按月支付母亲赡养费。然而,该调解协议没有涉及定期探望的问题,仅在审理笔录中,审判人员征询过张某某意见。张某某降低要求,同意子女逢年过节前来探望以及在她打电话需要探望的时候前来探望,三子女对此均无异议。值得注意的是,探望的内容没有被写入调解协议,因此不具有强制执行的效力。子女若不履行探望义务,张某某就无法申请强制执行。当然,目前对于精神赡养的履行是否应该强制以及如何强制尚无定论。J法院审理精神赡养案件是一个新开端,但在处理方式和结果上显然是不成熟的,需要在今后加以完善。

4. 诉讼解决方式的特点

20年来,J法院赡养纠纷的结案方式统计为,判决41.5%,调解18.9%,撤诉39.6%。调解撤诉率达到58.5%。有5件纠纷的当事人提起上诉。

判决、撤诉、调解是赡养纠纷的主要解决方式。判决的好处在于其高效性、稳定性还有强制性,一般适用于家庭矛盾难以调和的赡养纠纷。其缺陷则是很难根治家庭矛盾,有的时候甚至会加大矛盾的裂痕。J法院半数以上的赡养纠纷以撤诉或者调解解决。调解降低了诉讼的对抗性,可以促使双方互相调和,互相让步,这对于缓和家庭矛盾是有利的。

在处理赡养纠纷时,J法院坚持调解先行,调解不成才依法判决。判决时法官一方面照顾被赡养人的合法权益,鼓励子女履行对父母的赡养扶助义务,另一方面会结合子女经济情况和其他实际情况调整赡养费数额,很好地平衡了各方利益。

J法院判决后当事人选择上诉的案件有限,二审一般是维持原判。赡养案件因其自身的特殊性更加适合一审终结。过长的诉讼不仅会加剧家庭矛盾,而且当事人的态度也可能会随时间产生变化,不同法官对于矛盾的理解也会受到主观因素的影响,因此,在短时间内妥善处理赡养纠纷很有必要的。

四、赡养诉讼的主要法律问题

(一)赡养费数额问题

对于城市户口的老年人的赡养费给付标准,各省市出台的关于城镇居民最低生活保障的法律、法规或规范性文件中,都有关于赡养费和抚养费的计算方法的规定。赡养费一般按家庭总收入减去家庭成员城市居民平均生活标准,剩余部分按其赡养人数的平均数额计算。对于农村户口的老年人,一般按照当地统计部门发布的上年度当地农民年人均生活费数据为基准。

给付赡养费的数额,是根据赡养人的经济状况、当地的实际生活水平和被赡养人的实际情况来确定的。随着时间的推移和被赡养人实际需要,可以要求增加赡养费数额。

J法院确定赡养费数额主要是依据两个标准:一是赡养费要能保障被赡养人的基本生活需求;二是在赡养人的承受能力。J法院在判决或确定调解协议时,一方面要求子女必须履行对父母的赡养义务,另一方面会结合子女经济能力酌情调整赡养费数额。

(二)赡养费判决的履行问题

赡养人的法律责任区分为民事、刑事、行政责任三种。民事责任依据婚姻法第48条和民事诉讼法第242条的规定,对拒不执行赡养费判决或裁定的,由人民法院依法强制执行。有关个人和单位应负协助执行的责任。对赡养案件来说,民事责任应当是主要的责任方式。赡养人不依据判决书支付赡养费的,被赡养人可申请强制执行。若在判决生效后,当事人要求增加或者减少赡养费的,须另行起诉。

(三)赡养协议问题

赡养协议是多个赡养人之间为履行赡养义务签订的协议。赡养协议属于赡养人为第三人利益订立的合同,其效力应当适用民法通则与合同法合同效力的相关规定。对于恶意串通、欺诈、胁迫等显而易见的无效协议自然适用法律关于无效合同的有关规定。

J 法院审理的赡养案件也会涉及赡养协议。在某一赡养纠纷中，三位赡养人签订了赡养协议，并有被赡养人徐某某签名。协议中约定各自支付赡养费的数额、医疗费的承担等内容。这一协议效力得到 J 法院认可，并被作为诉讼过程中的证据。但是法院的判决并不会严格依据赡养协议，而是在此基础上结合被赡养人与赡养人实际情况作出判决。

在司法实践中还会有子女签订分别赡养协议，即约定由某一子女承担对父或母的赡养义务，免除其他子女的赡养义务。该种赡养协议，即使有被赡养人的签名，因其违背了法律对子女均有赡养义务的规定，又违背公序良俗，一般会被认定无效，在审理过程中不予认可。

赡养协议应当符合合同法的规定，但其只能在各赡养人内部产生约束力，赡养人可以按照约定的份额承担责任。因为赡养义务是法定的，所以赡养协议不得约定免除某一赡养人的赡养义务。

五、总结

处理赡养案件和普通民事案件应有所区分，结合 J 法院经验，本文对处理该类案件有如下思考：

首先，调解对赡养案件的处理至关重要。赡养案件的特殊之处在于它关乎亲情，处理该类案件不能简单地以判决解决。如果简单适用诉讼程序，有时可能加剧矛盾，甚至致使感情破裂，这对于判决的执行也是不利的。特别是精神赡养案件，如矛盾加剧只会对老人造成更大的伤害。因此，对赡养案件应当优先调解，法官应当找到矛盾的症结，采取心理疏导、劝说等方式修复双方关系，对老人要劝说他们理解子女的难处，对赡养人要让他们认识到尊敬老人是应有之义。在调解时可以发动基层组织如居委会、街道中经验丰富的人士协助。对于子女众多、互相推卸责任的情形，需要开展分别劝导、及时沟通的方式，结合各方实际情况合理分配义务，尽量做到让各方心理平衡。

其次，涉老法庭有自身的独特性，在条件许可的地区，有相对独立建制的必要。J法院老年法庭结合老年人自身的特点采取上门开庭、优先调解等人性化的案件解决方式，在法官素质、工作方法、效果考核等方面有其独特性。因此，根据辖区具体情况，采取相对独立的涉老法庭或者涉老合议庭建制，很有现实需要。

涉老法律评论

涉老审判模式类别化研究

《老之将至，法庭何为》项目组*

一、我国涉老审判模式分析

中国作为一个人口大国，随着社会经济的发展，老龄化问题日益凸显，与老年人有关的养老、救助等一系列问题亟待解决，其中便涉及司法护老的新课题。随着老龄人口数量的增加，老年人维权意识的提升，涉老案件的数量也在不断增加、如何把法律对老年人的关爱落到实处，这是在老龄化背景下对司法机关提出的一大挑战。对此，以切实保障老年人的诉讼权益为任务的"老年法庭"[1]应运而生。自从1991年上海市静安区人民法院设立了第一个"老年审判专项合议庭"以来，全国各地法院开

---

* 该文章中美老龄问题研究中心2014年学生课题结项论文，由华东政法大学硕士研究生叶肖静、鲍新则、胡荷佳、季薏、庞礴合作完成。

〔1〕 老年法庭是对于涉老审判组织的概括性描述，通常认为是专门受理一方或双方为60周岁以上老年人纠纷的审判组织。就目前的司法实践，老年法庭的受案范围仅限于民事领域，组织形式包括：独立专门审判庭、非独立专门合议庭以及专门巡回法庭等。为了行文的方便，本文以"老年法庭"概括以上所有类型的审判组织。

始设立各种类型的、专门审理涉老案件的审判组织，成为我国涉老审判领域一个不容忽视的现象(具体见表1所示)。

表1 我国人民法院内涉老诉讼审判组织一览表[2]

类型	成立时间	成立法院	法庭名称
专业老年审判庭模式	1994年	上海市静安区法院[3]	民事审判第三庭
	2007年	山东省济宁市任城区法院[4]	民事审判第五庭
专业老年维权合议庭模式	1997年	江苏省南京市秦淮区法院[5]	保障老年人合法权益法庭
	2005年	浙江省奉化市法院溪口法庭[6]	老年人维权合议庭
专门巡回法庭	1998年	河南省安阳市安阳县法院[7]	老年人权益保障巡回法庭
	2003年	河南省三门峡市湖滨区法院[8]	老年人合法权益巡回法庭
	2010年	福建省漳州市龙文区法院朝阳法庭[9]	保障老年人权益巡回法庭
	2012年	广西省贺州市八步区法院[10]	老年人权益保障巡回法庭

[2] 本文根据网络信息，尽可能列举我国目前专门审理涉老案件的审判组织，并根据审判组织形态进行梳理。

[3] 参见徐慧：《静安法院老年庭再创办案新理念》，载《上海法治报》2011年8月30日第B07版。

[4] 参见郝明雷：《为老年人撑起维权保护伞》，载《济宁日报》2014年8月19日第1版。

[5] 参见朱晓露：《秦淮老年法庭获"全国老龄维权示范岗"称号》，资料来源：http://www.jsmz.gov.cn/xwzx/mtgz/200701/2007-01-10_48854.htm，最后访问日期：2014年10月14日。

[6] 参见王佩岚、汪美芬：《老人"保护伞"百姓贴心人》，载《人民法院报》2011年2月20日第4版。

[7] 参见安阳市安阳县法制办：《安阳县维老法庭依法为老年人撑起保护伞》，资料来源：http://www.hnfzw.gov.cn/ay/news/20139/20139416391102.shtml，最后访问日期：2014年10月14日。

[8] 参见张传新等：《湖滨区法院老年人维权巡回法庭揭牌》资料来源：http://www.hncourt.org/public/detail.php? id=19876，最后访问日期：2014年10月14日。

[9] 参见罗培新：《记"全国老年维权示范岗"龙文区法院朝阳法庭》，资料来源：http://www.fjsen.com/d/2012-10/24/content_9661715.htm，最后访问日期：2014年10月14日。

[10] 参见谭建国、黄琴芳：《创建"老年人巡回法庭" 推进建设"五保工程"》，资料来源：http://hzbbfy.chinacourt.org/public/detail.php? id=911，最后访问日期：2014年10月14日。

续表

类型	成立时间	成立法院	法庭名称
类型难以判断[11]	1999 年	辽宁省朝阳市凌源市法院[12]	老年法庭
	2004 年	江苏省太仓市人民法院[13]	
	2004 年	安徽省合肥市蜀山区法院[14]	
	2009 年	山东省菏泽市鄄城县法院[15]	
	2012 年	江苏省常州市钟楼区法院[16]	
	N/A	北京市昌平区法院南口法庭[17]	
	N/A	北京市大兴区法院红星法庭[18]	
	N/A	山东省德州市德城区法院[19]	
	N/A	四川省广元市旺苍县法院[20]	
	N/A	黑龙江省哈尔滨市道外区法院[21]	
普通法庭与家事法庭并存模式	2012 年	江苏省徐州市贾汪区法院[22]	家事法庭

〔11〕 此类类型难以判断，媒体报道中多用“老年法庭”来概括审判组织形式。

〔12〕 参见李鹏飞：《凌源法院老年法庭：司法护得“夕阳红”》，资料来源：http://lnfy.chinacourt.org/public/detail.php? id=5702，最后访问日期：2014 年 10 月 14 日。

〔13〕 参见周红：《太仓法院开设老年法庭维护老人权利》，载《人民法院报》2004 年 3 月 10 日。

〔14〕 参见石莉：《蜀山区设立“老年法庭”》，资料来源：http://news.sina.com.cn/c/2004-08-14/11243394100s.shtml，最后访问日期：2014 年 10 月 14 日。

〔15〕 参见马俊荣、陈兴军：《鄄城“老年法庭”切实为老年人维权》，资料来源：http://www.sdpca.org.cn/xwzx/llxx/gnxx/2012-05-22/11517.htm，最后访问日期：2014 年 10 月 14 日。

〔16〕 参见王笑一、杨关中：《常州钟楼：老年法庭的 8 月报告》，载《人民法院报》2012 年 12 月 23 日第 7 版。

〔17〕 参见梁永胜、王华楠：《南口法庭荣获“全国老年维权示范岗”称号》，资料来源：http://bjgy.chinacourt.org/article/detail/2007/02/id/849573.shtml，最后访问日期：2014 年 10 月 14 日。

〔18〕 参见马建颖：《红星法庭获“全国老年维权示范岗”殊荣》，资料来源：http://www.bjdx.gov.cn/jrdx/dxxw/dxxx/2007n/35774.htm，最后访问日期：2014 年 10 月 14 日。

〔19〕 参见郑春笋：《德城区法院老年维权工作侧记：天平辉映夕阳红》，资料来源：http://old.chinacourt.org/html/article/200708/21/260987.shtml，最后访问日期：2014 年 10 月 14 日。

〔20〕 参见青开卫、何新明：《“老年法庭”情暖“夕阳红”》，资料来源：http://www.chinacourt.org/article/detail/2013/10/id/1105654.shtml，最后访问日期：2014 年 10 月 14 日。

〔21〕 参见黑龙江省哈尔滨市道外区法院研究室：《我院民一庭老年法庭荣获黑龙江省敬老文明号先进集体称号》，资料来源：http://hebdw.hljcourt.gov.cn/public/detail.php? id=1290，最后访问日期：2014 年 10 月 14 日。

〔22〕 参见王晓红：《家事法庭　老人温馨的依靠》，载《江苏法制报》2014 年 9 月 30 日第 A5 版。

总体而言,我国现行涉老案件审判模式主要有四种,笔者将其概括为专门老年审判庭模式、专门老年维权合议庭巡回办案模式、普通法庭与家事法庭并存模式以及优待措施贯穿诉讼全过程模式。

(一)专业老年审判庭模式

将涉老诉讼审判组织固定为专业化老年审判庭是有效解决纠纷、维护法律统一和法官考评标准一致的有机融合,其优越性体现在三个方面。首先,有针对性地有效解决涉老纠纷。涉老纠纷主要发生在老年人的生活领域,而且涉老民事法律关系的主体具有特殊性,纠纷主要发生在亲人邻友之间。将法院同类型案件集中由专业法庭长期、连续、固定审理,有利于法官积累该类案件的审理经验。专业化老年审判庭的法官面对涉老纠纷中不同的案由,凭借自己的办案经验能够针对性地设计解决方案,从而达到有效解决涉老纠纷的目的。其次,实现法律适用统一。"法律统一适用问题的实质在于法律本身的统一解释和适用。"[23]专业化老年审判庭的法官在办理涉老纠纷案件的时候,凭借自己积累的办案能力和法律知识,能够全面准确把握涉老纠纷案件的法律关系性质、调整该法律关系的法律规范及其原则精神,统一裁判理念与尺度,实现法律适用的统一。最后,在同一法庭内可以根据案件的性质确定统一的法官考评标准。由于涉老纠纷的老年当事主体的特殊性,导致审理涉老纠纷案件的法官需要耗费更多的时间去完成实地取证、解释说明、心理疏导及跟踪回访等工作。若将审理涉老案件和普通民事案件的法官同时置于以办案数量为参考依据的审判绩效考评奖惩制度中,明显于前者不利。因此,专业化独立审判庭通过制定自己法庭的考评体系,另加上专业化审判技术的提高,最终能够有效规避考评结果不利的问题。

专业老年审判庭的不足之处体现在,首先,机构建制的法律依据缺

---

〔23〕 参见范明志:《消解成文法中法律统一适用之痛》,载《人民法院报》2010 年 4 月 16 日第 5 版。

失。根据人民法院组织法的规定,基层法院可以设立的法庭有限,设置独立编制专门法庭依据不足。虽然基层法院可以依据最高人民法院的相关规定或者批准建立行政庭及其他专门法庭,但是从严格意义上而言,最高人民法院并未明文授权基层法院设立独立编制的专门法庭。其次,易导致机构设置价值取向功利性。从价值取向上看,专门法庭在一定程度上能够博得关注,成为地方法院谋求创新的源泉。不考虑成立专门法庭的实际功能和成本效益,一味地求新求变,这也会影响法院审判组织的稳定性、权威性和严肃性。最后,专业审判庭的"全科"法官培养难。随着社会的不断发展,涉老案件不断涌现新类型。涉老案件除了婚姻赡养、民间借贷、相邻关系等传统类型,又出现了股东权益、人事争议、知识产权等民事纠纷。[24] 这对专业化老年审判庭的法官提出了更高要求,不仅需要了解老年人的心理特点,还需要更为全面的法律知识。

(二)专业老年维权合议庭巡回办案模式

相较于专业老年审判庭,专业老年维权合议庭同样能够促使专业化法官的成长,有效解决纠纷和维护法律统一的优点。此外,专业化合议庭设置在审判庭内,就不会产生机构建制、法律依据缺失的问题,有效平衡了法律依据与专业审判,弥补了专业老年审判庭的一大不足之处。维权合议庭的设立相较于老年审判庭在程序上更为便利,在没有程序的困扰下,可以方便各地因时、因地制宜,在需要的时候设立。此外,在自然地理条件复杂的我国,维权合议庭巡回办案的方式,从实际上方便了腿脚日渐不便的老年人,并且实地走访当事老年人所居住地,有利于合议庭法官了解案件的背景情况。

伴随着没有独立编制,专业老年维权合议庭的法官面临考核上的一大考验。根据当前法官考核制度,专业化老年人维权合议庭的法官在考核时会与其他民庭法官采用同样标准。在这种情况下,老年人维

---

〔24〕 参见曾庆敏:《老年立法研究》,社会科学文献出版社 2011 年版,第 280 页。

权合议庭的法官在办理老年人案件时,存有后顾之忧,无法花费大量时间和心力去维护老年人的合法权益。当然,若是在设立专业化老年人维权合议庭的同时,建立一套与之相配套的考核标准,区别涉老案件与民事案件,对于专业化老年人维权合议庭的法官也是福音。

(三)普通民事审判庭与家事法庭并存模式

从涉老诉讼的类型上看,涉老诉讼一般包括宣告公民死亡、失踪或者无民事行为能力特别程序,权属、侵权纠纷诉讼,合同纠纷诉讼以及婚姻家庭继承类纠纷。其中动迁安置款分割纠纷、法定继承纠纷和离婚纠纷发生于当事人家庭内部成员之间。[25] 因此,涉老诉讼案件可以根据当事人之间的关系,分为对内诉讼和对外诉讼。所谓对内诉讼,就是发生在家庭成员之间的诉讼。对外诉讼,是当事人之间无家庭成员关系的诉讼,在涉老诉讼范围中,包含老年人与养老机构的诉讼、交通事故纠纷诉讼、买卖合同纠纷等。在老年人面对另一方当事人是子女或其他亲属的案件中,"一判了之",案虽结事未了,纷虽定情已断,对老年人今后生活非常不利。因此,重调轻判是办理对内案件的特色。法官充分发挥调解修复关系的作用,将敬老养老助老的传统道德与案件办理相结合,在审判的各个阶段实行法理并重、以理入法、以情讲理,缓解矛盾。[26] 而对外诉讼案件,只需要法官全面认清当事人之间的法律关系,熟悉调整该法律关系的法律规范,把握好裁判的理念和尺度,准确运用法律规范解决纠纷。内外案件的根本区别在于"情理"。对内案件不仅要求法官的裁定合乎法律,更需要其合乎情理。对内和对外案件审理方式的不同,是建构两种审判庭结合审理涉老诉讼案件的基础。

普通民事审判庭与家事法庭并存的优点在老龄化程度较低、涉老案件数量并不可观的地区,专门设立"老年法庭",配备相应的人员和设

---

〔25〕 参见孙颖:《老吾老——老年法律问题研究起点批判》,法律出版社2012年版,第216页。

〔26〕 参见包文捷:《试析涉老案件的若干法律问题》,载《政治与法律》2005年第4期。

备,这会导致审判资源的浪费。家庭作为社会的细胞,是必然大量存在的。面对细胞的变异,需要及时的救治。针对家庭变异问题的救治,家事法庭就能够起到及时有效的作用。家事纠纷有一个显著的共同特征,即其与单纯的契约财产关系不同,通常具有较强的公益性,因为其不仅涉及婚姻家庭秩序的和谐稳定,也涉及对弱势群体利益的照顾和维护。涉及老年人的非家庭类民事纠纷,完全可以在普通民事审判庭进行审理。通过普通民事审判庭与家事法庭的结合,一方面可以总结出家事案件的规律性特点,另一方面也可以避免专设"老年法庭"可能产生的司法资源浪费问题。

普通民事审判庭与家事法庭并存模式的不足表现在两个方面:其一,家事法庭的法律依据也存在缺失。在基层法院设立独立编制的家事审判庭于法无据。在民事审判庭内设立家事审判合议庭是一条出路。其二,承办涉老诉讼案件时,对老年当事人的照顾难以体现。比如,老年当事人的对外案件在普通民事审判庭进行审理,如果遭遇不懂老年人的生理和心理特点的法官,若再加上法官审理案件说理不到位,容易造成老年当事人心理上的不适,甚至会引发生理上的疾病。

(四)优待措施贯穿诉讼全过程模式

根据老年人权益保障法和全国老龄办关于进一步加强老年人优待工作的意见的规定,[27]各级法院对于涉老案件必须在立案、审理、执行、缴费等方面都对老年人有所优待。因此,对于司法资源不充裕的地区,不单设专门的老年审判庭、老年合议庭、家事法庭,而是以贯穿始终的老年人优待措施取而代之,在现有民事诉讼法的基本框架结构内建立行之有效的涉老审判的配套优待制度,对老年人在诉讼上给予一定

[27] 《老年人权益保障法》第 55 条第 1 款规定:"老年人因其合法权益受侵害提起诉讼交纳诉讼费确有困难的,可以缓交、减交或者免交;需要获得律师帮助,但无力支付律师费用的,可以获得法律援助。"《全国老龄办关于进一步加强老年人优待工作的意见》规定,"33. 各级人民法院对侵犯老年人合法权益的案件,要依法及时立案受理、及时审判和执行。34. 司法机关应开通电话和网络服务、上门服务等形式,为高龄、失能等行动不便的老年人报案、参与诉讼等提供便利。"

便利和辅助，也不失为一种有效路径。具体而言，此种优待措施表现为以下几个方面：

第一，诉讼程序便利措施。设立涉老案件立案“绿色通道”，对老年当事人立案起诉实行“优先处理、优先接待、优先受理”的“三优先”制度。在案件的起诉、答辩、传唤、送达等方面，均从方便老年人角度出发，以灵活、简便的方式进行。对于70周岁以上或者行动不便无法到庭的老年当事人采取“五上门”的工作方法，即“上门受理、上门谈话、上门开庭、上门执行、上门回访”。老年人因交纳诉讼费确有困难的，允许其可以缓交、减交或者免交。

第二，审理环节注重平衡。对于老年当事人难以自行取得的证据，法官依法依职权调查取证。在不违反法律规定的前提下，法官强化释明权的行使，以通俗易懂的语言引导老年当事人准确完整地表达自己的诉求和意愿。若判决老年当事人败诉的案件，法官必须行使释明权，对法律规定和判决原因加以解释，防止老年当事人不明就里而上诉上访。

第三，判后执行确保落实。对涉及老年当事人基本生活保障的赡养费、抚养费、医疗费用等案件要求先予执行的，优先审查，对其中符合法律规定的，依法裁定先予执行。对老年当事人申请执行的案件，优先进行处理，主动调查被执行人的财产线索。对行动不便的老年人，法官上门制作执行笔录、上门发放执行款项。对于老年人为被执行人的案件，法官在执行过程中必须注重心理疏导和法制教育，促成执行。

二、涉老审判模式选择的影响因素

如前文所述，专业老年审判庭模式、专业老年维权合议庭模式、普通法庭与家事法庭并存模式、优待措施贯穿诉讼全过程模式是当前全国各地涉老审判组织配置的主要模式。从法院司法实践情况可以看出,上海市静安区成为全国老年审判庭发源地。此外,江苏南京、[28]辽宁朝阳[29]以及山东济宁[30]在辖区内第一家基层法院“老年法庭”成立后,其所有辖区范围内所有基层法院便都开始推广“老年法庭”。此外,还有多家法院虽然未专门设立“老年法庭”,但对老年人的诉讼优待贯穿于法院工作中。[31] 通过研究地域分布图,我们发现涉老审判模式采用情况与人口、社会、文化和经济等因素紧密相关。

首先,涉老审判模式多见于人口数量多、老龄化现象突出的地区。近些年来,涉老审判的多种模式之所以在全国各地如雨后春笋般冒出,这与我国人口结构已开始发生变化的事实不无关系。根据民政部发布的《2013 年社会服务发展统计公报》,截至 2013 年年底,全国 60 岁以上的老年人口 20,243 万人,占总人口的 14.9%,其中 65 岁及以上人口 13,161 万人,占总人口的 9.7%,而 2006 年全国 60 周岁以上的老年人口占总人口的 11.3%。[32] 2013 年上海市静安区 60 周岁以上老年人口占到该区总人口比重的 30.6%,而 2001 年时该比重就已经达到了 22.03%,[33]这也是静安区法院民三庭成为全国首个老年审判庭的重要原因。该区法院民三庭(“老年法庭”),2001 年受理涉老民事案件 260 件,而 2008 年来每年稳定在 400 余件,2013 年收案升幅较大,为 573

〔28〕 参见王嘉翔:《南京老年法庭大扫描(上篇)》,载《中国老年报》2002 年 8 月 9 日第 1 版。

〔29〕 参见徐志蔚:《我市老年维权体系建设走在全省前列》,载《朝阳日报》2010 年 10 月 20 日第 1 版。

〔30〕 参见郝明雷:《为老年人撑起维权保护伞》,载《济宁日报》2014 年 8 月 19 日第 1 版。

〔31〕 参见危建武:《渣津法庭注重保障老年人合法权益》,资料来源:http://xsxfy.chinacourt.org/public/detail.php? id=321,最后访问日期:2014 年 10 月 20 日。

〔32〕 参见民政部:《民政部发布 2013 年社会服务发展统计公报》,资料来源:http://www.mca.gov.cn/article/zwgk/mzyw/201406/20140600654488.shtml,最后访问日期:2014 年 10 月 9 日。

〔33〕 参见上海市老龄科研中心:《2013 年上海市老年人口和老龄事业监测统计信息》,资料来源:http://www.shrca.org.cn/5489.html,最后访问日期:2014 年 7 月 7 日;《2001 年上海市各区县人口老龄化数据表(根据户籍人口统计)》,资料来源:http://www.shrca.org.cn/434.html,最后访问日期:2014 年 7 月 7 日。

件,占民事案件收案总数的10%左右,涉老案件数量已进入相对平稳的高位期。[34]

其次,涉老审判模式的抉择取决于当地主要案件类型。在选择涉老诉讼审判模式的时候,当地往往会考虑涉老案件案由这一因素。由于全国各地的经济形势、社会关系的不同,各地区的涉老案件情况不尽相同。上海静安民三庭2011年涉老民事案件收案最多的前五位案件类型分别是相邻、继承、民间借贷、动迁款、离婚纠纷。[35] 根据江苏省高级人民法院民一庭开展的涉老民事案件专题调研,通过随机抽取了2010~2011年苏南地区的南京秦淮、无锡北塘、苏中地区的靖江以及苏北地区的赣榆四家基层法院审结的573件涉老民事案件,分析发现涉老民事纠纷类型相对集中,分别为道路交通事故人身损害赔偿、婚姻家庭、民间借贷、一般人格权、所有权确认纠纷。[36] 通过同处华东地区的上海和江苏同时期的涉老案件案由的比较,可以发现不同地区之间涉老案件案由的差异。

再次,采用涉老审判模式离不开尊老、护老的文化土壤。山东的济宁、德州、潍坊,江苏的徐州,河南的安阳,在历史上自古以来便是深受中原文化、传统儒家思想的熏陶之地。传统的"家"观念,"老吾老以及人之老""长幼有序"思想长期浸润人心。在这些地区设立涉老审判组织相对而言较有群众基础与文化助力。

最后,涉老审判模式的运用离不开经济基础。从现有情况来看,选择涉老审判模式的法院基本处于经济相对发达地区,如上海、江苏等省份。

---

〔34〕 2008年至2012年的收案数量分别为408件、463件、438件、436件和454件。参见孙颖:《老吾老——老年法律问题研究起点批判》,法律出版社2012年版,第216页;上海市静安区人民法院民三庭:《涉老民事案件基本情况》,载《静安时报》2014年9月19日第1版。

〔35〕 参见孙颖:《老吾老——老年法律问题研究起点批判》,法律出版社2012年版,第216页。

〔36〕 参见夏正芳、陈丽:《关于审理涉老民事案件情况的调研报告》,载《法律适用》2013年第1期。

虽然涉老审判模式采用情况与人口、社会、文化和经济等因素都有相关性,但是就其中的决定性因素仍然是人口老龄化程度和涉老诉讼数量情况。当然,涉老审判模式的采用与文化和经济等因素也有一定的联系。

三、未来我国涉老纠纷解决模式的构建设想

既然涉老审判组织的产生、发展皆离不开经济、地理、人口、文化等多方面因素的影响,那么今后涉老审判组织的构建便毋庸置疑应当因地制宜,根据当地的不同情况选择不同的构建模式与方案。

总体而言,部分老龄化程度相对较轻的地区可以采用优待措施贯穿诉讼程序全过程模式,在不额外增加人力、物力、机构建制等方面负担的情况下,尽力将老年人优待措施落到实处,真正体现"老吾老以及人之老"的中国传统文化。对于涉老案件特别是老年人家庭内部案件数量日益增加的地区,可以考虑建立家事法庭,采取普通民事审判庭与家事法庭并存模式(如江苏贾汪模式[37]),将涉老家事纠纷类型化处理。而涉及老年当事人的其他案件仍然在普通民事审判庭进行审理,但将老年人优待措施贯穿诉讼全过程。面对所在辖区涉老案件较为分散,又需要针对性解决的,可以成立老年维权合议庭巡回办案。对于老龄化现象相对突出,老龄人口占总人口比重较为可观,有涉老纠纷专门处理需求,且有一定经济实力的地区,可以考虑成立专业老年审判庭专门处理涉老诉讼。

当然,不论是哪一种模式,即在全国各地不论是老年审判庭、老年维权合议巡回庭,还是家事法庭中,它们除了程序便民、亲民,优待弱者,法官专门化外,其最显著的特色都表现为重调解甚于判决,法官一般由35周岁以上具有社会经验的已婚者担任,更青睐女性法官,案件的处理较多地依赖于法官的调解艺术而非辨法析理的技术。因此,如

---

〔37〕 家事法庭除了审理家事纠纷外,还将受案范围扩展到所有涉老、涉少案件。

何处理好涉老纠纷中判决与调解之间的关系，可能是涉老审判模式研究中的一大关键点。

目前，法院调解大量存在，甚至被捧上优先于判决的地位，这可以说是一种“无奈的选择”，因为当前我国非诉讼纠纷解决程序较为乏力，基层人民调解组织不能有效地将案件拦截在法院大门之外，法院被迫“越俎代庖”。“我们不能急功近利，只想到目前纠纷解决的效率，更应该考虑的是，如何建立防范纠纷发生和解决纠纷的长效机制。这个机制，就是建立法治……强化社会的权利义务意识，增强人们对行为后果的可预期性，从而有效地防止纠纷的发生。”〔38〕通过重塑人民调解的公信力与实效性，壮大基层人民调解组织的力量，解决部分涉老纠纷。这将是未来上下求索的方向，也是理清居中裁判与能动调解二者之间关系的任重道远的目标。

在建立强大的基层人民调解组织有困难的当下，可以先采取变通做法，比如成立诉调对接中心。诉调对接中心由法院主导，但并不由法官亲自“操刀”，而是安排通过法院遴选考核后聘请的社会各界人士担任调解员。诉调对接中心达成的调解协议有别于一般的人民调解协议，〔39〕它由法院直接以法律文书的形式赋予法律效力，达到一次性解决纠纷的效能。诉调对接中心犹如拦截在审判庭之外的一道栅栏，起到过滤案件的作用，且此种“过滤”职能完全由非法官社会人士承担。经过诉调对接中心过滤后的案件，仍有可能再次进入法院诉前调解环节。此时，处理好居中裁判与能动司法的关系，需一套相对成熟的价值理念与制度体系予以指导。这套价值理念与制度体系的核心理念是：一切有望通过调解结案的案件，尽可能在诉调对接中心这道栅栏之外解决。越过这道栅栏，便进入了严格居中裁判的领地。只有判决无力

〔38〕 龙宗智：《关于“大调解”和“能动司法”的思考》，载《政法论坛》2010 年第 4 期。

〔39〕 根据《人民调解法》的规定，经人民调解委员会调解达成调解协议后，双方当事人认为有必要的，可以自调解协议生效之日起 30 日内共同向人民法院申请司法确认。在诉调对接中心达成的调解协议有别于未经司法确认的调解协议。

解决一些情形之时,法院才可以采用调解的方法。例如,如果判决会造成法理与情理的冲突,那么此时可以采用调解的方式来解决“法理让位于情理,还是情理让位于法理”的两难问题。

法官应当严格居中裁判,这是司法品格的应有之义。短期内法官所从事的能动调解实乃不能趋近理想状态下的“情非得已”。今后的调解工作,宜尽可能放手交给人民调解委员会、诉调对接中心或是相关ADR去做,构建权威、公信、高效的民间调解机制,是未来的一项重大系统工程。就涉老案件而言,涉老审判模式的初衷是为了在程序上更加优待老年人,而并非在实体上模糊权利义务,因此只有处理好判决与调解之间的关系,才能开发出理性且健康的涉老审判模式。

四、结语

韶华易逝,光阴荏苒,每个人都会老去。涉老审判模式是从司法的层面,弘扬了社会尊老敬老的价值取向,彰显了司法护老的人文关怀主义,也是将中华传统美德传承和发扬。涉老审判模式的产生也是当下我国经济、社会、人口结构悄然发生变化下的现实需求。全国各地区的法院应当结合当地具体情况,因地制宜地采用适合当地的涉老审判模式,以应对现实需求。在已成立或即将采用涉老审判模式的法院,应当在程序上重视并优待老年人。此外,法院居中裁判的价值取向意味着还要特别处理好判决与调解的关系。

图书在版编目(CIP)数据

涉老法律评论/刘晓红主编.—北京:法律出版社,2017

ISBN 978-7-5197-1077-4

Ⅰ.①涉… Ⅱ.①刘… Ⅲ.①老年人权益保障法—研究—中国 Ⅳ.①D922.74

中国版本图书馆CIP数据核字(2017)第165817号

涉老法律评论
SHELAO FALÜ PINGLUN

刘晓红 主 编
安曦萌 副主编

策划编辑 李峰沄
责任编辑 李峰沄
装帧设计 李 瞻

出版 法律出版社
总发行 中国法律图书有限公司
经销 新华书店
印刷 北京京华虎彩印刷有限公司
责任校对 杨昆玲
责任印制 陶 松

编辑统筹 学术·对外出版分社
开本 720毫米×960毫米 1/16
印张 23.75
字数 316千
版本 2017年5月第1版
印次 2017年5月第1次印刷

法律出版社/北京市丰台区莲花池西里7号(100073)
网址/www.lawpress.com.cn
投稿邮箱/info@lawpress.com.cn
举报维权邮箱/jbwq@lawpress.com.cn
销售热线/010-63939792
咨询电话/010-63939796

中国法律图书有限公司/北京市丰台区莲花池西里7号(100073)
全国各地中法图分、子公司销售电话:
统一销售客服/400-660-6393
第一法律书店/010-63939781/9782
西安分公司/029-85330678
重庆分公司/023-67453036
上海分公司/021-62071639/1636
深圳分公司/0755-83072995

书号:ISBN 978-7-5197-1077-4
定价:78.00元